总主编

"风险管理师"专业能力培养基础教程丛书

风险应对

Risk Response

主　编◎高立法　金乐永

副主编◎粟芳　阎莹　闫存岩　章敏健　黄炜

王忠明 博士作序推荐

风险管理师岗位能力、专业能力、教育培训的公共通识基础教程

经济管理出版社

ECONOMY & MANAGEMENT PUBLISHING HOUSE

图书在版编目（CIP）数据

风险应对/高立法，金乐永主编 . —北京：经济管理出版社，2019.5
（风险管理师专业能力培养基础教程丛书）
ISBN 978 - 7 - 5096 - 6297 - 7

Ⅰ. ①风…　Ⅱ. ①高…②金…　Ⅲ. ①企业管理—风险管理—研究—中国　Ⅳ. ①F279.23

中国版本图书馆 CIP 数据核字（2018）第 296943 号

组稿编辑：何　蒂
责任编辑：何　蒂
责任印制：黄章平
责任校对：陈　颖

出版发行：经济管理出版社
　　　　　（北京市海淀区北蜂窝 8 号中雅大厦 A 座 11 层　100038）
网　　址：www. E - mp. com. cn
电　　话：（010）51915602
印　　刷：三河市延风印装有限公司
经　　销：新华书店
开　　本：720mm×1000mm/16
印　　张：24.75
字　　数：472 千字
版　　次：2019 年 6 月第 1 版　　2019 年 6 月第 1 次印刷
书　　号：ISBN 978 - 7 - 5096 - 6297 - 7
定　　价：78.00 元

"风险管理师"专业能力培养
基础教程丛书编委会

总主编:

黄　炜

　　　北京中医药大学管理学院教授

　　　国家人社部中国人才研究会常务理事兼副秘书长

　　　国家标准委风险管理专业委员会委员

　　　中国人力资源开发研究会(以下简称中人会)常务理事兼风险
　　　管理分会常务副会长

主任委员兼主审:

闫存岩　中人会风险管理分会秘书长

　　　兼风险管理分会专家组执行组长、风险体系建设专业组组长

副主任委员: (按拼音字母排序)

郭惠民　北京国际关系学院副校长、教授

　　　中人会风险管理分会危机公关与危机应对管理专业组组长

高立法　中人会风险管理分会内部控制专业组组长

高晓红　中国标准化研究院质量分院副院长

　　　全国风险管理标准化技术委员会秘书长

金乐永　中材集团原总法律顾问原首席风险执行官

　　　中人会风险管理分会专家

李　震　中人会副会长兼秘书长

莫春雷　中国五矿资本控股有限公司党委副书记、纪委书记

中人会风险管理分会专家

佘　廉　国家行政学院教授、博士生导师

中人会风险管理分会专家组首席专家

沈志群　中人会特邀副会长

中国投资协会创业投资与私募基金专业委员会会长

王大军　中国人民保险集团风险管理部总经理

中人会风险管理分会保险行业专家工作组组长

王忠明　国务院国资委研究中心原主任

国家经贸委经研中心原主任

全国工商联原副秘书长

中国民营经济研究会常务副会长兼秘书长

中人会副会长、风险管理分会会长

武广齐　中国海洋石油集团有限公司原党组副书记、副总经理

中人会风险管理分会国有企业专家工作组组长

朱　军　中和资产评估有限公司副总经理

财政部资产评估准则专业委员会委员

中人会风险管理分会副会长兼专家组组长

兼风险评估专家组组长

章敏健　中国航天科技集团五院审计监察部原部长

中人会风险管理分会专家

张文来　中国航天科工集团审计与风险管理部副部长

中人会风险管理分会专家

张凤林　北京市农业投资公司原总经理

中人会风险管理分会副会长兼风险管理评价专业副组长

张小红　亿阳信通股份有限公司原总经理、董事长、监事长

中人会风险管理分会民营企业专家工作组副组长

总　序

风险无处不在，这已经是我们每一个人的共识。不论个人、企业、政府部门、社会组织，还是其他社会参与者，都逐渐意识到风险管理的重要性。

从 2006 年 6 月国资委颁布了《中央企业全面风险管理指引》（以下简称《指引》）距今已有十几年的时间，《指引》指出，企业全面风险管理是一项十分重要的工作，关系到国有资产保值、增值和企业持续、健康、长期稳定发展。自 2008 年以来，根据 COSO 内部控制框架，财政部会同证监会、审计署、银监会、保监会五部委联合颁发了《企业内部控制基本规范》及 18 项配套应用指引，奠定了我国企业内部控制建设、评价和审计的制度，为加强企业内部控制提供了理论和实践基础，使我国企业内部控制管理水平进一步提升。各类企业特别是中央企业，在风险管理实践中也根据 ISO 企业风险管理的原则、框架和过程，结合各自公司战略和文化搭建了企业风险管理体系，并且取得了可喜的成绩，对防控企业风险起到了一定的作用。

一些风险管理专家一直致力于风险管理的理论研究和实践，并努力推动实现了"风险管理师"进入我国国家职业分类大典，风险管理成为一项专业技能。这为开展风险管理专业技能教育奠定了基础，也使风险管理专业愈加得到社会的认可。

然而，我国相关风险管理课程至今还没有完全进入大学课堂，风险管理还未形成完整的、成熟的理论体系。

本风险管理系列丛书第一批包括《风险管理基础知识》《风险评估》《风险应对》《风险管理体系建设》《行政事业单位内部控制建设指引》和《企业内部控制体系建设指引》六册。之所以是这样一个构成状况，主要考虑有三点：第一，风险管理基础知识是风险管理师必备的基础知识；第二，风险评估、风险应对和风险管理体系建设是风险管理师的三项核心技能；第三，风险管理基础知识和这三项技能在实践中已经形成了一些通识的成熟经验。

与其他学科相比，风险管理还是一个值得深入探究的学科。本系列丛书体现了以下几个特点：第一，涵盖的内容尽可能广，尽量把近年的实践成果总结进来；第二，语言尽可能通俗易懂，尽可能深入浅出；第三，基础知识尽量是大家已经达成通识的内容；第四，案例尽可能丰富一些，能够在实践中学以致用。

我国的风险管理还处在实践和探索之中。本丛书的编写和出版也只是一个起点。随着时间的推移，风险管理理论研究将不断深化，风险管理实践经验日益丰富和成熟，我们将对本系列丛书持续进行修订，继续更新和补充相关内容，使其日臻完善。

闫存岩

2018 年 1 月于北京

序（一）

我一直非常关注高级风险管理师的培养及培训工作。其中，印象颇深的是曾先后两次应邀出席了均为黄炜教授筹划的高级风险管理师培训或研修班的开班仪式并作主题演讲——之所以印象颇深，原因之一是它们都被冠以"首届"二字。

第一次"首届"是在 2007 年 1 月。当时，我在国务院国资委研究中心供职。出于岗位职责使然，我对国有企业尤其是中央企业的风险管控有着很强的探寻意愿，故欣然出席了中国首届注册高级企业风险管理师（CSERM）职业资格证书培训班的开班仪式。此后，我还见证了在钓鱼台国宾馆举行的中国首批注册高级企业风险管理师的颁证仪式。

记得《经济日报》记者陈莹莹曾以《发挥企业风险管理师在企业发展中的作用》为题做了报道（刊登于 2007 年 4 月 10 日的《经济日报》）。正如报道所言，"首批 136 名高层管理人员获得注册高级企业风险管理师证书，自此，新职业企业风险管理师正式浮出水面"。据我所知，这 136 名注册高级企业风险管理师主要来自国有企业的中高层管理岗位，他们中的佼佼者为国企包括央企在 2008 年抵御由美国次贷危机引发的国际金融风波的冲击中做出了重大贡献。他们作为中国风险管理实践的领军人物，在构建具有中国特色的风险管理体系中扮演了开拓者的重要角色。历史还将继续佐证这一开创中国风险管理人才培养的先河之举！

第二次"首届"是在 2018 年 1 月 21 日。此会以推进国家治理体系和治理能力现代化为主题，定名为首届高级风险管理师专业能力研修班。其主题和课程设置都十分符合党的十九大精神，顺应时代发展的要求。在演讲中，我明确建议以后应多组织这样的研修班，也就是说，不能止于"首届"，而应一届接一届地办下去。令我感慨的是，十多年过去了，昔日之"首批"已成为如今风险管理实践的一线指挥官，他们积累了经验并结合理论，以专家型授训者的身份登台讲课，有的还直接参与了这套丛书的编撰工作，而此"首届"与彼"首届"很大的一个区别，就是参训人员中明显以来自民营企业、中小企业者居多。这是非常重要的一种变化或深化。

风险管理是一项既有宏观作用，又有微观意义的工作，必须在全社会各个层面深入推进。2009年我到中华全国工商业联合会工作，主要开展中国民营经济的专门研究，以推进其健康、可持续发展。其间，我深切感受到承担80%以上就业重任的民营企业也必须高度重视风险管理及危机应对。为此，我曾多次建议黄炜教授带领的团队要把风险管理人才培养的重点更多地转向民营企业、中小微企业。培训课程模块也应更好地与中国当前的实际状况相吻合，课程内容要更接地气，最好能够为之提供一套可读性强、易于理解的通俗读本，以便培养出更多能够落地并具有完备风险管控专业能力的专门人才，为中国经济社会发展以及长治久安保驾护航。

2018年1月5日，习近平总书记在新进中央委员会的委员、候补委员和省部级主要领导干部学习贯彻习近平新时代中国特色社会主义思想和党的十九大精神研讨班开班式上，着眼党和国家事业发展全局，鲜明提出三个"一以贯之"的要求，即"坚持和发展中国特色社会主义要一以贯之，推进党的建设新的伟大工程要一以贯之，增强忧患意识、防范风险挑战要一以贯之"。这第三个"一以贯之"，足显防范风险在党和国家最高领导人心目中的地位，需要我们认真体会并坚决贯彻。

本套丛书的框架设计以"1+3+2"模式为特色并配以应用型的教材作为辅助，"1"为一本《风险管理基础知识》，"3"为三本专业能力分述，包括《风险评估》《风险应对》和《风险管理体系建设》，"2"为《行政事业单位内部控制体系建设指引》和《企业内部控制体系建设指引》作为配套的行业应用型教材在本次一同出版。这样的构思，有利于最终形成一套便于系统学习的风险管理基础教程丛书，它不仅是专业培训机构培养风险管理专业人才的基础教材，也应该是填补了该领域系列培训教程的一项空白。"知识+案例"是本丛书各章节内容的基本结构。我相信广大风险管理从业人员将以此作为良好读本，为传播现代风险管理理念和风险管理专业知识与方法做出更多的贡献！

是为序。

国务院国有资产监督管理委员会研究中心原主任
国家经济贸易委员会经济研究中心原主任
中华全国工商业联合会原副秘书长
中国民营经济研究会常务副会长兼秘书长
丛书指导小组组长
王忠明
2018年春节于杭州

序（二）

鉴于国家发改委中国人力资源开发研究会在职业研究、人才开发领域的专业性，及风险管理分会在风险管理专业人才培训中的长期实践与专业水平，受国家发改委的委托，中人会积极承担了 2015 年版《中华人民共和国职业分类大典》修订工作。2011 年 1 月，中人会正式启动并积极开展了"风险管理师"作为新增职业纳入《中华人民共和国职业分类大典》的组织申报工作，包括项目立项、职业信息采集、职业岗位主要工作活动描述及认证。在各方面的积极支持下，尤其是国家发改委就业与收入分配司、发改委社会发展研究所给予了全程支持。同时，在新职业立项与主要工作活动的调研期间，时任国家发改委就业与收入分配司主要领导和发改委社会发展研究所主要负责人给予了鼎力支持，借此机会一并表示衷心的感谢！

特别值得一提的是，在风险管理师作为新职业立项和该职业主要工作活动的描述信息采集、调研与认证过程中，中人会风险管理分会常务副会长黄炜教授所带领的团队充分发挥了他们在中国风险管理领域的专业优势，执着地开展并精准地完成了风险管理师新职业的主要工作活动的职业描述信息采集、调研与认证工作。2011 年 8 月，财会申报报告通过了严格的行业评审认证，并通过了大典修订专家委员会答辩评审，2015 年 1 月风险管理师作为新职业被正式编入 2015 年新版《中华人民共和国职业分类大典》。至此，风险管理师有了定职定编定岗的法定身份和权威依据。

2014 年 6 月，受人社部委托，黄炜教授承担的《国家职业标准开发与工作机制建设》课题研究工作正式启动，"风险管理师国家职业标准开发和工作机制建设课题研究与实践"作为该项目的子课题正式列入研究计划。2014 年 7 月，中人会成立"风险管理从业人员国家职业标准编写委员会"，该子课题通过科学的设计与翔实的调研，完成了以风险管理师为代表的新增职业的职业标准开发与工作机制研究，课题成果于 2015 年 10 月通过了人社部中国就业培训技术指导中心标准处组织的结题评审验收，标志着风险管理师国家职业标准开发的基本完成。

2016 年 3 月，中人会完成了《风险管理师职业标准》在人社部职业技能鉴定中心标准处的备案申请工作，备案申请中明确了风险管理分会秘书处道合阶明咨询（北京）有限公司为风险管理师国家职业标准进一步开发、完善修正与认证的组织实施单位。

为了支持各行业、各领域全面实施风险管理培训，提高各行各业风险管理从业人员专业水平，中人会决定正式以风险管理从业人员国家职业标准为基础，着力专项启动风险管理师专业能力教育与培训基础教程丛书的编撰工作。中人会及时下发文件即"2017 年 1 号文件"明确设立专项，并为此成立项目领导小组、项目开发指导小组及办事机构，以保障项目的顺利实施。文件还明确此项目的开发由中人会风险管理分会承担，项目开发的组织与经费筹措等具体工作由分会秘书处道合阶明咨询（北京）有限公司具体负责并组织实施。项目成果——教育培训教材丛书将委托出版社正式出版，并作为风险管理师岗位及专业能力教育培训的公共模块教材使用，此教材的更新与再版工作亦由风险管理分会秘书处负责。

前不久很欣慰地获悉该丛书已经进入统稿阶段，丛书总编黄炜教授约我写个序。如此高的效率，令我由衷敬佩和感谢黄教授带领的编写团队各位专家的敬业精神、专业素养和辛勤劳动。我清楚地记得，在 2017 年 3 月本套丛书编写启动会上，我还与全体参编人员谈到，这套丛书在中国风险管理事业发展中具有里程碑意义，编写工作要规范、有序地开展。以该丛书为基本载体，传播风险管理理念，培养并造就更多的各行各业风险管理人才，逐步形成风险识别、风险管控、风险处置的中国特色风险管理系统，无疑是保证新时代中国经济和社会持续稳定健康发展的重要基础。

从社会价值与意义层面来看，自风险管理师作为新职业正式入编《中华人民共和国职业分类大典》，到风险管理从业人员职业标准的开发等工作，黄炜教授所带领的团队一直在努力推进并自觉地积极投入，无愧为中国风险管理研究与相关职业创建的先行者和开拓者。

本人长期从事投资研究和投资行业协会工作，深知投资始终是推动中国经济社会发展的重要动力。而投资就有风险，同时创新与创业也面临风险。无论是股权投资包括创业投资的从业者还是管理者，都需要具有科学的风险管理意识，不仅要重视投资前的风险评估，同时更要重视投资后的风险审计，确保投资的有效性和可持续发展。所以在新时代社会与经济发展环境下，风险管理领域的从业人员广泛并且自觉地学习掌握风险管理的知识，并不断提升专业能力。此套丛书的编撰完成与正式出版无疑是中国风险管理领域的一件幸事，确实可喜可贺。

中国人力资源开发研究会常务副会长
中国投资协会副会长
中国投资协会股权和创业投资专业委员会会长
国家发改委宏观经济研究院原院长助理
丛书编写领导小组组长
沈志群
2018 年 1 月

前　言

　　风险应对是风险管理学科的重要组成部分，是增强驾驭风险本领的核心技能，又是防范与化解风险的重要内容和风险管理师的必备能力，更是解决当前国内外风险的必须知识技能。

　　根据习近平总书记 2019 年 1 月在省部级主要领导干部研讨班重要讲话中就防范和化解政治、意识形态、经济、科技、社会、外部环境、党的建设等领域重大风险作出深刻分析并提出明确要求。他强调；"面对波诵云诡的国际形势，复杂敏感的周边环境，艰巨繁重的改革发展稳定任务，我们必须始终保持高度警惕，既要高度警惕'黑天鹅'事件，也要防范'灰犀牛'事件；既要有防范风险的先手，也要有应对和化解风险挑战的高招；既要打好防范和抵御风险的有准备之战，也要打好化险为夷、转危为机的战略主动战"指示精神，本书从风险应对的内涵、策略、方案、流程，方法与措施以及具体的操作细节等，分八章进行介绍，并附以较多操作实例，以便学员理解与掌握。

　　第一章　风险应对概述。重点介绍风险应对含义、目标、遵循原则及防范化解风险的全过程。使学员对风险应对有个全面领会与了解。

　　第二章　风险应对策略与实施方案。重点介绍风险应对策略种类、适用条件及优缺点，评价和选择风险应对策略的方法与措施，风险管理方案的具体内容、制定原则及实例等，使学员掌握风险管理方案制定、实施与调整，推动方案落实。

　　第三章　内部控制体系与自我评价。重点介绍内部控制含义及演变过程，我国内部控制风险的体系、目标及作用、控制风险方法、措施与案例，以及对内控体系的有效性评价等，使学员掌握运用内部控制理论与方法、措施与工具实施有效管控。

　　第四章　风险管理效果监测评审与改进。重点介绍风险管理应对效果评价含义、程序、方法和工具，监测评审的关键问题，企业管控风险能力的评估实例，监测评审风险报告的编写内容及要求，风险管控的不断完善与改进等。使学员掌握监测评审的具体操作方法。

第五章　保险与风险管理。重点介绍保险的定义、特征及职能，风险管理与保险的关系。财产保险特点、损失及分类，人身保险产品含义、特点及分类，自然灾害以及人为事故保险案例等。使学员能深刻理解保险在风险管理中的地位，有效利用保险作用。

第六章　衍生产品与风险管理。重点介绍金融衍生产品的含义、类别及其功能，产品定价的基本假设与方法实例，期货交易流程、方式及其套期保值的计算示例等。使学员会运用金融衍生产品的功能防范化解金融风险。

第七章　合同与风险管理。重点介绍合同含义、合同不同阶段的管理任务及其管理要点，合同风险防控的具体要求及内容，预先评估合同风险，妥善处置合同纠纷等。通过案例使学员掌握各个领域合同风险的管控措施，有效减少风险造成损失。

第八章　企业危机风险管理。重点介绍危机内涵、特征、分类及其重要性，危机管理的模式及过程，企业危机管理的目标、任务、原则及应急管理责任体系，对危机事件进行预测、预警及评估，危机处理策略及对策，关注心理危机的管理等。使学员提高危机管控的能力。

总之，编写本书的目的是给学员从理论与实践的结合上增强驾驭风险能力，化险为夷转危为安。故在编写及学习本书过程中应坚持三大观念：

一、坚持以马克思主义唯物论辩证法为指导。因为风险既是客观的又是主观的，就实现目标而言，既潜有机遇也潜有威胁，且在一定条件下又相互转化，其中，人的主观能动性至关重要。在风险应对过程中必须坚持科学的马克思主义的世界观和方法论，端正人品、精通技术，才能正确认知客观世界和改造客观世界，实现人类梦想。

二、坚持理论联系实际为宗旨。风险时时有、处处有、事事有，且随时在变，风险应对是为防范化解风险而产生，故在风险应对过程中，必须坚持说实话、谋实事、出实招、求实效，勇于攻坚克难，以钉钉子精神做实做细做好风险应对各项工作，才能达成预期目的。

三、坚持以增强驾驭风险本领为目的。风险应对是门应用科学、技术与艺术，其内容必须具有可操作性，才能在实践中充分发挥其作用，才能善于处理各种复杂多变的矛盾，才能战胜前进道路上的各种艰难险阻，才能牢牢把握工作主动权，充分发挥风险应对功效。

由于作者知识不足、水平所限错误难免，不妥之处敬请赐教。

编著者
2019 年 4 月于北京

目 录

第一章　风险应对概述

当今已进入风险社会，如何识别冠冕堂皇背后的欺诈，应对复杂变化多端的风险？党的十九大明确指出要"增强驾驭风险本领"，风险应对就是研究探讨怎样驾驭风险，趋利避害实现我们的奋斗目标。

经过风险识别、分析与评价，明确单位潜在风险及应对的优先次序，可以为实施风险应对提供依据。本章着重论述风险应对的含义、目标及遵循原则。

第一节　风险应对的含义与目标

一、风险应对的含义

ISO《标准》指出："风险应对包括选择一个或多个改变风险的策略，并实施这些策略。一旦付诸实施，这些策略就会提供和改进控制措施。"

可见，风险应对是针对一个风险或多个特定风险而言的，是组织对潜在风险要素做出评估后，面临一个对风险如何处置的问题。组织需要做出是否进行风险应对的选择，如不需要应对，就不启动应对策略；如需要应对，就选择用什么应对策略与方法进行应对，进而拟定风险应对方案，利用各种风险管控技术和手段，改变风险特征，使风险控制在组织可接受的范围之内，并拟定与实施风险应对方案、监测评价风险应对效果。可见，风险应对的任务有三项：一是挑选风险应对策略，拟定风险应对方案。二是分析评价应对方案预计效果，其风险是否可忍，如不可忍再研究制定新方案。三是实施风险应对方案，评价风险应对效果。

二、风险应对主体与客体

风险应对主体是指实施风险应对的组织、单位或个人。如行政机关、人民团体、军队、企业、事业单位、家庭及个人等。

风险应对客体也称风险应对对象、风险事项、风险管控对象等，它是指影响风险主体目标的风险事项，表现在单位的经济活动、业务活动、日常事务以及权力运行之中，风险无处不在，无时不在。例如，企业中的产、供、销、人、财、物、技、管、信等都潜有诸多风险事项；行政机关行使公权力、管理公共事务过程中，如工商、公安、交通、社会安全管理等公务活动中也都嵌入诸多风险事项；事业单位在行使为社会提供服务的职能过程中，也都潜有诸多风险事项；等等。这些影响主体目标的风险事项都是风险应对客体（对象），也是内部控制的对象。凡是有风险的业务、权力及事务，都潜有风险事项，都需要进行风险应对吗？从广义讲，既是风险应对对象，都需要对不利风险进行应对。但从风险应对的角度讲，只有影响风险主体目标实现的风险事项，才确定为风险应对对象，其他不影响风险主体目标的风险事项，就不列为风险应对客体范围之内，只有影响风险主体目标的风险才确定为风险应对客体。

三、风险应对目标

风险应对目标是指风险主体对风险客体（对象）实施风险应对要达到的目的。也就是说你为什么要对风险进行应对。它是风险主体作用于风险客体后要获取的"产物"，是管理与控制风险的目标。如对经济活动实施风险应对目标是在合法与合规前提下获得最理想效益，对权力运行实施风险应对的目标是要达到合法合规履行授予公权力实现管理社会目的，其实质就是风险管理要实现的目标，也是内部控制的目标。例如，财政部等五部委联合发布的《企业内部控制基本规范》规定"内部控制的目标是：①企业经营管理合法合规；②财产安全；③财务报告及相关信息真实完整；④提高经营效率和效果；⑤促进企业实现发展战略"。《行政事业单位内部控制规范》指出，"单位内部控制的目标主要包括：合理保证单位经济活动合法合规、资产安全和使用有效、财务信息真实完整、有效防范舞弊和预防腐败、提高公共服务的效率和效果""内部控制是组织目标实现的长效保证机制"；等等。可见，风险应对的目标就是内部控制和风险管理的目标。

风险应对主体决定风险应对客体与风险应对要实现的目标，三者构成风险应对的基本要素，统一嵌入风险事项之中。风险应对客体就是影响目标的风险事件。

四、风险管理与内部控制

风险管理的出发点和目的是将风险控制在风险容限之内，它是运用内部控制的理念与方法来实现其目标。内部控制的出发点和目的是将风险控制在风险容限之内，它是将风险作为控制对象，运用内部控制的理念及方法，实现风险控制目标，两者的目的是一致的。但从它们的发展历程看，先产生内部控制，伴随经济发展及社会进步，而演变到风险管理，两者的关系将在第三节详述。

第二节 风险应对原则

为保证风险控制目标的实现，在制定风险应对方案的决策过程中应按照财政部等五部委联合制定的《企业内部控制基本规范》及 18 项具体规范、《行政事业单位内部控制规范》《关于全面推进行政事业单位内部控制建设指导意见》规定，并遵循以下原则，如图 1-1 所示。

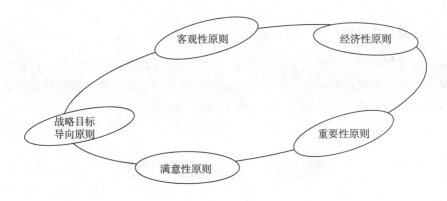

图 1-1 风险应对原则

一、战略目标导向原则

风险应对的目标应与组织的战略目标相一致，且目标必须是积极、适当、先进的。若目标过低，则失去激励作用，无法实现积极的战略目标；若目标过高，则容易使人丧失信心，也达不到应有的效果。值得注意的是，在客观情况发生重大变化时，战略目标也要随之进行适当调整。

二、客观性原则

风险应对是针对风险事件的不确定性做出的反应。在决策与执行过程中会遇到诸多不确定的风险变量，这就要求决策者要客观地对决策变量进行分析，切忌主观臆断，这样才能做出合理的决策。

三、经济性原则

风险应对的总体目标是以最少的经济投入获取最大的安全保障。在权衡决策方案的过程中，应该将成本与效益进行比较，进而选择理想的方案。在实际运行中，比较可行的办法是在获取同样安全保障的前提下，选择成本最小而效果最好的决策方案。

四、重要性原则

重要性原则是在评价选择应对方案时，先评价各风险应对方案，再根据重要性原则依次对各个方案的评价特性进行排序，以最重要特性决定方案的选择。如果它们是等同的，则比较次一级的重要性评价特性，以此类推直到得到最佳方案。

五、满意性原则

在很多情况下并不能找到最佳的应对方案，此时只能退而求其次，选择一个使各利益相关者都感到满意、但不一定是最优的决策方案。那么就应该选择这种更让人满意的解决方案，即使这种方案不能做到效用最大化。

第三节　风险控制过程

风险控制过程就是在评估风险的基础上，对风险实施控制的活动，包括风险应对策略选择、内部控制风险的方法措施及风险应对方案监测与评审，是驾驭风险转危为安的过程，也是变不利风险为有利机遇或减少风险损失的过程，是风险管理过程中的核心部分，是实现预期目标的过程。其内容如图 1-2 所示。

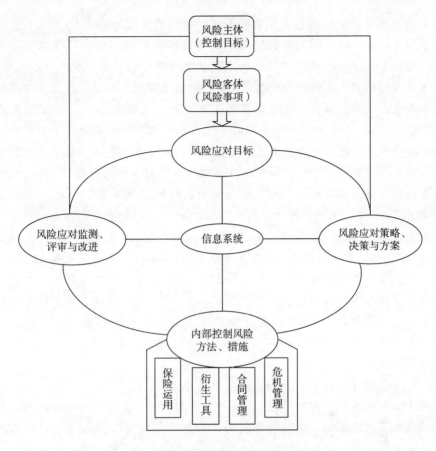

图1-2　风险控制过程

【案例】

高校腐败案件频出，根源何在？

随着市场经济的确立，高校办学经费来源已从过去的单一财政拨款转化为多渠道、多方位的筹资，而有些高校并没有随之建立健全有效的内部控制体系和财务管理机制，使得高校中职务犯罪不断攀升。

1. 高校腐败案件演绎"犯罪形式大全"

陕西经贸学院腐败案中，违规收费、截留、私分、私设小金库、挪用公款、贪污、受贿一应俱全，涉案总金额高达615万余元。涉案人员中处级干部11人，科级干部12人，是陕西省教育系统新中国成立以来最大的团伙经济案件。1996年7月，原陕西工商学院、财专、商专三校合并为陕西经贸学院，工商学院成教处原副处长王宝玺被任命为经贸学院成教院副院长并主持工作。1996 年至 1999 年，王指使财务人员将陆续收回的原工商学院成教处应上缴的"办证费"等公款不入账然后私分。1996 年 7 月，原工商学院成教处账上有公款现金近 5 万元。王宝玺提出用此款为成教院购置教学设备。经请示院长、书记同意后，王将该款领出以李某名义存入银行。1997 年 7 月，王以购买礼品为由，取走 9000 元现金据为己有。1996 年 11 月，王从原工商学院成教处汉中教学点收回学生管理费及提档费共计 8.4 万元，之后，王宝玺将其中 2 万余元入财务账，将余款 6 万余元中 3 万余元中饱私囊。1996 年 9 月，陕西经贸学院财务处原处长王永臣，副处长张景龙、尚建民三人违反规定，将银行按期支付的"代办费"私入"小金库"。1997 年至 1998 年，王永臣授意张、尚二人分两次从"小金库"中领出现金 2.8 万元，由三人私分。1998 年 6 月至 10 月，经贸学院财务处出纳田某两次领取代办费 35 万余元，王永臣将其中 8.5 万元截留，3 人将其中 6 万余元私分。原任陕西工商学院学生处处长的李俊在三校合并后，任经贸学院学生处处长。与他同案受审的庄长捷原为工商学院学生处毕业分配办公室主任，后任经贸学院团委副书记。李俊、庄长捷在陕西工商学院学生处工作期间，于 1996 年将当年向应届毕业生收取的"教育补偿费"49 万元中的 16 万元隐瞒截留，两人先后私分 10 万元，各得 5 万元。

2. 财务制度不健全，腐败幽灵侵蚀"象牙塔"

近年来高校不少院系都对外办班，并有巨额收入，但不少学校对此项财务管理比较混乱，只要上交一定的金额就行，导致"小金库"问题多多。一些院校假借增加教师福利、提高待遇等名义，收取一定费用后，采取不入账、私设"小金库"的手法，将款截留，久而久之单位有了积蓄，便滋生了部分领导利用手中职权，侵吞公款的问题。南京艺术学院成教院由院长、副院长到会计的共同贪污案，就是私设所谓的"院长基金"，堂而皇之地把院办补习班的 60 万元公款纳入"小金库"自由支配，以发"奖金""补贴"等名义私分公款 30 万元。

广东省社会科学研究院研究生部原主任杨绍练及三名女部下，利用招收研究生课程班的机会，贪污、受贿近 170 万元。1997 年 7 月至 8 月，杨绍练与兼任会计、出纳的李颖、张成娟，利用该部在广东省内开办研究生课程班，负责收取和保管各分教点上缴管理费的职务之便，合谋将管理费人民币 54 万元私分。1998 年底，广东省社科院决定将研究生部的财务移交专职财务管理，杨绍练让兼任研究生部记账、出纳、会计的李颖、熊动员及同案人郭某核算出该部管理费余额后，将余款中的 120 余万元截留私分，其中杨绍练分得 48 万元，李颖、熊动员、郭某各分得 24 万元。1995 年至 1999 年，杨绍练还以劳务费、活动费等名义分别收取学校和个人贿赂的人民币 16 万余元。

3. 基建、后勤暗箱操作"重灾区"

蔡云祥是江苏气象学院原副院长，1998年9月至2000年9月，利用其分管学校基建、后勤的职务便利，在该校的几幢教学楼及餐厅的改造施工过程中，数次收受施工单位贿赂5万多元及诺基亚手机一部。武汉某学院副院长张某在1999年底负责扩建工程施工现场管理工作期间，利用职务之便，先后收受建筑公司等单位和个人贿赂共计人民币3.5万元和价值人民币2766元黄金一块、价值人民币3830元的摩托罗拉v8088型手机一部，受到严肃查处。

高小栋于1988年5月开始担任对外经贸大学基建处处长，直到1995年之前，在"河边"走了数年的高小栋还是没有"湿鞋"。1995年，高小栋终于抵挡不住金钱的诱惑，向某公司经理做了一番"暗示"，该经理立即送上"好处费"9.5万元。次年，他明目张胆地向另一位李姓经理索贿15万元。至案发时高小栋先后索取贿赂50.5万元，贪污公款97.2万元，挪用公款100万元，被判无期徒刑。

1997年，陕西经贸学院的总务处处长高汝聪在负责经贸学院综合楼报告厅、休息室的装修工程时，施工方表示有"好处费"，高汝聪当即让对方与他的"心腹"谈。双方签订合同并支付第一笔预付款后，高汝聪依约到一个密室拿走了4万元的"红包"，3个月后又在另一个密室收受贿赂1万元。此外，高汝聪还私分公款1万元。6万元赃款为59岁的高汝聪换来有期徒刑3年。

4. 采购设备大吃"回扣"

广东商学院设备科科长黎明芳被群众举报受贿。经查实，黎明芳利用负责教学科研设备采购、验收的职务之便，于1996年12月至1997年2月收受电脑商贿赂3.52万元。拔出萝卜带出泥，黎明芳一案牵扯出了原广东省高教厅设备后勤办的一连串"蛀虫"，包括主任陈冰峰，副主任张锡源、何启刚这3名处级干部在内的6名高教系统干部，利用负责学校实验室建设和管理的职务便利，在为省属高校统购教学仪器设备时，大肆收受"回扣"等好处费370万余元。

5. 招生、毕业分配——又一个权钱交易关口

利用负责招生工作之便，收受学生家长贿赂的招生腐败案也是高校职务犯罪的一大特点。西安医科大学学生处原处长谢风舞利用职务便利，指使该处工作人员分4次截留学生处收取的毕业生教育补偿费和跨地区费予以私分，共贪污公款13.7万元，被判处有期徒刑10年。重庆师范学院学生科某科长在一次暑期招生中，收受2名考生家长贿赂8万元，索取5名考生家长贿赂5.8万元，一次招生便"挣"了他10年的工资。湖北美术学院原副院长李泽霖受贿案更加典型：1996年7月至2000年10月，李泽霖利用职务之便，在招生录取工作中，单独或伙同其妻非法收受19名考生家长所送人民币223万元；收了81名考生家长的

"好处费" 206 万元，被称为 "吃黑院长"。

6. 卖文凭、卖学籍，卖出清水衙门里的 "百万富翁"

广东省教育厅成教处原副处长周之行贪污受贿一案在广州市中院开庭审理，周之行被控贪污 162 万余元、受贿 56 万元。周之行的违法犯罪行为导致全省 15 个县市的电大违规办学，违规发放了 16740 个电大文凭。一个电大文凭卖 6000 元，周之行靠卖文凭当上了 "百万富翁"。他不仅把文凭卖到了各个县市，还给他家的小保姆也发了一个大学本科文凭。广东西江大学滥卖成人高教文凭，严重影响了该校的声誉。现在很多用人单位在招聘时，一看是西江大学的文凭就摇头不要，以至于影响到了西江大学的正规文凭，害得校长辞了职。

你认为高校还有哪些腐败行为，应采用哪些措施防范贪污腐败的产生？

第二章　风险应对策略与实施方案

风险应对策略与决策包括风险应对策略的方式、风险应对策略的评价方法、风险应对策略的选择与调整，以及风险应对方案效果的评价等，它是风险应对的核心部分。

第一节　风险应对策略

风险应对策略也称风险应对方式或风险管理工具，是指单位根据自身条件和外部环境，围绕发展战略、风险偏好、风险承受度、风险管理有效性标准等，针对某一风险事项所选用的应对措施。这些应对策略有的可用于机会风险，但多数是针对威胁考虑的。风险应对策略包括风险保留、风险规避、风险转移、风险利用、风险抑制与控制、风险应对组合观，如图 2-1 所示。

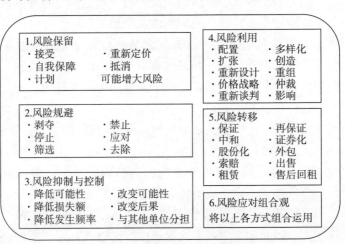

图 2-1　风险应对策略

一、风险保留

风险保留又称风险接受，是指单位自己承担某一特定风险损失。当某种风险不可避免或因冒风险可获厚利时，由单位自己保留承担的风险。风险保留按照处理的顺序和情况，可分为主动保留和被动保留两种。

单位使用这种策略需要自行承担风险发生后的损失，并要求能够获得足够的资金来置换受损的财产，满足责任要求的赔偿，以维持单位的经营。

（一）风险保留条件

一般情况下，单位遇到下列情形时可以采用保留风险策略：

（1）接受管理风险的费用比采取其他策略的附加费用低。

（2）预测的最大可能损失比较低，而这些损失是单位在短期内能够承受的。

（3）单位具有自我保险和控制损失的优势，一般来说，单位每年接受管理的风险最高额为单位当年税前收入的5%左右，超过这个限度就不宜采取保留风险策略。

按照风险接受程度，保留风险方式可以分为全部保留风险和部分保留风险。全部保留风险是单位主动采取决策，全部承担某个项目可能出现的损失，并拥有充分的财力应对损失的发生；而部分保留风险是指根据单位的实际情况，决定部分担负可能面临的风险损失。

（二）风险保留处置策略

风险保留的处置策略有以下几种：

（1）将损失摊入经营成本，即将发生的损失计入当期损益。它通常适用那些损失频率小、损失程度较低的风险，或损失频率高但损失程度低的风险。这些风险通常被单位视为摆脱不掉或不可避免的风险损失。

（2）建立意外损失基金。意外损失基金又称自保基金或应急基金，是单位根据风险评估所了解的风险特征，并根据单位本身的财务能力，预先提取用以补偿风险事件损失的一种基金。它通常适用于处理风险损失较大、无法摊入经营成本的风险损失。这种做法的优点是可以节约附加保费、获取投资收益、降低道德风险和理赔迅速；其缺点是受自保基金规模限制，可能发生财务周转困难或应急基金不足。

（3）建立专项基金，即针对可能发生的各项损失风险，根据不同用途设置的专项基金，如意外损失基金、设备更新基金等。它要求单位每年从资金中提取一定数额，形成这些基金。采取这种方法，单位可以积累较多的基金储备，形成一定的抗风险能力。但是，专项基金的管理成本比较高，管理不好会引发挪用资金等问题。

（4）从外部借入资金。当单位无法在风险发生后，从内部筹措到足够的资金时，可以选择从外部借入资金，弥补风险事故带来的损失。单位可以与金融机构达成应急贷款和特别贷款协议。当某些风险事故发生概率比较小且损失未发生时，签订应急贷款协议具有优势。当重大损失发生后，单位无法从内部筹措到资金时，只能向外部金融机构申请特别贷款。金融机构批准这两种特别贷款的条件较高，都要求单位具有较强的竞争优势、资信状况较好、偿还贷款的能力较强等。尤其是特别贷款，要求条件会更加苛刻。例如，要求单位在未来一段时间内有条件偿还贷款，提供质押担保或第三方担保等，获得贷款很不容易。

（5）除了筹措资金提高单位自身的抗风险能力以外，单位还可以通过以下两种方法自留风险：

一是套期保值。单位运用金融协议，通过持有一种资产来冲销另一种资产可能带来损失的风险。套期保值的典型应用是抵消价格损失的风险，单位需要的某种资产可能与单位拥有的另一种资产的价格呈负相关。例如，如果煤炭公司的股票收益与火力发电单位的股票收益呈负相关，投资单位可以利用这种负相关，在持有电力公司股票的同时持有燃料公司的股票，这样就可以消除煤炭价格变动给投资者带来的收益减少的风险。这两种股票收益变动的风险就可以通过同时持有这两种股票来抵消。

二是设置专业自保公司。比较正规的接受管理风险的策略一般是完全按照保险的机制来运行的，即自我保险。其中，尤其以面临风险的单位设置专门的分支机构来作风险的自我保险最为正规，这样的专门分支机构就是专业自保公司。

专业自保公司是由母公司设立并受母公司控制的实体，其存在的目的就是为母公司提供保险。由于单位利用传统保险时可能会遇到一些困难，如有些情况下无法得到保险，或者获得传统保险成本太高等，这时就需要单位自己设立专业自保承担公司。同时，做得好的自保公司也可以通过对外提供保险为母公司创造利润。目前，自保公司大多由大单位举办，主要集中在能源、石化、采矿、建筑材料等行业。但仍需要注意的是，与保险公司相比，专业自保公司也具有接受业务有限、业务来源不稳定、经营规模较小、不易引入专业人才等局限性。

（三）风险保留优缺点

1. 优点

（1）成本较低。从长远看，保险费等其他费用总金额可能会超过平均损失。以保险来说，其费用中除了必须包含补偿损失所需的费用外，还包括保险公司的运营成本以及利润和各种税收。因此，在保险费中只有一部分是用来补偿损失的，而另一部分则是保险公司的各种成本和税收。显然，接受风险可以使单位直接避免许多费用的支出。

（2）控制理赔进程。单位可以通过采用接受风险策略来控制理赔进程。在许多情况下，保险公司复杂的理赔过程以及赔偿数额不能使单位满意，而其理赔工作又常常不及时，单位的损失不能得到赔偿，影响单位恢复生产的进程。

（3）提高警惕性。在采用接受风险策略的情况下，单位更注重损失控制会尽可能减少损失发生的频率和损失的严重程度。单位一旦决定自己控制风险，由于经济利益关系，就必须以高度的警觉来实施这一计划，注重风险管理的教育与培训；相反，在采用购买保险等其他策略的情况下，单位往往不注意用控制的手段防范风险。

（4）有利于货币资金的运用。与购买保险相比，对于单位来说，如果不发生损失事件，就丧失所缴纳保险费用的所有权和使用权；而即使发生损失事件，单位获得经济赔偿，也会在一定的策略下，可以使这笔资金得到较好运用。虽然在损失发生之前，需要准备一定数量的货币资金，但可以不必支付这笔资金。在一定时间一定程度上，单位可以灵活运用这笔资金，获得一定效益。

2. 缺点

（1）可能的巨额亏损。在特殊情况下，如发生巨灾等，采用接受风险策略可能会使单位面临承担巨额的风险损失，以致危及单位的生存和发展。这说明，接受风险策略只适用于风险保持在一定限度内的情况，超过则会给单位带来不利的后果。

（2）可能更高的成本费用。在采取接受风险策略下，单位往往需要聘请专家进行指导和评估，在某种情况下，可能会比采用其他策略支出的费用更多。同时如果采用购买保险的策略分散风险，保险公司可以将各种费用在很多投保公司之间分摊，具体到每家保险公司的部分不可能很多。如果仅仅依靠单位自身的力量，其费用开支就远比保险公司大得多。因此，在某些情况下，接受风险的费用开支可能比其他策略更高。

（3）获得服务种类和质量的限制。由于单位自身实力有限，当采用风险自留策略时，本来由保险公司提供的一些专业化服务就失去作用。当然，风险可以通过另外单独向保险公司或其他专业性风险管理公司购买，但在决策时，单位应考虑这些费用的多少。

（4）可能造成员工关系紧张。如果单位自己安排某些风险预防策略，例如，为单位职工安排福利补偿问题，无论如何处理，在很多情况下都会有员工认为不公平，造成单位与员工、员工与员工之间的关系紧张，影响单位组织工作的效率和对外形象。如果通过单位外部保险公司来处理，则会避免此类情况的发生。

二、风险规避

风险规避也称风险避免，即选择放弃、停止或拒绝等策略处理面临的风险事项。例如，采取终止交易、减少交易量、放弃交易或离开市场等策略避免风险的发生。

风险规避是各种风险应对策略中最简单也是最消极的一种方法。其结果是，风险规避措施对风险损失的可能性消除了，但可能的好机会也丧失了。例如，2015 年对某国有大型单位的销售风险进行考察，发现由于多年来受"三角债"困扰，流动资金严重不足，而且发生大量坏账，为避免坏账、呆账损失，采用风险规避策略——不予赊销。这种措施确实避免了呆账、坏账的发生，但却失去了客户。在市场竞争条件下，你不赊销就有人赊。"抽刀断水水更流"，结果很快就出现了很大的问题。如果要重新建立客户关系，需要付出很大的努力。对个别客户可以采用此办法，但不适宜对全部客户都采用此办法。

（一）风险规避的条件

采取风险规避策略，必须考虑以下条件：

（1）风险不可避免。欲避免某种风险也许是不可能的。

（2）经济上划算。采用规避风险的策略最经济，可能未来收益大于控制成本。

（3）防范副作用发生。例如，避免一项风险可能产生另外新的风险，如赊销的问题。基于以上分析，适合风险规避策略的情况有以下两种：一是某种特定风险所致的损失概率和损失程度相当大；二是采用其他风险处理方法的成本超过其产生的效益。

（二）风险规避的策略

单位应该在适当的时候调动自己能动性，采取以下几种风险规避策略：

（1）完全拒绝承担，即通过评估后，单位直接拒绝承担某种风险。例如，2003 年，大连华泰用品有限公司突然增加了进货金额，同时出现回款不及时的现象。澳大利亚 AFV 公司即委托华夏信用调查公司对其进行信用调查，发现大连华泰用品有限公司虽然是合法存在的法人实体，但长期经营混乱。通过对该公司的相关财务资料进行分析，澳大利亚 AFV 公司发现单位的偿债能力很弱，与其开展业务存在很大的经营风险。据此，澳大利亚 AFV 公司立即终止与大连华泰用品有限公司的合作，避免承担可能带来更大损失的风险。

（2）逐步试探承担，即通过评估发现，进行某项经营活动一步到位的风险太大，单位难以承担，此时采取不与风险正面冲突，运用分步实施的策略，则可以回避一部分风险，也可以使得单位有机会、有时间，待竞争能力和抗风险能力增强后再进行此类经营活动。例如，梧州电子仪器厂在开发生产接高频插件时，面临多种策略选择：如果从日本引进全套设备，需投资 800 万元，这对当时仅有百人小单位的微薄财力来说是无能为力的。若借款引进设备，稍有差池，则会使单位承担巨额债务，甚至导致破产。于是该厂采用逐步试探策略，先用200万元引进散件和后道工序设备，待收回投资后再成套引进，结果使新产品获得成功。这说明单位财力有限，不能一步到位实现投资时，可以采取分步实施的策略避免风险。

（3）中途放弃承担，即进行某项经营活动时，外在环境变化等原因使得单位中途终止承担此项风险。

【例2-1】凯马特（Kmart）成立于1897年，是美国第二大零售商，也是美国历史最悠久的零售商之一，但2002年1月22日正式申请破产保护，从而成为美国历史上根据《破产法》第11章提出破产保护的最大零售商。导致凯马特破产的原因之一是忽略了外部技术环境变化。凯马特不愿把资金投在现代信息技术上，在信息系统建设上行动迟缓，如在跟踪销售和订货系统上。1983年，沃尔玛的64家商店已有22家在使用计算机系统时，凯马特还在让公司的673家商店经理手写订货簿，然后每天以发货清单的形式寄往总部；在建设收款机扫描系统上，为节约资金，公司把一套系统嫁接到旧的设备和软件上，结果无法运转，1987年后虽重新实施，但公司并没有迅速有效地使用所收集的数据，员工缺乏库存控制方面的训练和技能，商店经理拒绝计算机和程序操作，多数采购员不愿利用电脑输入价格、查询价格、订货、记账等，甚至坚持"秘密记账"的方法。不能及时有效地利用信息技术促进公司核心竞争力的建立，成为凯马特在与沃尔玛较量中失败的关键因素。

（三）风险规避优缺点

1. 优点

（1）单位可以有效规避可能遭受的风险损失。采取此种策略在风险还没有发生时就可以将其消除掉。

（2）单位可以将有限的资源应用到风险效益更佳的项目上，这样就可以节省单位资源，减少不必要的浪费。

2. 缺点

（1）虽然单位可以主动放弃对风险的承担，但这也是无奈的选择，风险规避同时也意味着经济收益的丧失。

（2）由于风险时时刻刻都存在，所以绝对的风险回避是不大可能实现的，而且过度回避风险也会使单位丧失驾驭风险的能力，降低单位的生存能力。

（3）不适用。所以此项策略一般适用于在某项工作的计划阶段确定，以避免投资失误或者中途改变工作方案造成的经济损失。

（4）风险回避必须建立在准确的风险识别的基础上，而单位的判断能力是有限的，对风险的认识总会产生偏差，因而风险回避并非总是有效的。

三、风险利用

风险利用是把风险损失当作机遇，利用运营中的困难通过风险战略，开拓市场，实现更大的战略目的。风险利用是最为积极的风险应对战略，它对于培养经理人风险偏好、建立单位文化有重要意义。

海尔集团正是利用劣质冰箱的风险事件，引以为戒，把单位做大做强，建立起令世界瞩目的海尔文化。

（一）风险利用策略

风险利用的策略有配置（Allocate）、多样化（Diversity）、扩张（Expand）、创造（Create）、重新设计（Redesign）、重新组织（Reorganize）、价格杠杆（Price）、仲裁（Arbitrage）、重新谈判（Renegotiate）、影响（Influence）等。

（1）配置。通过增加或更换新的技术设施、人力资源或管理系统，使原来的系统发挥更大的效能。

（2）多样化又叫多元化。利用资源优势，开拓市场，以纵向或横向为方向，开发产品，多元化经营。

（3）扩张。企业为抢占市场或为获得财务的利益，有效利用资源，通过吸收合并、创立合并、控股合并等形式投资，实行战略扩张。

（4）创造。这是一种前瞻性风险管理战略。在单位产品的生命周期刚进入成长期不久，便利用技术和资源优势，设计新颖产品，引导消费者需求。

（5）重新设计又叫流程再造，是对单位流程根本性的再思考和重新设计，从而使成本、质量、服务和反应速度等具有时代特征的关键指标获得很大的改善。

（二）风险分散策略

在风险利用策略中还可以通过对风险进行分散、分摊以及对风险损失进行控制，也可化大风险为小风险，变大损失为小损失，实现风险控制的目的。

1. 风险分散

风险分散是指单位针对面临的风险事项，划分为若干个风险较小而价值低的独立单位，分散在不同的空间，以减少单位遭受风险损失的程度。其目的是减少任何一次损失发生造成的最大可能损失的幅度。风险分散可以采用的策略有多种，这里主要介绍投资组合策略。

"不要把鸡蛋放在一个篮子里"，单位适度、恰当的投资组合（或项目组合、产品组合）可以降低机会成本并分散单位风险。需要注意的是，投资组合并不能降低单位面对市场的总体风险，只能降低单个投资项目的独有风险。在进行投资组合时，单位需要对可供选择的投资、项目、产品进行评价，如图 2 - 2 和图 2 - 3 所示。

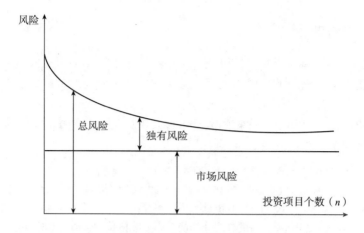

图 2-2　分散风险与投资组合

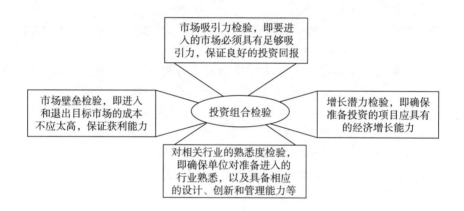

图 2-3　投资组合检验标准分析

需要强调的是，在进行投资组合时，切忌盲目分散投资。将资金投入过多的项目，有可能会使得分给每个投资者项目的资金产生不足，难以保证项目的顺利达成，也相应保证不了投资收益。同时，由于资金的分散也很难使单位产生核心竞争产品，形成不了竞争优势。这种"乱撒胡椒面"的现象不仅不会分散单位的风险，反而会加剧投资风险，造成风险损失。例如，巨人集团盲目追求多元化经营，涉足电脑业、房地产业、保健品业等行业，跨度太大，而新进入的领域并非优势所在，却急于铺摊子，有限资金被牢牢套死，其结果是财务危机拖垮了整个公司。

【例2-2】进入20世纪90年代以后，我国大型肉类加工单位春都集团取得了不错的经营业绩，并迅速发展起来。但其急于把单位做得更大，发展得更快，走上了一条非相关多元化的发展战略。先后投巨资新增了医药、茶饮料、房地产等多个经营项目，导致单位资源分散，新项目与原有核心业务之间资源争夺严重，加重了单位财务负担，竞争优势消失，使单位经营面临极大的困境。

2. 风险分摊

风险分摊是指由于单个单位抗风险能力有限，则选择与多个风险承受单位承担属于某个市场的一定风险，从而降低本单位所承担的风险。由于风险与收益的相互配比，风险分担与收益分摊是相辅相成的。

具体到单个具有一定风险的项目来说，风险分摊最常见的形式是联合投资。通过联合投资协议，投资单位根据各自的情况选择不同的资金进入时期、进入金额条件，在保证投资项目顺利实施的情况下，投资各方在共享收益的同时，分散各自承担的风险，从而达到提高资源利用效率、分担资金风险的目的。同时，可以减少市场上同行业的竞争，从而降低整个领域的非系统风险。

【例2-3】朗新信息科技有限公司是一家从事行业和单位的解决方案与服务的IT单位，Intel、高盛、PSINET和深圳创新科技投资公司联手向其投资取得了巨大成功。其中，Intel在联合投资中充当战略投资者，其作为全球互联网经济的重要推动者，与朗新合作开发了一系列基于Linux的互联网解决方案。高盛公司作为金融投资者和全球著名的投资银行，拥有强大的IT行业分析队伍，为朗新加强财务管理、提高管理水平、了解行业动态、把握技术方向以及寻找行业并购对象提供了强有力的支持。PSINET作为本地投资者和世界著名的专业从事互联网数据中心的公司，与朗新在互联网领域开展广泛合作，为公司开辟业务市场、了解行业动态、寻找合作伙伴提供了帮助。深创投是具有本地背景的大型风险投资公司，熟悉国内资本市场运作模式，为朗新在开拓南方市场、树立境内资本市场形象方面起重要作用。这是提供联合投资来分散风险从而达到"双赢"的典型。

需要注意的是，联合投资的运作实施建立在多家单位合作的基础之上，各个投资单位都谋求以更少的成本获得更多的利润分配，而在合作契约通常不完备的情况下，各个投资主体之间可能会存在利益冲突，出现"搭便车"的情况。例如，联合投资中某一单位付出的努力较少，但按照比例分摊了投资收益，另一投资单位却同时承担了大部分风险。这样会严重打击联合投资人的积极性，不利于发挥联合投资的协同管理效果，也不利于项目的顺利进行，无法实现正常的风险分摊。

3. 备份风险单位

备份风险单位是指单位对维持正常的经营活动所需资源的备份，在原有资源因各种原因不能正常使用时，备份风险单位可以代替原有资产发挥作用。需要注意的是，备份风险单位并没有使原有风险变小，而是重复设置风险或者风险单位的一部分在风险事故发生时使用备份的风险单位。也就是说，备份风险单位可以减少一次事故的损失程度，但并未减少风险损失发生的概率。例如，计算机文件备份并将备份文件隔离存放，有助于减少损失。单位的重要财务资料的缺失，会给单位带来严重的问题和财务风险，备份风险单位可以起到抑制损失的作用。

四、风险转移

风险转移也称为风险分摊，是单位通过契约、合同、经济、金融工具等形式将损失的财务和法律责任转嫁给他人，达到降低风险发生频率、缩小风险损失幅度的目的。风险转移与风险规避相比，它不是通过放弃、中止的方法，而是寻求转移的策略积极防范风险。风险转移与风险抑制与控制相比，它们都属于积极应对风险的控制策略，只是从控制的力量上看，转移风险更注重与单位外部力量的合作来处置风险，而风险控制与抑制在于发挥自身的力量来处置风险；从风险控制手段达到的结果看，风险控制与抑制是通过直接控制手段来防范风险，风险转移则通过间接手段控制风险。

（一）控制型非保险转移

控制型非保险转移是通过契约、合同将损失的财务和法律责任转嫁给他人，从而解除自身的风险威胁。风险转移的形式中，外包、租赁、出售、售后回租等策略属于控制型非保险风险转移。

（1）外包又称转包或分包。转让人通过转包或分包合同，将其认为风险较大的业务转移给非保险业的其他人，从而将相应的风险全部或部分转移给承包人。

（2）租赁。出租人通过合同将有形或无形的资产交给承租人使用，承租人交付一定租金，承租人对所租资产只有使用权。

（3）出售。通过买卖契约将与财产或活动相关联的风险转移给他人。

（4）售后回租。这是集出售和租赁合并操作的风险转移策略。为避免错过市场行情或由于资金紧张将资产整体卖掉，然后租回部分资产。

【例2-4】大连某集团公司2014年3月在大连最繁华地段——天津街开发完成了一个22层的高档房地产项目，由于市场行情特别看好，毛坯房每平方米可以卖到40000元，考虑到另一个房地产项目需要资金，于是公司决定将项目整体卖掉，然后回租1~4层，经营珠宝行、饮食业生意。这样既得到了资金，又占据了有利的商业地段。

（二）财务型非保险转移

财务型非保险转移是利用经济处理手段转移经营风险。风险转移的形式中，保证、再保证、中和、证券化、股份化等策略属于财务型非保险转移。

（1）保证。保证是保证人与被保证人通过某种契约签署的、为使保证人履行相关义务以确保被保证人合法和既得利益的文件，其中有执行合约双方应尽责任的要求，如有违背，保证可能被取消或做相应调整。

（2）再保证。由于事项重大，为使被保证人的利益确实得到保护，在"保证"的基础上，由实力或声望更高的团体或个人通过合约或契约对被保证人所做的承诺。

（3）中和或集合（Combination）。中和是利用套期保值、远期合约等策略将损失威胁与获利机会平衡，通常用于投机风险的处理。

（4）证券化。利用转换债券、双汇率债券等金融工具策略，满足投资人、筹资方利益的需要。这是一种双赢的风险转移。

（5）股份化又叫公司化，实际属于风险的分散（Pooling Segregation Separation Duplication）。通过发行股票的策略，将单位风险转嫁给多数股东，这种操作实际上只是分散原股东的风险，增强了单位抵抗风险的能力，单位的运营风险并未转移。

（三）保险转移

单位对于自身既不能控制或抑制也不能转移的风险，或者根据外部与内部环境的变化对控制效果有一定的担忧，可以采用投保的策略转移风险。

控制型、财务型风险转移与保险型风险转移比较有优点，同时又受相关条件、政策的限制，它的优缺点比较如表 2 - 1 所示。

表 2 - 1　控制型、财务型风险转移与保险型风险转移的比较

风险转移	控制型、财务型	保险型
优点	①适用对象广泛，既可以是纯粹风险，也可以是投机风险；既可以是可保风险，也可以是不可保风险； ②直线成本低； ③操作手法灵活多样	①合同条款经过严密审核； ②保证系数大，重大事项的投保，可能有再保险的保证； ③损失保证相对确定
局限	①由于受让人能力的限制，无论是操作还是面临损失时，都存在一定的不确定性； ②有关法律许可的限制； ③合同条文理解的差异，有时会引起经营效率和效果的问题	①受到合同条款的严格限制； ②费用相对较大

续表

风险转移	控制型、财务型	保险型
使用条件	①应该是以"双赢"为目的的合作关系； ②契约当事人对相关内容必须理解，争取一致； ③受让人有能力并愿意承担财务和法律责任	保险机构规定的业务事项

五、风险抑制与控制

风险抑制与控制是指单位对既不愿放弃又不愿转移的风险，通过查找风险因素借助风险事故形成损失的源头，采取措施改变风险可能性及后果，从而降低损失策略的可能性、频率，缩小损失程度，达到风险控制目的的控制措施与方法。这一系列控制措施与方法统称为单位内部控制制度，或称内部控制系统，如财政部等五部委发布的《企业内部控制基本规则》及 18 项指引。风险抑制与控制是一种积极的风险管理策略。

潜在的风险在一定条件下产生风险事故形成风险后果，影响经营目标。通过风险控制创造条件改变环境，改革工艺、配方或重新配置资源，可以改变风险发生的可能性及影响的后果，从而改变风险性质。

风险控制与抑制的方法有预防性控制、检查性控制、纠正性控制、指导性控制、补偿性控制等。

六、风险应对组合观

近年来，单位越来越多地从整个主体范围或组合的角度考虑风险。管理部门通常所采取的方法是，从各个业务单元、部门或职能机构的角度去考虑风险，让负有责任的管理人员对本单位的风险进行复合评估，以反映该单位与其目标和风险容限相关的剩余风险。通过对各个风险单元的了解，一家单位的高层管理者能够很好地采取组合观来确定主体的风险与其目标相关的总体风险容量是否相称。不同单位的风险可能处于该单位的风险容限之内，但是放到一起后，风险可能超过该主体作为一个整体的风险容限，这种情况下需要附加风险应对，以便使风险处于主体的风险容限内；相反，主体范围内的风险可能自然地互相抵消，这样整体风险就在主体的风险容量之内，不需要另外的风险应对。

【例 2-5】制造业公司通常对经营性盈利目标采取风险组合观。

管理部门采用通用的事项类别来获取各个业务单元的风险。接下来按照类别和业务单元编制成图（见图 2-4），来说明用一个时间范围内的频率来表示的风险可能性，以及对盈利的相对影响。其结果是对公司所面临风险的一个复合性或组合的观点，管理部门和董事会据此考虑风险的性质、可能性和其相对大小，以及它们可能对公司的盈利产生怎样的影响。

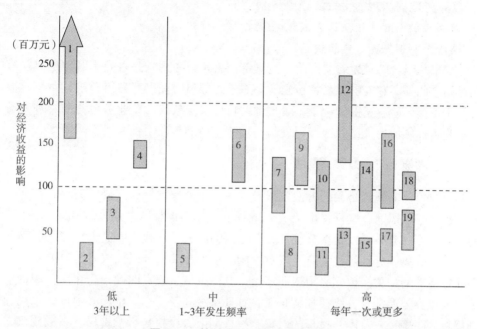

图 2-4　某制造企业的风险组合观

风险事项类别如下：

（1）资本使用权：业务单元得不到充足的资金。

（2）供应商的有效性：供应商没有根据约定交货。

（3）流程的效率：尽管流程是有效果的，但还不能说是高效率。

（4）流程的有效性：流程没有那么有效，导致有缺陷的产品出现。

（5）诉讼：召回和集体诉讼的风险。

（6）资产管理：资产管理不完善，造成损失。

（7）市场需求：不能满足客户需求。

（8）知识产权：专利侵权或研发泄露的影响。

（9）领导：正确地管理单位，做出有效的决策。

（10）监管：内部控制规范、道德与政府合规。

（11）系统：升级，加强。

（12）集中：集中（如客户、产品类别、地域等）的有效性。

（13）竞争：新的低成本竞争者。

（14）相关性：业务单元之间。

（15）经济：市场需求，价格变动。

（16）员工安全：职业安全健康。

（17）政府法规：出台新法规。

（18）员工能力技能：失去关键员工。

（19）资料保密：信息资料丢失。

如果从组合的角度看待风险，管理部门就可以考虑它是否处于既定的风险容限之内。此外，它能够重新评价它所愿意承担的风险类型。在组合观显示风险显著低于主体风险容量的情况下，管理部门可以决定鼓励各个业务单元的管理人员去承受目标领域更大的风险，以便努力增进主体的整体增长和报酬增加。

七、其他风险应对策略

行政单位的职责是受托行使公权力，为防止公务人员利用授予的权力徇私舞弊、搞腐败的风险，文件提出了"分事行权、分岗设权、分级授权和定期轮岗"的应对策略。分事行权是指对经济和业务活动的决策、执行、监督，必须明确分工、相互分离、分别行权，防止权责混淆、权限交叉；分岗设权就是对涉及经济和业务活动的相关岗位，必须依职定岗、分岗定权、权责明确，防止岗位职责不清、放权界限混乱；分级授权就是对各管理层级和各工作岗位，必须依法依规分别授权，明确授权范围、授权的对象、授权期限、授权与行权责任、一般授权与特殊授权界限，防止授权不当、越权办事；定期轮岗是对重点领域的关键岗位，在健全岗位设置规范岗位管理、加强岗位胜任能力评估的基础上，通过明确轮岗范围、轮岗条件、轮岗周期、交接流程、责任追塑等要求，建立干部交流和定期轮岗制度，不具备轮岗条件的单位应当采用专项审计等控制措施，对轮岗后发现其在原工作岗位存在失职和违法违纪行为的，应当按国家有关规定追责。

当前企业面临的风险是信用风险、弄虚作假、欺诈等，对市场正常秩序造成极坏影响。如何应对，理论上好讲，实践中难以做到，需要企业自己摸索办法。

在实践中，企业通常是在遇到风险后才去分析产生风险的原因，然后寻找应对风险的方法和措施。如美国突然提高进口关税，这时出口产品企业就需要研究应对措施，通常对策是用"一病多药"的办法进行应对，以减少风险损失。在经营中诸如此类的风险还有外汇汇率变动带来风险、境外工程出现风险、垮国经营风险、材料涨价成本提高风险、人才流失风险、环境污染风险等，当这些风险出现时都需要采用多种应对风险的措施及策略。

总之，风险应对策略的选择，必须依据控制对象的性质、目标及要求来选择。

第二节　风险应对策略的评价与选择

一、评价与选择风险应对策略方法

评价与选择风险应对策略的方法是风险应对决策中所运用的技术与技巧。这些技术与技巧在风险应对决策中运用，可以有效地提高风险管理者驾驭风险的本领，提高风险决策的效率和效果，有效防范风险决策中出现的偏差和失误。常用的评价方法如下：

（一）风险过程决策顺序图评价法

风险过程决策顺序图评价法是指为了完成某项任务或者达到某个目标，在制订行动计划或进行方案设计时，预测可能出现的障碍和可能出现的后果，相应地提出多种应变计划，这样，在计划执行过程中遇到不利的情况时，仍可按照第二方案、第三方案或者其他方案进行，以便达到预订的目标。

在确定风险应对措施时，风险管理者可能未将所有可能发生的风险事故全部考虑进去。虽然编制了"风险控制清单"，但是，随着风险应对方案的实施，原来没有考虑到的风险可能会逐步暴露出来，或者原来没有想到的办法、措施与方案已经逐步形成。这时必须根据新的情况，重新考虑风险应对措施及方法，增加新的方案和措施，修订原来已经做出的有背现实的决策。

【例2-6】现以大华风险投资公司资金保值增值的投资风险应对决策管理为例，分析风险过程决策顺序，简述如图2-5所示。

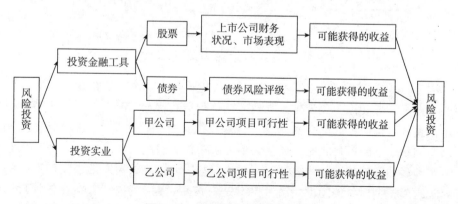

图2-5　投资风险过程决策顺序

从图 2-5 可以看出，风险投资过程中面临的风险多种多样，需要决策者综合考虑投资管理过程中可能面临的各种风险，并提供风险过程决策管理的技术与方法。该方法的优点如下：

（1）可从全局而不是局部掌握风险决策系统的状态，从而做出全局性的决策，避免某一过程的决策与整个系统的决策相矛盾。

（2）可按照时间的先后顺序掌握风险系统的进展状况，观察风险系统的变化，预测整个系统可能发生的重大事故，以便及时选择适当的风险对策。

（3）可发现风险管理的问题。在密切注意风险系统进展的同时，能够发现产生风险的状态和原因，以便采取适合的风险管理决策。

（4）可发现未曾注意的风险因素，可不断地补充、修改以往的风险管理决策措施，使风险管理决策更适应风险管理实务发展的需要。

（二）风险应对决策树图评价法

决策树图评价法是风险应对决策的重要分析方法之一。它是将风险管理目的与可供采取的各种措施、手段和可能出现的概率，以及可能产生的效果系统地展开，绘制成决策树图，寻找最佳的风险管理措施和手段。

应用决策树分析多级决策可以达到层次分明、直观易懂、计算手续简便的目的。

1. 决策树的结构

决策树是由方块和圆圈为节点，通过直线连接而形成的状态像树枝似的结构，如图 2-6 所示。

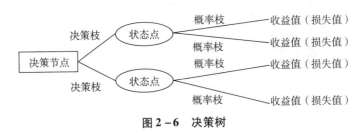

图 2-6　决策树

图 2-6 中的方块节点成为决策点，由决策点画出若干条直线，每条直线代表一个方案，故又称为决策枝。圆圈节点代表自然状态的节点，从这个节点引出若干条直线，构成不同的自然状态，这些直线又称为概率枝。在概率枝的末端，列出不同状态下的各自收益值或损失值。决策树一般由于问题较多，而且具有多种方案和多种自然状态的风险情况下的决策；因此，决策树图形由左向右、由简而繁地组成一个树状的图形。决策树不仅能够表示不同的决策方案在各种自然状态下的结果，而且能够显示出决策的全过程；决策树的结构形象、思路清晰，是帮助决策者进行决策分析的有力工具。

2. 决策树的种类

（1）单阶段决策树。单阶段决策树是指需要决策的事件，只需要一次决策活动，就可以选择理想的决策方案，从而达到风险管理的决策目的。

【例 2 - 7】某公司投资某一项目设计了两套建设方案，一套方案是投资建立一家大厂，预计需要投资 300 万元；另一套方案是投资建立一家小厂，预计需要投资 140 万元。两套建设方案的使用期约为 10 年，估计在使用期内，产品销路好的可能性是 0.8，销路差的可能性为 0.2，两个方案的年度利润值如表 2 - 2 所示。

表 2 - 2　两种投资方案下年度利润值

投资方案	销路好	销路差
	80%	20%
建大厂的利润（万元）	100	-10
建小厂的利润（万元）	40	20

根据投资方案可以画决策树图，如图 2 - 7 所示。

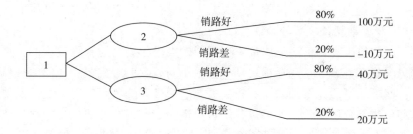

销路好　　80%　　100万元

销路差　　20%　　-10万元

销路好　　80%　　40万元

销路差　　20%　　20万元

图 2 - 7　单阶段决策树

根据决策树图，确定不同投资方案可能获得的预期利润值，其结果如下：

建大厂预期的利润值：$0.8 \times 100 \times 10 + 0.2 \times (-10) \times 10 - 300 = 480$（万元）

建小厂预期的利润值：$0.8 \times 40 \times 10 + 0.2 \times 20 \times 10 - 140 = 220$（万元）

根据计算处理的预期利润值的对比可以看出，投资建大厂可以获得 480 万元的利润，而建小厂仅可获得 220 万元的利润。因此，投资建大厂是最优方案，可以放弃投资建小厂的方案。

（2）多阶段决策树。如果所需要解决的问题不止一个，而需要一系列决策活动，才能选出最优方案，达到最后决策，此时就用多阶段决策树。

在风险管理决策过程中，为了达到某种风险管理目的，需要选择某一种手段；而为了采用这一手段，又需要考虑下一级的相应手段，这样，上一级手段就成为下一级手段行动的目的（见图2-8）。采取这种策略，将要达到的目的和所需手段的顺序层层展开，直到可以采取措施为止，并绘制成树状图，这就是多阶段决策树。

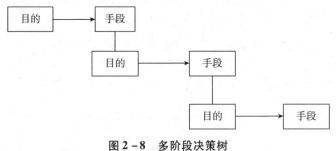

图2-8　多阶段决策树

3. 风险应对决策树图法的评价

决策树风险应对决策方法可以把需要决策的全部解决方案及过程，以及可能出现的各种风险状态，都形象地展示在全部的决策过程中。使用决策树决策问题，思路清晰，逻辑性强，特别是针对复杂问题的多阶段决策，能够使风险管理决策的各阶段明晰、层次分明，便于决策单位集体讨论，做出较为正确的符合实际的决策。可见，决策树是风险管理决策人员进行决策十分有效的决策工具。

（三）损失期望值决策评价法

损失期望值决策评价法是以损失期望值的大小作为风险管理决策的依据，在较多的风险处理方案中，选择损失期望值最小的风险应对方案。任何一种风险管理应对方案都不可能完全消除所有损失，要选择最佳的风险应对方案，需要进行损失期望值决策分析评价，然后进行取舍决策。

【例2-8】如某供电公司变电所面临雷击风险。该供电所价值1000万元，其中可保价值750万元（已扣除土地及地基价值250万元）。假定雷击发生，必导致变电所全毁，同时引起间接损失280万元。针对这一情况，风险管理者拟定三个风险管理方案。

（1）风险自留。风险损失全部由单位自行承担。

（2）风险自留与风险控制。通过安装防范损失装置需支出100万元。预计可使用10年，安装措施后，损失可下降1/3，间接损失下降1/2。

（3）购买保险，保险费每年6万元。

解：建立损失矩阵。

第一种方案，如果雷击发生，则损失750万元全部自留，不可保的间接损失280万元，合计1030万元；如雷击不发生，则无任何损失。

第二种方案，如果雷击发生，自留损失500万元，预防设备损失100万元，间接损失140万元，合计740万元；如果雷击不发生，则仅支付预防设备折旧费

10 万元。

第三种方案，如果雷击发生，则有间接损失 280 万元，保险费支出 6 万元，合计 286 万元；如果雷击不发生，则仅支付保险费 6 万元。

根据以上分析，可建立损失矩阵，如表 2 - 3 所示。

表 2 - 3　不同风险应对决策方案　　　　　　　　单位：万元

方案	可能结果		
	发生雷击的损失		不发生雷击的损失
1. 自留风险、不采取风险管理措施	可能损失	750	0
	未投保导致的间接损失	280	
	总损失	1030	
2. 自留风险、采取风险管理措施	可能损失	500	10
	未投保导致的间接损失	140	
	安全措施成本	100	
	总损失	740	
3. 买保险	未投保导致的间接损失	280	6
	保险费	6	
	总损失	286	

方案选择：

根据以上损失矩阵，需要确定选择原则，这种原则按照损失概率能否确定分为两类。

第一类：在损失概率无法确定的情形下，有两种原则：一是最大最小化（Minmax）原则；二是最小最小化（Minmin）原则。

（1）最大最小化原则又称大中取小原则，即风险管理决策者以风险的最大潜在损失中的最小损失者为选择的最佳方案，所谓最大潜在损失，是指风险事故发生所导致的最坏的损失后果。风险管理者运用这种原则，是为预防可能发生的最坏损失。对于【例 2 - 8】，如果按照最大最小化原则，那么方案三即购买保险便是最佳方案，因为三种方案的最大潜在损失分别为 1030 万元、740 万元和 286 万元。需要指出的是，这种原则过于保守，由于保险费总是最大可保损失的很小一部分，因而依照这种原则选择则往往导致购买保险。所以，也有人认为，采用最大最小化依照的风险管理者属于悲观主义者。

（2）最小最小化原则又称小中取小原则，即风险管理决策者以风险的最小潜在损失中的最小损失者为最佳方案。所谓最小潜在损失，就是在最有利情形下的损失和费用，通常为风险事故不发生的情况。采用最小最小化原则的风险管理者属于乐观主义者，他们常常乐于选择最能节约费用支出和最能减轻风险负担的方案，因而风险自留方案总是被选用。在【例2-8】中，三种方案的最小潜在损失分别为0元、10万元、6万元，最小者为0元，即选择风险自留这一方案为佳。

我们可以看到，用这两种原则选择风险处理方案都是有明显缺陷的。因为这只是考虑两种极端的情形，或者是出现最有利的情形，或者是出现最不利的情形，前者过于悲观，后者过于乐观。因此，这两种原则都有很大的局限性。

第二类：在损失概率能够确定的情形下，风险管理者可将风险损失与损失概率结合起来，进行选优，具体选择时也有两种原则。

（1）最可能发生的损失最小者为最优。在这种原则下，如果知道风险损失的可能性大于不发生损失的可能性，风险管理者选择投保，否则就选择自留。然而，绝大多数情形下，可保损失发生的概率不会超过1/2，故按照这种原则，人们往往会选择自留。但是，有的损失虽然发生的可能性很小，可是一旦发生，其后果将是灾难性的。因而，许多人是不用这一原则的。

（2）损失期望值最小者为最优。这是最为常用的决策原则，也是本节讨论的重点。在这一原则下，风险管理者谋取损失期望值最小。

【例2-9】在【例2-8】中，假定雷击发生的概率为5%，但是如果安装损失预防设备后其发生的概率降为3%，试按损失期望值原则进行决策分析。

解：根据【例2-8】中的损失矩阵，我们可以算出各方案的损失期望值：

（1）风险自留：

$$E_1 = 1030 \times 5\% + 0 \times 95\% = 51.5 \text{（万元）}$$

（2）风险自留与风险控制结合：

$$E_2 = 740 \times 3\% + 10 \times 97\% = 31.9 \text{（万元）}$$

（3）购买保险：

$$E_3 = 286 \times 5\% + 6 \times 95\% = 20.0 \text{（万元）}$$

这里 $E_3 < E_2 < E_1$，按照损失期望值最小原则，方案三为最佳。

需要指出的是，前面的讨论中，我们没有考虑税负因素，也没有考虑由不确定性引起的忧虑价值以及决策者的风险偏好，因而具有片面性。

（四）效用分析评价法

效用分析评价法是通过对风险处理方案效用损失的分析评价后再进行风险应对决策的方法。

效用可以解释为人们由于拥有或使用某资源而产生的心理上的满足及满足程度。在经济社会中，同样数量的损失给穷人带来的艰难和困窘将远大于对富人的影响，从而在不确定条件下的决策必然与决策人的经济实力、风险偏好产生不可割裂的关系，效用分析评价法为确定条件下的决策提供定量分析的工具。

效用分析评价法认为，人们经济行为的目的是从增加货币量中取得最大的满足程度，而不仅是取得最大的货币数量。

损失期望值决策评价法是不考虑风险决策者的风险偏好及条件的，这是它不足的一面。效用分析评价法用于风险管理决策时，正好可以弥补这一不足。事实上，期望值原则是效用分析评价的一个特例，当效用函数是收益的线性变换时，效用分析与期望值原则有相同的选择性，这一点很容易证明。设效用函数 $U(w)=aw+b(a>0)$，X、Y 是两个备选方案，如根据效用理论 X 优于 Y，即：

$$E\left[U\left(X\right)\right]>E\left[U\left(Y\right)\right]$$

从而

$$aEX+b>aEY+b$$

于是有 $EX>EY$，这表明根据期望值原则也有 X 优于 Y。

效用理论用于一般的决策时，常常以收益效用最大者为最优。但在风险应对决策中，主要是根据风险损失的比较，损失越小越好，往往很少从风险收益方面考虑。因此，习惯上定最小损失的效用值为0，定最大损失的效用值为1，并以损失效用值最小的备选方案为最优。于是关于效用曲线的类型与前面所述也会出现相反的情形。如图2－9所示，第一类为保守型（A型，下凸），此类决策者对损失反应比较敏感而对收益反应比较迟缓，因而愿意支付高于损失期望值的费用作为转移风险的代价；第二类为中间型（B型，直线），这类决策者认为收益值的增长与效用值的增长成比例关系，通常愿意支付等于损失期望值的费用作为转移风险的代价；第三类为冒险型（C型，上凸），这类决策者对于损失的反应比较迟缓，而对于收益的反应则比较敏感，常常愿意支付低于损失期望值的费用作为转移风险的代价。

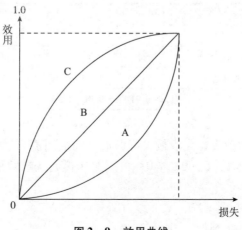

图2－9　效用曲线

以效用理论进行风险应对决策时，其主要步骤如下。

（1）确定效用函数（曲线）或效用值表。

（2）计算各备选方案中有关损失额的效用值，设损失额为 L，其效用值为 U (L)，效用函数值表中与 L 相邻的两个损失额为 L_1 和 $L_2 (L_1 < L < L_2)$，效用值分别为 $U(L_1)$ 和 $U(L_2)$，则

$$U(L) = U(L_1) + \frac{L - L_1}{L_2 - L_1} \times [U(L_2) - U(L_1)]$$

（3）计算各备选方案的损失效用期望值。

（4）在各备选方案中选择损失效用期望值最小作为最佳方案。

【例 2 - 10】某单位有一面临火灾风险的建筑物，其最大可保损失为 100 万元，设其无不可保损失。风险管理者经过衡量，得到该建筑的火灾损失分布如表 2 - 4 所示。

表 2 - 4　某单位火灾损失分布

损失金额（万元）	0	0.5	1	10	50	100
概率	0.8	0.1	0.08	0.017	0.002	0.001

现已拟定处置火灾风险的备选方案有三个：一是完全自留；二是部分投保部分自留，计划购买保额 50 万元，需付保费 0.64 万元；三是全部投保，需付保费 0.1 万元。试对三方案比较并做出决策。

解：根据题意，可建立损失矩阵，如表 2 - 5 所示。

表 2 - 5　风险损失矩阵

	损失金额（万元）	0	0.5	1	10	50	100
	发生概率	0.8	0.1	0.08	0.017	0.002	0.001
备选方案	完全自留（万元）	0	0.5	1	10	50	100
	部分投保、部分自留（万元）	50.64	50.64	50.64	50.64	50.64	50.64
	完全投保（万元）	0.71	0.71	0.71	0.71	0.71	0.71

为建立效用函数值表，先设最大可保损失的效用值为 100，无损失的效用值为 0，即 $U(100) = 1$，$U(0) = 0$，再用对比提问法求效用函数的其他各有关值。根据公式：

$$U(x_1) + U(x_3) = 2U(x_2) \qquad (x_3 < x_2 < x_1)$$

向决策者询问其主观偏好。

（1）假若问："如果 $x_1 = 100$，$x_3 = 0$，那么 x_2 取何值时上式成立？"

答："$x_2 = 60$"，则 $U(60) = 1/2(1+0) = 1/2$。

（2）假若问："如果 $x_1 = 60$，$x_3 = 0$，那么 x_2 取何值时上式成立？"

答："$x_2 = 40$"，则 $U(40) = 1/2(1/2+0) = 1/4$。

（3）假若问："如果 $x_1 = 40$，$x_3 = 0$，那么 x_2 取何值时上式成立？"

答："$x_2 = 20$"，则 $U(20) = 1/2(1/4+0) = 1/8$。

（4）假若问："如果 $x_1 = 20$，$x_3 = 0$，那么 x_2 取何值时上式成立？"

答："$x_2 = 12$"，则 $U(12) = 1/2(1/8+0) = 1/16$。

如此继续下去，我们可以得到效用函数值表，如表2-6所示。

表2-6　效用函数值表

损失 x（万元）	效用值 $U(x)$	损失 x（万元）	效用值 $U(x)$
100	1	1	1/128
60	1/2	0.8	1/256
40	1/4	0.7	1/512
20	1/8	0.6	1/1023
12	1/16	0.5	1/2048
8	1/32	0	0
3	1/64		

据此，我们可以给出效用曲线，如图2-10所示。

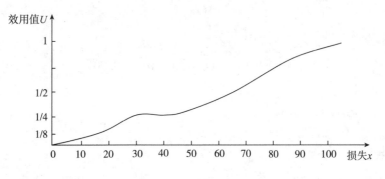

图2-10　效用曲线

由图2-10可以看出，此决策者属于保守型。

接着计算各方案损失效用的期望值。

方案一：完全自留风险。因为：

$U(0) = 0$

$U(0.5) = 1/2048$

$U(10) = U(8) + [U(12) - U(8)] \times \dfrac{10-8}{12-8} = 1/32 + 2/4 \times (1/16 - 1/32) = 3/64$

$U(50) = U(40) + \dfrac{50-40}{60-40} \times [U(60) - U(40)] = \dfrac{1}{4} + \dfrac{10}{20} \times \left(\dfrac{1}{2} - \dfrac{1}{4}\right) = 3/8$

$U(100) = 1$

所以，此方案的损失效用期望值为：

$$U(M_1) = 0 \times 0.8 + \dfrac{1}{2048} \times 0.1 + \dfrac{1}{128} \times 0.08 +$$

$$\dfrac{3}{64} \times 0.017 + \dfrac{3}{8} \times 0.002 + 1 \times 0.001 = 0.00322$$

方案二：部分投保、部分自留。由于：

$$U(0.64) = U(0.6) + \dfrac{0.64-0.6}{0.7-0.6} \times [U(0.7) - U(0.6)]$$

$$= \dfrac{1}{1024} + \dfrac{0.04}{0.1} \times \left(\dfrac{1}{512} - \dfrac{1}{1024}\right)$$

$$= \dfrac{7}{5120}$$

$$U(50.64) = U(40) + \dfrac{50.64-40}{60-40} \times [U(60) - U(40)]$$

$$= \dfrac{1}{4} + \dfrac{10.64}{20} \times \left(\dfrac{1}{2} - \dfrac{1}{4}\right)$$

$$= \dfrac{383}{1000}$$

因此方案二的损失效用期望值为：

$$U(M_2) = U(0.64) \times (0.8 + 0.1 + 0.08 + 0.017 + 0.002) + \dfrac{383}{1000} \times 0.4001$$

$$= \dfrac{7}{5120} \times 0.999 + \dfrac{383}{1000} \times 0.0001$$

$$= 0.00175$$

方案三：全部投保。由于：

$$U(0.71) = U(0.70) + \dfrac{0.71-0.7}{0.80-0.70} \times [U(0.80) - U(0.70)]$$

$$= \dfrac{1}{512} + \dfrac{0.01}{0.1} \times \left(\dfrac{1}{256} - \dfrac{1}{512}\right)$$

$$= \dfrac{11}{5120}$$

可知方案三的损失效用期望值为：

$$U(M_3) = \frac{11}{5120} \times 1 = 0.00215$$

经比较可知：$U(M_2) < U(M_3) < U(M_1)$。

这表明，方案二即"部分投保、部分自留"为最佳方案。值得指出的是，如果按照损失期望值分析法，则方案一"完全自留风险"为最佳方案，因为这种方案的损失期望值最小。这说明不同的决策方法即选择不同的决策标准会有不同的决策结果，也说明决策者个人的风险偏好对决策的影响很大。进一步还可以看到，如果采用不同的效用函数即不同的决策者，决策结果也会不同。关于这一点读者可自行验证。

（五）财务分析评价法

风险应对决策中的某些问题可以借助于财务分析评价法解决。常用的有以下几种：

1. 现金流分析评价法

现金流是指执行某一方案的全过程所产生的现金流出（资金投入）和现金流入（资金收回）。现金流出包括执行这一方案的各种成本和费用支出，现金流入包括由执行这一方案带来的各种收益。现金流入总额与流出总额差额称为净现金流量（Net Cash Flow，NCF），它反映这一方案的净收益或净亏损。回收全部投入资金的期间称为回收期。如果不考虑资金的时间价值，决策时当以现金净流量大、回收期短的方案为可取方案。事实上，一个方案的现金流动（投入与回收）往往不在同一时间发生。因此，需要考虑资金的时间价值。

投资回收期法。

$$回收期（T） = \frac{现金流出量}{净现金流量}$$

投资回收期越短，表示投资收回迅速，方案因此越可行。

【例 2 - 11】某发电公司计划采购一台新设备以维护发电机正常运行。此种设备如不配有安全装置价值 10 万元，如配有安全装置则价值 10.52 万元。估计采用此种新设备（不论有无安全装置）后，公司每年可因此节省燃料等成本 5 万元。假设：①该公司的风险成本为每年 2 万元，如果用配有安全装置的设备则风险成本可降低 30%；②此种设备（不论有无安全装置）的使用寿命平均为 10 年且无残值，公司采用直线折旧法；③公司适用的所得税率为 25%。要求：就采购此种设备是否要配备安全装置进行决策。

解：首先算出有、无安全装置两种情况下每年增加的现金净流量（NCF），如表 2 - 7 所示。

表 2-7 现金流量 单位：万元

项目	有安全装置		无安全装置	
	账面价值	现金流动	账面价值	现金流动
1. 营业成本节省	50000		50000	
2. 风险成本节省	6000			
3. 节省额合计	56000	56000	50000	50000
4. 折旧费	10500		10000	
5. 收入增加	45500		40000	
6. 税额增加	11375	11375	10000	10000
7. 每年增加的现金净流量		44625		40000

其次计算两种情况的回收期 T_1 和 T_2。

有安全装置的情况：$T_1 = \dfrac{105000}{44625} = 2.35$（年）

无安全装置的情况：$T_2 = \dfrac{100000}{40000} = 2.5$（年）

因为 $T_1 < T_2$，所以公司应该选购有安全装置的设备。

2. 净现值评价法

净现值法（Net Present Value Method）是将不同方案的现金流出与流入，都按一定的利率折算为同一时点的现值，然后再进行比较的方法。净现值也就是现金流量的现值之总和。

无疑，在风险应对决策时，应该选择净现值较高的方案。净现值的计算也就是：

$$NPV = \sum_{k=1}^{n} \frac{NCF_k}{(1+r)^k}$$

或者

$$NPV = \sum_{k=1}^{n} \frac{CF_k}{(1+r)^k} - I_0$$

式中，NCF_k 为第 k 期（年）现金净流量；CK_k 为 k 期现金流入量；r 为资本成本（贴现率或回报率）；n 为期数；I_0 为原始投入资金的现值。

【例 2-12】同【例 2-11】的结果，在有安全装置的情况下，每年增加的现金净流量为 44625 元，原始投资额为 10.5 万元，于是：

$$NPV_1 = \sum_{k=1}^{10} \frac{44625}{(1 + 12\%)^k} - 105000$$

$$= 44625 - \sum_{k=1}^{10} \frac{1}{(1 + 12\%)^k} - 105000$$

$$= 44624 \times 5.6502 - 105000$$

$$= 147140.18(元)$$

同理，在无安全装置的情形下：

$$NPV_2 = \sum_{k=1}^{10} \frac{40000}{(1 + 12\%)^k} - 100000$$

$$= 126008(元)$$

再比较两个净现值，因为 $NPV_1 > NPV_2$，公司应当选购有安全装置的设置。与此投资回收期法的结论相一致。

3. 内部报酬率评价法

内部报酬率法（Internal Rate of Return Method）是根据内部报酬率的大小而进行决策的一种风险应对方法。决策中，应当选择内部报酬率较高的方案。内部报酬是指净现值为 0（即 $NPV = 0$）时的贴现率，按此贴现率计算的现金流出现值与现金流入现值相等。

根据定义，内部报酬率满足：

$$\sum_{k=1}^{n} \frac{CF_k}{(1 + IRR)^k} - I_0 = 0$$

计算步骤如下：

第一步，计算使上述方程左端取正数的最大 IRR 数值和左端取负数的最小 IRR 数值，这两个数值相差 1%。

第二步，用插值法或线图法得到内部报酬率。

【例 2 - 13】资料同【例 2 - 12】。请按内部报酬率法进行决策。

解：先算有安全装置情形下的内部报酬率。

因为：$CF_k = 44625$ 元，（$k = 1, 2, 3, \cdots, 10$），$I_0 = 105000$ 元。

所以：$44625 \times \sum_{k=1}^{n} \frac{1}{(1 + IRR)^k} - 105000 = 0$

$$\sum_{k=1}^{n} \frac{1}{(1 + IRR)^k} - 2.35294 = 0$$

查看现值系数表，取 $IRR = 41\%$ 时，上式左端取负数，而 $IRR = 42\%$ 时，上式左端取正数，故 IRR_1 必在 41% ~ 42%，即

$$41\% < IRR < 42\%$$

用内插法求 IRR_1。贴现率为 41% 时，现值因子 2.3605；贴现率为 42% 时，

现值因子为 2.3095。于是：

$$IRR_1 = 41\% + \frac{2.3605 \times 44625 - 105000}{2.3605 \times 44625 - 2.3095 \times 44625} \times 1\%$$

$$= 41.15\%$$

同理可得无安全装置情形的内涵报酬率为：

$$IRR_2 = 38.33\%$$

比较 IRR_1 和 IRR_2，得知该公司应选购有安全装置的设备。这与前两种方法所得结论相一致。

美国学者戴维·休斯顿（David B. Houston）于 1964 年提出的两个公式可作为单位进行购买保险决策时的参考。其评价公式为

公式一：购买保险后单位年底的财务报表净值（FPb）为：

$$FPb = NW - P + r（NW - P）$$

式中，NW 为年初报表的净值；P 为保险费；r 为资金运用于非流动性资产或投资于一般单位有价证券的报酬率。

公式二：不购买保险后单位年底的财务报表净值（FPnb）为：

$$FPnb = NW - \frac{P}{2} + r\left(NW - F - \frac{P}{2}\right) + iF$$

式中，F 为不购买保险时必须提取以吸纳损失的基金；$P/2$ 为平均保险费；i 为基金（F）存放于银行或购买短期债券的利率。

于是，FPb 与 $FPnb$ 之差即表示保险的经济价值，如用 V 表示，则：

$$V = FPb - FPnb$$

$$= NW - P + r(NW - P) - \left[NW - \frac{P}{2} + r\left(NW - F - \frac{P}{2}\right) + iF\right]$$

$$= F(r - i) - \frac{P}{2}(l + r)$$

注意到此式中不含 NW，表明 V 与年初报表净值 NW 无关，这给我们的计算带来了便利。显然，如果 $V > 0$，则购买保险对单位有利；如果 $V \leqslant 0$，则购买保险对单位无益。

【例 2 - 14】某单位购置一套新机器，价值 30 万元。如果不买保险，则应该建立 30 万元基金以备不测；如果购买保险，则年费率为 2%。假设当时银行利率为 4%，投资于其他途径的有价证券报酬率为 10%，试就该单位是否应该购买保险进行决策。

解：已知 $F = 30$ 万元，$r = 10\%$，$i = 4\%$。

又算得保险费 $P = 30$ 万元 $\times 2\% = 0.6$ 万元，于是：

$$V = F(r-i) - \frac{P}{2}(1+r)$$

$$= 30 \times (10\% - 4\%) - 0.3 \times (1+10\%)$$

$$= 1.8 - 0.33 = 1.47 \ (万元)$$

由于 $V > 0$，该单位应当为此新机器投保。

4. 保本分析评价法

保本分析评价法是管理会计中研究量、本、利关系的一种分析评价方法。风险管理者可以运用此种方法来评估某一具体风险处理措施对于保本点销售量的影响，进而决定此种风险应对措施是否应该实施。

保本点又称损益两平点、盈亏临界点，是指单位的产品销售收入扣除变动成本后所余金额恰好补偿固定成本，单位则处于不盈不亏状态时的销售量，其计算公式如下：

保本点的销售量 = ｛固定成本/〔（单位产品销售收入－单位产品变动成本）/单位产品销售收入〕｝

引入保本点概念后，量、本、利三者之间的某些规律可陈述如下：

（1）在保本点不变的条件下，销售量越大，能实现的利润越多，或亏损越少；销售量越小，能实现的利润越少，或亏损越多。

（2）在销售量不变的条件下，保本点越低，能实现的利润越多，或亏损越少；保本点越高，能实现的利润越少，或亏损越多。

（3）在销售收入既定的条件下，保本点的高低取决于单位变动成本和固定成本总额的多少。单位变动成本总额及固定成本总额越小则保本点越低；反之，则保本点越高。

【例2-15】某供电公司计划购买一种预防雷击的设备，成本20万元，估计可用20年，利息和维护费每年2万元，为决定是否安装此种防雷击设备，现已获得有关资料如下：当期（年）销售收入200万元，利润20万元，固定成本80万元，变动成本率是50%，试就此进行分析。

解：

（1）如不安装此种预防设备，则保本点（BEP）为：

$$BEP_1 = \frac{80}{\frac{200 - 200 \times 50\%}{200}} = 160 \ (万元)$$

如安装此种预防设备，则固定成本增加3万元（其中折旧费1万元，利息及维护费2万元），于是，保本点变成：

$$BEP_2 = \frac{80+3}{\frac{200 - 200 \times 50\%}{200}} = 166 \ (万元)$$

这说明，如果销售收入和变动成本率都不变，则安装预防雷击设备会使保本点提高，此时安装预防设备会降低利润。但是如果雷击事故发生，如何决策？

（2）如果安装此种预防设备能使变动成本率下降，如由 50% 降至 46%，则保本点相应变为：

$$BEP_3 = \frac{80 + 3}{\dfrac{200 - 200 \times 46\%}{200}} = 153.7 （万元）$$

此时，安装预防设备可增加利润。

（3）如果我们希望安装预防设备后保本点不变，则变动成本率应降为 VC，VC 由下式决定：

$$\frac{80 + 3}{\dfrac{200 - 200 \times VC}{200}} = 160 （即 BEP_1）$$

$$VC = 48.125\%$$

（4）如果单位不安装预防设备，也不采取其他风险处理方法，而只是自留风险，那么意外损失可能产生，这时变动成本率要上升，假定由原来的 50% 上升为 55%，此种情况下保本点必提高为：

$$BEP_4 = \frac{80}{\dfrac{200 - 200 \times 55\%}{200}} = 177.78 （万元）$$

这时应当选择安装预防雷击设备。

由此可见，保本分析对于风险应对决策也很有用，但上述举例过于简单，且有些不相关因素，如购买防雷击设备与变动成本没有直接联系，此法也未考虑时间因素，这是缺点。

（六）统计分析评价法

统计分析评价法是风险管理人员借助数理统计方法，通过对风险应对方案的评估，实施风险应对决策。其具体步骤是：①搜集损失资料，进行风险衡量；②评估各风险应对方案；③选择最合理的风险应对方案。

【例 2-16】某公司根据以往资料年火灾损失的概率分布如表 2-8 所示。

表 2-8　火灾损失概率分布（一）

损失金额（万元）	概率	损失金额（万元）	概率
0	0.140	250	0.075
5	0.081	500	0.016
10	0.220	1000	0.010

损失金额（万元）	概率	损失金额（万元）	概率
25	0.250	2500	0.008
50	0.110	5000	0.001
100	0.089	合计	1.000

对公司存在的火灾风险，风险管理者提出以下两种应对方案进行评析。

方案一：购买自负额为 50 万元的保险，每年需支付保险费 90 万元。

方案二：采取控制法，即公司每年投资 30 万元进行损失预防，火灾损失的概率分布如表 2 - 9 所示。

表 2 - 9　火灾损失概率分布（二）

损失金额（万元）	概率	损失金额（万元）	概率
0	0.170	250	0.045
5	0.140	500	0.012
10	0.240	1000	0.005
25	0.245	2500	0.003
50	0.075	5000	0.000
100	0.065	合计	1.000

评估该两种处理方案如下：

解：先分析评价风险应对措施之前的状况：

应对措施之前，公司年损失平均值为：

$$\overline{X} = 0 \times 0.140 + 5 \times 0.081 + 10 \times 0.220 + 25 \times 0.250 + 50 \times 0.110 + 100 \times 0.089 +$$
$$250 \times 0.075 + 500 \times 0.016 + 1000 \times 0.010 + 2500 \times 0.008 + 5000 \times 0.001 = 85 （万元）$$

总损失方差通过表 2 - 10 计算得到。

表 2 - 10　总损失方差（一）

X	$X - \overline{X}$	$(X - \overline{X})^2$	P	$(X - \overline{X})^2 \cdot P$
0	-85.005	7225.850025	0.140	1011.619004
5	-80.005	6400.800025	0.081	518.464802
10	-75.005	5625.750025	0.220	1237.665006
25	-60.005	3600.600025	0.250	900.1500063

续表

X	$X - \overline{X}$	$(X - \overline{X})^2$	P	$(X - \overline{X})^2 \cdot P$
50	−35.005	1225.350025	0.110	134.7885028
100	14.995	224.850025	0.089	20.01165223
250	164.995	27223.35003	0.075	2041.751252
500	414.995	172220.85	0.016	2755.5336
1000	914.995	837215.85	0.010	8372.1585
2500	2414.995	5832200.85	0.008	46657.6068
5000	4914.995	24157175.85	0.001	24157.17585
合计	—	—	1.000	87806.92498

标准差 $\sigma = \sqrt{87806.92498} = 296.32$

变异系数 $\upsilon = \dfrac{\sigma}{\overline{X}} = \dfrac{296.32}{85} = 3.49$。

（1）对两种方案进行评价。

方案一：计算采用购买自负额度 50 万元的保险公司所面对的火灾风险情况：由于发生超过 50 万元的火灾时，公司只承担 50 万元的损失，其余部分由保险公司承担，于是投保与否公司的损失分布比较如图 2 – 11 所示。

表 2 – 11 损失分布比较

损失金额（万元）	不投保		投保	
	概率	累计概率	概率	累计概率
0	0.140	0.140	0.140	0.140
5	0.081	0.221	0.081	0.221
10	0.220	0.441	0.220	0.441
25	0.250	0.691	0.250	0.691
50	0.110	0.801	0.309	1.000
100	0.089	0.890	—	—
250	0.075	0.965	—	—
500	0.016	0.981	—	—
1000	0.010	0.991	—	—
2500	0.008	0.999	—	—
5000	0.001	1.000	—	—

公司年总损失平均值为：

$\overline{X} = 0 \times 0.140 + 5 \times 0.081 + 10 \times 0.220 + 25 \times 0.250 + 50 \times 0.309 = 24.3$（万元）

总损失方差通过表 2 – 12 计算得到。

表 2 – 12　总损失方差（二）

X	$X - \overline{X}$	$(X - \overline{X})^2$	P	$(X - \overline{X})^2 \cdot P$
0	– 24.305	590.733025	0.140	82.7026235
5	– 19.305	372.683025	0.081	30.18732503
10	– 14.305	204.633025	0.220	45.0192655
25	0.695	0.483025	0.250	0.12075625
50	25.695	660.233025	0.309	204.0120047
合计	—	—	1.000	362.041975

标准差 $\sigma = \sqrt{362.041975} = 19.0274$

变异系数 $\upsilon = \dfrac{\sigma}{\overline{X}} = \dfrac{19.0274}{24.302} = 0.78$。

方案二：采取预防措施后的年总损失平均值为：

$\overline{X} = 0 \times 0.170 + 5 \times 0.140 + 10 \times 0.240 + 25 \times 0.245 + 50 \times 0.075 + 100 \times 0.065 + 250 \times 0.045 + 500 \times 0.012 + 1000 \times 0.005 + 2500 \times 0.003 + 5000 \times 0.000 = 49.225$（万元）

总损失方差通过表 2 – 13 计算得到。

表 2 – 13　总损失方差（三）

X	$X - \overline{X}$	$(X - \overline{X})^2$	P	$(X - \overline{X})^2 \cdot P$
0	– 49.225	2423.100625	0.170	411.9271063
5	– 44.225	1955.850625	0.140	273.8190875
10	– 39.225	1538.600625	0.240	369.26415
25	– 24.225	586.850625	0.245	143.7784031
50	0.775	0.600625	0.075	0.045046875
100	50.775	2578.100625	0.065	167.5765406
250	200.775	40310.60063	0.045	1813.977028
500	450.775	203198.1006	0.012	2438.377208
1000	950.775	903973.1006	0.005	4619.865503
2500	2450.775	6006298.101	0.003	18018.8943
5000	4950.775	24510173.1	0.000	0.000
合计	—	—	1.000	28157.52438

标准差 $\sigma = \sqrt{28157.52438} = 167.802$

变异系数 $\upsilon = \dfrac{\sigma}{\overline{X}} = \dfrac{167.802}{49.225} = 3.409$

（2）将采用预防措施前后的资料进行比较，列出损失概率的不同，如表2-14所示。

表2-14 损失分布比较

损失金额（万元）	采取预防措施前（不投保）		采取预防措施后	
	概率	累计概率	概率	累计概率
0	0.140	0.140	0.170	0.170
5	0.081	0.221	0.140	0.310
10	0.220	0.441	0.240	0.550
25	0.250	0.691	0.245	0.795
50	0.110	0.801	0.075	0.870
100	0.089	0.890	0.065	0.935
250	0.075	0.965	0.045	0.980
500	0.016	0.981	0.012	0.992
1000	0.010	0.991	0.005	0.997
2500	0.008	0.999	0.003	1.000
5000	0.001	1.000	0.000	1.000

（3）讨论。

1）采用方案一后，公司的火灾损失平均从85.005万元降低至24.3万元，发生50万元损失的火灾的标准差从296.32降至19.0274，变异系数也从3.49降低至0.78，表明遭受火灾损失的总平均值和遭受损失的不确定状态得到明显改善。

2）采用方案二后，公司的火灾损失平均从85.005万元降低至49.225万元，发生50万元损失的火灾的标准差从296.32降至167.802，变异系数也从3.49降低至3.409，表明遭受火灾损失的总平均值和遭受损失的不确定状态得到明显改善。

3）采用方案二后，公司不发生火灾的概率从14%提高到17%，而发生2500万元损失的概率从0.1%降低至0.0%，表明2500万~5000万元的火灾损失不会发生。

4）采用方案二后，公司的损失100万元火灾发生概率有所上升，从89%提高到93.5%，而损失在100万元以上的火灾的概率从11.00%降至6.5%，表明遭受巨大火灾损失的可能性减小，即遭受损失的破坏性状态得到明显改善。

5）采用方案二后，公司火灾的总损失平均值降低了34.78万元，可以抵消为降低火灾损失而投资的30万元。

（4）比较。

1）采用方案一，虽然公司的火灾总损失平均降低了60.7万元，但公司每年需支付保险费 90 万元，这样公司每年支付在火灾损失中的总费用将增加至 114.3 万元，比不缴纳保险费前的 85 万元要高 29.3 万元。从这点上看，公司不应购买保险。但公司避免了总额超过 50 万元的损失，特别是避免了总额度超过 1000 万元的巨大火灾损失，这样巨大额度的损失可能对公司持续经营产生严重影响，如果导致公司不能承受甚至关闭，公司应考虑多支付这 29.3 万元以换取消除公司经营不下去甚至关闭的保障。这样的决策需要公司决策者对损失与支出的慎重比较和决策层的风险偏好后决定应对方案。

2）采用方案二后，公司的火灾总损失平均值从 85.005 万元降低至 49.225 万元，降低了 35.78 万元，大于为预防火灾损失而投入的 30 万元，因此是值得的。

3）但采取方案二公司必须自己承担所有火灾造成的损失，其中造成的 100 万元以上损失的概率仍有 6.5%，超过 500 万元的火灾损失仍有 0.3% 的概率，因此此方案是否为选择的方案，还要考虑决策者对方案的态度，以及对公司造成的间接损失、公司的社会责任和社会形象等。

二、风险应对策略选择

风险应对策略的选择就是从多项应对风险策略中筛选，挑选出最经济、最合理、最有效的风险应对策略，形成初始风险应对方案，为制定风险应对实施方案和行动措施提供依据。

（一）风险应对策略选择应考虑的重要因素

1. 应考虑策略的可行性及影响后果

风险应对策略（或称应对方案）的选择应考虑法律、法规和其他要求，如社会责任和自然环境保护等。

2. 应考虑单位风险承受度

选择风险应对策略要考虑单位的风险承受度，不能选择单位承受不了的策略。所考虑的内容不仅是降低已识别出来的风险，也要考虑给主体带来的新机遇，或其他间接影响等后果。

3. 应考虑成本与收益关系

选择风险应对策略要权衡成本与收益，因为任何应对风险策略都需要付出一定代价，单位的资源是有限的；要充分考虑方案所需的直接成本及可计量的间接成本。有些还要考虑与使用资源相关的机会成本，从而权衡两者之间的关系，决定采用何种应对策略。

4. 应考虑利益相关方的价值观

单位在选择应对策略时，应考虑利益相关方的价值观、感知，并与其沟通。

充分考虑所采取的应对策略对风险事项可能产生的影响，以及更容易被利益相关方所接受的应对策略。

5. 应考虑相关人员的风险偏好

选择应对策略时，应考虑的重点是合理分析、准确掌握董事、经理及其他高级管理人员、关键岗位员工的风险偏好，采取适当的控制措施，避免因个人风险偏好给单位经营带来的重大风险损失。

在许多情况下，风险应对策略不是相互排斥或适宜所有情况。因此，在选择风险应对策略时，应特别关注应对策略适用性及有效性。

6. 行政事业单位应考虑重要因素

由于这些单位职能定位及担当的社会责任与企业不同，应对风险的目的也不同，决定了选择应对风险策略的标准也不相同。行政单位选择风险应对方案的标准应是如何完成管理好社会的职能，而不是以经济效益的高低为标准。事业单位承担的是服务社会的职能，当然服务社会也有成本支出，但是不能以成本的高低作为选择风险应对策略标准。这些单位的经济投入（预算）便于计量，而产出难以用金额去计量，特别是未来创造社会效益或造成危害。如清华、北大培养的大学生，难以衡量他们为社会所做出的贡献。又如，公立医院看好一位病人，这位病人未来创造价值难以计量；同样，由于医治失误造成病人死亡，其损失也难以计量。因此，这些单位在选择风险应用策略时，应以《〈行政事业单位内部控制规范〉指导意见》所规定的控制目标及承担的社会职能作为判断的标准，不能以经济效益为标准进行取舍。

（二）风险应对策略选择的过程

1. 风险应对策略选择的特点

与其他选择行为相比，风险应对策略选择具有以下特点：

（1）它以风险识别、风险分析与风险评价为基础。风险决策是在风险识别、风险衡量和风险评价基础上进行的选择，它要求风险分析、衡量、风险评价及其他有关信息资料必须正确、可靠，盲目的和没有根据的选择，难以实现风险管理的目标。

（2）它是以风险应对策略为手段，风险应对目标的实现为前提。风险应对目标或称风险管理目标，都是以最小的成本获得最大的安全及收益保障。没有科学的风险应对选择，也就无法实现风险应对的目标。

（3）风险应对策略的选择与贯彻执行密切相关。风险应对策略的选择是为了更好地贯彻和执行，当然应对方案贯彻执行需要各级风险管理部门的密切配合。执行中的任何一项失误，都有可能影响风险应对策略的效果。因此，必须区别风险策略选择与策略贯彻执行两者界限，使二者密切有机结合。

（4）选择的风险应对策略具有主观性。风险应对策略选择的一个重要特点是在不确定情况下进行的选择与决策，它带有一定的主观性。因此在贯彻实施中，必须不断地评价风险应对决策选择的效果性，并依据情况适时地加以调整。

2. 风险应对策略选择的循环过程

（1）它是在风险评价、排序的基础上，针对组织存在风险，挑选、评估和选择一个风险应对策略。

（2）分析确定剩余风险的等级是否可容忍。

（3）如果不可容忍，则需要再挑选一个新的风险应对策略及方案。

（4）再评估新的风险应对策略的有效性，直至达到要求剩余的风险水平在容限之内。过程如图 2-11 所示。

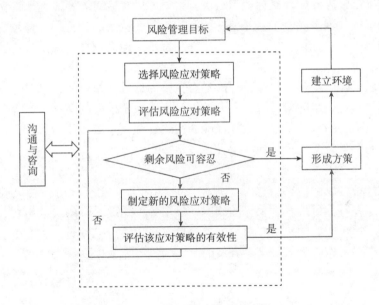

图 2-11　风险应对策略选择过程

三、风险应对方案的选择

（一）风险应对方案的选择程序如图 2-12 所示。

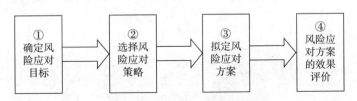

图 2-12　风险应对决策程序

（二）风险应对方案选择

选择风险应对方案应关注下列重要事项：

1. 明确风险应对目标

风险处理者在选择风险应对方案时，首先要明确风险事件及应对目标，目标不同采用的应对策略及方法手段也不同，作为企业风险应对目标，可以在选择合规的前提下"以较低成本获得较大的效益"，也就是价值最大化原则。但在行政机关就不能以单位经济价值最大化作为风险应对目标。在进行风险应对策略选择时，决策者必须根据不同的风险事项，不同的风险应对目的，来确定风险应对的目标。

2. 设计风险应对方案

根据确定的风险应对目标提出若干有价值的风险应对方案。对于某些特定风险应有特定的处理手段，也就是要在特定的风险和特定的条件下，体现出其最直接、最有效的应对方案。离开特定的条件和特定风险而设计的风险应对方案是没有意义的。

在处理风险的众多手段中，保险具有独特的地位和作用。特别是在识别风险和处理风险具有一定的条件限制，而控制又不能减少损失的情况下，保险是转嫁风险、获得融资的最佳手段。选择保险的策略转嫁风险后，风险管理部门还需要根据风险的轻重缓急选择其他风险管理技术。

3. 评价风险应对方案

在设计各种风险应对方案后，风险管理部门需要比较分析各种风险管理手段，比较实施各种风险管理手段的成本，寻求各种处理手段的最佳组合，进行选择和决策。评价方法同风险应对策略的评价方法。

通过上述工作，为风险应对方案的制定提供可靠依据。

第三节　风险管理方案制定

风险管理方案是在风险应对策略选择的基础上，根据单位所处的内外环境制定的，是单位风险应对的行动纲领。方案的制定及执行直接影响到风险应对的效果。因此，制定科学、合理、全面、可行的风险管理实施方案（以下简称方案）是实施风险应对的重要内容。

一、方案制定的依据及原则

（一）方案制定的依据

单位在制定风险应对实施方案之前，应全面考虑单位面临的各种风险因素，这些因素构成了方案制定的前提条件，也是方案制定的依据。

1. 单位面临的主要风险

就企业而言，面临的主要风险如图2-13所示。

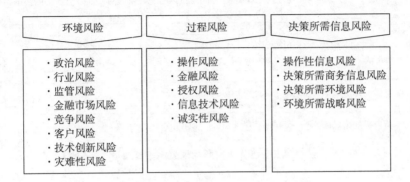

图2-13　单位面临的主要风险

（1）环境风险是指外部的能够影响单位经营目标的风险因素，如政治风险、行业风险、国际市场变化风险等。

（2）过程风险是指单位未能有效地获得、管理、更新与处置资产，单位未能有效满足客户的需求，存在资产的误用、滥用，导致单位未能创造价值的风险，如图2-14所示。

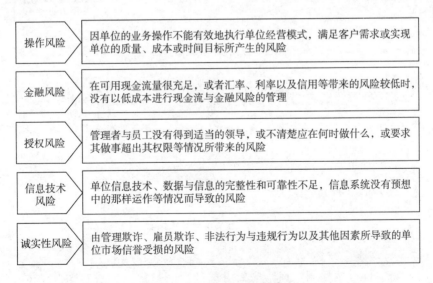

图2-14　过程风险详细内容

（3）决策所需信息风险，是指用以支持单位经营模式、报告单位业绩、评估单位绩效等信息的不相关和不可靠所导致的风险，如图 2 - 15 所示。

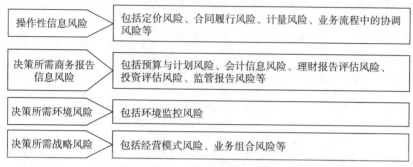

图 2 - 15　决策所需信息风险详解

2. 涉及方案的主要因素

单位在制定风险实施方案时：一要考虑与方案选择有关的因素，如图 2 - 16 所示；二要考虑风险的性质。如在制定方案前应该考虑未来会发生什么风险，这些风险对单位会产生哪些影响，影响程度如何。只有把未来可能发生的风险搞清楚，方案才能切实可行。

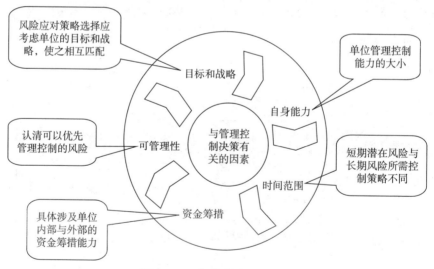

图 2 - 16　方案选择有关因素

（二）方案制定应遵循的原则

（1）可行性。选择制定风险应对方案的目的是更好地进行风险应对。因此制定的方案必须切实可行，执行所需的条件也是单位能够承担和接受的。

（2）全面性。单位面临的风险是多种多样和错综复杂的，不同的风险对单位目标实现会产生不同的影响。因此，制定的应对方案必须做到全面具体。

（3）匹配性。由于风险应对策略有多种，各种策略都有所长亦有所短，而且解决的矛盾也不相同，因此制定的方案，应做到风险应对方案与应对策略相匹配。

（4）成本效益性。不同方案会发生不同成本，也会产生不同效果。一般来讲，成本越高，效果就越好，但成本与效益并不成比例。故应考虑方案的效益性。

（5）灵活性。风险的防范与应对没有唯一的一成不变的标准模式，单位可以根据需要灵活地选择和组合，形成符合自身特点的风险应对方案。

（6）综合性。方案制定要照顾全面性和灵活性，确保方案的有效性，但是还有注意方案的综合性，使方案能够综合地反映单位风险应对的成果与效益。

二、关注风险类别与风险应对策略关系

风险的大小通常分为高、中、低三类，可以用风险带进行表示，如图 2 - 17 所示。不同类型的风险应采用不同应对策略与措施，两者对应关系应遵循原则如表 2 - 15 所示。

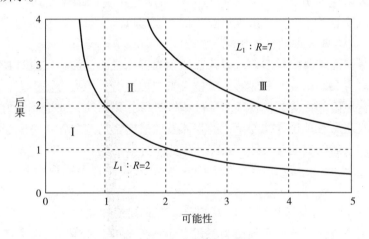

图 2 - 17　风险带示意图

表 2 - 15　风险带与风险应对策略的关系

风险带		风险应对策略	风险应对措施
上带风险	可控	风险控制　风险转移　风险规避　其他	优化现有内控制度和业务流程，使该项风险的剩余风险落入低风险范围内。如无法将剩余风险降到低风险范围内，可考虑寻求外部单位分担风险，如剩余风险仍然较大，考虑规避该风险事项
	不可控	风险规避　风险转移预案　风险控制　其他	考虑规避该风险，如无法规避则可寻求外部单位分担该风险，或制定事前、事中、事后应对方案，并建立预警指标体系，保持每月或每旬跟踪变化趋势

续表

风险带		风险应对策略	风险应对措施
中带风险	可控	风险控制	优化现有内控制度和业务流程，将风险负面后果及发生概率最小化，正面后果及发生概率最大化，使该风险项目的剩余风险落入低风险的范围内
	不可控	风险转移预案风险控制	制定应急预案和预警指标，保持每月或每旬跟踪，避免或推迟风险的发生，或降低风险影响程度
下带风险	可控	风险接受	保持现有内控力度不放松，或相关内控措施的贯彻执行
	不可控		制定风险事后应对方案，落实责任

三、风险管理方案制定事例

由于每个单位内外环境条件不同，同时所面临的风险在特定时期也是不一样的，因此单位需要根据不同的具体业务事项实际可能遇到的风险状况，制定与执行特定的风险应对方案。现以某单位在经营活动中面临的主要风险——战略风险、财务风险、竞争风险和组织风险为例，说明风险应对实施方案具体事例。

（一）战略风险应对方案事例

单位战略面临风险较多，现以并购活动为例，说明在面临风险时具体应采取的风险应对方案。企业并购能够给单位带来规模经营、扩大市场势力、财务协同及降低经营风险等优势，使得很多单位积极进行并购活动，并把其作为重要的战略发展手段之一。单位并购与单位的整体发展战略密切相关，在一定程度上关系到单位长期发展的成功与失败。虽然在现实中并购活动具有很高的发生率，但是其成功率也较低。单位并购活动中隐含大量风险，必须采取有效措施，加以防范。

【例2-17】春都集团为了扩大经营，获取规模效益，跨地区、跨行业收购兼并了洛阳市璇宫大厦、平顶山肉联厂、重庆万州食品公司等10家扭亏无望的单位。这些并购更加分散了春都集团的有限资源，加大了单位的财务负担，使单位面临的风险进一步扩大。

如何制定并购方案控制好其中的风险，是并购活动成功与否的关键。针对并购活动中存在的各种风险，有效的控制方法可参照如下内容：

1. 并购信息风险防范的方法

防范因信息不对称为单位并购带来的风险，单位必须建立完善的组织机构，制定完备的信息管理制度，加强信息的收集与处理。另外，除了建立自己的信息收集机构外，单位还可以利用"外脑"（如管理咨询公司等中介机构）帮助单位完成信息的收集和处理。在实际操作中，如果处理得比较谨慎，或者外界的服务到位，那么许多风险的产生是可以避免的。

2. 并购决策风险防范的方法

并购单位必须与单位的发展战略保持一致。在做出并购决策时应做好如下工作：

（1）对并购目标单位进行全面的调查和研究，收集与并购单位相关的各方面信息，并依据这些信息对并购单位进行详细、全面、具体的分析、评价与对比，最终确定并购符合单位发展要求的目标单位。

（2）对并购方案进行可行性分析研究。只有对目标单位的发展前景、经济效益以及并购策略等情况进行全面系统的分析与论证，才能为选择目标单位提供依据。

3. 并购整合风险控制的方法

目标公司被并购后，必须对其组织结构、管理体制等进行调整，使之与并购单位相适应。此时，单位应根据双方的管理风格与管理风险进行综合考虑。如果两者相近，则可以以并购方的管理风格对目标公司的管理予以彻底改造；如果相差太大，就应在充分尊重目标公司管理风格的基础上逐步改造，以避免管理冲突的风险。同时，目标公司具有的管理优势也应大胆吸收。

4. 并购财务风险的控制方法

并购单位在实施并购活动时，应采取如下措施对财务风险进行控制。

（1）应对并购各个环节的资金需要量进行预算，并据此制定目标单位完全融入并购单位所需的资金预算。同时，根据单位财务状况和融资的可能性，确保单位资金并购活动所需资金的有效供给。

（2）为了不影响并购的效果，减少信息不对称所带来的风险损失，应谨慎对待并购过程中的资金评估问题，并进行详细的成本效益分析。

（3）应全面了解、掌握目标单位的债务情况，对目标单位的业务未来账目进行周密而细致的审查，并与目标单位提供的债务清单进行详细对比，搞准搞实。

（4）采取灵活的并购策略减少并购过程中的现金支出。可以采用效益补偿应对策略、连续抵押应对策略等防止单位并购过程中资金风险的出现。

（二）财务风险应对方案事例

单位财务风险源于自然和社会环境的不确定性、市场经济运行的复杂性、单位理财过程和经济活动的复杂性、经营者认识能力的滞后性以及手段方法的有限性。财务风险贯穿于单位资金运行的整个过程。单位进行财务风险应对的目标是以最小的成本确保单位资金运行的连续性、稳定性和效益性。也就是说，以最小的成本获得单位理财活动的最大安全保障。通过专家意见、指标分析、报表分析等方法对财务风险识别后，针对风险的类别，采取不同的应对措施。下面就以各类风险分别对其应对方案进行介绍。

1. 筹资风险防范方法

【例2-18】PT网点是一家从事房地产开发的公司，于2012年上市筹集资金1.26亿元，主要投向双龙、双狮、宝都等10个房地产项目。在公司房地产项目仅竣工3个、盈利指标比预期减少的情况下，2014年上半年又上了7个项目，在2015年公司资产负债率从2014年的57.45%上升到74.2%的情况下，又上了4个对外投资项目。2014年审计报告显示，其对外财产抵押共计1.37亿元，公司实际上已经破产。PT网点筹资规模不当、筹资投入欠妥是其经营失败的重要原因，并且风险意识十分单薄，在资产负债率大幅度上升的情况下，没有采取有效的措施控制筹资风险；相反，却一再"借新债还旧债"，导致债务负担越来越重，公司丧失了持续经营能力。

单位在筹资过程中，应该做到以下几点：

（1）合理确定单位在一定时期所需资金总额，在满足单位生存发展需要的同时，不造成资金的闲置。合理的筹资量应该与单位的经济周期、财务状况，以及单位未来现金流量相匹配。

（2）合理安排单位不同时期的收支，分散债务到期日。如果单位购货付款与偿还债务的时间过于集中，就很容易发生资金周转困难，造成不能在债务到期日及时归还本金和利息。如果这种现象经常出现，会给单位日后的筹资带来很大的风险。因此，单位应合理安排收支，保证在债务到期日有足够的资金用于偿债。同时，可采用分散债务到期时间的方法，避免集中偿债。

（3）制定合理的筹资策略，使筹资结构与资产结构相匹配，降低风险。

（4）利用衍生的金融工具，如利用利率期货、期权或外汇期货、期权，进行套期保值，把单位的利率或汇率确定在单位可以接受的水平，避免利率、汇率变动可能给单位带来的不利影响。

2. 投资风险防范方法

投资按照对象的不同、投资风险防范方法可以分为证券投资风险应对方法和项目投资风险应对方法。下面介绍这两种方法，以便单位进行风险应对方案选择时参考。

（1）证券投资风险应对方法。首先，单位应当对证券市场进行深入了解与分析。例如，对利率环境、通货膨胀状况、行业状况进行分析。其次，应正确选择证券的种类及其组合，以分散风险。再次，应利用衍生性工具作为套期保值工具，规避单位可能面临的商品价格风险、利率风险、汇率风险等。最后，应加强对证券投资的管理，以增加单位收益，减少投资风险，保证单位理财目标的实现。

（2）项目投资风险应对方法。与证券投资风险应对方法类似，进行项目投资时，首先，应分析投资环境，充分了解市场行情，确定投资规模。其次，在可能的情况下，以规模投资降低成本风险。最后，进行多样化投资分散风险时，一定要谨慎地选择投资的行业、业务、时机等因素，认清单位的能力，避免投资风险损失的发生。

【例2－19】2004年4月，曾经是中国最大民营单位的德隆轰然倒下。当初被人们称作"股市第一强庄"的德隆系，这个旗下拥有177家子孙公司和19家金融机构的巨型单位集体瞬间瓦解，就是由于公司面对的风险失控。从融资和投资的角度来看，其搭配不合理。支撑单位战略发展的长期股权投资，因为关联公司之间的控股权交易，而没有子公司的资金注入，使得长远发展的资金储备严重缺乏。德隆只是通过旗下的金融机构协调各集团内部资金的运作，并依靠资产、股权、信用等为抵押，大量增加银行的借贷，甚至深入银行内部，通过持有商业银行的股权，获得庞大的资金流动。短期融资用以支撑长期项目的不同阶段开发，这就导致投资没有后续庞大联系的资金链作为保障，由此导致单位面临的风险巨大。

3. 资金回收风险应对方案

在这里，主要介绍应收账款风险应对方法和存货风险应对方法。

（1）应收账款风险应对方法。应收账款的风险主要是发生坏账损失时的风险。应收账款所带来的效应实质上是单位为客户垫付了一笔相当数量的资金，而其回收会产生机会成本，造成应收账款的风险来源。首先，单位应制定合理的信用政策，加强对客户的信用调查，利用可靠的手段对客户进行信用评级。其次，单位应加强应收账款的内部控制，把应收账款压缩在合理的限度内，并分别落实到责任者。通过建立分工明确、配合协调的内部管理机制，建立应收账款回收责任制等手段，加强对应收账款的回收。

（2）存货风险应对方案。单位的存货过少，可能满足不了客户的需求，而存货过多，也可能造成单位资金积压，这都会造成单位财务风险。同时，如果存货管理不善，也会产生由于意外损失所带来的风险。加强存货风险应对的关键，在于确定合理的经济存货量和做好存货的日常管理工作。

【例2－20】在市场激烈竞争的行业中，销售和回款两难的问题非常突出。山东某制药股份公司通过强化内部的应收账款管理，有效地控制了拖欠账款的发生，同时保证了销售额的稳步增长。该公司对现有客户进行财务评估并进行信用分类，再根据客户的信用级别，实施不同的风险应对策略。对信用状况良好的客户进行信用销售，对信用不良的客户进行限制信用销售或只限于现金结算。对新客户给予一定的信用额度，并实行信用登记和调查制度，经过信用评估后，根据信用等级调整最初的信用额度。同时，该公司对销售人员实行销售额和回款额相结合的考评制度，要求销售人员定期收集客户信用资料，并对客户进行信用评估。这些措施有效地加强了客户信用的定期跟踪，减少了拖欠账款的现象。

4. 收益分配风险应对方案

收益分配是指单位对其实现的利润向投资者进行分配。其风险是指由于收益分配不当可能给单位今后的生产经营活动产生不利的影响。在特定时期、特定环境下，合理的收益分配政策能够调动投资者的积极性，提高单位的声誉，增强单位的盈利能力；不合理的收益分配政策会降低单位的偿债能力，挫伤投资者的积极性，增加单位的经营风险。

应对收益分配风险的关键在于制定正确的收益分配政策，此政策的制定应既有利于保护所有者的合法权益，又有利于单位长期、稳定的发展。不可盲目提高分配标准而减少单位的积累，也不可盲目降低分配标准而损害投资者的积极性。以股权公司为例，其收益分配政策集中表现为股利分配政策。单位可以在不同的情况下使用不同的股利分配政策。

（1）稳定增长或固定的股利方案，即把每年股利固定在某一水平上，并在较长的时期内保持不变，在单位对未来利润显著增长有信心的情况下，再提高股利发放额。此时，在单位亏损的年份，发放的股利也是保持不变的。这样有利于稳定投资者信心，反映出单位的财务风险也较低。

（2）固定的股利支付率方案，即用盈余确定的百分比作为股利发放。由于单位每年实现的净利润是不同的，因此采用该政策时，公司股利支付也会随之大幅度变动。在这种情况下，容易造成单位不稳定，对稳定估价不利，但是，在单位收益锐减甚至亏损时，股利分配额将急剧下降甚至没有，这就不会给单位带来进一步的负担。

（3）低股利外加额外股利方案，即在一般情况下，单位只派发固定的低股利，但在盈余多的年份，可以视情况派发额外的股利。此方案灵活性较大，当单位的各年收益变化较大时适合采用该政策。但是投资者对可获得的股利数还是不确定的，使其可能丧失信心。

【例 2-21】2015 年，山业公司提取了公积金、公益金后的税后利润为 1000万元，第二年公司的投资计划所需资金为 800 万元，公司的最佳资本结构为权益资本和债务资本，分别占 70% 和 30%，公司以前年度股利风险防范政策采用的是低股利外加额外股利政策。现在公司为了提高市场投资者对公司股票的信心，希望采用新的股利政策。问：山业公司可以采用哪种新的股利政策？

答：公司可以采用稳定增长或固定的股利方案。

（三）竞争风险应对方案事例

单位竞争是指在市场经济条件下，单位作为商品生产者和经营者，为了谋求长期生存和发展，追求经济效益最大化，获得有利的生存能力和生存空间而发生争夺、较量和对抗的经济关系。由于单位现有的竞争性资源非常有限，单位为了获得对自己有利的各种经济资源如技术、资金、人力等，就必须参与竞争。单位在市场中面临的竞争是多样的，下面以价格竞争为对象，对单位应采用的风险应对方案进行介绍。

不同单位采用的有效价格竞争策略是不同的。在全面考虑产品成本和市场需求的情况下，制定合理的产品价格以获得竞争力的策略就是有效价格竞争策略。例如，一般情况下，在开发新市场的过程中，单位为了迅速打开市场局面，获得市场份额以及先入优势，往往会采取低价格进入策略。在单位传统产品市场中，由于产品、技术等优势丧失，单位也会选择降价手段保持市场份额，或希望减少库存，快速获得回报。

单位发动价格战的初衷在于根据市场供需平衡机制，当价格降低时，市场总需求会增加。不可否认，价格竞争作为单位参与市场竞争的一种表现或策略，在某一段时间内为单位所创造的利润是不可低估的。但由于竞争对手的效仿，短期内单位的市场份额或需求量会有所增加，但长期范围内单位的市场份额并不一定增加，这就使得单位面临很大的竞争风险。因此，单位在发动价格战前一定要"三思而后行"。不但应具有维持低成本优势的能力，还要考虑竞争对手的反应速度和反应程度。

【例2-22】从国内汽车行业可以看出价格战正硝烟弥漫。自2013年初开始，红旗明仕Ⅱ代降价1.08万元，挑起汽车的首轮降价风潮，到2013年末有将近50种车型以不同的策略降价。从2014年，新款车型在最初上市不久以后，都在不断降价。不可否认，价格战确实可以在一定程度上、在一定时间内给单位带来立竿见影的效果，但价格战究竟应该在什么时候打才能给单位带来利益最大而伴随风险最低呢？就国内汽车销售市场来说，目前存在的问题是市场上消费者对汽车的价格持观望态度。同时中国汽车生产厂商的规模和对价格的承受能力却较弱，并且产品品种单一，成本互补性较差。这个矛盾导致中国汽车单位发动价格战的风险太高，因而不适于发动价格战。

（四）组织风险应对方案事例

单位的组织结构是否合理决定该组织在解决问题时是否有效，在遇到风险时是否能够及时做出反应。这在很大程度上决定单位在面临风险时的处理能力。不同类型的单位组织由于其结构特点，面临着不同的风险。下面就两种不同类型的单位组织风险进行分析。

1. "大单位"组织风险事例

"大单位"组织风险是指在单位成长过程中，因为单位规模大、涉及领域较广和管理层次增加后，可能产生的信息传递失真、指令执行出现偏差以及组织机构功能失调等情况所带来的风险，主要表现在以下几个方面：

（1）组织机构臃肿，部门繁多。这主要是由于组织结构设置不合理、不科学造成单位大量无关紧要部门的出现，这类部门之间业务范围交叉，责任和权利分配不清，并且部门之间信息难以沟通，协调困难。同时，在遇到问题时，可能会导致各个部门之间相互推诿，严重影响组织的工作效率。

（2）员工缺乏工作积极性，组织内部缺乏竞争。岗位设计可能存在重叠、不必要的情况，使得单位组织内部缺乏竞争，员工缺乏工作热情。这会进一步使单位整体缺乏凝聚力，缺乏对真正人才的赏识和重视，最终造成人才的大量流失。

（3）审批程序复杂，组织效率低下。在"大单位"中，一项决策的最终审批实施往往需要多个部门领导的签字才能通过。审批程序的复杂容易造成信息的阻塞和决策的滞后，面对瞬息万变的市场，无法采取灵活机动的策略，反应能力很差，效率低下。

防范"大单位病"所带来的组织风险，应从"病症"入手进行组织创新，同时调动员工的工作积极性。

【例2-23】当海尔在其发展过程中出现类似"大单位病"的症状时，首次提出了OEC管理体制，即"日事日毕，日清日高"，其核心在于每个员工都有自己负责的事项，并且尽量避免重复劳动。后来的SBU（战略事业单位）提出倡导的"每个人都是一个盈利单位"。海尔倡导的内部实行市场链的做法把员工的积极性调动了起来，把外部竞争效应内部化，每个员工的收入不是部门领导说了算，而是市场说了算，市场链制度非常有效。除此之外，海尔还在进行自主管理建设，已涌现出不少自主管理班组，以此防范"大单位病"。

2. "家族式企业"组织风险事例

"家族式企业"面临的组织风险主要表现在以下几个方面：

（1）无法为组织扩张引进大批适用人才。当单位发展到一定规模以后，单位就需要大批相应的配套经营管理人才和生产技术人才，使得家族成员利益与单位组织利益可能产生不一致，从而引发家族成员与单位组织的矛盾冲突。

（2）家族成员之间矛盾重重。在单位初创时期，家族成员之间具有团结互助的向心精神。随着单位规模的不断扩大，投奔单位的家族成员会越来越多，来自不同关系的组织成员会结成不同的利益共同体，为了利益而相互倾轧，造成整个单位的停步不前，甚至衰落。

（3）家族情节干扰组织效率。这会使得真正的人才在单位中受到冷落，或产生报酬分配不均等问题，造成人才的流失与单位业绩的下降。

（4）缺乏对组织其他成员的吸引力。家族式管理的凝聚力只局限于家族成员内部，而对于组织的其他成员来说，他们可能并没有感到应有的主人感和归属感。当组织管理缺乏其他成员的参与配合时，家族单位的家族领导人会变得视野狭小，判断力不敏锐，甚至刚愎自用，从而阻碍单位的健康发展。

【例2-24】王安电脑一度是美国500强大单位，而在20世纪80年代却迅速衰败。其原因是多方面的，公司在组织策略上的家族式管理是造成经营失败的重要因素。背离了现代单位"专家集体控制，聘用优才管理"的通用策略，任人唯亲，造成用人不当。1986年，王安不顾众多董事和部署的反对，任命儿子王列为公司总裁。其实王列在研究部门时就表现不佳，才识平庸，令董事会大失所望。一些追随王安多年的高层管理人员愤然离去，公司元气大伤。仅一年多时间，公司财务状况就急剧恶化，亏损数亿美元。同时，晚年的王安在经营上故步自封，使公司失去了原有日新月异的优势，不但未赶上发展兼容性高的个人电脑这一新潮流，而且失去了王安电脑原有的特色和性能，导致公司的全面瓦解。

防范"家族式企业"组织风险最主要的是杜绝任人唯亲。家族式单位相对于其他单位而言更具有凝聚力和向心力，因此任人唯贤的用人机制有利于扬长避短，发挥其家族式组织管理优势。同时，有效的家族式单位组织管理需要合理、有效的规章制度，加强制度的约束与激励。

除了以上具有典型特点的组织风险外，大多数单位还都面临着一项共同的组织风险，即"代理风险"，主要是指由于经理人市场机制不完善造成对经理人能力的错估，或者授予单位经理人权、责、利的不对称，以及单位所有者与经理人的目标不一致等原因，造成经理人给单位带来组织风险。为了防范经理人给单位带来组织风险，应对措施包括建立并完善现代单位制度，制定行之有效的单位管理人员激励机制、约束机制、合理的甄选机制以及业绩考核标准等。但是，最主要的应对单位"代理风险"的手段还是建立良好的经理人市场，通过市场来选拔、任用、监督和激励经理人，而这需要政府部门、企业界以及经理人本身的共同努力与参与。

总之，单位在面对不同的风险时，应充分考虑所面临风险的内在属性以及单位能力大小，采用不同的风险应对策略，制定有效的风险应对方案，减少风险所带来的损失对单位目标的影响。在这里还要补充强调的一点是，在单位中应相应地设置风险管理组织职能，即以风险管理线条搭建的，包括风险管理职能部门和其他相关部门的组织架构。风险管理组织职能是风险应对方案必不可少的一部分，无论风险应对方案如何制定，最终都要落实到管理职责，否则风险应对只是空谈。风险管理职能部门承担着风险评估、汇总风险信息、落实风险管理责任、风险管理制度建设、维护更新风险信息库等职责，在风险管理中起着不可替代的作用。单位可以通过设立风险管理职能部门，与其他相关部门组成有效的风险管理组织体系，把风险应对落实到部门，把责任落实到人，保障风险应对方案目标的实现。

四、风险管理方案汇总

风险管理方案（含风险应对方案）通常嵌入预算之中，单位在编制预算时需要分析在预算执行过程中可能遇到风险及其运用应对策略，然后形成风险管理整体方案。

表 2 – 16   风险管理方案汇总

序号	预算目标			风险因素描述	风险评估			管控风险策略与措施	所需资源配置	剩余风险	责任部门	说明
	预算项目	指标	金额		p.	c	R					

表 2 – 17   风险管理方案汇总

	风险指标	权重	重要程度	预警临界值	目标值	潜在风险因素	风险等级	应对风险措施	需要资源配置	剩余风险	责任者	指标计量公式
基本指标	资本保值增值率	12	A	100.0%	104.%							年末所有者权益/年初所有者权益
	主营业务利润率	8	B	15.0%	19.0%							主营业务利润/主营业务收入
	盈余现金保障倍数	8	B	4.0	5.1							经营现金流量净额/净利润
	成本费用利润率	10	A	4.2%	5.1%							利润总额/成本费用总额

续表

风险指标	权重	重要程度	预警临界值	目标值	潜在风险因素	风险等级	应对风险措施	需要资源配置	剩余风险	责任者	指标计量公式
存货周转率（次）	5	C	5.5	6.9							主营业务成本/存货平均额
应收账款周转率	5	C	7.9	9.9							主营业务收入/应收账款平均额
不良资产比率	8	B	2.3%	1.9%							年末不良资产/年末资产总额
现金流转负债比率	10	A	7.6%	9.6%							主营现金净流量/流动负债
速动比率	10	A	78.0%	98.3%							速动资产/流动负债
技术投入比率	7	B	0.6%	0.6%							技术科研开发费/销售收入
净利润增长比率	9	B	7.8%	9.8%							净利润增长额/上年净利润额
固定资产增长率	8	B	10.4%	13.0%							固定资产增长额/上年固定资产总额
合计	100										

左侧合并单元格标注：基本指标

表 2-18　质量、环境、安全目标指标落实

公司/部门		权重	重要程度	预警临界值	目标、指标值	考核方法	考核周期	月	月	月	月	月	考评情况
公司	质量	10			合同履约率：100%	履约合同/签订合同	每季度						100%
		10			顾客满意率超过90%	满意数量/调查数量	每半年						95%
		10			主设备完好率100%，辅助设备完好率不低于90%	完好设备数/统计设备数	每半年						100%

续表

公司/部门		权重	重要程度	预警临界值	目标、指标值	考核方法	考核周期	月	月	月	月	月	考评情况
公司	质量	5			非计划停运：锅炉≤2次/台·年 汽机≤1.5次/台·年	安全月报表	每年						1台次·年
		5			全厂设备消缺率≥95%	缺陷消除量/缺陷发现量	每季度						100%
	环境	10			重大环境污染事故为0	环境月报	每月						100%
		10			废气、废水、噪声100%达标排放	监测报告、报表	每月						100%
		5			灰渣综合利用率100%	灰渣利用量/产生量	每月						100%
		5			供电煤耗≤360g/kw·h；供热煤耗≤38.15kg/GJ；厂用电率≤15.15%	生产统计报表	每月						100%
	安全	20			人身重伤及以上人身伤害事故为0	安全月报	每月						100%
		5			职业病事故、火灾和重大交通事故为0	安全月报	每月						100%
		5			一类障碍不大于1次，一般及以上设备事故0次	安全月报	每月						100%
合计		100					每月						100%

表 2-19　质量、环境、职业健康安全目标指标分解落实

序号	公司/部门		权重	重要程度	预警临界值	目标、指标	潜在风险	评估风险等级	考核方法
1	运行部	质量	30			供电煤耗≤360g/kw·h；供热煤耗≤38.15kg/GJ；厂用电率≤15.15%			生产统计报表
		环境	30			各项污染物达标排放			监测报表
		安全	40			各类安全事故为0			安全月报
2	检修部	质量	50			设备完好率达到98%			完好设备数/统计设备数
						检修计划完成率100%			完成计划项目数/计划项目数
						设备消缺率达到95%以上			缺陷消除量/缺陷发现量
		环境	20			可回收物资100%			监督检查
		安全	30			检修过程中避免人身伤害，各类安全事故为0			安全月报
3	技术部	质量	60			检修技改计划按时编制完成率100%			已编制计划量/应完成计划量
						技术标准更新及时率100%			技术标准清单
						产品入库验收及时率100%			监督检查
		环境	20			污染物定期监测100%按时完成			监测报告数/应监测次数
		安全	20			不发生人身伤害事故			安全月报
4	供应部	质量	20			物资到场验收合格率达到97%以上			验收合格率/验收数
						物资采购及时率达到95%			采购完成数/采购计划数
		环境	30			节约用水、用电、用纸符合公司要求，固废处理100%符合公司要求			监督检查
		安全	20			不发生火灾事故			安全月报

续表

序号	公司/部门		权重	重要程度	预警临界值	目标、指标	潜在风险	评估风险等级	考核方法
5	燃料管理部	质量	50			入炉煤质掺配合格率100%			入炉煤质统计表
		安全	50			不发生人身伤害事故，不发生燃煤火灾事故			安全月报
6	供热运行部	质量	50			供热质量100%满足政府规定			供热参数统计报表
		安全	50			不发生人身伤害事故			安全月报
7	市场电力销售部	质量	100			合同履约率100%			履约合同/签订合同
						顾客满意率达95%			满意数量/调查数量

单位可根据需要编制"风险应对计划书"，用文字说明各部门的主要风险、发生的可能性及后果、计划采取的应对措施、可能发生的时间、责任者等，也可纳入年初的"风险管理计划"。

第四节 风险应对方案实施与调整

风险应对实施方案即风险应对方案确定之后，关键是动员广大职工、组织单位资源，认真贯彻实施，并根据环境变化状况适时调整，确保单位目标实现。

一、风险应对方案实施

从本质上讲，风险应对就是对风险实施控制，它们之间没有根本的区别，只是范围有所不同，本书在论述时把两者作为同义语。风险应对方案实施控制的重点有两项：一是采取行之有效的组织措施，二是对风险实施有效控制。

（一）应对方案实施的组织措施

1. 最高管理层支持及参与

整个单位范围内风险管理的成功推行，必须有高层领导的鼎力支持，这是由领导的地位和作用决定的。如果最高管理层不以高姿态做出公开承诺和支持，领导不带头履行内部控制制度实施风险应对方案，任何风险应对项目都难以启动，单位就不可能成功地建立起整个主体范围的风险管理体系，风险应对难以得到有效的实施。高层管理者除了促成风险管理模式的转变外，还必须参与后续工作，不能把风险应对工作的实施视为下属的职责。只有高层管理人员把自己看作风险应对的引领者，并带头贯彻、身体力行，风险应对方案贯彻才有保障。

2. 选择/发展最佳风险管理人才

风险应对方案确定之后，能否实现其目标，选择和培养人才是决定因素。全面风险管理过程是由人操作的。为了更好地贯彻执行单位的风险管理方针、政策、单位必须拥有一支德才兼备的队伍，将那些具有风险管理知识、专业技能和丰富经验的人员安排在各个风险管理岗位上，才能确保风险管理方针、政策的有效执行，风险应对方案的落实，其保障功能才能发挥。

3. 合理分配权责、落实管理责任

风险应对方案确定之后，就要委派称职的风险管理责任者，由责任者设计和实现所承担的风险控制任务，完成他所负责的具体行动方案、负责推进过程、提供报告，贯彻相应的方法及实施既定的战略目标。风险应对方案的有效执行必须清楚地理解角色和分工的责任，明确管理的职责，将责任落实到有关的职能部门和业务单元，并对不同层级的岗位设置不同信息的处理和管理决策的权限，做到权责匹配。落实风险应对责任必须注意以下几点：

（1）落实责任应遵循的原则。

1）介入原则。要求风险应对方案及其政策必须介入生产经营的全过程及所有人员，包括工作计划介入、工作过程介入、职工人员介入及奖惩制度介入。

2）预防原则。风险控制贵在预防，因为预防控制代价最小，要求管理者必须有预见性，对影响风险的根本原因有所了解和把握，事先采取防范措施。

3）重点原则。风险应对的重点应该是风险控制对象中的重要风险因素和事项，即对单位的经营目标影响较大的风险因素及事项。

4）现场原则。单位应对的风险大多数在生产经营现场，现场控制原则强调风险控制要通过现场观察、跟踪检查、追求工作成效的防范和抑制风险产生。

5）全面原则。所谓全面原则，是强调风险应对必须贯彻到生产经营的全过程及全体人员。因为形成风险高低的因素虽然有轻重缓急之分，但具体到单位的每一个部门、每一个环节，就很难分清哪些风险因素重要、哪些风险因素不重要。因此，风险管理及应对必须坚持全过程、全方位，不得由于所好而偏于一面。

（2）明确领导责任。在落实风险应对方案时必须明确领导责任，建立健全法人治理体系，明确股东会、董事会、监事会、经理层在风险控制中应履行的职责，企业总经理负责主持全面风险管理工作，负责制定风险应对方案，明确风险管理专责部门，负责组织协调风险管控的日常工作，指导、监督有关职能部门、业务单位开展风险管控工作；把风险管控的各项要求融入业务流程，建立风险管控三道防线，要求广大职工结合本职工作参与风险管控，使单位形成完整的风险管控体系。

(3) 取得责任者认可。从控制风险的责任角度讲，风险因素可分为可控与不可控两类。在落实风险应对控制责任时主要落实可控风险。就每一风险领域而言，可控与不可控是相对的，对于该部门来说是不可控的，而对于另一部门来讲可能是可控的。在落实控制责任过程中，必须贯彻"统一领导、分级管理、人人有责、全面落实"，以及"干什么、管什么、用什么、接触什么，就控制什么风险的原则"，将应对风险的控制责任落实到部门及个人。在落实责任时应该做到：责任者知道在自己工作范围内，可能发生哪些风险；责任者能够发现、预测该风险发生的可能性及带来的威胁或机遇，在风险发生前，能主动采取措施加以防范和抑制，以防范风险事故发生或减少风险造成的损害。应对及防控风险的责任要写到责任书中，作为绩效考核的组成部分。

(二) 将风险控制融入业务流程

经营的风险事事有、处处在，要实施有效的控制与应对，发挥保障作用，风险控制必须融入单位的业务流程。因为业务流程直接构成单位的脉络组织，融入业务流程就可以有效地控制风险事故的发生。

一般来说，企业的风险管理由单位领导全面负责，但是从其特性看，风险的管控要求单位内部各方面都必须相互协调，各级人员都必须广泛参与。单位内部每个人都面临诸多风险，不仅应该清楚本部门以及本岗位所面临的风险有哪些，怎样防范风险产生或减少风险损失，还要了解其他部门和岗位所面临的风险。风险应对方案的执行需要与部门的工作结合在一起，特别是重大事件的风险管控和突发事件等应急风险的应对方案，更需要多部门通力协作。

为确保单位风险管理正常运转，所有员工的目标都必须相互协调、统一行动，发布并分享各自领域的相关信息；为了更好地发挥整体风险管理程序作用，还应认清各独立职能部门风险应对方案之间的相互作用，理解各种风险管理之间的相互关系。单位还可以组织一个由各业务部门及监管人员代表参加的风险管理委员会，按月召开会议，交流管理经验，共享管理信息，提高管理能力，并协调风险管理与其他领域管理活动。正如微软财务总监所说的，通过这样的交流，风险管理部门至少可以掌握企业面临的 90% 风险，这样就可有效地防范风险的产生。

(三) 强化业绩、奖励和风险控制之间的联系

企业应该将不同利益的个体团结为有着共同利益的统一整体。企业的激励方

案应使管理者和员工不仅能从实现盈利中得到奖励，还要从成功的风险控制中得到回报，以此提高组织的风险意识，如风险调整资本收益（RAROC）指标综合考虑了项目的预期利益和风险大小。按照风险调整资本收益决策，一项风险更高的投资必须产生高于低风险的投资回报。应用该指标能测算出每一层级的风险应该有多高的回报，其收益是否足以抵消风险损失。该指标与激励方案结合将有助于企业风险应对计划的有效执行。

　　风险的激励方案应该促进不同部门之间风险管理的相互协调。在许多单位，信息在其范围内是垂直向下流动的，大多数经理只是对其所属的人员、所控制的资源及其必须承担的工作负责，其决策的范围也只是涉及自己的部门，而在战略方案方面，他们只是简单地接受高一层领导的指示，很少与其他部门进行水平式沟通，也很少与其他部门的上级或者下级经理进行沟通。因此，单位必须促使大家在风险管理控制过程中加强相互协作和补充，了解企业每一项重大决策与其他决策的影响，促进经理们在决策时考虑单位整体的利益。

　　（四）形成单位风险管理文化

　　在实施风险应对过程中，应通过宣传教育使广大员工深刻认识到开展风险管理的目的、意义、途径和方法，并明确各部门的工作职责和流程，使风险意识及风险防范融入单位文化之中，成为单位文化的一部分。从某种意义上讲，单位的风险管理是单位每一名工作人员的责任，单位的风险管理能否实现预期的效果，关键在于单位员工全面接受风险管理的态度、知识与行为模式。从单位领导到每一个员工，都把风险管控作为自己的一项职责，确保每一员工在日常工作中有效发现新风险因素或原有风险因素的变化情况，并及时向风险管理责任部门和人员汇报，提醒相关管理层设计并实施应对风险措施，达到预期的目标。

　　（五）完善风险管理制度

　　单位制定风险管理制度，至少应包括以下内容：

　　（1）建立内控岗位授权制度。对内控所涉及的各岗位明确规定授权的对象、条件、范围和额度等，实行分事行权、分岗设权与分级授权，合理界定岗位责任和内部权力运行结构。任何组织和个人都不得超越授权作出风险性决定。

　　（2）建立内控报告制度。明确规定报告人与接收报告人，报告的时间、内容、频率、传递路线，负责处理报告的部门和人员等；建立内部批准制度，对内控涉及的重要事项，明确规定批准的程序、条件、范围额度、必备文件以及有权批准的部门和人员以及相应的责任。

　　（3）建立内部责任制度。要按照权利、义务和责任相统一的原则，明确规定各有关部门和业务单位、岗位、人员应负的责任和奖惩制度。

　　（4）建立内部审计检查制度。结合内控的有关要求、方法、标准与流程，明确规定审计检查的对象、内容、方法和负责审计检查的责任部门和事项等。

（5）建立风险管理考核评价制度。具备条件的单位应把各业务单位风险管理的执行情况与绩效薪酬挂钩，充分发挥奖励的作用。

（6）建立重大风险预警制度。对重大风险进行持续不断的监测，及时发布预警信息，制定风险应急预案，并根据情况的变化调整控制措施，改进驾驭风险方法。

（7）建立企业法律顾问制度。单位应加强法律风险防范机制建设，形成由单位决策层主导、单位总法律顾问牵头，并提供业务保障，全体员工参与的法律风险责任体系，完善单位法律纠纷备案管理制度。

（8）建立重要岗位权力制衡制度。明确规定不相容职责的分立及定期轮岗制度，主要包括授权批准、业务经办、会计记录、财产保管和稽核检查等职责。对内控所涉及的重要岗位，可设置一岗双人、双职、双责，相互制约；明确该岗位的上级部门或人员对其应采取的监督措施和应负的监督责任，并将该岗位作为内部审计的重点等。

二、实施有效的内部控制

对风险如何实施有效控制，将在以下各章做详细论述。

三、风险应对方案的调整

潜在的风险因素在特定条件和特定期间可能转化为风险事件，对目标产生影响。一定环境下的有效内部控制在另一种环境下未必有效。风险评估的本质就是一个识别变化的环境并拟定相应行动的过程。因此，企业应结合不同发展阶段及业务拓展情况，持续收集与风险变化相关的信息，进行风险识别、分析与评价。当发现情况发生变化时，应及时调整风险应对方案，从而抓住机遇、规避威胁，较好地实现预期目标。为此应关注以下两个方面：

（一）影响风险应对方案调整的因素

风险应对方案的调整是以外部环境和内部环境的变化为前提的。下列条件应引起高度关注。

1. 经营环境发生重大变化

国家政策法规、方针政策的变化、税种税率调整、国际国内竞争环境变化、自然灾害等。

2. 重要人事发生变动

如高层领导变更，新来的高层管理人员可能不理解企业的文化，或只关注当前业绩而忽略与其相关控制活动。在缺乏有效培训和督导的情况下，关键技术人员高度流动也容易导致企业瘫痪等。

3. 新建或修订信息系统

由于下属不熟悉，容易失控，或为取得竞争优势及战术出击而建立新系统，在时间限制特别紧急时，也容易使控制失效等。

4. 营业规模迅速增长

当经营迅速扩张，现有内控制度局限性，可能导致控制失败；当程序变动和新人员增加时，现有的监督有可能失去充分的控制等。

5. 新技术的运用

让新技术运用到生产和信息系统，内部控制就很可能需要修改。例如，适时（JIT）存货制造技术应用，就需要改变成本系统和相关的控制，以确保及时报告有效信息等。

6. 新产品新业务的开拓

当企业进入新的商业领域或从事不熟悉交易时，现有的控制系统可能受到影响。例如，银行存款采用网络结算等直接影响会计核算系统。

7. 业务重组或合并/分立

可能伴随着机构重组、人员调整、监督机构和职责分割，成本费用控制系统调整，或者关键控制功能工作消失而替代控制尚未到位等，从而使原有控制系统失效。

8. 海外经营环境的重大变化

海外经营扩张或收购带来新的或独特的风格，国际环境发生重大变化，其控制环境可能受当地管理层文化和风俗的影响。另外，当地经济法规和环境也可能带来独特的风险因素。

上述环境及条件的变化，要求应对风险的策略、方法及方案也要作相应的调整和变化，才能应对面临的风险挑战。

（二）建立预见性应变机制

企业必须建立识别重要风险假设条件发生变化的机制，实施早期的预警/报警系统，以识别那些警示新风险将要发生的征兆，做到有预见、早预防。

一般情况下，越能早识别出那些影响风险变化的因素发生变化预兆的，就越有助于提早采取措施进行有效应对，等风险威胁已到临头再采取措施就来不及了。因此，企业应完善信息机制，及时预测影响企业目标的风险变换及条件，发现后及时填写"风险预警报告单"（见表 2-20）向有关部门报告。各相关部门及责任者，针对预警风险采取必要措施，这样就可以做到"未雨绸缪""有备无患"。

表 2-20　风险预警报告单（1）

报告人：　　　　　　　　　　　　　　　　　　　　　　　　　　　年　月　日

序号	风险影响目标	影响程度	风险描述	风险动因	风险责任者	发生地点	当前风险应对措施	发生可能性	风险发展趋势	可接受性	可控性	紧迫性	短期或长期	模式及特定事件	监测与审查	额外的风险应对	额外的资源需求	采取新措施成效预期	存在机遇的目标	针对此机遇管理计划	说明

注：风险分为5级标准，可控性描述：　　　　　　　　　　　　　　　　　治理措施：

表 2-21　风险预警报告单（2）　　　　　　　　年　月　日

风险域	风险指标	权重	重要程度	预警临界值	目标值	运行状况	预计完成	影响程度	预计走向	风险等级（预计完成值/目标值×100%）					因素指标计量公式
										5（双红色）	4（红色）	3（黄色）	2（绿色）	1（双绿色）	
基本指标	资本保值增值率	12	A	100.0%	104.0%	黄				80%以下	80%~90%	90%~100%	100%~110%	115%以上	年末所有者权益/年初所有者权益
	主营业务利润率	8	B	15.0%	19.0%	绿				90%以下	90%~95%	95%~100%	100%~105%	105%以上	主营业务利润/主营业务收入
	盈余现金保障倍数	8	B	4.0	5.1	绿				90%以下	90%~95%	95%~100%	100%~105%	105%以上	经营现金流量净额/净利润
	成本费用利润率	10	A	4.2%	5.1%	绿				80%以下	80%~90%	90%~100%	100%~110%	110%以上	利润总额/成本费用总额
	存货周转率（次）	5	C	5.5	6.9	黄				88%以下	88%~94%	94%~100%	100%~106%	106%以上	主营业务成本/存货平均额
	应收账款周转率	5	C	7.9	9.9	红				85%以下	85%~90%	90%~95%	95%~100%	100%以上	主营业务收入/应收账款平均额

续表

风险域	风险指标	权重	重要程度	预警临界值	目标值	运行状况	预计完成	影响程度	预计走向	风险等级（预计完成值/目标值×100%）					因素指标计量公式
										5（双红色）	4（红色）	3（黄色）	2（绿色）	1（双绿色）	
基本指标	不良资产比率	8	B	2.3%	1.9%	绿				110%以下	100%~110%	90%~100%	80%~90%	80%以下	年末不良资产/年末资产总额
	现金流转负债比率	10	A	7.6%	9.6%	绿				90%以下	90%~95%	95%~100%	100%~105%	105%以上	经营现金净流量/流动负债
	速动比率	10	A	78.0%	98.3%	绿				90%以下	90%~100%	100%~110%	110%~120%	120%以上	速动资产/流动负债
	技术投入比率	7	B	0.6%	0.6%	绿				90%以下	90%~95%	95%~100%	100%~105%	105%以上	技术科研开发费/销售收入
	净利润增长比率	9	B	7.8%	9.8%	绿				90%以下	90%~95%	95%~100%	100%~105%	105%以上	净利润增长额/上年净利润额
	固定资产增长率	8	B	10.4%	13.0%	绿				90%以下	90%~95%	95%~100%	100%~105%	105%以上	固定资产增长额/上年固定资产总额
	合计	100													

表2-22　质量、环境、安全风险、预警报告　　　　编号：201x

序号	公司/部门		目标、指标	考核方法	考核周期	运行情况	预警临界值	影响目标值
1	公司	质量	合同履约率：100%	履约合同/签订合同	每季度	100%		
			顾客满意率超过90%	满意数量/调查数量	每半年	95%		
			主设备完好率100%，辅助设备完好率不低于90%	完好设备数/统计设备数	每半年	100%		
			非计划停运：锅炉≤2次/台·年；汽机≤1.5次/台·年	安全月报表	每年	1台次·年		
			全厂设备消缺率≥95%	缺陷消除量/缺陷发现量	每季度	96%		

续表

序号	公司/部门		目标、指标	考核方法	考核周期	运行情况	预警临界值	影响目标值
1	公司	环境	重大环境污染事故为0	环境月报	每月	0		
			废气、废水、噪声100%达标排放	监测报告、报表	每月	100%		
			灰渣综合利用率100%	灰渣利用量/产生量	每月	100%		
			供电煤耗≤360g/kw·h；供热煤耗≤38.15kg/GJ；厂用电率≤15.15%	生产统计报表	每月	完成		
		安全	人身重伤及以上人身伤害事故为0	安全月报	每月	0		
			职业病事故、火灾和重大交通事故为0	安全月报	每月	0		
			一类障碍不大于1次，一般及以上设备事故0次	安全月报	每月	0		
2	运行部	质量	供电煤耗≤360g/kw·h；供热煤耗≤38.15kg/GJ；厂用电率≤15.15%	生产统计报表	每月	完成		
		环境	各项污染物达标排放	监测报表	每月	完成		
		安全	各类安全事故为0	安全月报	每月	0		
3	检修部	质量	设备完好率达到98%	完好设备数/统计设备数	每季度	100%		
			检修计划完成率100%	完成计划项目数/计划项目数	每季度	100%		
			设备消缺率达到95%以上	缺陷消除量/缺陷发现量	每月	96%		
		环境	可回收物资100%	监督检查	每季度	100%		
		安全	检修过程中避免人身伤害，各类安全事故为0	安全月报	每月	0		

续表

序号	公司/部门		目标、指标	考核方法	考核周期	运行情况	预警临界值	影响目标值
4	技术部	质量	检修技改计划按时编制完成率100%	已编制计划量/应完成计划量	每季度	100%		
			技术标准更新及时率100%	技术标准清单	每季度	100%		
			产品入库验收及时率100%	监督检查	每季度	100%		
		环境	污染物定期监测100%按时完成	监测报告数/应监测次数	每月	100%		
		安全	不发生人身伤害事故	安全月报	每月	0		
5	供应部	质量	物资到场验收合格率达到97%以上	验收合格率/验收数	每季度	100%		
			物资采购及时率95%	采购完成数/采购计划数	每月	100%		
		环境	节约用水、用电、用纸符合公司要求，固废处理100%符合公司要求	监督检查	每月	100%		
		安全	不发生火灾事故	安全月报	每月	0		
6	燃料管理部	质量	入炉煤质掺配合格率100%	入炉煤质统计表	每月	100%		
		环境	煤场、料场覆盖符合公司要求，定期喷水抑尘不发生大风扬尘天气	监督检查	每月	符合要求		
		安全	不发生人身伤害事故，不发生燃煤火灾事故	安全月报	每月	0		
7	供热运行部/换热站	质量	供热质量100%满足政府规定	供热参数统计报表	每季度	100%		
			顾客满意度95%以上	满意数量/调查数量	每半年	100%		
		环境	节约用水、用电、用纸符合公司要求，固废处理100%符合公司要求	监督检查	每月	100%		
		安全	不发生人身伤害事故	安全月报	每月	0		

续表

序号	公司/部门		目标、指标	考核方法	考核周期	运行情况	预警临界值	影响目标值
8	市场销售部/电力销售部	质量	合同履约率100%	履约合同/签订合同	每半年	100%		
			顾客满意率95%	满意数量/调查数量	每半年	98%		
			回款率98%	当月实际回款金额/应回款金额	每月	100%		
		环境	节约用水、用电、用纸符合公司要求,固废处理100%符合公司要求	监督检查	每月	符合要求		
		安全	不发生交通事故	安全月报	每月	0		
9	总经办	质量	文件发放及时到位,100%有效版本	监督检查;文件发放回收数/文件发放回收登记数	每季度	符合要求		
		环境	车辆尾气达标100%	年检标志	每年	100%		
			垃圾分类处理合格率92%	合格次数/检查次数	每月	95%		
			节约用水、用电、用纸符合公司要求	监督检查	每月	符合要求		
		安全	交通事故为0	安全月报	每月	0		
			搞好食品卫生,不发生食物中毒	安全月报	每月	0		
			杜绝火灾事故,不发生人身伤害事故	安全月报	每月	0		
10	人力资源部	质量	培训计划完成率98%以上	完成项目数/计划项目数	每季度	100%		
		环境	节约用水、用电、用纸符合公司要求,固废处理100%符合公司要求	监督检查	每季度	100%		
		安全	不发生人身伤害事故	安全月报	每季度	0		
11	财务部	质量	环境、职业健康安全管理方案资金100%落实	环境、职业健康安全资金落实统计	每季度	100%		
		环境	节约用水、用电、用纸符合公司要求,固废处理100%符合公司要求	监督检查	每季度	符合要求		
		安全	不发生人身伤害事故,资金100%安全	安全月报	每月	0		

续表

序号	公司/部门		目标、指标	考核方法	考核周期	运行情况	预警临界值	影响目标值
12	安环部	质量	法律法规100%及时更新	法规清单	每季度	100%		
		环境	节约用水、用电、用纸符合公司要求，固废处理100%符合公司要求	监督检查	每季度	符合要求		
		安全	杜绝人身重伤及以人身伤害事故	安全月报	每月	0		

在发生异常情况时应及时进行评估，针对不同情况拟定新的应对措施。在风险应对策略方面，切不可采取麻木不仁或以不变应万变的策略。

（三）监测方案实施的动态调整

由于风险的隐蔽性、复杂性和环境变幻性决定了风险应对决策预见性有时不能全面正确地反映未来环境变化趋势，不能发挥应有的作用，达不到预期的目标。这就需要对风险应对决策方案实施动态监测，该变则变，必要时可根据变化情况对原方案进行适当调整，以适应新形势需要，发挥重要作用。

【案例】

雷曼兄弟应对风险策略失误后果

2008年，美国房市的次贷危机引发全球经济危机，世界各地的金融市场都受到不同程度的伤害，美国自身当然也是损失惨重，超过20家银行走向了灭亡——破产倒闭。其中最具代表性的便是雷曼兄弟。但无论是从哪一种标准来看，它都应该是"金融巨头"，而不是轻易就倒下的那一种。

它倒下后，世人自然会寻找原因，原因虽很多，但最根本的是应对风险策略出了问题。

我们可以看到雷曼兄弟倒闭的原因大致如下：①过高的投资杠杆；②业务过于单一；③内部控制失灵。实质上，①②两个问题和③是相通的，因为优秀的应对风险策略可以规避很多风险，违规将投资杠杆做到30倍或者让公司与一种业务过度绑定都是可以避免的风险。雷曼兄弟为什么没有避免？

雷曼兄弟自身的资本并不多，破产前的杠杆率大约是30倍，远远超过正常的倍数，事后诸葛亮的话每个人都会问为什么会做这样的决策，但实际上它就这么做了，正是选择了错误的应对策略，导致最终的失败。论结果，是整个公司倒闭了；论原因，是管理层一直以来坚持错误的应对风险策略，没有采取有效的应对过高杠杆率风险的对策；论根本原因，就是缺乏有效的风险管控。

雷曼兄弟曾是华尔街的"债券之王"，它做了大量的房产抵押债券业务，单一的高风险业务使它和这一类业务绑定，俗话说"不要把鸡蛋放在一个篮子里"，雷曼兄弟的鸡蛋就都放在固定收益的房产抵押债券业务上，次贷危机带着它一起"鸡飞蛋打"也是必然结果。

雷曼兄弟应对策略失灵体现在它的 CEO 福尔德身上：他曾多次在逆境中守护雷曼兄弟，他成为雷曼兄弟公司文化中类似"超级英雄"一样的存在，在公司内部享有高度的赞美和不切实际的信任。在公司能与他对话的人中，或吹捧，或默认地跟随，反对者无，附和者众。福尔德个人的话语权一人独大，没有制衡力量的存在导致他无限膨胀，最终带来毁灭。

试想如果有人能在福尔德带着高管们走进死胡同之前提醒他前路不善，或者有规矩，有一个前面说的"优秀的内部控制"或以应对策略去引导他重视风险，及时采取应对措施，不在大风大浪里盲目冲杀，那么悲剧则可能避免。

第三章　内部控制体系与自我评价

　　风险控制最有效的措施之一就是实施与强化内部控制。掌握内部控制体系形成和内部控制风险的方法措施、内控控制评价报告、内控体系监测评价，以及内部控制与风险管理关系等，从而提高管控风险的能力，实现风险控制目标。

第一节　内部控制的含义与演变过程

一、内部控制的含义及特征

（一）内部控制的含义

　　《企业内部控制基本规范》将内部控制定义为"是由企业董事会、监事会、经理层和全体员工实施的、旨在实现控制目标的过程"。

　　《行政事业单位内部控制规范》将内部控制定义为"是指单位为实现控制目标，通过制定制度、实施措施和执行程序，对经济活动的风险进行防范和管控"，而后又将控制对象从经济活动延伸到权力运行的全过程。

　　《上海证券交易所上市公司内部控制指引》的定义："内部控制是指上市公司为了保证公司的战略目标的实现，而对公司战略制定和经营活动中存在的风险予以管理的相关制度安排。它是由公司董事长、管理层及全体员工共同参与的一项活动。"

　　美国注册会计师协会（AICPA）的审计程序委员会于1949年提出了权威性的定义："内部控制包括组织机构的设计和企业内部采取的所有相互协调的方法和措施。这些方法和措施都用于保护企业的财产，检查会计信息的准确性，提高经营效率，推动企业坚持执行既定的管理政策。"

　　COSO报告中定义："内部控制是指由企业董事长（决策、治理机构）、管理层和全体员工共同实施的、指在合理保证企业战略实施、经营的效率和效果、财务报告及管理信息的真实、可靠和完整、资产的安全完整、遵循国家法律法规和有关监管要求的一系列活动。"具体内容包括控制环境、风险评估、控制活动、信息和沟通及监督五个要素。

综上所述，不难看出，内部控制是指单位为保证业务活动的有效进行，保护资产安全完整，防止和纠正错误与舞弊，保证经营活动合法合规，财务信息真实完整，且由全员参与而制定和实施的政策与程序，是组织为保证实现特定目标对风险实施管理的过程，贯穿企业经营活动的各个方面，是全员、全面、全方位管控。从实质看，内部控制就是责任主体对影响目标的风险实施管控过程，管控包括制定制度、实施措施和执行程序，由内部控制主体的"目标、风险及管控风险方法措施"构成。

（二）内部控制的特征

目前，内部控制已经公认为是"企业基业长青的法宝之一"，是现代管理理论的重要组成部分，是强调以预防为主的现代制度，目的是通过建立健全完善的制度和程序防止错误和舞弊的发生，提高管理效率和效果，实现控制目标。其特征有以下几点：

（1）内部控制是一个过程，贯穿于生产经营活动的始终；

（2）内部控制是为了实现控制目标，因此必须用于执行，而不只是书面；

（3）内部控制是由企业董事会、监事会、经理层和全体员工实施的；

（4）内部控制目的是达成财务报告可靠、法规遵循、营运效率与效果提高等目标。

（三）内部控制产生的原因

为什么要搞内部控制？是少数人凭空想出来的吗？不是！它是经济发展的客观需要。随着现代企业的发展、股份制公司的出现，财产所有者与经营权相分离、利益相关者维护利益的需求，以及企业自身对规范化管理的要求、股东掌握企业运行准确信息的需要，还有外部审计师审计财务报表的需要、政府监管等，理论界和实务界对"内部控制"的关注也日益密切，特别是美国"安然事件"和世通公司财务欺诈案之后，资本主义生存发展的基石产生了动摇，为此，全球范围内掀起了一股强化"内控管理"的热潮。各个国家也从制度层面对企业内部控制进行了规范和要求，尤其2002年7月美国总统布什签署了《萨班斯—奥克斯利法案》（以下简称《萨班斯法案》），并称"这是自罗斯福总统以来美国商业界影响最为深远的改革法案"。该法案的核心是通过立法加强对财务制度和企业内部制度的完善，防范公司舞弊造假。

《萨班斯法案》是一部涉及会计职业监管、公司治理、证券市场全监管等方面改革的重要法律，是美国关于会计和公司治理的一揽子改革方案。《萨班斯法案》要求美国所有的上市公司（包括在美国注册的上市公司和在外国注册而于美国上市的公司）都必须遵守该法案。如果企业被认定未达到该法案要求，将可能使企业受到严厉处罚，包括高额罚款以及管理层个人刑事责任的追究。此后，各国政府也逐渐开始积极推进内部控制的进程，以期减少企业的舞弊和违规行为对市场经济秩序的消极影响。

我国财政部根据国务院领导指示，联合证监会、审计署、银监会、保监会四部委分别于 2008 年发布了《企业内部控制基本规范》、2010 年发布了 18 项《内部控制配套指引》、2010 年财政部等五部门又发布了《企业内部控制评价指引》《企业内部控制审计指引》，基本建成了"应用＋评价＋审计"三者密切联系的企业内部控制制度模式。

财政部于 2012 年 11 月正式发布了《行政事业单位内部控制规范（试行）》，并于 2014 年 1 月 1 日起施行，2015 年 12 月又发布了《关于全面推进行政事业单位内部控制建设的指导意见》，要求"全面建立、有效实施内部控制，确保内部控制覆盖单位经济和业务活动的全范围，贯穿内部权力运行的决策、执行和监督全过程，规范单位内部各层级的全体人员"，并将内部控制的重点从经济活动延伸到权力运行全过程。2016 年 7 月，财政部发布了《关于开展行政事业单位内部控制基础性评价工作的通知》，采用以评促建方式推动内部控制深入开展。2017 年 1 月，财政部印发《行政事业单位内部控制报告管理制度（试行）》，财政部于 2017 年 6 月发布《小企业内部控制规范（试行）》。标志着我国内部控制体系基本建成。

党的十八大以来反腐败的大量事实使人们充分认识到"内控不搞、红色江山难保"，搞内部控制是反腐败的需要，是实现"两个一百年"伟大目标的需要。

二、内部控制的演变过程

企业内部控制理论的产生与发展基于客观经济发展的需要，是一个逐步演变完善的过程。学习和借鉴国外经验，正确理解和深入实施内部控制，对提高企业持续发展能力、应对风险、实现企业战略目标有重要意义。

控制是一种自觉行为，是控制者对被控制对象的一种能动作用，被控制对象按照控制者的控制作用而行动，并达到系统的预定目标，这就是控制。

企业内部控制是企业领导为了实现经营目标，动员全体员工运用控制手段对企业的经营活动实施管控的一种行为及过程。其发展大体经历以下 5 个阶段：

（一）内部牵制阶段

内部控制由来已久，自从有了人类的群体活动和组织，就产生了对组织成员及其活动进行控制的需要。早在公元前 3600 年至公元前 3200 年的苏美尔文化时期，就已经出现内部控制雏形。古罗马对会计账簿实行双人记账制。15 世纪末，随着资本主义经济的初步发展，复式记账法开始出现，内部牵制渐趋成熟。18 世纪工业革命以后，有些企业逐步摸索出一些组织、调节、制约和检查企业经营活动的办法，逐步建立了内部控制制度。它的主要特点是：以任何个人或部门不能单独处理任何一项或一部分业务权力的方式进行组织上的责任分工，每项业务通过正常发挥其他个人或部门的功能进行交叉检查控制。此阶段，内部牵制机能的执行大致分为以下四类：

（1）实物牵制，也叫实物负责制，是指将财产物资的保管责任落实到特定的部门和个人头上，如保险柜的钥匙，交由两个以上的人持有并同时使用，否则保险柜就打不开。

（2）机械牵制，也叫技术牵制，是指借助专门的技术手段来进行牵制。如现代保险柜的密码，对不上就打不开。

（3）制度牵制，也叫职责分离，是指通过分工和制衡，由不同的部门和人员来完成不同的业务环节。如用双重控制法，预防错误和舞弊的发生。

（4）簿记牵制，也叫会计系统控制，是指通过簿记内在的控制职能而实现牵制。

内部控制是基于以下两个基本设想：①两个或以上的人或部门无意识地犯同样错误的机会是很小的。②两个或以上的人或部门，有意识地合作舞弊的可能性大大低于单独一个人或部门舞弊的可能性。实践证明，这些设想是合理的，内部牵制机制确实有效地减少了错误和舞弊行为。因此在现代内部控制理论中，内部牵制仍占有重要的地位，成为有关组织机构控制、职务分离控制的基础。

（二）内部控制制度阶段

20 世纪 40 年代至 70 年代，在内部牵制的基础上逐步产生内部控制制度的概念。它是以会计控制为核心，重点是建立健全规章制度，用制度控制企业的经济活动。1949 年，美国注册会计师协会（AICPA）出版了《内部控制——协作体系的要素及其对于管理层和独立公共会计师的重要性》，首次以正式官方的形式对内部控制进行定义："内部控制是企业为了保证财产的安全完整，检查会计资料的准确性和可靠性、提高企业的经营效率以及促进企业贯彻既定的经营方针，所设计的总体规划及所采用的与总体规划相适应的一切方法和措施。"这一概念突破了与财务会计部门直接有关的控制的局限，使内部控制扩大到企业内部各个领域。

1958 年，美国注册会计师协会下属的审计程序委员会（CAP）发布了第 29 号《审计程序公告》（SAP），将内部控制分为内部会计控制和内部管理控制。前者是指与财产安全和会计记录的准确性、可靠性有直接关系的方法和程序；后者主要是与贯彻管理方针和提高经营效率有关的方法和程序。

这一时期将内部控制区分为会计控制和管理控制的行为无异于"将美玉击成了碎片"，使得审计角度的内部控制与管理者期望的内部控制之间的差距越来越大。经过一系列的修改和重新定义，内部控制的含义较以前更明晰和规范，涵盖范围日益广泛，并引入了内部审计的理念，得到了世界范围内的认可和引用，内部控制制度由此而生。

（三）内部控制结构阶段

进入20世纪80年代，资本主义发展的黄金阶段以及随后到来的"滞胀"促使西方国家对内部控制的深入研究又进一步深化。在实践中，注册会计师发现很难确切地区分内部会计控制和内部管理控制，而且后者对前者有很大影响，且无法在审计时完全忽略。1988年，AICPA发布《审计准则公告第55号》，并规定从1990年1月起取代1972年发布的《审计准则公告第1号》。公告首次以"内部控制结构"的概念代替"内部控制系统"，明确"企业内部控制结构包括为提供取得企业特定目标的合理保证而建立的各种政策和程序"。该公告认为，内部控制结构由"控制环境、会计系统和控制程序"三要素构成。

（1）控制环境是指对建立、加强或削弱特定政策和程序效率发生影响的各种因素。主要包括：①管理者的思想和经营作风；②企业组织结构；③董事会及其所属委员会特别是审计委员会发挥的职能；④确定职权和责任的方法；⑤管理监控和检查工作时所用的控制方法，包括经营计划、预算、预测、利润计划、责任会计和内部审计；⑥人力资源政策与实务等。

（2）会计系统是指为确认、归类、分析、登记和编报各项经济业务，明确资产与负债的经营责任而规定的各种方法，包括鉴定和登记一切合法的经济业务；对各项经济业务进行及时和适当的分类，作为编制财务报表的依据；将各项经济业务按照适当的货币价值计价，以便列入财务报表。

（3）控制程序是指企业为保证目标的实现而建立的政策和程序，如经济业务和事项的批准权，明确人员的职责分工，指派不同的人员承担业务批准、业务记录和财产保管的职责，以防止有关人员利用正常经济业务图谋不轨和隐匿各种错弊；账簿和凭证的设置、记录和使用，以保证经济业务得到正常的记载。例如，出库凭证应事先编号，以便控制发货业务。资产及记录的限制接触。又如接触电脑程序和档案资料要经过批准；已经登记的业务及时记录与复核。再如，常规的账面复核，存款、借款调节表的编制，账面的核对等，从而达到一定的控制目的。这一阶段从"系统二分法"向"结构三要素"的演变，被认为是内部控制史上的一个重大转变。这一时期同时也是内部控制标准化和规范化的进程。

（四）内部控制框架阶段

进入 20 世纪 90 年代以后，学术界对内部控制的研究又进入了一个新的阶段。1992 年，美国 Treadway 委员会下属的由美国会计学会（AAA）、注册会计师协会（AIPA）等提出《内部控制—整体框架》，并于 1994 年进行了修改。这就是著名的"COSO 报告"，成为迄今为止研究内部控制问题的经典文献。COSO 报告将内部控制定义为：内部控制是由企业董事会、经理阶层和其他员工实施的，为运营的效率、财务报告的可靠性、相关法令的遵循性等目标的达成而提供合理保证的过程，具体内容包括内控环境、风险评估、控制活动、信息与沟通及监督五个要素。这五个要素既相互独立又相互联系。控制环境是整个内控系统的基石，支撑和决定着风险评估、控制活动、信息传递和监督，是建立所有事项的基础；实施风险评估进而管理风险，是建立控制活动的重点；控制活动是内部控制的主要组成部分；信息传递贯穿上下，将整个内控结构凝聚在一起，是内部控制的实质，监督位于顶端的重要位置，是内控系统的特殊构成要素，它独立于各项生产经营活动之外，是对其他内部控制的一种再控制。

图 3-1 是 1994 年美国反欺诈财务报告委员会（COSO）制定完成的《内部控制—整体框架》，标志着现代企业内部控制体系的完整确立，奠定了现代企业内部控制的全新基础。

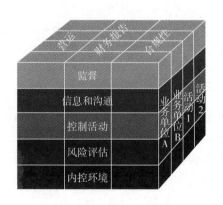

图 3-1　内控五要素构成

COSO 报告是内部控制理论研究的历史性突破，是目前国内外最为权威的内部控制理论，它首次提出内部控制体系概念，将内部控制由原来的平面结构发展为立体框架模式，其内涵和外延比以往任何一个内控概念都深刻和广泛。但唯一让人遗憾的是它仍然代表着财务、会计、审计方面的观点。

（五）风险管理框架阶段

2004 年底，COSO 委员会废除了沿用多年的企业内部控制报告，颁布了一个概念全新的报告——《企业风险管理：整合框架》，标志着内部控制和风险管理进入了嵌套融合发展的新阶段，该报告对企业风险管理（ERM）下了一个全新的综合定义："风险管理是一个过程，它由一个主体的董事会、管理层和其他人员实施，应用于战略制定并贯穿于企业之中，旨在识别可能会影响主体的潜在事项，管理风险以使其在该主体的风险容量之内，并为主体目标的实现提供合理保证。"在此基础上，ERM 从企业风险管理角度将内部控制五要素扩展为风险管理八要素：内部环境、目标设定、事项识别、风险评估、风险对策、控制活动、信息和沟通、监控，如图 3-2 所示。

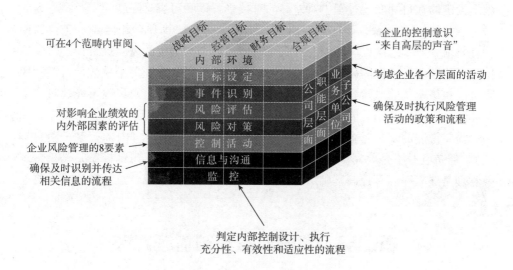

图 3-2　内部控制八要素构成

资料来源：COSO ERM 框架。

总括来看，相对于内部控制框架而言，新 COSO 报告的创新表现在以下几个方面：

（1）从目标上看，企业风险管理整合框架不仅涵盖内部控制框架中的"运营、财务报告和合规"三个目标，而且还提出了一个更具管理意义和管理层次的战略管理目标，同时还扩大了报告的范畴。此框架指出，企业风险管理应贯穿于战略目标的制定、分解和执行全过程，从而为战略目标的实现提供合理保证。报告范畴的扩大表现在内部控制框架中的财务报告目标与公开披露的财务报表的可靠性相关，而企业风险管理框架的财务报告范围有很大的扩展，覆盖企业编制的所有报告。

（2）从内容上看，该框架除了包括内部控制整合框架中五个要素外，还增加了目标设定、风险识别和风险对策三个管理要素。目标设定、风险识别、风险评估与风险对策四个要素环环相扣，共同构成风险管理的完整过程。此外，对于原有要素也进行了深化和扩展，如引入了风险偏好和风险文化，将原有的"控制环境"改为"内部环境"。

（3）从概念上看，企业风险管理框架增加了"风险偏好"和"风险容忍度"两个概念。风险偏好是指企业在实现其目标的过程中愿意接受的风险数量。企业的风险偏好与企业的战略目标直接相关，企业在制定战略时，应考虑将该战略的既定收益与企业管理者的风险偏好结合起来。风险容忍度是企业在风险偏好的基础上设定的在目标实现过程中对差异的可接受程度和可容忍限度。

（4）从观念上看，该框架提出了一个新的观念，即风险组合观。企业风险管理要求企业管理层以风险组合的观念看待风险，对相关的风险进行识别并采取措施，使企业所承担的风险在风险偏好的范围内。对于企业每个单位而言，其风险可能在该单位的风险容忍度范围内，但从企业总体来看，总风险可能超过企业总体的风险偏好范围。因此，应从企业整体的角度评估风险。

需要说明的是，《企业风险管理整合框架》虽然晚于《内部控制—整合框架》，但是它并不是要完全代替前者。在企业管理实践中，内部控制是基础，风险管理是建立在内部控制基础之上、具有更高层次和更有综合意义的控制活动。

第二节　我国内部控制体系构成

一、我国内部控制体系的发展

虽然我国早在西周就有了实施分权控制方法和交互考核制度，如西汉时期上计制度，宋太祖时期的"职差分离""主库吏三年一易"等内部控制的思想，但由于封建主义长期统治，内部控制一直处于"内部牵制"阶段，内部控制没有得到发展。新中国成立后实行的是计划经济，进入20世纪90年代实施改革开放后，进入社会主义市场经济，并走出国门进入国际市场，市场经济在我国迅速发展，企业规模化经营和资本大众化程度逐步提高，资本的所有权和经营权进一步分离，内部控制的重要性日益突出。许多企业因内部失控而导致企业失败，如巨人集团衰败、沈飞集团"失踪"、郑州亚细亚关门等。公司治理和信息披露等成为困扰政府和公司利益相关者的问题。

90 年代后期开始，政府有关部门和两个证券交易所陆续重视内部控制的规范问题。1997 年 5 月中国人民银行颁布了《加强金融机构内部控制的指导原则》，至此，内部控制才得以在我国发展。1999 年 7 月实施的《中华人民共和国会计法》（以下简称《会计法》）是我国第一部体现内部控制要求的法律。《会计法》第三十七条规定"国家机关、社会团体和企事业单位必须建立健全内部控制制度，以确保会计信息真实可靠，国家财产安全完整"，明确不能用一般财经法规替代内控制度。之后，财政部、证监会、国资委、中国注协、上海证券交易所、深圳证券交易所等部门相继出台了内部控制规范文件。

1996 年，财政部发布《独立审计具体准则第 9 号——内部控制和审计风险》，这是我国第一个关于内部控制的行政规定，要求注册会计师审查企业内部控制。1997 年 5 月，中国人民银行发布《关于加强金融机构内部控制的指导原则》，2001 年 2 月证监会发布《证券公司内部控制指引》，要求证券公司健全内部控制机制，完善内部控制以规范公司经营行为；2001 年 6 月至 2004 年 7 月，财政部连续制定和发布了《内部会计控制规范——基本规范（试行）》等 7 项内部会计控制规范，规定所有单位都要贯彻执行。2002 年 9 月 7 日，中国人民银行制定发布了《商业银行内部控制指引》，促进商业银行建立和健全内部控制体系，防止金融风险，保障银行体系安全稳健运行。2006 年 6 月，上交所发布了《上海证券交易所上市公司内部控制指引》，9 月深交所发布了《上市公司内部控制指引》，强制要求上市公司在年度报告发布的同时披露年度内部控制自我评估报告，揭开了中国上市公司内部控制体系制度建设的序幕。

2006 年 6 月，国资委发布了《中央企业全面风险管理指引》（以下简称《指引》），对中央企业开展全面风险管理工作的总体原则、基本流程、组织体系、风险评估、风险管理策略、风险管理解决方案、监督与改进、风险管理文化、风险管理信息系统等方面进行了详细阐述，对《指引》的贯彻落实也提出了明确要求。

2006 年 7 月 15 日，受国务院委托、财政部牵头，由财政部、国资委、证监会、审计署、银监会和保监会联合发起成立企业内部控制标准委员会。许多监管部门、大型企业、行业组织、中介机构、科研院所的领导和专家参与，设立了由 86 名专家组成的内部控制咨询委员会，并组织开展了一系列内部控制的科研课题，为构建我国企业内部控制标准体系提供了组织、技术、理论支撑和机制保障。企业内部控制标准委员会的职责和目标是总结我国经验，借鉴国际惯例，有效利用国际国内资源，充分发挥各方面的积极作用。我国经过数年基本建立一套以防范风险和控制舞弊为中心，以控制标准和评价标准为主体的内部控制制度体系。并以监管部门为主导，单位具体实施为基础，会计师事务所等中介机构服务为支撑，政府监管和社会评价相结合的内部控制实施体系，推动公司、企业和其他非营利组织完善治理结构和内部约束机制，不断提高经营管理水平和可持续发展能力，推动我国内控业务迅猛发展。

2008 年 6 月 28 日，财政部等五部委联合发布了《企业内部控制基本规范》（以下简称《规范》）及相关的 18 项具体配套指引，自 2009 年 7 月 1 日起在上市公司范围内施行，鼓励非上市的大中型企业执行。这是我国首部企业内部控制规范，也是我国实施与国际接轨的企业会计准则和审计准则之后又一项与国际接轨的重大改革。而后，财政部发布了《企业内部控制评价指引》与《企业内部控制审计指引》，形成了中国官方的企业内部控制体系，如图 3 - 3 所示。

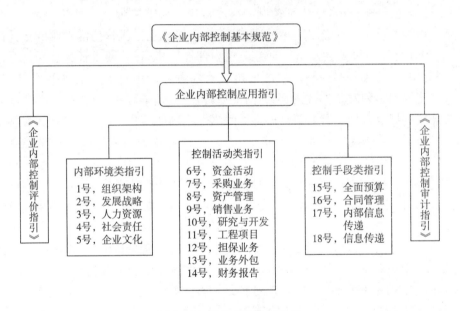

图 3 - 3　企业内部控制体系

《规范》坚持立足我国国情、借鉴国际惯例，确立了我国企业建立和实施内部控制基本框架，并取得了重大突破。一是科学界定内部控制的内涵，强调内部控制是由企业董事会、监事会、经理层和全体员工实施的，旨在实现控制目标的过程，有利于树立全面、全员、全过程控制的理念。二是准确定位内部控制的目标，要求企业在保证经营管理合法合规、资产安全、财务报告及相关信息真实完整、提高经营效率和效果的基础上，着力促进企业实现发展战略。三是合理确定内部控制的原则，要求企业在建立和实施内部控制过程中贯彻全面性原则、重要性原则、制衡性原则、适应性原则和成本效益原则。四是统筹构建内部控制要素，有机融合世界主要经济体加强内部控制的做法经验，构建了以内部环境为重要基础、以风险评估为重要环节、以控制活动为重要手段、以信息与沟通为重要条件、以内部监督为重要保证，相互联系、相互促进的五要素内部控制框架。五是开创性地建立了以企业为主体、以政府监管为促进、以中介机构审计为重要保障组成的内部控制实施机制，要求企业实行内部控制自我评价制度，并将各责任单位和全体员工实施内部控制的情况纳入绩效考评体系；国务院有关监管部门有权对企业建立并实施内部控制的情况进行监督检查；明确企业可以依法委托会计事务所对本企业内部控制的有效性进行审计，出具审计报告，构成一套完整系统的科学体系。由此，我国企业内部控制规范化工作跨入一个新的发展阶段。

财政部于 2012 年 11 月正式发布了《行政事业单位内部控制规范（试行）》，并于 2014 年 1 月 1 日起施行；2015 年 12 月，发布了《关于全面推进行政事业单位内部控制建设的指导意见》，要求"全面建立、有效实施内部控制，确保内部控制覆盖单位经济和业务活动的全范围，贯穿内部权力运行的决策、执行和监督全过程，规范单位内部各层级的全体人员"，将内部控制的重点从经济活动延伸到权力运行全过程。

财政部于 2017 年 6 月发布《小企业内部控制规范（试行）》，标志着我国内部控制体系基本建成。

目前，我国内部控制法规的一个重大特点就是政出多门，财政部、证监会、国资委、中国人民银行、上交所、深交所等部门均出台了自己的内部控制相关文件，没有一个统一的标准，往往一个企业要遵守两个或两个以上标准，从而造成企业无所适从，无法制定出适合企业情况的有执行力的内部控制制度。另外，目前还没有出台行政事业单位内部控制标准，这是今后理论研究者、政策制定者和实务工作者亟待共同强化的问题。

二、企业内部控制基本内容

企业内部控制包括基本要素、内部控制目标、内部控制原则以及《企业内部控制应用指引》的 18 项内容等。

（一）企业内部控制基本要素

财政部会同五部委发布的《企业内部控制基本规范》，将内部控制要素划分为内部环境、风险评估、控制活动、信息与沟通、内部监督五个方面，构成以内部环境为重要基础、以风险评估为重要环节、以控制活动为重要手段、以信息沟通为重要条件、以内部监督为重要保证的五要素框架。

1. 内部环境

内部环境是指对建立、加强或削弱内部控制系统产生影响的各种因素的总称，是企业实施内部控制的基础。

2. 风险评估

风险评估是企业及时识别、系统分析经营活动中与实施内部控制目标相关的风险，合理确定风险应对策略。

3. 控制活动

控制活动是企业根据风险评估的结果，采取相应的控制措施，将风险控制在可承受范围之内。

4. 信息与沟通

信息与沟通是企业及时、准确地收集、传递与内部控制相关的信息，确保信息在企业内部、外部之间进行有效沟通。

5. 内部监督

内部监督是企业对其内部控制的健全性、合理性和有效性进行监督检查与评估，并对检查结果形成书面报告及采取必要的纠正措施的过程。

（二）企业内部控制目标

目标是行为的导向，一个好的目标会对行为和结果产生至关重要的影响。在现代管理活动中，控制的目标一般有两项：一是限制偏差的积累。众所周知，工作中出现偏差是不可避免的，但小的偏差失误在较长时间里会积累放大，并最终对计划的正常实施造成威胁。因此，有效的管理控制系统应当能够及时获取偏差信息，及时采取有效矫正措施，以防不利结果的出现。二是适应环境变化。从制定目标到目标实现，总是需要相当长一段时间。在这段时间里，组织内部的条件和外部环境可能会发生一些变化。这就需要构建有效的控制环境，帮助管理人员预测和把握内外环境的变化，并对由此带来的机会和威胁做出正确、有力的反应。内部控制作为控制活动的一种，其根本目标仍然是通过控制活动减少偏差的积累和适应环境变化，预防风险发生。企业内部控制的目标是决定内部控制运行方式和方向的关键，也是识别内部控制基本理论的出发点。关于内部控制目标的研究，国内外不同机构有不同的描述。1992 年，COSO 框架对内部控制提出"营运效率与效果、财务数据的可靠性、对法令及合约承诺之遵循"的三目标体系。2004 年的全面风险管理框架总结了 COSO 10 年来的成果，将内部控制纳入风险管理，并视为企业管理过程的重要组成部分。与原体系相比，它考虑了企业战略管理的重要性，为内部控制设定了四目标体系，即战略目标、经营目标、报告目标和遵循目标。

我国财政部等五部委联合发布的《企业内部控制基本规范》将内部控制目标界定为"合理保证企业经营管理合法合规、资产安全、财务报告及相关信息真实完整，提高经营效率和效果，促进企业实现发展战略"五目标体系。

1. 合理保证企业经营管理合法合规

该目标也称为合规性目标或遵循性目标，它是指内部控制体系的设计要确保企业经营管理活动的责任和义务要合规合法。违法、违章经营不仅不能给企业带来任何利益，相反会带来巨额成本。企业的经营活动只有在合法合规的前提下，才能谈及效率和效果。因此，遵守国家法律、法规，执行各项规章制度是企业健康持续发展的关键。内部控制作为一种制度安排，实际上就是通过制度设计，让企业不敢违法违规、不愿违法违规，保障企业经营活动合规、合法，保证法律法规和规章制度的遵照执行，是企业内部控制的首要目标。合理不等于合法，合法不等于合规。企业内部控制与风险管理体系就是要通过企业内部各种规章制度和业务流程、授权审批等的设计和建设，来确保企业的经营管理活动，都是在遵循国家法律法规的前提下进行，以预防违法违规风险和损失的发生。

2. 合理保证资产安全

资产是企业所拥有或控制的各种可以用货币计量的经济资源，也是企业赖以生存和发展的物质基础。资产的安全完整是投资者、债权人和其他利益相关者普遍关注的重大问题。良好的内部控制应当为资产安全提供扎实的制度保障。但是，我国大多数企业都存在资产管理不善、利用效率低下的问题。因此，保证企业的资产安全、完整、有效，确保企业的资产价值和功能不受损失、权益不受侵害，是企业内部控制的目标之一。

企业内部控制通过制定严格的涉及各类资产的取得、使用、保管、报废等各环节的各类制度、管理流程、明确各类资产管理过程中的风险事件和风险点，制定资产运用奖惩指标和标准，来保证各项资产的安全完整，防止各项资产发生损失或侵吞侵害，提高资产的有效利用，减少不必要的损失和浪费，从而实现对资产安全性的有效控制。

3. 合理保证企业财务报告及相关信息真实完整

美国的安然公司、世通公司，中国的银广厦、亚细亚等公司的轰然倒塌无不与财务报告及相关信息的失真或舞弊有关。财务报告及相关信息是所有利益相关者决策的直接依据，也是企业经营管理活动的直接反映。财务报告及相关信息的提供者可能出于政治动机、经济动机、个人利益动机、违法违规的掩盖动机等，对财务报告及相关信息进行舞弊。财务信息不及时、不真实、不可靠，一直也是各国企业存在的具有普遍性的问题。因此，确保企业财务报告及相关信息的及时、真实、可靠，是企业内部控制的又一目标。

内部控制通过经济业务和会计处理得以相互联系、相互制约、相互监督，从而防止错弊的发生。通过对市场经营活动中每一具体环节的业务手续和凭证流通等业务处理程序进行设计，保证业务记录的可靠性；通过对会计确认、计量、记录和报告等一系列会计处理程序及方法的规范，保证会计记录和财务报告这些财务会计信息的真实可靠，从而预防和控制信息披露环节的风险及由此带来的损失。

4. 提高经营效率和效果

企业内部控制基本规范要求单位结合自身所处的特定的经营、行业和经济环境，通过健全有效的内部控制，不断提高营运活动的盈利能力和管理效率。

企业的核心工作就是生产经营活动，一切生产经营活动都是为了获得最大的经营收益，为企业为社会创造价值。事实上，如果企业的经营活动效率和效果不佳，经营活动产生的现金流为负数，企业就无法生存，更谈不上发展。因此，企业内部控制的另一重要目标就是保证生产经营活动健康有效进行，促进提高经营的效率和效益，实现企业经营目标。企业内部控制通过健全法人治理结构，不断完善科学决策机制和组织机制，明确责权分配标准，提高企业整体管理水平，使各项业务活动内容合理合法并符合企业整体业务目标要求和效益大于成本的原则。通过内部控制使各项业务在可遇见的控制范围之内，各项业务活动效果具有可持续发展的效益性和前瞻性，各项业务活动运行程序明确、顺畅、快捷、高效，确保企业经营管理活动健康运行，以预防和控制经营管理环节中效率降低的风险和损失。

5. 促进企业实现发展战略

内部控制作为企业管理活动的一个重要分支，其终极目标自然是促进企业实现发展战略。

《企业内部控制应用指引》认为：发展战略是企业在对现实状况和未来趋势进行综合分析和科学预测的基础上制定的长远发展目标与战略规划。为了促进企业增强核心竞争力和可持续发展能力，内部控制必须促进企业发展战略的实现。企业作为市场经营的主体，要想求得长期生存和持续发展，关键在于制定并有效实施适应外部环境变化和自身实际情况的发展战略。如果企业缺乏明确的发展战略或发展战略实施不到位，就会导致盲目发展，难以形成竞争优势，进而丧失发展机遇和动力；企业发展战略过于激进，脱离企业实际能力或偏离主业，导致过度扩张、经营失控甚至失败；企业发展战略频繁变动，就会导致资源严重浪费，最后危及企业的生存和持续发展。内部控制通过改善内部控制环境，优化内部控制要素，强化内部控制手段，通过规范内部控制制度和流程，构建内部控制文化，推进与评价内部控制活动，进而"查错防弊""提高效率和效果""控制风险"来保证日常经营管理活动按照企业发展战略来实现。

上述企业内部控制目标是有层次的，也是相互依赖和相互制衡的，而不是独立的。企业内部控制的出发点和归宿是控制风险，确保企业战略目标的实现。因此，资产的安全性和财务信息的真实性是内部控制的基本目标，合规性是内部控制的保障性目标，促进提高经营效率和效果是内部控制的阶段性目标，而促进企业发展战略的实现则是内部控制的终极目标。

另外，由于企业内部控制实践的多面性和多变性，企业内部控制应具有针对性，内部控制的目标重点在不同的企业或同一企业的不同发展阶段因主体、需要的不同而有所不同。

（三）企业内部控制原则

原则既是实现目标的保证，也是行为规范。要保障企业内部控制目标的实现，就需要在建立和实施内部控制过程中遵循一定的原则。

1. 全面性原则

所谓全面性是指企业内部控制应贯穿于决策、执行和监督的全过程，覆盖企业及其所属单位的各种业务和事项，即凡有经济活动的地方都应实施内部控制，主要表现在：①内部控制是全过程控制，包括企业管理部门用来授权与指导、进行购货、生产、销售等经营管理活动的各种方式/方法，也包括核算、审核、分析等各种信息及进行报告的程序与步骤等。②内部控制是全员性控制。企业的全体员工都应结合自己工作实施控制。企业每一个成员既是实施内控主体，又是受控的客体，包括每一位员工，即从高层管理人员到基层操作人员，都要受到相应的控制。全面控制原则是建立内部控制制度最重要的基本原则之一，贯彻全面性原则可以保证企业生产经营活动的有序进行。实际工作中有时会出现一个小小细节的疏忽而导致整个组织失败的例证大量存在。

【例3-1】据说古罗马有个国家遭到邻国的侵略，士兵屡遭失败，国王决定亲自率兵出征，以鼓舞士气杀退敌人。出发前挑选一批最好的战马，然后送去钉马掌，在钉马掌时3个马掌已钉好，但在钉第4个马掌时发现少1颗钉子，怎么找也没有找到，而且国王亟须出发，就只好少钉一个马掌钉子。国王身骑坐马带领士兵直奔敌营，杀得敌人纷纷逃窜。忽然国王坐马前蹄掉了一个马掌，马顿时猛力大减，敌军迅速反攻，国王与马被射杀致死，其余兵将全部溃败，国亡也。

本案例说明由于钉马掌的马夫没有认真执行钉马掌流程，内部控制制度失效，结果造成国灭人亡。因此内部控制必须贯彻与具体业务相结合的全员、全面、全方位控制的原则。

2. 重要性原则

内部控制应当在全面控制的基础上，关注重要业务事项和高风险领域。因为这些事项及领域一旦发生失误，就会给经营目标的实现带来巨大影响。目前，中央推行"三重一大制度"正是重要原则的充分体现。所谓"三重一大"，是指"重大决策、重大事项、重要人事任免及大额资金使用"。《企业内部控制应用指引第 1 号——组织架构》第五条也对此作了规定。重大决策事项主要包括企业贯彻执行党和国家的路线方针政策、法律法规和上级重要决定的重大措施，企业发展战略、破产、改制、兼并重组、资产调整、产权转让、对外投资、利益分配、机构调整等方面的重大决策。重大项目安排事项是指对企业资产规模、资本结构、盈利能力以及生产装备、技术状况等产生重要影响的项目的设立和安排，主要包括年度投资计划、融资、担保项目，期权、期货等金融衍生业务，重要设备和技术引进，采购大宗物资和购买服务，重大工程建设项目，以及其他重大项目的安排事项。重大人事任免事项是指企业直接管理的领导人员以及其他经营管理人员的职务调整事项，主要包括中层以上经营管理人员和下属企业、单位领导班子成员的任免、聘用、解除聘用和后备人选的确定，向控股和参股企业委派股东代表，推荐董事会、监事会成员和经理、财务负责人，以及其他重要人事任免事项。大额资金运作事项是指超过由企业或者履行国有资产出资人的职责的机构所规定的企业领导人员有权调动、使用的资金限额的资金调动和使用，主要包括年度预算内大额资金调度和使用，超预算的资金调动和使用，对外大额捐赠、赞助，以及其他大额度资金运作事项。

3. 制衡性原则

所谓制衡，就是创造相互制约、相互监督的两级或多级，使任何一级都无法单独决定事务的全过程和结果，包括：①治理结构制衡。公司治理结构包括股东（大）会、董事会、监事会和经理层，它们之间应按《公司法》的要求，各司其职、各负其责，形成权力制衡的关系。②机构设置及权责分配制衡。企业机构和人员的设置应符合内控制衡原则，做到内部机构、岗位和人员的合理设置、职责的合理划分。坚持不相容职务相分离，确保不相容机构和岗位之间的相互制约和相互监督。③业务流程制衡。在业务流程中，企业可以根据业务流程过程设置不同的岗位，使它们形成稽核和监督关系，从而防止错误和舞弊行为发生，实现业务流程制衡。

4. 适应性原则

在市场经济中，外部环境随时都在变化，企业要想获得生存与发展，必须提高应变能力，以适应外部环境的变化，否则将难以生存。因此企业只有根据目前及未来的发展趋势，不断地、及时地修正和完善内部控制，才能发挥应有的积极作用。

5. 成本效益原则

内部控制应当权衡实施成本与预期效益，以适当的成本实现其有效控制。内部控制制度设置过程中应树立成本效益观念，避免控制制度的烦琐与复杂。那种不顾实际、过分强调所谓的"严密"要求、设计出十分庞杂的控制制度的做法不但浪费人力、物力和财力，也会导致职工产生厌烦情绪。

（四）企业内部控制的具体内容

《企业内部控制应用指引》第1号至第18号分别对企业的18项主要业务的具体控制内容做出了规范，具体内容在《企业内部控制体系建设指引》一书详加介绍。

根据以上内容，企业内部控制体系基本框架如图3-4所示。

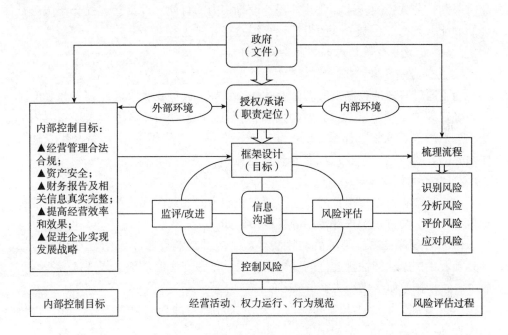

图3-4 企业内部控制体系基本框架

（五）控制风险方法

企业控制风险的具体方法见本章第三节。

三、行政事业单位内部控制基本内容

行政事业单位内部控制是由基本要素、控制目标、控制原则，以及经济、业务和权力运行全过程等内容构成。

（一）行政事业单位内控特征

行政事业单位与企业相比，其设立的宗旨不是为盈利而是管理与服务社会，因此其内部控制的建设具有以下特征：

（1）行政事业单位内部控制建设主要是针对单位的经济活动，业务活动和权力运行，同时还要考虑以服务公共社会为目标来设计和建设内部控制体系。

（2）行政事业单位的组织结构、部门设置、职能权限等会受外来制度和规定的制约，内部控制体系建设的空间相对企业来说要小。

（3）行政事业单位在资金来源、资本结构、会计处理等方面与企业有着很大的区别，内部控制体系建设的内容相对简单。

（4）行政事业单位担负对财政资金分配使用、国有资产监管、政府投资、政府采购、公共资源转让、公共工程建设等权力的行使，以及管理社会与服务社会的职能，其内部控制体系的设计及管控比企业较为复杂。

（二）行政事业单位内部控制要素与目标

1. 内部控制要素

为了通过有效的控制来实现企业的战略目标，我国在吸收世界领先经验的基础上确定为"五项要素"。行政事业单位内部控制没有用要素进行表述，但内涵基本上沿用"五要素"体系，所不同的是没有用"内部环境"，而是采用点述具体内容的方式——"单位层面"替代，这是一大特点。

2. 内部控制目标

由于行政事业单位担负的社会责任与职能不同，其内部控制的目标与企业相比也有差异。文件规定内部控制的具体目标如下。

（1）合理保证单位经济活动合法合规。内部控制要求单位的管理和服务活动必须置于国家法律法规允许的基本框架之下，在守法的基础上管理社会和提供服务，行使国家赋予的权力。

（2）合理保证资产安全和使用有效。良好的内部控制应当为资产安全提供制度保证，并提高资产的使用效果，防止国有资产流失。

（3）合理保证财务信息真实完整。真实完整的财务信息能够为单位提供适合其既定目标的准确及完整的信息，同时保证对外信息报告真实完整。

（4）有效防范舞弊和预防腐败。舞弊和腐败是行政事业单位的一大隐患，通过内部控制制度的建设，控制责任的落实必须有效地防范舞弊及腐败行为的发生。

（5）提高公共服务的效率和效果。要求单位结合自身管理和提供服务的环境，通过健全有效的内部控制制度，不断提高管理服务活动的效率和效果。

与企业的《企业内部控制基本规范》相比较，以"有效防范舞弊和预防腐败"替代"促进企业实现发展战略"，这也体现了行政事业单位职责定位的特征。

（三）内控遵循原则

由于行政事业单位与企业的职责定位及目标任务不同，其遵循的原则也有差异，具体内容包括以下五项：

1. 全面性原则

所谓全面性原则是指在经济与业务方面进行全覆盖；在权力方面包括决策、执行和监督全过程；在人员方面实行全规范。将控制对象渗透在各项经济活动、业务活动与权力运行的各个方面及各个环节，避免内部控制出现空白和漏洞，既能确保管理层有效开展决策和管理活动，合理摆布资源；又能让职工有效地从事具体业务操作，还可使信息使用者获得相关、可靠的信息资源，有效保证单位目标的实现。

2. 重要性原则

重要性原则是指内部控制应在全面性的基础上突出重点，应关注重要业务事项、高风险环节、高风险领域，确保这些领域内部控制不存在缺陷和漏洞，因为这些领域一旦发生失误，会对整体目标的实现造成巨大影响。行政事业单位虽然不从事经营活动，不以盈利为目的，但在执行任务完成职责使命过程中面临着严重的风险挑战。行政事业单位应提高驾驭风险的本领，针对不同的风险建立不同的应对措施，以适应日益激烈的现代社会。

3. 制衡性原则

制衡性原则要求单位在议事决策机制、部门、岗位设置及权责配置、业务流程等方面要科学合理并符合内部牵制的基本要求，确保不同部门、岗位之间权责分明、相互制约、相互监督。从横向关系看，完成某项工作需有来自相对独立的两个或两个以上的部门或人员共同协作才能完成，不能由一个部门或某一个人独立完成，形成相互牵制、相互监督的机制；从纵向关系看，完成某项工作需经过互不隶属的两个或两个以上的岗位和环节才能完成，从而使下级受上级监督，上级受下级牵制。任何人不得有凌驾于内部控制之上的特殊权力，从而防范舞弊与腐败。

4. 适应性原则

适应性原则是指内部控制应当与单位的性质、经营规模、业务范围、职责定位和风险水平相适应，且必须提高应变能力，随着内外部环境的变化及时加以调整。单位在开展内部控制建设时，要对所涉及的环境因素进行深入的分析和研究，摸清管理中存在的主要问题、薄弱环节和管理漏洞，只有控制制度、流程和措施与所处的环境相适应，才能发挥内控作用，达到预期效果。

5. 有效性原则

行政事业单位内部控制原则与企业内部控制原则相比较，缺少"成本效益原则"，增加"有效性"原则。这是由行政事业单位业务的特殊性所决定的。企业考虑的重点是经济效益；而行政事业单位的有效性考虑更多的是社会效益，而且效果具有"滞后性",有些内部控制效益很难用经济去衡量。如果强调"成本效益原则"还可能成为个别单位规避内部控制建设的借口。这说明在行政事业单位搞内部控制不能只算经济账,更重要的还要算政治账,要长远计议、从大局着想,要认清内部控制建设是反腐倡廉最有效的措施之一。

（四）内部控制基本框架

《行政事业单位内部控制规范》和《指导意见》规定的目标、原则及过程决定了内部控制的最基本内容。其构成如图3-5所示。

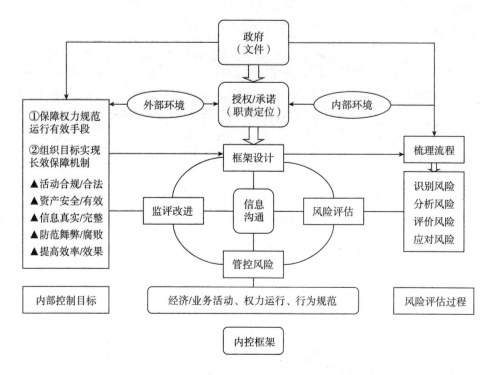

图3-5　行政事业单位内部控制体系基本架构

1. 职责定位及控制目标

行政事业单位的职责定位（或称三岗定编）是指国家确定的该"单位的职责范围和目标任务",即设立该单位的目的,让它干什么事。内部控制的目的就是为单位完成国家赋予的责任目的而提供合理保障,也就是为实现国家指定的经营方针和目标。为此《指导意见》明确指出:"内部控制是保证组织权力规范有序、科学高效运行的有效手段,也是组织目标实现的长效保证机制。"组织的目标是什么,不同的单位有不同的职责定位和不同的管理目标。例如,行政机关是运用国家赋予的权力来管理与服务社会；事业单位是运用国家配置的资源来服务社会造福于人民。为保障单位目标的实现，具体规定了内部控制的 2 项基本原则与 5 项目标。

单位为实现职责目标，需要对业务流程进行梳理，识别流程中潜在的风险、分析产生的原因、评价风险影响的后果，并针对不同的风险制定不同的应对策略方案，通过采取内部控制措施，确保目标任务的实现。

2. 授权与承诺

授权是指政府对单位领导班子的授权，承诺是领导班子对国家所授权责的认可。"授权与承诺"是内部控制框架中的第一部分，是整个框架的统领。从图 3 - 5 中可以看出，框架中其他五部分组成了一个循环过程，而"授权与承诺"在循环之上，对整个循环过程发挥统领作用。单位的领导者在"授权与承诺"方面至少应落实以下 9 个方面的内容：

（1）阐明并签署单位内部控制的方针、政策、目标、任务等文件。

（2）确保单位文化与内控管理的方针目标相一致。

（3）明确内部控制的责任目标及指标，并分解落实与绩效指标相一致。

（4）内部控制目标与单位的职责目标和战略目标相一致。

（5）确保内部控制活动符合国家法律法规。

（6）在单位内适当层次分配管理责任和职权。

（7）确保内部控制中必要的资源配置。

（8）与所有相关方沟通内部控制的益处。

（9）确保内部控制框架持续适宜。

3. 内部控制框架

如图 3 - 5 所示，在"授权与承诺"的统领之下，单位需要对内部控制框架进行设计，内容应涵盖 7 个方面。

（1）了解单位及其环境。单位在制定内部控制方针目标、确定范围与准则时，必须明确外部环境、内部环境、内部控制过程环境，才能制定出切实可行的框架。

事业单位在拟定内部控制体系时应根据中组部分别会同中宣部、教育部、科技部、国家卫生计生委，印发了《宣传思想文化系统事业单位领导人员管理暂行办法》《高等学校领导人员管理暂行办法》《中小学校领导人员管理暂行办法》《科研事业单位领导人员管理暂行办法》《公立医院领导人员管理暂行办法》。这些办法没有简单套用党政领导干部管理模式管理事业单位领导人员，而是对这些事业单位领导人员选聘、教育、管理、使用等各个环节作出了具体规定，为建设符合好干部标准的高素质事业单位领导人员队伍提供制度支撑。这些文件为事业单位内控体系建设确定了方针和政策，必须结合单位实际加以具体化、规范化。

（2）建立内部控制方针，包括：单位内部控制依据；单位责任目标与内部控制目标联系；内部控制的职责任务；处理利益冲突方式，承诺向有关内部控制者提供必要资源；测量和报告内部控制绩效的方式；承诺定期评审和改进内部控制方针和框架，以及对事件或情况变化的响应等，具体内容在单位内部控制制度中体现。

（3）理清责任。对风险管理的责任，包括：对识别风险负有责任及权力的人；对开发、实施、保持内部控制框架负有责任的人；内部控制过程中负有其他职责的人；建立绩效测量外部或内部报告以及升级过程负有责任的人；确保适当程度的承诺。

（4）嵌入内部控制过程。内部控制应以关联的、有效的和高效率的方式嵌入单位的所有实践和过程。例如，方针的制定、业务与战略的策划及评审，变更管理及实施过程。

（5）控制资源，即对实施内部控制的资源应严格加以管控，充分发挥其作用，包括：人员、技能、经验和能力；风险管理过程每步需要的资源；用于管理风险的过程、方法和工具；已记载的过程和程序；信息和知识的管理系统；培训计划等。

（6）建立内部沟通和报告机制，包括：适当的框架构成及后续修改；框架有效性及结果的报告；在适当层次和时间可以获取相关信息；向内部利益相关方沟通的过程。

（7）建立外部沟通和报告机制，包括：明确沟通相关方；报告要符合法律、监管和治理要求；就沟通和咨询提供反馈和报告；通过沟通建立信任；就危机或突发事件与外部相关方沟通。

4. 梳理流程与风险评估

根据职责定位单位确定的控制目标，包括：①确定的目标，对经济活动、业务流程及权力运行进行重新梳理；②明确流程过程（管理过程、业务循环过程）中的关键控制点；③识别潜在的风险因素，分析发生的可能性及影响后果；④评价风险大小及其对目标的影响程度，明确风险可接受程度；⑤针对潜在风险因素，拟定应对措施。落实控制责任。

5. 内部控制框架实施

单位实施内部控制框架，包括：①为实施此框架，确定适当的时间安排和部署；②将内部控制的方针和过程应用到经营管理过程中；③符合法律和监管的要求；④确保确定目标与内部控制过程的结果相一致；⑤掌握信息和培训过程；⑥与相关方沟通与咨询，以确保框架保持适宜。

6. 内部控制框架监测与评审

对单位的内部控制框架的监测与评审，包括：①按所确定的指标测量内部控制绩效，并定期评审其适宜性；②定期测量内部控制计划的进展，以及进展与计划的偏离；③在单位所处的环境下，定期评审框架、方针、计划是否适宜；④报告风险、内部控制计划的进展，以及单位风险管理方针的遵循情况；⑤评审内部控制框架的有效性。

7. 内部控制框架持续改进

对单位内部控制框架的持续改进提出要求："以监测和评审的结果为基础，决定内部控制框架、方针、计划如何改进，这些决定应导致单位的内部控制和内部控制文化的改进。"

（五）内部控制的全过程

《指导意见》指出："行政事业单位应当按照党的十八届四中全会决定关于强化内部控制的精神和《单位内控规范》的具体要求，全面建立、有效实施内部控制，确保内部控制覆盖单位经济和业务活动的全范围，贯穿内部权力运行的决策、执行和监督全过程，规范单位内部各层级的全体人员。"也就是说，对单位的全员、全面、全过程都要进行规范与控制。具体内容在本教材之五《行政事业单位内部控制体系建设指引》一书中详加论述。

第三节　风险控制的方法与措施

风险控制的方法与措施有内部控制的方法、廉政风险防控措施及风险防控工具等。

一、内部控制的方法

内部控制风险方法是指通过系统、有效的内部控制的措施与方法，化解和消除潜在风险。根据《企业内部控制基本规范》及配套指引等文件，单位内部控制风险的措施有不相容职务分离控制、授权审批控制、预算控制、会计控制、财产保护控制、单据控制、运营分析控制、绩效考评控制等。

（一）不相容职务分离控制

不相容职务分离控制要求单位全面系统地分析、梳理业务流程中所涉及的不相容职务，实施相应的分离措施，形成各司其职、各负其责、相互制衡的工作机制。

所谓不相容职务，是指那些不能由一人同时兼任的职务，否则就有可能使既可弄虚作假又能掩盖其舞弊行为的职务由同一人担任。不相容职务分离就是将这些不相容的职务分派给两人或以上分别担任，以利于相互制约与监督。其原因：一是两个或两个以上的人和部门无意识地犯同样错误的概率要低于一个人和一个部门犯该种错误的概率；二是两个或两个以上的人和部门有意识地合伙舞弊的可能性大大低于一个人和一个部门舞弊的可能性。

实施不相容职务分离是单位内部控制最基本的要求，是保证提高经营效率、保护财产安全以及增强会计数据可靠性的重要条件及措施。

单位要做到不相容职务分离，首先应根据各项经济业务与事项的流程和特点，进行系统而完整的分析、梳理该项经济业务与事项的不相容职务，并结合岗位职务分工采取分离措施。有条件的单位可以协助计算机信息技术系统，通过权限设定等策略自动实现不相容职务的分离。单位在进行时，应遵循实质重于形式原则，既要弄清哪些业务之间存在联系和牵制，又要弄清哪些职务之间存在利害关系。例如，材料采购业务与审批业务之间就存在着内在联系和利害关系。另外还应掌握员工在单位中的人际关系。例如，丈夫在单位任总经理，而妻儿在单位任会计或出纳，这就应采取回避原则。

单位的不相容职务一般有授权审批职务与申请审批职务、授权审批职务与执行业务职务、执行业务职务与监督审核职务、执行与会计记录职务、会计记录与财产保管职务、费用审批职务与费用支付职务、业务执行职务与绩效考评职务等。不相容职务渗透于各项业务活动之中，必须严加注意。

（二）授权审批控制

授权审批控制是指单位在处理经济及业务时，必须经过授权批准才能执行，从而进行控制。授权审批控制要求单位根据常规授权和特别授权的规定，明确各岗位办理业务和事项的权限范围、审议程序和相应责任。

1. 授权形式

授权审批按其形式可分为常规性授权和特别性授权。

常规性授权是指企业在日常经营管理活动中按照既定的职责和程序进行的授权，它通常是稳定不易变动，时效性较长，如采购部门采购材料、会计部门账务处理等。单位可以根据常规性授权编制"权限指引"，并以适当形式予以公布，以提高权限的透明度，加强对权力行使的监督和管理。

特别授权是指单位在特殊情况、特定条件下进行的授权，它通常是临时性、应急性的，因此也称为暂时性授权。例如，某单位明确规定 10 万元以上的订单必须由被授权的经理亲自审核签字，但由于该经理要出国一个月，故可暂时授权销售副经理代替行使该权力。单位应当加强对特别授权的管理，规范暂时性授权的范围、权限、程序、责任和相关的记录措施。有条件的单位可以采用远程办公等办法逐步减少特别授权。

2. 授权审批控制原则

为了使授权批准控制拥有较好的效果，企业一定要遵循以下原则：

（1）需要授权批准的事项，在业务发生之前必须经过授权。

（2）授权批准的责任一定要明确。

（3）所有授权过程都必须有书面证明。

（4）对于越权行为一定要有相应的惩罚制度。

为贯彻上述原则，企业应当编制常规授权的权限指引清单，规范特别授权的单位、权限、程序和责任，严格控制特别授权。

3. 建立授权审批体系

单位实施授权控制都必须建立授权批准体系。包括：

（1）授权批准的范围。单位的所有经营活动都应纳入授权范围，不仅包括各种经济事项，还要对相应的办理手续、业绩报告、业绩考核等明确授权。

（2）授权批准的层级，应依据经济活动的重要性和额度大小，实行命令分层分级授权。从而保证各管理层级有权也有责、用错要追责。

（3）授权审批的责任，应当明确被授权者在履行权力时应对哪些方面负责，以避免授权责任不清、一旦出现问题又难辞其咎的情况发生。

（4）授权批准的程序，应明确规定每类经济业务审批流程及程序，以便按程序办理审批，避免越权审批、违规审批情况的发生。

单位应该严格要求各级管理人员在授权范围内行使职权和承担责任，坚决杜绝越权行使职权的现象。对于金额重大、重要性高、技术性强、影响范围广的经济业务与事项，应当实行集体决策审批或者联签制度，任何个人不得单独进行决策和擅自改变集体决策意见。未经授权的部门和个人，不得办理单位的各类经济业务与事项。

授权审批控制贯穿于单位所有经济及业务之中，如材料的购买与发出，需经过申请、批准、供应商选择、验收入库、货款支付、存货发出与清查等过程，分别由不同被授权的职能部门及岗位完成。因此，各级相关部门及岗位必须依职定岗、分岗定权、权责明确，防止岗位职责不清、设权界限混乱等现象存在。

（三）预算控制

预算控制是指单位结合生产经营目标及资源调配能力，经过综合计算和全面平衡，对当年或者超过一个年度的生产经营和财务事项进行相关额度、经费测算、计划和安排的过程，包括预算的编制、审定、下达和执行程序。预算由经营预算、资本预算和财务预算构成，是单位战略管理的重要组成部分。

预算控制要求单位实施全面预算管理制度，明确各责任单位在预算管理中的职责权限，规范预算的编制、审定、下达和执行程序，强化预算约束，并作为考核责任制的重要依据。

预算控制是利用预算对单位内部各部门、各单位财务及非财务资源进行分配、考核和控制，以便有效地组织和协调单位的生产经营活动，完成既定的经营目标。预算控制的主要内容有以下五项：

1. 预算责任分工与授权控制

它是在预算控制的基础上，明确职责分工与权责分配、机构设置和人员配备，且做到科学合理。重点应关注以下三方面问题：

（1）预算决策机构，其最高权力机构为股东大会，或单位章程规定的类似最高权力机构，负责单位年度预算方案的审批。

（2）预算管理部门。在董事会的领导下设立预算管理机构，负责预算管理及相关日常工作，小单位也可指定财务部门负责。

（3）各预算部门的职责权限。预算委员会下设预算编制组、内部仲裁组、内部审计考评组，并明确各自职权范围及责任，确保预算工作的全过程得到有效控制。

2. 预算编制控制

预算编制是预算控制的首要环节。编制质量的高低直接影响控制成果。为此，应关注以下三点：

（1）关注预算编制依据合理性。应在单位战略的指导下，以上年度实际完成状况为基础，结合业务发展情况，综合考虑预算期内经济政策变动、行业市场状况、产品竞争能力和自身特点的基础上汇总编制年度预算方案。

（2）关注预算编程序性，一般按照"上下结合、分级编制、逐级汇总"程序进行。具体做法是下达预算目标→编制上报→审查平衡→审议批准→下达执行。

（3）关注预算编制方法科学性，应该采用定期预算与滚动预算相结合、固定预算与弹性预算相结合、增量预算与零基预算相结合的编制方法，并对这些预算方法进行综合运用，以达到预算科学的目标。

3. 预算执行控制

预算一经批准下达，各单位必须认真组织实施，将预算指标层层分解，落实到部门、环节和岗位，并建立预算执行情况通报及预警机制。在日常运营中，各部门要相互沟通、支持协调与发展，当发生预警信号时应及时采取措施确保指标完成。单位还应建立预算执行结果质询制度，对背离预算的重大差异责任者，应对该指标做出解释及所采取措施的情况。

4. 预算调整控制

预算一经下达不得随意调整。在执行过程中，若出现市场环境、经营条件、国家法规政策等发生重大变化，或出现不可抗力自然灾害、公共应急事件等，致使预算编制基础不成立，将会导致预算执行结果产生重大差异。在出现上述情况时则需要调整预算。调整应遵循申报程序报审批机构批准，然后下达各部门执行。预算调整应符合下列要求：调整事项应符合单位发展战略和现实生产经营情况；调整重点是预算执行中出现的异常重大变化所造成的差异；预算调整方案应客观合理。

对不符合上述预算调整要求的，审批机构应予否决。

5. 预算分析与考核控制

单位应当建立预算执行分析制度，定期召开预算执行分析会议，运用比较分析、因素分析等方法，研究分析预算执行中存在的问题，针对不同的情况及原因，提出改进措施或建议，提交决策机构研究决定。

单位还应建立预算执行审计与考核制度。通过审计/考核及时发现和纠正预算执行中的问题，采取措施。预算执行情况考核应当坚持公开、公平、公正的原则，考核结果应有完整记录，并建立预算执行情况奖惩制度，落实奖惩措施，以提高预算的权威性。

（四）会计系统控制

它是指利用会计功能（记录、归集、分类、编报）对单位经济活动进行监督、检查与报告，确保会计信息真实完整。

《规范》明确：会计系统控制要求企业严格执行国家统一的会计准则、制度；加强会计基础工作，明确会计凭证、会计账簿和会计报告的处理程序；保证会计资料的真实完整。

1. 会计系统控制的基本目标与原则

会计系统控制应达到的基本目标是：

1）规范会计行为，确保会计资料真实完整；

2）堵塞漏洞、消除隐患，防范与纠正错误及舞弊、保护资产安全与完整；

3）确保单位贯彻执行国家有关法律法规和规章制度。

单位在设计会计系统内部控制时应遵循的原则是：统一性与灵活性相结合、约束与权限相结合、全面与重点相结合、岗位与职责相结合、成本与效益相结合。

2. 会计机构和人员控制

单位应依法设置会计机构，配备会计人员。会计从业人员必须取得从业资格证书，会计机构负责人应当具备会计师以上专业技术职务资格。大中型单位应当设置总会计师，负责组织领导本单位的财务管理、成本管理、预算管理、会计核算和会计监督等方面的工作，参与本单位重要经济问题的分析和决算，并直接对单位主要行政领导人负责。

3. 会计功能控制

会计功能控制主要有以下几个：

（1）会计凭证控制。会计凭证是证明经济活动的记录，也是记账的依据。对内容填写不全或不合规的凭证，应要求经办人补充或重新填制；对弄虚作假的凭证，会计人员应扣留并向上级报告，由上级追查有关人员的责任。原始凭证应由经办人签字。记账凭证应统一编号，确保每一张凭证合法合规、内容正确。

（2）会计账簿控制。单位应按制度要求设立账簿，按照《会计基础工作规范》要求登记账簿。一般不允许不相关人员借阅或查看会计账簿，确有需要的应报经主管批准。会计账簿应与实物资产、会计凭证相互核对，保证账证相符、账账相符和账实相符，做到数字真实、内容完整、计算准确。

（3）会计报告控制。会计报告是会计信息系统运行的最后一个环节，也是向社会公开的信息资料。单位应当按照会计准则规定的格式和内容，根据登记完整、核对无误的会计账簿记录和其他资料精心编制。确保数字真实、内容完整、计算准确、时间适当。严禁错报、漏报、虚假信息的产生。

（五）财产保护控制

《规范》指出：财产保护控制要求企业建立财产日常管理制度和清查制度，采取财产记录、实物保管、定期盘点、账实核对等措施，确保财产安全。企业应当严格限制未经授权的人员接触和处置财产。

保护单位的财产安全完整及使用有效是内部控制的目标之一，因此，单位必须加强财产保护控制，建立资产日常管理制度和定期清查机制，采取资产记录、实物保管、定期盘点、账实核对等措施，确保资产安全完整，从资产价值量与资产实物量两方面加强管理。财产保护控制的主要措施如下。

（1）接触控制，严格限制无关人员直接接近相关财产，只有经过授权批准的人员才能够接触。

（2）定期盘点。定期对存货、固定资产等实物资产进行清查盘点与账簿核对。

（3）资产变动记录及建档。对财产的采购、耗用和处置都要进行记录及归档。

（4）实施财产保险。财产一旦发生意外损失，可获得补偿机会。

（5）明确财产管理流程。做到财产领用、维修保养、报废、出售等都有流程可循，有据可依。

（六）单据控制

根据国家有关规定和单位经济活动流程，在内部管理制度中明确界定各项经济活动所涉及的表单和票据，相关人员应按规定填制、审核、归档和保管单据。实施单据控制应关注下列内容：

1. 报销单据控制

对外来的费用类报销单，应填写单据的内容、附件张数、日期、金额等，所有的报销单据都必须经报销人、所在部门负责人、会计、财务部门负责人签字方为有效；外来的单据应具有对方单位的公章或发票专用章、收款人签字、日期、经济活动内容或摘要、金额；购销发票还应填列商品名称、规格、型号、单位、单价、金额。所有外来单据的金额栏必须有大小写。

2. 财产盘点单据控制

财产盘点表由资产保管人、部门负责人、盘点人、监盘人签字确认；年终盘点表由资产保管人、部门负责人、盘点人、监盘人等核实并签字。所有记账凭证都要按会计制度规定装订成册，所有电脑单据都用手工单据保管，各部门年终时应将所有装订成册的与财务有关的单据交财务部门管理。

3. 重要空白凭证与银行印鉴控制

空白支票、预留银行印鉴、支票密码或密码生成器、汇票委托书等要由专人负责管理，必要时按不相容岗位分离原则实施控制，避免管理空白支票委托书等工作人员同时掌管单位的公章、财务专用章、负责人名章或财务负责人名章、支票密码或密码生成器。发票及收据也参照上述规定处理。

（七）运营分析控制

运营过程中应定期开展运营情况分析，随时了解单位的运营情况，避免盲目行动。对于不理想状态或存在的问题，应及时调整方向或采取营救措施。

《规范》指出，运营分析控制要求企业建立运营情况分析制度，经理层应综合运用生产、购销、投资、筹资、财务等方面的信息，通过因素分析、对比分析、趋势分析等方法，定期开展运营情况分析，发现存在的问题，及时查明原因并加以改进。

运营分析控制应明确运营分析的内容、信息收集与使用方法等。

1. 确定分析对象

通常分析以下 5 方面的内容。

（1）运营能力。它反映单位资产利用效率，营运能力强的单位有助于获利能力的增长，进而保证单位具备良好的偿债能力。反映单位运营能力的指标有存货周转率、应收账款周转率、流动资产利用率、固定资产利用率、总资产周转率等。

（2）偿债能力。它反映单位偿还到期债务的能力。短期偿债能力是指单位的流动资产对流动负债的保证程度。衡量能力的指标有流动比率、速动比率和现金负债率等。同时还要考虑可动用银行贷款指标、准备很快变现的非流动资产、偿债能力的剩余及资金周转的能力、与担保有关的或有负债等。长期偿债能力是指单位偿还一年以上债务的能力，与单位盈利能力、资金结构有非常密切的关系。它可通过资产负债率、长期负债与营运资金的比率及利息保障倍数等指标反映。

（3）盈利能力。盈利能力是指单位利用各种经济资源赚取利润的能力，单位经营的好坏都会通过盈利能力表示出来。盈利能力分析主要以资产负债表、利润表、利润分配表为基础，通过表内各项目之间的逻辑关系，构建一套指标体系，包括销售利润率、成本费用利润率、总资产报酬率、利息保障倍数等。然后对盈利能力进行分析与评价。其中，销售获利能力分析是盈利能力分析的重点，对外投资情况和资金来源的构成也是影响盈利能力的因素。分析时还要注意单位的商业信誉、单位文化、管理能力、专有技术以及宏观环境等对盈利能力的影响。

（4）筹资能力。筹资能力是指单位筹集生产经营所需资金的能力。内部筹资主要取决于单位盈利水平及留存收益。外部筹资主要来源于金融机构、证券市场、商业信用、租赁市场等，还取决于单位的综合状况，包括资产状况、公关能力、经营状况、盈利能力、发展趋势和潜力等因素。另外，市场资金的供求状况、证券市场的行情等外部因素也影响单位筹资能力。

（5）发展能力。发展能力是单位通过生产经营活动不断扩大积累而形成的发展潜能，它取决于多种因素。衡量单位发展能力的核心指标是单位价值增长率，通常用净收益增长率来描述单位价值的增长情况，并作为单位发展能力分析的重要指标。另外，营业收入增长率、资本保值增值率、资本积累率、总资产增长率、营业利润增长率、技术投入比率等，均可作为评价单位发展能力的指标。

2. 收集相关信息

充分收集与分析对象相关的信息，是提高分析效果的基础。这些信息既包括单位内部的也包括单位外部的、财务的及非财务的、数据型的和非数据型的，等等。在搜集信息过程中，应坚持准确性、全面性和及时性的原则，确保信息的质量。单位可以通过财务会计资料、经营管理资料、调研报告、专项信息、内部刊物、办公网络等渠道获取内部信息；可以通过行业协会、社会中介机构、市场调查、网络媒体以及监管部门等获取外部信息。

3. 选择分析方法

单位应选择适当的方法对信息进行加工分析，才能获得理想的效果。常用的方法有因素分析法、对比分析法、比率分析法、趋势分析法等。分析时应针对不同的分析对象选用不同的方法。

4. 作出分析结论

分析是一种手段不是目的，分析的目的是找出存在的问题，针对问题产生的原因，拟定改进措施，然后将改进措施的责任落实到有关的部门和个人，配备必要的资源，并明确预期实现的日期及其效果。

（八）绩效考评控制

单位应当建立和实施绩效考评制度、科学设置考核指标体系，对各责任单位和员工的业绩进行定期考核和客观评价，将考核结果作为确定员工薪酬以及职务升迁或辞退的依据。做好绩效考评应关注以下 6 点：

1. 绩效考评必须遵循的原则

绩效考评应该遵循客观公正与公开原则、客观性与实用性相结合原则、定期化和制度化相结合原则、反馈与调整原则，才能达到考评目的。

2. 建立一个有效的绩效评价体系

该体系应具备五大特点：一是注意与发展战略、总体目标、单位文化要求的一致性。二是注意考核目标的明确性，应让职工明确考核哪些指标，考核标准及水平。三是注意考核对象可接受性，对设定的考核指标体系及标准是否能接受，其中能否做到程序、人际和结果公平及公正性至关重要。四是注意考核效度。通过绩效考核应有助于生产力提高，如果考核系统效度偏低，主要是考核系统缺失和污染造成。所谓缺失是指考核系统不能衡量工作绩效的所有方面。污染是指考核评价那些与工作无关的方面。五是注意信度。它是指绩效考核系统是否可靠和是否可以信赖，通常从评价方法信度考核和评价者信度考核两方面进行。

3. 确定一个恰当的考核范围

考核指标并不是越多越好，应抓住关键业绩指标。对部门的考核应以完成目标任务为主，兼顾内部管理、员工管理、沟通协作、遵纪守法等。对员工考评应重点考评业绩指标（即工作行为产生结果）、能力指标（指与工作岗位或内容相关的工作技能）和态度指标（即在工作时的精神状态）。

4. 引入多主体评价

单位可以适当引入自我评价、下属评价、同事评价、客户评价等，并赋予合适的权重。如果评价主体还不具备评价条件，则宁缺毋滥，否则会影响考核结果的公正性或引发考核者的不满。

5. 要求高素质考评人员

考评人员应具有较高的业务素质和政治素质。他们应精通业务、熟悉流程，明确工作目标。政治素质要求必须坚持原则，不怕得罪人，实事求是，公平公正。另外，绩效考评要坚持考评标准一致性原则，消除主观因素，客观评价被考评者业绩，不能厚此薄彼。

6. 考评结果要同奖惩挂钩

定期发布考评通报，表彰先进，鞭策后进。考评结果和员工薪酬、职务晋升、降级、调岗、辞退等挂钩，树立正确的用人观，使绩效考评成为推动目标实现的动力。

（九）信息内部公开控制

信息内部公开可以对各类舞弊形成一种强大压力。内部信息公开有多种形式，内部报告就是其中重要的一种。通过内部报告向管理层传递信息、帮助管理层决策。需要注意的是，内部报告的渠道要非常畅通，单位可以规定发生什么类型的风险必须在多长时间内向谁汇报等，充分发挥信息作用。

总之，上述控制活动措施只涉及内部控制的某些方面，单位是一个不可分割的整体，在实际经营过程中不能只使用其中一种或几种控制措施，应根据具体的内部控制目标及风险因素，结合相应的风险应对策略，科学、合理地综合运用这些控制措施，对各项业务和事项的风险实施有效控制，合理保证将剩余风险控制在可接受范围内，从而合理保障内部控制目标的实现。

二、廉政风险防控措施

（一）廉政风险类型

1. 权力行使风险

权力行使风险指由于权力过于集中或运行程序不规范和自由裁量幅度过大，在权力行使中可能导致权力滥用风险。

2. 制度机制风险

制度机制风险指由于规章制度不健全、监督制约机制不完善，可能导致权力失控的风险。

3. 思想道德风险

思想道德风险指由于权力行使者的理想和信念不坚定、工作作风不扎实和职业道德不牢固，以及外部环境的不利影响，可能诱发行为失范风险。

（二）廉洁执政风险分级

根据权力的重要程度、自由裁量权的大小、腐败现象发生的概率及危害程度等因素，按照"高""中""低"三个等级进行评定，对不同等级的风险实行分级管理、分级负责、责任到人。

1. 高等级风险

高等级风险指发生概率高，影响后果严重，一旦发生，就会造成严重损害后果，可能触犯国家法律、构成犯罪的风险。

2. 中等级风险

中等级风险指发生概率较高，一旦发生可能造成严重损害后果，可能违反党纪政纪和相关法规，受到党纪政纪处分的风险。

3. 低等级风险

低等级风险指发生概率较小，一旦发生造成的影响损害较低，常发生在单位或岗位内部，通过采取一定措施很快能解决的风险。

（三）查找风险方式及内容

查找风险方式有自我查找、群众评议、专家建议、案例分析和组织审定等，找出潜在风险。重点查找由于权力过于集中、运行程序不规范和自由裁量幅度过大，可能造成权力乱用的风险；制度机制方面，重点查找由于规章制度不健全、监督制约机制不完善，可能导致权力失控的风险；思想道德方面，重点查找由于思想信念不坚定、工作作风不扎实和职业道德不牢固，以及外部环境对正确行使权力的影响，可能诱发行为失范的风险。

（四）廉洁执政风险防控措施

1. 分权防控

分权防控是对权力进行科学分解与配置，实行主管、办理、监督相分离；重大、复杂、敏感的权力事项实行集体决策。重点在行政审批、行政处罚、行政给付、政府投资项目、公共资源交易、财政专项资金管理使用等领域。健全议事规则和工作规则，规范领导班子及其主要负责人的决策权限、决策内容及决策程序，完善"三重一大"决策事项的风险防控措施。

2. 分级授权防控

分级授权防控是指高级廉政风险由单位主要领导负责；中级廉政风险由单位分管领导和部门领导负责；低级廉政风险由科室领导及经办人员直接管理负责。实施分事行权、分岗设权、分级授权等，晒出权力运行清单，以明确各级的权力与职责。

3. 制度防控

制度防控是针对排查出的廉政风险，在找出采取切实可行充分发挥有效防控措施的基础上，设计和完善相关制度规定，颁发执行。

4. 人事防控

人事防控是把涉及人、财、物管理的关键岗位和人员作为重点对象，切实规范用权行为。对高级、中级风险岗位实行定期轮岗和干部交流制度。

5. 教育防控

教育防控是加强廉洁从政教育、职业道德教育以及业务技能教育，通过情景模拟教育、示范教育、警示教育、岗位廉政教育等，提高事权责任者的廉洁从业意识，增强廉洁从政的自觉性。

6. 公开防控

公开防控通过一定形式，全面推行政务公开、党务公开，司法公开、厂务公开、村务公开和公共企事业单位办事公开。依法向社会公开"职权目录"和裁量权基准,接受社会监督,维护群众知情权、参与权、表达权和监督权,接受员工监督,强化风险管理。

7. 程序防控

程序防控依据规范高效原则,优化各项工作流程,编制"权力运行流程图",明确事权主题、依据、程序、期限、监督方式等内容,在流程图上标明可能发生风险的关键环节及岗位,增强风险分析和防控措施。

8. 科技防控

科技防控是深化"制度加科技",提高预防腐败的效果,充分利用现有自动化办公系统等设施,依托科技手段防范权力运行中的风险。

9. 预警防控

主管机构针对腐败易发多发的重点领域和关键环节、通过审计、干部考察、述职述廉、信访举报、会计监督和案件分析等,全面收集廉政风险信息,定期进行评估,对可能发生的腐败苗头、倾向性问题进行风险预警,做到早发现、早提醒、早纠正,及时化解侵害廉政的风险。

三、风险防控工具

风险应对方案确定之后,如何运用风险防控工具,是有效驾驭风险、实施风险应对、确保目标实现的有力支撑,风险防控的主要工具是风险管控清单(以下简称风险清单)。

(一)风险管控清单的含义及作用

中国有位哲人说过:聪明者从自己的错误中吸取教训;智慧者从别人的错误中吸取教训;愚蠢者则从不吸取教训。我们大多数人都宁愿是聪明者和智慧者。建立风险管控清单是驾驭风险的有效工具之一。

早期的风险控制清单(也叫风险清单、风险矩阵、风险应对清单)只不过是一张张卡片而已,上面记录了各种可能出现的问题(指负面风险)包括已发生过的或可能发生的问题产生的原因、应如何处置等,从而防范风险事故的发生。它是实践工作经验/教训的总结和群体智慧的结晶,也是工作人员的操作指南与规范。随着科学技术的发展和知识的积累,经过逐步改进与完善形成了现代的风险控制清单,将风险清单融入业务流程并分别归类地装订成册,便形成现在的《风险控制手册》雏形。

风险控制清单从来就不是大而全的操作手册,而是理性选择后的思维工具,明确"关键点"比"大而全"更重要。处理好关键问题,不仅是基准绩效的有效保证,更是高绩效的保证。风险清单发挥的作用如下:

（1）可以会集各方智慧于一体提高工作效率、减少差错风险损失。例如，约翰·霍普会斯医院一张小小的风险清单使原本经常发生的中心静脉置管感染比例从 11% 下降到 0；15 个月后，更避免了 43 起感染和 8 起死亡事故，为医院节省了 200 万美元的费用支出。

（2）可提醒人们不要忘记某些必要的步骤。风险清单列示了业务流程及关键控制点，它使操作者明白在什么阶段应该做什么，怎么做才能干好，一旦发生差错应怎样进行处置。这不仅是一种检查方法，更是一种保证高水平绩效的纪律。

（3）可协调工作充分发挥集体的智慧能量。手术室的大夫们知道，不能单枪匹马做手术，而应依靠集体的智慧和力量。他们用一套风险清单保证不遗漏任何简单的问题，不跳过任何简单的步骤；他们用另一套风险清单保证所有专家都对困难的和意料之外的问题进行充分讨论，共同商讨出一套解决方案并列入风险清单。

（4）可把解决复杂问题的权力分给现场责任者。高层管理者需要做的并不是直接进行决策，而是督促大家积极参与讨论，提出切实可行的措施，列入风险清单，让他们担负起自己的那项责任。在面对极端复杂的问题时，高层应该尽可能把权力下放给一线人员，而不是将权力集中在自己手中。极端复杂的问题本来就出乎人们的预料，对于这类问题的解决超出了个人能力的范围。由于极端复杂问题往往不可预测，所以，事无巨细都由核心层、最高层用传统的中央集权处理方式是行不通的，注定是失败的。这就是风险清单奏效的关键所在。

（5）可提高大脑的思维模式。在变化越来越快的环境里，风险清单让众多商业人士具有一个额外的优势，这就是思维效率。因为，精心设计的风险清单会帮助你节省有限的脑力，不让你的头脑被繁杂的检查项目所占据，而是将你解放出来处理更加困难的问题。

（6）可帮助人们提高决策效果。在投资过程中通过风险清单，可以使每一步都尽力保持冷静而睿智的头脑，确保在必要的时候得到所需的重要信息，与伙伴系统地进行决策，并和每一个应该沟通的人士进行充分的交流。

【案例 3 -1】

从国外 8 家试点医疗单位疗效的变化看风险清单的能量

风险清单在手术室投入使用之后，术后严重并发症的发病率下降了 36 个百分点，术后死亡率下降了 47 个百分点，而且所有结果在统计上都非常明显。感染发病率几乎下降了一半，因大出血或手术技术问题而需要再次接受手术治疗的病人数量减少 1/4。从整体上来看，在研究涉及的近 4000 名病人中，原本应该有

435 人发生严重并发症，但实际的发病人数只有 277 人。风险清单的使用让 150 多人免受伤害，更让死亡人数减少了 27 人。每年全球至少有 700 万人在术后残疾，而至少有 100 万人没有走下手术台。如果我们把不同结构的清单合并成一张清单来执行，应该可以减少些残疾和死亡。

充分发挥风险清单的功能，可有效克制无能之错的发生。现在人们掌握知识的数量和复杂程度已经远远超过一个人正确、安全和稳定的发展其功效的能力范围。知识的确成就了人类，但知识也让我们不堪重负。据世界卫生组织发布的第九版国际疾病分类中，可以找到 13000 多种疾病、综合征和损伤。也就是说，我们的身体潜有 13000 多种不同疾病的风险，而科学几乎为每一种疾病风险都提供了解决的措施与方法，就算我们无法治愈疾病风险，但也能尽量减少疾病带来的损伤和痛苦。不过，每种疾病的治疗方法都是不同的，而且基本上都不简单。现在，医生们手边就有 6000 多种药物和 4000 多种治疗手段可供选择，每一种都有不同的要求和注意事项，这让医生们很难记清、弄懂、会做、得当而不出问题。因此，你不可能找到一位全科大夫，所以，工作中发生差错风险也是难以避免的，但错误的性质有所区别。

人们之所以犯错误、做错事，从根本看除别有用心者外，不外乎是无知之错或无能之错。无知之错是指人们在从事某项工作时，由于没有掌握相关的知识与技能，所以发生错误造成风险损失。无能之错是指犯错误的人并非没有掌握相关的知识与技能，而是因为没有正确使用这些知识与技能，或将这些知识用错，理论与实践没有对接好，因而产生错误，造成风险损失。对无知之错可以原谅，因为他们没有找到与掌握解决某类问题的知识及方法，只要他们努力地尽心做了，无论结果如何，人们都能理解与接受。但是，对于无能之错不能被原谅，因为他们已经掌握解决这类问题的知识及方法，明明知道该怎么做，而是没有按着规定和要求去做，这种损害很难被人们接受。对于无知之错，只要加强学习与实践，便可以解决。对于无能之错，其产生的原因不外乎两类：一类是工作中疏忽大意或协作配合不好，发生错误造成损害，对这类错误应严格追查责任；另一类是他们明明知道该怎么做，可就是不按规定和要求做，如"开车不准饮酒，饮酒不准开车"、贪污之徒等。对这类有意干错事、干坏事造成损害的人，绝对不能原谅，应绳之以法，严加处理。我们的责任应该是正确认识和分析错误产生的原因，别让相同的错误再次发生，别再让我们因那些错误而付出沉痛的代价。正确运用所掌握的知识与技能，减少和消灭无能之错造成的风险损害，风险清单作用会发生极其重要的作用。但是风险清单不是写在纸上，而是印在心上的。我们别无选择，风险清单正在一步步变革我们的生活，变革这个复杂的世界……为人类做出贡献。

要认清风险因素是客观存在的，在满足一定环境条件后才能形成风险事件，造成风险损失。在人与风险矛盾中人是主动的，通过人的主观能动性的发挥及科技的发展，提高对风险产生的条件及原因的认知度，从而创造条件驾驭风险、规避威胁，改变风险的不利因素，确保目标的实现。这也是学习风险管理实施风险应对的根本目的。但是也要明确风险很少是非黑即白，通常处于灰暗之中，需要依靠"风险商"提高风险辨识的能力。

（二）风险清单编制要求及原则

风险控制清单是管理风险的有效工具，风险嵌入各项业务流程，要使风险控制清单切实可行并发挥其作用，在编制时应关注以下六点：①关键控制点的设定要明确清晰；②选择合适的清单类型；③简明扼要，不宜太长；④清单用语精练、准确；⑤清单版式整洁，切忌杂乱无章；⑥必须在现实中接受检验，逐步完善。

风险清单要素的遴选与编制必须坚守简单、可测、适用、高效的原则。

无论在编制风险清单的过程中多么用心、多么仔细，风险清单还必须在现实中接受检验，通过验证不断补充修正，因为现实往往比我们想象更为复杂。

就算是最简单的风险清单也需要不断改进。简洁和有效永远是矛盾的联合体，只有持续改善，才能让风险清单始终保持安全、正确和有效，使其青春常在。

风险清单的力量是有限的。它能够帮助专家记忆如何操作复杂的程序和设备，它能够帮助人们搞清楚哪些事情是最重要的，并且促使人们进行团队合作，但解决问题的主角毕竟是人而不是风险清单。但是我们需要让事故的教训转变为实用的风险清单，供后来人学习借鉴，这是一项造福于人类的伟大事业。

（三）风险控制清单列示

总的来讲，风险控制清单没有统一的标准模式，只要将风险事项、产生原因、造成危害、如何应对及其防范措施等描述清晰，让人们能看得懂弄明白就行。早期的风险清单只不过是几张卡片而已，随着认识的深入及方便使用，根据风险性质、类别等，逐步形成不同表格及模式。以下介绍几种供参考：

（1）××公司全面预算实施风险状况（见表3-1）。

（2）××公司"目标、风险、机遇"一表化管理（见表3-2）。

（3）××公司公司层面重大风险控制清单（见表3-3）。

（4）××公司销售业务流程风险评估与控制清单（见表3-4）。

单位：万元

表 3-1 　××公司全面预算实施风险状况

序号	预算项目	预算变量	标识	期初余额	预算指标	1月 A（实际）	3月 A（实际）	4月 F（调后预算）	10月 B（预算）	11月 B（预算）	12月 B（预算）	合计 实际	合计 滚动	合计 预算
1	滚动状况													52
2	周数					4	5	4	4	4	5			
3	天数					28	91	119	301	329	364			
4	销售收入		I		50000	2980	2890	2980	4251	3951	4905	8180	4894	50000
5	销售成本	67%	C		-33500	-1997	-1936	-1997	-2848	-2647	-3286	-5481	-32794	-33500
6	经营费用		C											
7	变动费用	8%	I		-4000	-238	-231	-238	-340	-316	-392	-645	-3916	4000
8	固定费用		C		-6000	-462	-577	-462	-462	-462	-577	-1500	-6000	-6000
9	财务费用（利息）	6%	C		-83	-6	-8	-6	-6	-6	-8	-21	-83	-83
10	存货贬值	15%	C		-254	-114	-1119	-1202	-9	-3	-3	-1259	-241	-254
11	坏账准备	5%	C		-263	-165	14	-12	-6	-2	-2	-113	-254	-263
12	折旧费	20%	C		-1240	-95	-119	-95	-95	-95	-119	-310	-1240	-1240
13	现金流入（YID）													
14	销售回款		L		47016	1945	8187	10922	37369	41278	46145		46145	47061
15	贷款注入		L		1500	1500	1500	1500	1500	1500	1500		1500	1500
16	现金流出（YID）													
17	费用支出		L		-9283	-1752	-2875	-3427	-7783	-8413	-9198		-9198	-9283
18	采购支出		L		-35432	-5421	-11233	-10462	-28852	-31493	-34776		-34776	-35432

续表

序号	预算项目	预算变量	标识	期初余额	预算指标	1月	3月	4月	10月	11月	12月	合计
19	固定资产支出		L		-17000	-17000	-17000	-17000	-17000	-17000	-17000	-17000
20	流动资产											
21	现金金额		I	1200	3302	-4228	-4921	-1968	1734	2731	3731	3171
22	存货期	45	I			45	45	45	45	45	45	
23	存货额		C	3670	4141	3209	10841	2828	4016	4036	4054	4054
24	存货贬值准备		C	-367	-621	-481	-1626	-424	-602	-605	-608	-608
25	收账期		I			63	63	63	63	63	63	
26	应收账款	63	C	5670	8654	6705	5663	5908	8391	8433	8471	8471
27	坏账准备		C	-170	-433	-335	-283	-295	-420	-422	-424	-433
28	固定资产		I	4500	6200	6200	6200	6200	6200	6200	6200	6200
29	累计折旧		C	-1800	-3040	-1895	-2110	-2205	-2825	-2921	-3040	-3040
30	负债											
31	短期借款		I		-1500	-1500	-1500	-1500	-1500	-1500	-1500	-1500
32	采购付款期		I			63	63	63	63	63	63	
33	应付账款	63	C	-7340	-5880	-3455	-8759	-3512	-5694	-5720	-5742	-5742
34	预提费用		I	-1200	-2000	-154	-500	-654	-1654	-1808	-2000	-2000
35	权益		I	-4163	-8824	-4065	-3005	-4377	-7646	-8065	-8582	-8582
36	合计		C									
37	平衡检查		C									

表 3-2 ××公司"目标、风险、机遇"一表化管理

公司/事业部/业务领域：
汇报人：×××

日期： 年 月 日

风险编号	风险影响目标	风险描述	风险动因	风险责任者	发生地点	当前风险应对措施	影响程度	发生可能性	风险发展趋势	可接受性	可控性	紧迫性	短期或长期	模式及特定事件	监测与审查	额外的风险应对	额外的资源需求	采取新措施成效预期	存在的机遇目标	针对此机遇管理计划	评论

风险评价标准：(分5级标准)　　可控性描述：　　控制措施：　　治理措施（可控/不可控）：

建议：

表 3-3 ××公司层面重大风险控制清单

序号	关键业务	涉及部门岗位	活动描述	风险成因	等级	防范措施	责任部门
1	新产品新技术开发	总经理及专责人员	开发与引进新产品、新技术，变更产品结构，创造消费、开发新市场	①创造条件、程序欠完善，开发不成功；②条件不具备、情况不明、政策不清、工作不深入、创收性欠缺	3级	加强领导，及时掌握信息动态，配置资源、资金支持，落实进度日程、明确责任者	总经理专项办
2	高端人才开发与引进	董事长及人事部	拟定人才需求计划，主动招聘与积极培养高级管理人才、高级技术人才	①引进与培养不成功，不适应需要；②引进数量不足、业务素质不高或不对路，被欺诈、经济受损、时间拖延	2级	明确岗位需求，把握技术要求，配置必要资源，做好周密计划，诚恳与应聘者沟通	董事部
3	同业竞争环境	市场总监与销售经理	了解销售动态，观察客户动向，听取客户意见，内部信息沟通、汇总汇报	①竞争失利，政策失效，市场丢失；②对手的竞争策略不清，方法手段不明，内外勾结	4级	深入市场，倾听客户意见，提高服务质量，保密自有信息，防范吃里扒外，与敌者共舞	总经理销售部
4	商业模式优化	董事长销售部	积极发展代理商，同代理商搞好服务，听取代理商意见，合理奖励及时兑现	①市场模式创新不足，没有效促进市场发展，模式创新不够、方向失误；②市场模式滞后，不利调动积极性	3级	探讨改革商业模式，发展代理商，遵守相关规范，健全代理商的信息与联系	董事长市场部

表3-4 ××公司销售业务流程风险评估与控制清单

流程	关键控制点	涉及部门岗位	活动描述	潜在风险	风险级别	控制措施	制度援引
1	销售计划	销售部、生产部、采购部、财务部、销售副总、总经理	销售计划由销售部经理制订,经过销售副总和总经理的批准后提交采购、生产、仓储以及财务等部门,作为编制采购计划和生产计划的依据 销售计划调整履行销售计划编制批准程序 对已批准的销售计划、执行计划考核程序	销售计划的编制依据没有充分的订单依据,背离市场需求	二级	编制销售计划的依据充分:销售专员对市场充分调研,正确编制评估报告,并提交公司评估;取得公司制度规定内的有效订单数量	(单位销售相关制度及编号)
				订单依据中所接受的订单不符合公司产品体系	二级	销售专员所取得的销售订单必须符合公司经营范围及产品生产能力体系	
				所接受的订单没有预付款,且不在公司各客户单额度之内	三级	销售专员所取得的订单具备预付款,或者存在于公司客户授信范围之内客户	
				编制的销售计划未履行授权体系审批程序,自作主张	二级	销售计划必须按公司审批授权体系执行,应经过销售副总及总经理的审批	
				未经授权体系批准,擅自变更销售计划	二级	对销售计划的变更,必须履行计划审批程序;对擅自变更销售计划的行为,公司行政部门将给予严肃制裁	
				销售计划的下发,执行未进行认真的考核,使销售计划执行流于形式,失去应有作用	三级	公司健全计划考评制度、办法,认真履行对销售计划执行的考核;考核结果进入部门考核绩效	

续表

流程	关键控制点	涉及部门岗位	活动描述	潜在风险	风险级别	控制措施	制度援引
2	销售价格	销售部、财务部、生产部、相关副总、总经理	销售部负责制定具体的销售价格表和公司授权批准向客户报价，并按授权限执行销售价格。财务部对销售部等价格执行情况进行日常的审核监控。审计部应定期或不定期对各部门进行审查监督。公司定价管理制度管理人员、负责新产品销售价格、重要客户销售价格、标准价格的审核、确定和调整，并对公司产品价格执行情况进行管理和监督	由于定价依据不充分，价格不能弥补投入或对市场接受能力，影响产品销售	二级	应制定并执行公司产品定价制度，特别是基本评估价与标准报价表定价制度	（单位销售相关制度及编号）
				价格确定未经公司的有效授权批准，私自向客户泄露价格信息，或私给优惠价	二级	未经授权批准，公司任何人员不准自行对外提供价格变动信息及新产品报价	
				销售专员擅自对外报价	二级	禁止业务人员未经授权人员批准，擅自接受客户提出的降价要求	
				销售价格调整未履行审批程序	二级	销售部门回应客户提出的降价要求，必须在公司的标准价格范围内波动	
				新产品定价缺乏市场信息支持，未经过评估审核	二级	公司确定新产品价格，必须有该产品详细的市场分析和预测结果作为支持，新产品价格出台必须办理审批手续	

续表

流程	关键控制点	涉及部门岗位	活动描述	潜在风险	风险级别	控制措施	制度援引
3	销售合同	销售员、销售部经理、财务部、销售副总、总经理	销售谈判→合同协议内容审与合同审→授权签订合同→合同盖章→合同存档与下发→履行→合同完结	合同条款欠缺，规定不明确	二级	公司应制定统一的格式合同，格式合同应经过法律专家的审核。现场起草合同必须经过公司专家的审核	（单位销售相关制度及编号）
				合同未经过公司会审程序审核	三级	公司制定合同会审制度，规定会审岗位的职责，销售合同必须经过会审程序	
				销售合同未按公司审批权限审批	二级	公司制定授权表，规定销售合同授权标准及金额，按照审批权限审核批准	
				销售合同的变更未使用书面形式	三级	销售合同的变更或终止，应采用书面形式进行	
				销售合同变更未履行审批程序	二级	销售合同变更必须履行相应的会审和审批程序，报销售副总和总经理审批	
				空白和已签销售合同未妥善管理，造成信息泄露或不当履约	三级	加强对空白合同、已签合同的管理，明确合同管理责任者，保管使用规定	
				合同用章不当，给公司带来损失	二级	建立销售合同用章管理制度，明确规定用章审批、记录等规定	
				销售合同未按规定存档或销售计划未及时提交有关部门，造成销售信息不畅，履约不利的后果	三级	公司建立销售合同归档、传递及使用的规定，明确归档、传递及使用的时间、交接等要求，并严格执行。对已签订的销售合同和变更的销售合同归档、销售计划分送财务、仓储等部门备查	

续表

流程	关键控制点	涉及部门岗位	活动描述	潜在风险	风险级别	控制措施	制度援引
4	客户信用管理	销售专员、销售部经理、财务部、法务部、销售部、总经理、总经理副总经理	建立客户信用档案，划分不同的信用等级，按信用等级采取不同的销售策略等，销售部门与客户协商后草签销售合同，并将其转到信用管理人员，对授信额度和授信信期进行审核，并签署意见	未建立客户档案，或未及时准确地更新客户信息。不能规避赊销风险即赊销风险的发生	三级	建立全面的客户档案管理制度，客户信息更要及时、准确	（单位销售相关制度及编号）
				不能建立客户信用等级标准，不能规避客户信用度与信用期，设置标准不统一，或发生销售人员随意处理客户授信情况	二级	建立并执行客户信用管理制度，明确客户信用等级和授信等级的审批程序，信用等级评定办法确定后，应当对所有同类客户保持一致	
				未建立信用情况评估程序，可能出现客户信用管理的人为因素	二级	建立客户信用情况调查和评估程序，设立独立于销售部门的评估机构，定期对客户信用情况进行评价和调整	
				客户授信未履行公司授权审批程序，可能导致坏账损失	二级	禁止不经过审批或越权审批的客户授信现象出现	
				擅自调整客户授信等级与额度	二级	未经授权人员批准，任何人不得擅自对个别客户调整评定参数和授信额度	
				未建立客户黑名单管理制度或随意调整客户黑名单信息	二级	建立黑名单制度，定的黑名单客户，及时归入黑名单；未经授权书面批准，任何人不得对黑名单客进行修改	
				与进入黑名单客户未终止交易	二级	对列入黑名单的客户，公司应立即终止交易，或采取其他措施避免/减少损失	

续表

流程	关键控制点	涉及部门岗位	活动描述	潜在风险	风险级别	控制措施	制度援引
5	货物发送与销售退回	销售专员、销售部经理、会计、仓库、销售副总	销售专员开具《发货通知单》交承运部门去仓库提货装运；仓储部门在承运人身份确认后，对销售发货通知单所列的货物品种、规格和数量供货；承运部门按照《发货通知单》注明的发货时间、发货策略、接货地点组织发货，安全发货，完成交接手续。客户退货经销售主管审批后进行。退回的货物由质检部门清点后入库，退货数据报报会计处理	未经授权批准销售人员不准通知仓库对外发货	一级	禁止销售人员不经授权人员审核批准，直接通知仓库向外发货	（单位销售相关制度编号）
				仓库部门未接到发货单擅自发货可能被欺骗	一级	仓储部门只有在收到"发货单"完备后才能发货	
				仓库未取得承运人验证身份；且发货未取得承运人货物接收证明	一级	仓储部门要验证承运人的身份的符合性手续，并以此办理货物交接手续	
				门卫未核验相关合法手续物发出擅自放行	二级	门卫对货物送达目的地后，必须要求收货人员在回执上签字盖章	
				未取得发货回执相关没有相关人员签字确认，可能发生纠纷	三级	承运人将货物送达目的地，对货物查验确认后放行	
				未取得相关人员签字确认的回执	三级	销售部要及时跟踪货物运输及客户签收单回执情况，及时督促客户退货验收单回笼	
				财务部门在未确认客户已收到货物的前提下再行运输费用	三级	如果对方人员在货物运输运费结算单未签字盖章，财务部门不得办理运费结算手续	
				未经客户的书面确认手续，办理退货，易造成损失	二级	所有的退货必须经到得客户面确认或其他类似支持文件	
				客户退货理赔行为未得到公司授权批准	二级	退货理赔手续由销售部履行手续，批准书要附在退货验收报告上	
				仓库部门验收客户退货物未经公司质检部门检验确认	二级	货物退回后应经质量部门的检验，确认属于本公司产品质量问题后，仓储部门方可接受退货	
				仓库部门未及时将客户退货验收报告传送给财务部入账，影响销售信息的准确性	三级	退货验收报告要及时传送财务入账，及时修正客户款项的余额	
				未办妥客户退货手续前，向客户发货，可能发生信用危机	三级	在收到客户退货通知并未完成退货检查鉴定，公司不得向客户办理补充无货发货	

续表

流程	关键控制点	涉及部门岗位	活动描述	潜在风险	风险级别	控制措施	制度援引
6	收取款项	销售员、销售经理、会计、出纳、总经理	出纳收取款项，存入银行，并编制收款原始凭证，定期与客户核对交款及账目情况；销售部员工负责货款的回收；财务部定期进行账龄分析；对到期末收回的账款，销售部实行专员负责制，必要时提交总经理，申请采取法律手段	未经公司授权，销售部门收取客户现金，易产生舞弊现象	二级	销售款项不论是何种形式必须由出纳负责收取并存入银行，特殊情况经授权批准方可收取，并在规定时间内交财务	（单位销售相关制度编号）
				销售部门擅自收账，且不及时提交财务部入账，易生弊病	二级	会计通过各种策略定期与客户核对交款情况，保证收款全部入账	
				应收收款款未及时催讨，形成呆、死账，将造成损失	二级	销售人员负责货款的回收，应做到收款及时，合同反映，足额收回货款	
				未取得客户应收账款确认单，易产生纠纷	二级	销售部应定期与客户核对交账务，取得对账单，进行账龄分析，做好应收账款回收质量评估工作	
				在法律失效期内未对应收款采取法律手段，可能导致损失	一级	对到期末回货款，应采取人负责制，在法律时效期内取得催款凭据，走法律保护	
				未经授权或未取得有效凭据擅自对应收账款调整和进行坏账处理	三级	财务对应收账款调整和坏账处理应有充分支持文件，并按金额大小设定审批权限	

（四）内控体系形成

总体目标通过层层分解落实，形成单位层面、部门层面、操作层面等的目标体系。每个部门和员工的分目标都是单位对他们的要求，也是他们对单位实现总目标应负的责任，上级通过目标对下级进行领导；下级通过目标对上级提供保证。在商定目标时，上下级之间、部门之间必须以开诚布公的态度，相互了解，充分协商，积极支持，通过协商平衡，实现目标纵向的体系化和横向的紧密化，形成完整的目标体系。

规章制度的完善程序如表3-5所示。

表3-5 规章制度的完善程度

分值	规章制度的完善程度
10	无相关规章制度
7	有相关制度但难以执行
5	有相关规章制度规定但规定不明确
3	有相关规章制度但执行程序不规范
1	有相关规章制度并执行良好

在目标体系基础上，评估影响目标实现的风险，拟定风险应对方案，落实控制责任，形成风险控制体系。如图3-6所示。

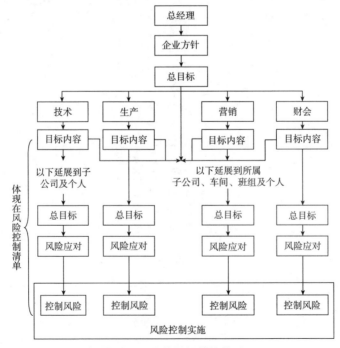

图3-6 总体目标管控体系

单位建立起规范化流程和风险控制清单后，可让普通员工通过自己的努力打造卓越业绩，从而使单位更少地依赖为数不多的精英者。尽管这些精英通晓业务，在单位是不可或缺的，尽管既有才华又有能力的精英对单位来说仍然重要，但有了规范化流程和风险控制清单，单位的成败就不再完全由他们决定。

迈克尔·啥默指出："把公司的存在和发展建立在精英人物的英雄行为上，一旦精英跳槽，就会使公司陷于危机。然而，规范的业务流程和风险控制清单与公司同在。如果一些员工离开了，其他人不用费力就可以补上来把工作做好。"

"……有了规范化和风险控制清单，业务工作就不再是一种掷骰子的游戏，而是一种可考核、可管理、可控制、可改进的活动。"

"但是，要获得规范化和风险控制清单的这些益处，就必须彻底改变组织文化。实现规范化需要有新的视角，需要组织中的每个员工，尤其是处于一线的经理人员和作业员工，学会系统思考。"

附：××金融机构基金后台业务风险防控措施事例

一、基金后台业务的目标、流程及职责

1. 业务目标与实施原则

客户数据、资金清算与手续费核算的目标是安全、及时、准确、完整。

业务操作应遵循原则是遵纪守则、严格操作、发现问题、逐级汇报、分级响应、有效处置、密切跟踪，并将责任落实到岗位。

2. 实现目标的业务流程

客户产生交易→系统自动进行数据归集→通过数据传输软件将客户申请数据发送基金公司→系统自动处理基金行情数据公告→处理基金公司返回的客户确认数据→通过系统进行客户确认、申购资金清算→接收客户赎回、分红等资金入账→后续各项手续费核算。

3. 业务流程中潜在的风险事件

流程中潜在的风险事件大致可以分为3类，即各类数据处理中发生的应急事件、各项资金清算中发生的故障及各种手续费核算中出现的问题。各类可能发生的个别风险事件，见表3-23"风险应对清单"。

4. 风险应急处理的岗位及责任

基金后台应急事件防范与处置由处长统筹安排，应急协调小组分工落实，全处员工联动处置，利用处内应急联系"消息树"进行联络。

应急协调小组是基金业务后台应急事件防范与处置的实施部门，负责应急制度及流程的编制与完善、控制责任落实、控制责任执行状况监督检查，并安排落实应急演练。在紧急状态下，负责分析事件产生原因、及时沟通相关部门、实施

应急预案、跟进处置状态、验证处置效果、报告处置进度。应急协调小组由组长指挥，向处长负责和报告工作。

（注："应急预案"以及"消息树"是内部规定的通报沟通体系。）

二、风险分类及等级标准（见表3-6）

表3-6　风险分类及等级标准

应急事件级别	风险事件影响后果	相应应对风险手段
五级（★★★★★）	事件极其紧急：①可能涉及金额1000万元人民币或100万美元及以上；②事件处置不及时将可能对我行声誉产生重大影响；③可能对我行造成严重损失	在相关岗位业务人员发现问题后，应及时汇报处长。处长向部门领导请示后通知应急协调小组，全处联动，启动全处最大程度应急
四级（★★★★）	事件紧急：①可能涉及金额500万元人民币或50万美元以上；②事件处置不及时将可能对我行声誉产生损害；③可能造成较大利益损失	在相关岗位业务人员发现问题后，及时汇报处长。处长向部门领导请示后通知应急协调小组，适当启动消息树。相关客户的经理到岗
三级（★★★）	事件较紧急：①可能涉及金额100万元人民币或10万美元以上；②事件处置不及时可能对部门利益造成重大影响；③可能造成损失	在相关岗位业务人员发现问题后，及时通知应急主管。应急主管认为必要时请示处长，确认方案后通知应急协调小组启动应急备案，适当启动消息树。通知相关客户经理到岗处险
二级（★★）	事件一般：①可能涉及金额10万元人民币或1万美元以上；②事件处置不及时可能对处内其他岗位工作造成影响	在相关岗位业务人员发现问题后，及时通知应急主管。应急主管请示处长，应急协调小组启动应急预案
一级（★）	事件微小：①涉及金额1万元人民币或1000美元以上；②处置不及时将对本岗位工作造成延误，产生影响	在对应岗位业务人员发现问题后，及时通知应急主管。应急主管通知应急协调小组启动应急预案，并及时向处长汇报

注：（1）如发生客户投诉，可能影响我行声誉，均按五级应急级别处置。

（2）为维护我行声誉，保证客户利益和资金安全，减少客户投诉概率，业务人员应以事件影响为基础判断应级别，可相应地提高应急级别进行事件处置，并在发现事件的10分钟内向处长和应急协调小组组长报告。

三、业务风险事件的应对

基金后台业务风险应对清单如表3-7所示。

表 3－7 基金后台业务风险应对清单

业务事项	风险点	行为规范	风险事件描述	风险评估			风险应对及处理措施	责任者
				发生频率	影响后果	风险等级		
申请数据处理	(1) 向公司发送的申请数据时系统发生错误	按系统规定操作,通过系统程序自动进入系统行成所需数据,需当日完成	由于生成当日基金交易申请数据存在错误,会收到公司反馈,或接接到科技部门通知发现的差错	低	大	★★★ / ★	(1) 向处长汇报并立即提交问题报告。电话敦促科技相关人员,查找原因并尽快提出解决方案,并电话通知相关注册机构进行预警 (2) 21:00 前,正确数据仍无法发送至基金公司,处长应向分管总经理汇报,并负责处理	业务应急小组人员 处长
	(2) 申请数据批量异常延迟	按系统规定操作,通过系统程序自动完成所需数据,需当日完成	申请数据未在规定时间内(当前工作日 20:00)完成发送时,及时与数据中心电话沟通,随时掌握处理进度	低	大	★★ / ★ / ★ / ★	(1) 如当日为"基金定投数据集中处理日",20:30 前问题未解决,应报告处长,由处长负责解决 (2) 如当日为"非基金定投数据集中处理日",20:00 前问题未解决,应报告处长 (3) 如 21:00 前问题仍未得到解决,向分管经理汇报,并将相关情况通报前台部门 (4) 出现上述情况时,应启动应急预案,通过电话联系基金公司,做好沟通工作	业务应急小组人员 业务应急小组人员 处长 业务应急小组人员

续表

业务事项	风险点	行为规范	风险事件描述	风险评估			风险应对及处理措施	责任者
				发生频率	影响后果	风险等级		
净值数据处理	公司净值数据发送延迟	接收公司行情数据后导入系统并进行各渠道更新	公司净值数据发送延迟，或公司净值输传输原因净值数据未发送至表机构，导致主机及外围渠道T日净值未更新	高	小	★ ★	(1) 若业务人员早间进行行情失败查询时，发现公司净值数据未到达，应立即与相关基金公司取得联系获得发送数据，并通过后台系统做好全渠道的行情信息更新 (2) 如遇紧急情况时应通知前台部门，要求其协助做好客户解释工作	业务应急小组人员
	手动进行T+1日更正T日基金净值状态更新	接收基金公司书面申请并确认后进行修改或状态更新	公司净值数据发送错误，导致基金行情或基金状态公告错误，会对客户进行误导或影响客户交易	中	小	★ ★ ★	(1) 当班人员应立即要求基金管理公司重新发送T日净值数据，且出具相关情况说明函（情况说明及更正的基金净值、状态并加盖公章） (2) 当班人员需导入公司返回的净值数据，通过后台系统做好全渠道的行情信息更新 (3) 如遇紧急情况时应通知前台部门，要求其协助做好客户解释工作	业务应急小组人员
确认文件处理	系统发生故障无法处理数据	通过系统程序进行处理，需当日下班前完成	因系统软件发生故障，无法接收并及时处理当日确认数据	低	大	★ ★ ★	(1) 在15：00前确认文件未到达，联系相关基金公司询问处理进度，并依据数据进行处理 (2) 在16：00前确认文件未到达，将相关情况报告处长 (3) 在17：00前确认文件未到达，向分管总经理报告相关情况	业务应急小组人员 业务应急小组人员 处长

续表

业务事项	风险点	行为规范	风险事件描述	风险评估 发生频率	风险评估 影响后果	风险评估 风险等级	风险应对及处理措施	责任者
确认文件处理	系统发生故障无法处理当日确认数据	通过系统程序进行处理，需当日下班前完成	因系统软件发生故障，无法接收并及时处理当日确认数据	低	大	★	（4）在17：30前确认文件未到达，向科技部门发送NOTES预警邮件	业务应急组人员
						★	（5）在20：00前仍未收到确认文件，业务人员通知前台部门，并再次向数据中心邮件预警	业务应急组人员
						★	（6）在21：00前仍未收到确认文件，业务人员向处长汇报，在处长授权后，向数据中心（上海）发送邮件，将其他公司正常导入数据先行处理，并要求公司出示情况说明函，并将到当日确认数据与发送到的确认数据合并，在接到基金公司发送的确认数据后，将该一日数据合并上送。次日，向科技部门联系，将数据导入基金后台	处长
	删除当日已导入确认数据和未授权指令	通过系统程序进行处理，需当日下班前完成	因公司方返回错误确认数据引发重新处理数据，并删除原有错误数据	低	大	★	（1）需通过应急协调小组，并由公司方提供说明文件，加盖公章并传真，同时数据公司尽快将正确数据重新发送至我机构	业务应急组人员
						★	（2）向处长汇报后，随后按照原业务流程完成新的数据导入处理	业务应急组人员
						★		
清算批量问题	批量核对现金流量数据	通过系统进行报表核对，需当日完成	核对赎回款到账、分红款到账、认购总确认失败赎款、退息及费用算情况，出现金额不符	低	大	★	立即通知处长，并提交问题报告，敦促科技部门尽快提出解决方案；视情况与前台部门沟通	业务应急组人员

续表

业务事项	风险点	行为规范	风险事件描述	风险评估			风险应对及处理措施	责任者
				发生频率	影响后果	风险等级		
数据传输软件或网络传输问题	数据传输	等待数据通过通信服务器流转至基金后台，需当日完成	因通信发生故障导致各类基金数据无法正常传输	低	大	★★★★	（1）应向处长汇报，启动应急预案，联系数据中心（上海）及相关公司，及时查明原因，恢复通信 （2）在数据收发未完成前，提示公司人员暂勿离岗。当传输故障非公司方因素造成且短时无法解决时，应提交问题报告 （3）当传输故障由公司方造成时，需出具说明文件。经处长授权后启动应急预案，通过外网邮箱（压缩包加密）方式传输数据	业务应急小组人员 处长 业务应急小组人员
认/申购款划转	基金后台系统故障	采用双人交叉复核的方式通过系统程序进行，需当日完成	系统出现故障，无法进行客户认、申购款项向公司划转操作	低	大	★★★★	（1）向处长汇报，应急协调小组初步确定问题原因。如无法预期问题的解决时间，立刻向科技部门提交问题报告 （2）如9:30前仍无法通过基金后台划款，由处长向分管总经理报告，提交生产问题，并将相关情况通报前台部门 （3）启动应急预案，联系科技部门，请其按公司方提供申购款划款金额明细及账户信息。如涉及中登旗下基金，需同时手工编制头寸表，计算当日应调转头寸金额，将相应款项分别转至相关公司账户 （4）联系基金公司，确认其收款情况。如未收到则应继续跟进，并由双方共同联系各自开户行确认	业务应急小组人员 处长 业务应急小组人员 业务应急小组人员

续表

业务事项	风险点	行为规范	风险事件描述	风险评估			风险应对及处理措施	责任者
				发生频率	影响后果	风险等级		
认购申购款划转	网银系统发生故障	采用双人交叉复核的方式通过系统程序进行，需当日完成	网银出现故障，无法进行客户认、申购款项向公司划转的操作	低	大	★★★	(1) 向处长汇报，并向科技部门提交问题报告，将相关情况通知通报前台部门	业务应急小组人员
						★★★	(2) 启动应急，配合前台部门与各基金公司做好沟通协调工作	业务应急小组人员
						★★★	(3) 配合科技人员做好后续处理，待网银恢复正常后清算	业务应急小组人员
							(4) 如网银无法在预期时限恢复正常，由处长向分管总经理汇报，采用手工填单处理	处长
	划款出现失败或可疑指令	采用双人交叉复核的方式通过系统程序进行，需当日完成	系统正常清算完毕后出现可疑或失败指令	低	大	★★★	(1) 向处长汇报，应急协调小组联系科技部门，迅速查明原因，并出具解决方案。对失败指令，应与基金公司沟通确认账户信息	业务应急小组人员
						★★★	(2) 如该类指令大批量出现，处长应指令大批量出现，处长应报告分管总经理，并通报前台部门	业务应急小组人员
赎回款/分红款收款	未按约定时间到账	采用双人交叉复核的方式通过系统程序进行，需当日下班前完成	基金公司未按合同约定，及时将客户赎回、分红等款项划付	低	中	★★	(1) 若赎款回款在当日17:30前仍未到账，与基金公司电话沟通，经处长授权后将款项同顺延调整1个工作日，并在款项到账时向发邮件告知前台部门	业务应急小组人员
						★★	(2) 若赎回款未到账合计金额超过100万元，处长汇报分管总经理	处长

续表

业务事项	风险点	行为规范	风险事件描述	风险评估			风险应对及处理措施	责任者
				发生频率	影响后果	风险等级		
赎回款/分红款收款	未按约定时间到账	采用双人交叉复核的方式通过系统程序进行，需当日下班前完成	基金公司未按合同约定及时将客户赎回、分红等款项划付	低	中	★★★	(3) 下一工作日做好到账情况核对确认	业务应急小组人员
							(4) 如赎回款项仍未到账，发邮件通知前台部门共同催收，并由处长将情况汇报分管总经理	处长
	款项划错	采用双人交叉复核的方式通过系统程序进行，需当日下班前完成	基金公司将当日应付客户赎回、分红等款项划付错误，导致清算指令与金额不匹配，无法清算	低	中	★★★	(1) 若当日多划款或少划款，应及时联系基金公司，并及时处理	业务应急小组人员
							(2) 在公司多划款的情况下，经与公司协商后由我方将此款项退回或次日少划款款；若公司少划款项，公司应在当日及时补足少划款项	业务应急小组人员
							(3) 基金公司当日17:30前未能补足款项，与基金公司沟通，经处长授权后将收款日期修改顺延1个工作日，并在款项合计金额超过1000万元时发邮件告知前台部门	业务应急小组人员
							(4) 若顺延调整收款日期的合计金额超过100万元，处长汇报分管总经理	处长
							(5) 下一工作日，做好到账情况核对确认	业务应急小组人员
							(6) 如款项仍未齐，邮件通知前台部门催收，并由处长将情况汇报分管总经理	处长

续表

业务事项	风险点	行为规范	风险事件描述	风险评估			风险应对及处理措施	责任者
				发生频率	影响后果	风险等级		
基金手续费核算	系统费用核算模块故障	通过系统程序进行登记、核算并清算	影响销售费用对账及后续清算	高	小	★	(1) 联系科技部门，提交问题报告，并报告处长启动应急 (2) 将每支产品的费用金额手工输入并核对 (3) 待费用入账后向开户行提交清算指令进行系统外手工清算	业务应急小组人员 业务应急小组人员 业务应急小组人员

四、实施风险清单管控风险几点好处

（1）明确了基金后台业务流程、经过的环节及潜在风险事件，将控制重点由事后移向事前、可实现未雨绸缪，防患于未然。

（2）明确了流程中各环节如何进行规范操作、违规操作表现、发生频率、影响后果、威胁程度，形成原因及岗位责任者。

（3）明确了应对风险事件的措施及方法，事件发生后如何处理、责任者以及应对团队，自己岗位应负哪些责任，相互间如何更好协作。

（4）通过风险清单对本部门业务流程中潜在风险一目了然、心中有数，可有效防止由于疏忽大意等酿成风险事件。

综上所述，通过对基金后台业务风险事件的全面梳理，列出清单，并对照业务加以实施，使操作者明确哪里有潜在风险，增强了相互间的沟通协作，减少了差错，提高了工作效率，提升业务效果，有效地控制了日常操作风险。

第四节　内部控制体系自我评价

一、内部控制体系自我评价概述

内部控制体系自我评价在西方发达国家的公司内部控制管理领域已被广泛运用，最早是加拿大的海湾资源公司于 20 世纪 80 年代末总结的一套对内部控制系统进行评价的技术和方法。企业内部控制自我评价的实施，大大推动了该公司内部控制的发展与完善，更好地实现了内部控制的目标。各国推行几十年内部控制的实践表明，实施内部控制自我评价对于一个组织加强管理、提高效率、改进内部审计程序和业务经营程序、全面控制风险有极其重要的作用。

（一）内部控制自我评价的含义与发展历程

2004 年，COSO 委员会发布了《企业风险管理—整体框架》（以下简称新COSO 报告），提出了内部控制的评价应该采用自我评价的形式，即负责某一业务单元和职能的人员确定针对他们活动控制的有效性。例如，一个分部的首席执行官可能会指导对其内部控制体系的评价，他们应该亲自评价控制环境因素以及负责分部的各项经营目标和合规目标。2008 年 6 月 28 日，我国财政部等五部门发布的《企业内部控制基本规范》，规定执行本规范的上市公司应当对本公司内部控制的有效性进行自我评价，披露年度自我评价报告，并可聘请具有证券、期

货业务资格的会计师事务所对内部控制的有效性进行审计。相关规定的出台，意味着在我国内部控制的自我评价已经成为强制性规定，将促使我国内部控制自我评价工作逐步实现正规化和常态化。

1. 内部控制自我评价的内涵

国际内部控制协会认为，内部控制自我评价是内部审计人员与被审计单位管理人员共同组成一个评价小组，管理人员在内部审计人员的帮助下，对本部门内部控制的恰当性和有效性进行评价，然后根据评价和集体讨论提出改进建议并出具评价报告，交由管理者实施。

COSO委员会在其《内部控制—整合框架》中提到，企业需要对内部控制体系的运行质量进行自我评价，这个过程包括由适当人员及时地评价控制的设计和运行，并采取必要的行动。它适用于组织内的所有活动，有时也适用于外部的承包商。这种自我评价的过程包括持续评价活动和个别评价活动。

2010年，我国财政部等五部门发布的《企业内部控制评价指引》对内部控制自我评价定义为：内部控制评价是指企业董事会或类似权力机构对内部控制的有效性进行全面评价、形成评价结论，出具评价报告的过程。同时指出，企业应该围绕内部环境、风险评价、控制活动、信息与沟通、内部监督等要素，确定内部控制自我评价的具体内容，对内部控制设计与运行情况进行全面评价。

从不同视角对内部控制自我评价定义的表述方式不同，但其实质并没有太大区别。内部控制自我评价就是企业内部相关人员对内部控制的健全性、合理性和有效性进行评价的过程，包括调查、测试、分析、审查、报告等。由此可见，内部控制自我评价就是指企业管理者为及时、清楚地掌握企业内部控制运行和实施状况，提高内部控制的有效性，降低企业风险，定期和不定期地对企业内部控制系统或者内部控制子系统、控制活动中的具体环节等进行评价，得出合理评价结果，形成内部控制自我评价报告的过程，以期更好地实现内部控制的目标。实务中通行的做法是：内部审计人员与被评价单位管理人员组成一个小组，管理人员在内部审计人员的帮助下，对本部门内部控制的恰当性和有效性进行评价，然后根据评价和集体讨论来提出改进建议，出具评价报告，由管理者实施。

内部控制自我评价把传统的只由内部审计人员从事的内部控制评价转由公司各部门参与作业的人员亲自评价，帮助他们认识到内部控制不只是内部审计人员的责任，也不只是高级管理层应关心的问题，应该把它看作组织内部所有成员的事。内部控制自我评价是为提高组织内部控制的自我意识所作的努力，这种活动经常以研讨会的形式进行。设计内部控制自我评价的目的是使企业员工了解哪里存在缺陷以及可能导致的后果，然后让他自己采取行动改进这种状况，而不是等内部审计人员发现并指出问题。大量研究表明，实施内部控制自我评价的方法对于一个公司加强管理、提高内部控制有效性、改进内部审计程序和业务经营程序以及控制风险等都有积极的作用。

2. 内部控制自我评价的发展历程

20 世纪 80 年代以来，随着跨国公司的大量涌现，企业的组织结构较多采用地区事业部和产品事业部制。一方面，随着贸易一体化、经济全球化、决策低层化及竞争多元化的趋势日益明显，企业的经营风险比以往任何时候都大；另一方面，内部审计人员由于对复杂多变的业务不尽熟悉，受人力资本和工作时间、工作地区的限制，完全依赖个别审计人员实施完整有效的实施审计监督的时代已经一去不复返。于是，企业内部控制有效性的评价方式的转变尤为重要。

1987 年，加拿大海湾资源公司（Gulf Canada）首次提出"内部控制自我评价"的概念（Control Self - Assessment，CSA），它是公司多年来总结的一套系统的审计技术和方法，大大推动了该公司内部控制的发展和完善。内部控制自我评价提倡全体员工（特别是基层员工）参与内部控制的建设。这符合国际上流行的管理理念，即重视员工价值，强调人本管理和能本管理。

加拿大海湾公司实施的内部控制自我评价的理论受到了国际内部审计师协会等理论界和实务界的赞许和推广。国际内部审计师协会在 1996 年的研究报告中总结了内部控制自我评价的三个基本特征：由管理者和员工共同参与、关注业务的过程和控制的成效、用结构化的方法开展自我评价。它是管理层、员工和内部审计人员共同合作来评价内部控制程序的有效性，使管理层、员工与内部审计人员共同承担对内部控制评价的责任。内部控制自我评价是以岗位职责和业务操作规程为中心，来自我调节和自我完善，这涉及所有员工对控制制度本身及控制效果和效率进行的评价，以及对参与控制人员的资格、工作程序和工作表现的评价，从而改变以往由内部审计人员对控制的适当性及有效性进行的独立验证，发展到全新阶段。

1998 年 9 月，巴塞尔银行监管委员内部控制委员会在吸收 COSO 报告以及相关实践经验的基础上发布了《银行组织内部控制系统框架》。该框架系统地提出了评价商业银行内部控制体系的 13 项指导原则，这是商业银行内部控制研究历史性的突破。

1999 年，加拿大注册会计师公会所属的控制基准委员会发布《评价控制指南》。该指南描述了形成一份评价报告的 10 个步骤，其中评价的重点是关于目标的信息和相关风险的管理。

"安然事件"促使美国于 2002 年 7 月出台了《萨班斯—奥克斯利法案》，从而结束了企业对内部控制信息资料自愿披露还是强制性披露之争，标志着企业对内部控制评价进入了强制性阶段。该法案第 302 号条款规定，公司提交的年度和季度报告中应该含有对内部控制有效性的评价以及审计委员会报告发现的内部控制设计和运行中的所有重大控制缺陷以及控制要点；第 404 款规定，管理层需要披露对财务报告内部控制的自我评价报告，并要求审计师应该对公司的自我评价报告出具审核意见，而且要求公司内部审计部门、监事会等类似的监督部门对管理层的评价进行再报告和认证。

随后，美国还出台和修订了相关的规则和准则，先后颁布了 PCAOB 审计 2 号准则和 5 号准则，SEC 发布了管理层内部控制自我评价概念公告和解释性指南。这些规范有效地解决了内部控制建设的法律基础和内部控制标准、自我评价标准、审计标准等各环节的技术问题，为顺利推进内部控制标准提供了系统而坚实的技术保证。日本于 2007 年 2 月 15 日正式发布了《财务报告内部控制的管理层评价与审计准则》等文件。同时，加拿大紧跟美国的步伐修改了内部控制评价标准，并提出具体措施逐步推广落实。

随着 COSO 报告的推广，以及中国航油（新加坡）有限公司等其他违规和舞弊事件的发生，证券市场和社会大众对内部控制自我评价报告的强制性披露要求日益强烈。上海证券交易所于 2006 年 6 月 7 日颁布了《上海证券交易所上市公司内部控制指南》，其中第三十二条规定："公司董事会应在年度披露的同时，披露本公司内部控制自我评价报告，并同时披露注册会计师出具的内部控制自我评价报告的核实评价意见。"第三十三条对自我评价报告的内容作出了规定。2008 年 6 月 28 日，财政部等 5 部门发布了《企业内部控制基本规范》，明确规定上市公司应当实施内部控制自我评价制度，并对外披露年度自我评价报告，并聘请中介机构进行审计。2010 年 4 月 26 日，财政部等 5 部门又联合发布了《企业内部控制评价指引》，为企业评价内部控制提供了共同遵循的标准，进一步完善了企业内部控制的评价体系，对完善我国企业内部控制建设具有重大意义。

（二）内部控制自我评价的作用与遵循原则

1. 内部控制自我评价的作用

（1）内部控制自我评价有助于企业自我完善内部控制的设计及运行。通过内部控制评价查找、分析内部控制缺陷并有针对性地督促落实整改，可以及时防范和改善内部控制薄弱环节，防范偏离目标的各种风险，并举一反三，从设计和执行等方面建立优化管理制度，促进企业内部控制体系的不断完善。

（2）内部控制自我评价有助于管理层对内部控制制度的有效控制。内部控制评价制度应能实现对组织的各层级（基层、中层、高层）中所有岗位的全员管理控制和对经营管理的全程监督与评价。有效的内部控制是全过程的，包括事前、事中和事后三个阶段。企业运用内部控制自我评价系统进行监督评价，要以防范风险、堵塞管理漏洞、克服薄弱环节、提高经营效率为宗旨。要达到此目的应具备三个必要条件：一是有预先确定的标准；二是能够计量结果；三是能够纠正偏差。这样才能通过自我评价增强自我控制。

（3）内部控制自我评价有助于促进企业实现其目标。通过内控自我评价一方面促进经营管理的加强，提高企业内部控制的执行力，有助于形成良好的企业文化，另一方面还有助于提升企业市场形象和公众认可度，可有效地促进企业目标实现。

（4）内部控制自我评价有助于实现与政府监管的协调互动。实施企业内部控制自我评价能够通过自查及早排查风险、发现问题，并积极整改，有利于在配合政府监管中赢得主动，并借助政府监管进一步改进企业内部控制实施和评价工作，促进自我评价与政府监管的协调互助。

我们应该借鉴国外的经验，通过相关法律、法规的制定，对企业的内部控制自我评价进行强制性规范，以保证其约束力。

2. 内部控制自我评价的基本原则

《企业内部控制评价指引》第三条指出，企业实施内部控制评价至少应当遵循下列三项基本原则：

（1）全面性原则。评价工作应当包括内部控制的设计与运行，涵盖企业及其所属单位的各种业务和事项。

（2）重要性原则。评价工作应当在全面评价的基础上，关注重要业务单位、重大业务事项和高风险领域。

（3）客观性原则。评价工作应当准确地揭示经营管理的风险状况，如实反映内部控制设计与运行的有效性。

应该注意的是，上述三条原则是至少遵循的最基本原则，同时企业应根据评价工作目标与自身特点，补充参考以下三项原则：

（1）风险导向原则。内控评价应以风险评价为基础，根据风险发生的可能性及对企业单个或整体控制目标造成的影响程度来确定需要评价的重点业务单元、重要业务领域或重要流通环节。

（2）独立性原则。内部控制自我评价机构的确定及评价工作的组织实施应当保持相应的独立性，它要求内控评价人员在发表评价报告时其专业判断不受影响，公正执业，保证客观和专业。

（3）成本效益原则。内控评价应当以适当的成本实现科学有效的评价，企业是否实施内控自我评价应考虑成本效益原则。

实务中，影响评价客观性的原因很多，但重点应关注：①经理层对内部控制评价的认识不到位；②内部控制的评价与设计未独立分开；③评价人员专业知识和业务能力不足，依靠印象评价；④评价人员独立性不强，被评价单位干预评价结果;⑤专业部门、审计部门与内控部门缺乏良好的沟通机制,评价范围和重点把握不准、测试样本选择不当,以偏概全,等等。这些因素的存在会影响评价结果的正确性。

(三) 内部控制自我评价的主体和对象

1. 评价企业内部控制有效性的主体

评价企业内部控制有效性的主体不仅有内部审计和外部审计,也包括公司的董事会。这是由于董事会作为管理层的最高决策机构,为了实现企业的目标,规避风险的产生,需要对内部控制有效性进行评价,从而更好地发挥内部控制的作用。

2. 内部控制自我评价的对象

内部控制自我评价的对象是企业实施内部控制的有效性。所谓有效性,是指企业建立与实施内部控制,对实现控制目标提供合理保证的程度,包括内部控制设计的有效性和内部控制运行的有效性。

(1) 控制设计的有效性是指为实现控制目标所必需的内部控制要素是否都含在其内,并且设计恰当。判断设计是否有效的标准是看所设计的内部控制是否能为内控目标的实现提供合理保证。具体做法可通过表 3-8 所列的目标进行判断。

表 3-8　判断内控设计有效性的标准

控制目标	判断内控设计是否有效的标准
财务报告目标	是否能够防止或发现并纠正财务报告的重大错报
合法合规目标	是否能够合理保证遵循适用的法律法规
资产安全目标	是否能够合理保证资产的安全、完整,防止资产流失
战略/经营目标	是否合理保证董事会和经理层及时了解目标实现程度,从而及时采取有效措施

(2) 内控运行的有效性是指对设计有效的内部控制程序能够得到正确执行。评价内部控制运行的有效性应重点考虑三个方面:①相关控制程序在评价期内是如何运行的;②相关控制程序是否得到持续一致的运行;③实施控制的人员是否具备必要的权限和能力。

需要强调的是,即使内部控制设计的有效性和运行的有效性都符合标准要求,但对目标的实现只能提供合理保证。因为内部控制目标的实现受多种因素影响。比如,①人的判断可能出现失误;②内部控制可能因误解、疏忽等原因而失效;③经理层凌驾于内部控制之上;④两个或多个人串通欺诈;⑤受成本与效益制约等。这些因素均可能导致内控失效，因此只能立足于"合理保证"，而不能达到绝对保证，故评价时必须提高警惕。

（四）内部控制自我评价组织形式和职责安排

《企业内部控制评价指引》第四条指出，企业应当根据本评价指引，结合内部控制设计与运行的实际情况，制定具体的内部控制评价办法，规定评价的原则、内容、程序、方法和报告形式等，明确相关机构或岗位的职责权限，落实责任制，按照规定的办法、程序和要求，有序开展内部控制评价工作。企业董事会应当对内部控制评价报告的真实性负责。

1. 内部控制自我评价的组织形式

企业可授权内部审计机构或专门设立评价机构，负责内部控制自我评价的具体组织实施工作。

内部控制评价机构应该具备的条件是：①能独立行使对内部控制行使有效性的监督评价权；②评价人员具备相适应的专业胜任能力和职业道德素养；③在评价中能与其他职能机构及部门协调一致、相互配合、相互制约，在效率上满足评价的要求；④能够得到董事会和经理层的支持，有足够的权威性保证内部控制评价工作的开展。

企业可以根据自身的特点决定是否设立专门的内部控制评价机构，或委托会计师事务所等中介机构实施内部控制评价与审计。但是为保证审计的独立性，为企业提供内部控制审计的机构，不能同时为同一家企业提供内部控制咨询服务。

2. 内部控制自我评价中的职责和任务

不论内部控制自我评价中的职责和任务采取何种组织形式，董事会、经理层和内部控制自我评价机构，在内部控制评价中的职能作用不会发生本质变化。

（1）董事会或类似机构对内部控制评价承担最终责任。

（2）经理层负责组织实施内部控制评价，或授权内控评价机构负责实施。

（3）内部控制评价机构根据授权承担内部控制评价的具体组织和实施任务。

（4）各专业部门应负责组织本部门的内部控制自查、测试和评价工作，对发现的缺陷提出整改方案及具体整改计划并积极整改。

（5）企业所属单位也应逐级落实内部控制评价责任，建立日常监控机制，开展内部控制自查、测试和定期检查评价，认定内部控制缺陷，拟定整改方案，编制内部控制评价报告，对内部控制的执行和整改情况进行考核。

二、内部控制自我评价的依据、内容和标准

（一）内部控制自我评价的依据

内部控制自我评价应以《企业内部控制基本规范》、应用指引以及本企业的

内部控制制度及《内控手册》为依据，紧紧围绕内部控制"五项要素"，确定内部控制评价的具体内容，通过调查、测试对内部控制设计与运行的情况进行全面的认定与评价。

（二）内部控制自我评价的内容

1. 对内部环境评价

应当以组织架构、发展战略、人力资源、企业文化、社会责任等应用指引为依据，结合本企业的内部控制制度，对内部环境的设计及实际运行情况进行认定和评价。

2. 对风险评估机制评价

应当以《企业内部控制基本规范》有关风险评估的要求，以及各项应用指引中所列的主要风险为依据，结合本企业的内部控制制度，对日常经营管理过程中的风险识别、风险分析、应对策略等进行认定和评价。

3. 对控制活动机制评价

应当以《企业内部控制基本规范》和各项应用指引中的控制措施为依据，结合本企业的内部控制制度，对相关控制措施的设计和运行情况进行认定和评价。

4. 对信息与沟通机制评价

应当以内部信息传递、财务报告、信息系统等相关应用指引为依据，结合本企业的内部控制制度，对信息收集、处理和传递的及时性、反舞弊机制的健全性、财务报告的真实性、信息系统的安全性以及利用信息系统实施内部控制的有效性等进行认定和评价。

5. 对内部监督机制评价

应当以《企业内部控制基本规范》有关内部监督的要求，以及各项应用指引中有关日常管控的规定为依据，结合本企业的内部控制制度，对内部监督机制的有效性进行认定和评价，重点关注监事会、审计委员会、内部审计机构等是否在内部控制设计和运行中有效地发挥监督作用。

（三）内部控制自我评价的标准

内部控制自我评价标准分为一般标准和具体标准两类。一般标准以具体标准为基础，同时也是具体标准的升华，两者相辅相成。

1. 内部控制自我评价的一般标准

内部控制自我评价的一般标准是指应用于评价内部控制各个方面的标准，包括内部控制的完整性、合理性和有效性标准。

（1）内部控制完整性标准。完整性标准包括两方面含义：一是指根据企业生产经营的需要，应该建立和设置的内部控制制度均以设置。二是指对企业生产经营的全过程实施自始至终的控制。另外，完整性标准还有系统性含义，即对某项业务活动、采用不同方法进行内控评价时，均能呈现出一种系统性状态，不是孤立地就某一关键点的控制，而是全面系统的控制。

（2）内部控制合理性标准。合理性标准包括两层含义：一是指内部控制设计是适当的，即企业建立的内部控制制度，是适合本企业的生产经营特点和要求的。二是指内部控制设计的经济性，即设计的制度在执行时经济可行，符合成本效益原则。

（3）内部控制有效性标准。有效性标准包括两层含义：一是指企业的内部控制制度不得与国家法律法规相抵触。二是指设计的内控制度简便易行，能有效地防止错误与弊端的发生，能够为提高经营效率和效果、财务报告的可靠性，以及法律法规的遵循提供合理保证。这不只是要求企业的内部控制从总体上看是有效的，而且各项具体制度也能充分发挥其自身的控制作用。因此，内部控制系统既要相互协调，不能顾此失彼、自相矛盾，又要相互牵制（制约），而且牵制要适度。所以，要求在评价时，一定要强调其适用性。为此，应关注以下三点：

1）控制点设置是否合理。既不要安排过多、设置些不必要的控制点，也不能过少、存有该建而未建立控制点、出现控制漏洞。

2）人员间的分工和牵制是否恰当，防止过严与过松。

3）控制职能是否划分清楚，控制责任是否明确。

当然，这三方面综合起来考虑要注意其经济性。

2. 内部控制自我评价具体标准

内部控制自我评价的具体标准包括内部控制要素评价标准和作业层级评价标准。要素评价标准是以作业层级评价标准为基础，作业层级评价标准主要是控制活动要素评价标准的细化。对控制活动要素的评价，要以作业层级的评价为基础。

（1）内部控制要素评价标准。根据《企业内部控制基本规范》的规定，内部控制要素包括内部环境、风险评估、控制活动、信息与沟通、监督。每个要素又细分为多个项目，如内部环境又分为治理结构、机构设置、内部审计、人力资源政策、企业文化和法制观念等。因此，评价标准应是《企业内部控制基本规范》的具体要求和企业的内部控制制度。

（2）作业层级评价标准。它是对控制活动要素评价标准的细化。控制活动要素包括不相容职务分离、授权审批控制、会计系统控制、财产保护控制、预算控制、运营分析控制和绩效考评控制等。作业层级的控制活动主要是针对控制点而采取的控制措施，是确保管理层指令得以实现的政策和程序。所以，作业层级评价标准应是"对风险控制点的控制策略与措施"是否得以贯彻与实施，比内部控制要素评价标准更为详细与复杂。

（3）评价模式评价标准。实践评价中，无论是控制要素评价标准还是作业层级评价标准，都需要有一个统一的标准模式。这一模式应由下列三部分构成：

1）控制目标。实践中的任何工作都应建立控制目标，因此，对任何工作项目的内控评价标准，首先要确定评价目标的标准，即控制目标标准。

2）控制点。各项控制目标需要通过一定的业务流程才能实现。这一流程又由许多环节构成，其中影响目标实现的关键环节中又有关键控制点。因此，对内部控制评价标准的确定，必须明确设定控制点的评价标准。

3）控制措施。不同的控制点有不同的业务内容和控制目标，需要采取不同的控制策略与措施，才能防范和发现各种差错与弊端。因此，也应根据不同的控制措施，设定不同的评价标准，从而有效地开展评价。

三、内部控制自我评价的程序、要求和方法

（一）内部控制自我评价的程序

内部控制自我评价程序按以下四个阶段、九个步骤进行：

1. 准备阶段

（1）制定评价工作方案。评价工作方案应当明确评价工作主体范围、工作任务、人员组成、时间进度和费用预算等相关内容。评价工作方案应以全面评价为主，也可根据需要采用重点或专项。一般而言，内部控制建立与实施初期，实施全面综合评价有利于推动内部控制工作的深入开展；内部控制系统趋于成熟后，企业可以在全面评价的基础上，更多地采用重点评价或专项评价，以提高内部控制评价的效率和效果。评价工作组成员对本部门的内部控制评价工作应当实行回避制度。

评价工作方案制定后报经董事会批准后实施。

（2）组成评价工作组。应根据企业的经营规模、机构设置、经营性质、制度状况和工作任务等设立评价机构，挑选具备独立性、业务胜任能力强和职业道德修养高的人员，吸收企业内部相关机构熟悉情况，参与日常监控的负责人或业务骨干参加。企业根据自身条件尽量建立长效内部控制评价机制。培训内部控制评价人员，使其熟悉内部控制专业知识、相关规章制度、业务流程及需要重点关注的问题；明确评价工作流程、检查评价方法、工作底稿的填写、缺陷认定标准，以及评价人员的权力与义务等内容。

2. 实施阶段

（1）了解被评价单位基本情况，包括经营范围、发展战略和企业文化，组织机构设置及其职责分工、领导层成员构成及分工、生产经营计划和预算的完成情况、财务管理及会计核算体制、内部控制工作概况，近一年发生的问题和整改情况等。

（2）确定检查评价的范围和重点。根据掌握的情况和要求，确定评价范围、检查的重点和抽样数量，并结合评价人员的专业背景进行合理分工。

（3）进入现场检查测试。应综合利用各种评价方法对内部控制设计及运行的有效性进行现场检查与测试，按要求填写工作底稿、记录相关测试的结果，并遵循客观公正原则，对发现的内部控制缺陷进行初步认定，与被评单位进行沟通。

3. 总结报告阶段

（1）评价工作组汇总整理评价情况。评价小组汇总评价工作底稿、相互交叉复核，初步确定内部缺陷，形成现场评价报告，并经过组长审核后签字确认。然后向被评价单位进行通报，由被评价单位相关责任人签字确认后，提交企业内部控制评价机构。

（2）内控评价机构确定评价结果。对评价组现场认定的内部控制缺陷进行全面复合、分类汇总，对缺陷的成因、表现形式及风险程度进行定量和定性的综合分析，按照对目标的影响程度判定缺陷等级。

（3）评价报告确认及披露。内控评价机构以汇总的评价结果和认定的内控缺陷为基础，综合内控评价工作的总体情况，客观、公正、完整地编制内部控制评价报告，并报送企业经理层、董事会和监事会，最终由董事会审定后对外披露。

4. 报告反馈和跟踪阶段

对已认定的内部控制缺陷，内控评价机构应当结合董事会及审计委员会的要求，提出整改建议，要求责任单位及时整改，并追踪整改的实施情况；已经造成损失和负面影响的，企业应当追究相关人员的责任。

（二）内部控制自我评价的要求

1. 评价工作重点要求

内部控制涉及企业的方方面面，内容较多、要求较严、工作量大。因此，在日常测评时，应针对内控存在的缺陷，把握重点，做深做细搞彻底；找出薄弱环节和短板，加以改进与提高，测评效果会更理想。如果要求全面评价，就应按要求进行。

2. 评价工作底稿要求

《企业内部控制评价指引》要求内部控制评价工作应当形成工作底稿，详细记录企业执行评价工作的内容，包括评价要素、主要风险点、采取的控制措施、有关证据资料以及认定的结果等。

评价工作底稿应当设计合理、简便易行、证据充分、便于操作。例如，某公司内部控制有效性评价的部分工作底稿如表3-9至表3-12所示。

（1）内部环境评价底稿。根据细化的内容和测试评价方法设计的工作底稿，如表3-9所示。

表3-9 企业内部环境评价底稿

被检查单位： 检查时间：自 年 月 日至 年 月 日

检查小组组长（副组长）：

评价项目	测评与测评方法（以0.1分为扣分单位）	测试记录（访谈部门负责人，取得的书面文件名称、编号等）	是否符合控制要求（或不适用）。如否，有无替代控制措施	基础分值	评价得分
1. 职责分配与授权（满分1分）					
1.1 分（子）公司经理层应有明确的职责分工及授权。公司经理层的任职资格、人数范围和岗位职责应符合总公司的规定	取得分（子）公司经理层人员名单及其职责分工等相关资料。了解任职人数与既定的岗位是否匹配，是否按照授权履行工作职责				
1.2 分（子）公司经理层应有明确规定本单位重要岗位管理人员的任职资格、人数范围和岗位职责	访谈技术、经营、财务等重要部门，判断重要岗位管理人员的资源是否充足，能否满足公司持续发展的需要				
2. 组织结构（满分1分）					
（子公司适用）董事会、监事会应按照公司章程行使工作职责，董事需在所有董事会会议记录和重大决策文件上签名，监事会需监督公司董事和其他高级管理人员是否滥用权力和侵害公司利益。审计委员会应制定行使职责的详细说明，并定期向董事会报告工作。公司每年至少召开一次股东大会，董事长向股东阐述公司目标并报告公司最新发展情况	取得公司章程。查询董事会、监事会主要工作职责以及相关会议记录或文件，检查董事、监视是否符合任职资格并切实履行职责。查询审计委员会主要工作职责及相关会议记录、报告等，检查委员是否符合任职资格并定期向董事会报告工作。检查股东会议相关资料				

续表

评价项目	测评与测评方法（以0.1分为扣分单位）	测试记录（访谈部门负责人，取得的书面文件名称、编号等）	是否符合控制要求（或不适用）。如否，有无替代控制措施	基础分值	评价得分
3. 管理哲学与经营风格（含风险管理机制）（满分1分）					
4. 人力资源政策与实务（满分1分）					
5. 信息与沟通（满分1分）					
总分					
综合评价					

（2）内部监督评价底稿。根据细化的内容和测试评价方法设计的工作底稿，如企业内部监督评价工作底稿，如表3－10所示。

表3－10　企业内部监督评价底稿

被检查单位：　　　　　检查时间：自　年　月　日至　年　月　日
检查小组组长（副组长）

评价项目	测评与测评方法（以0.1分为扣分单位）	基础分值	评价得分	检查记录	扣分原因
1. 总体要求					
2. 职责部门测试要求					
2.1 业务流程责任部门（责任人）至少每半年开展一次内部控制流程测试。内部控制流程测试不得由分（子）公司内部控制办进行替代测试	（1）检查企业责任部门是否至少每半年开展一次测试，测试时间是否符合要求（0.6分）； （2）检查测试是否由业务流程责任部门（责任人）负责实施（0.4分）				
2.2 各部门应将内部控制纳入部门工作目标，并与日常管理工作紧密结合。应按内部控制要求及时梳理并修订相关专业管理制度	（1）抽取3个主要部门，检查是否将内部控制纳入部门工作目标，并与日常管理工作紧密结合（1分）； （2）抽取3个主要部门，检查是否按内控要求及时梳理并修订相关管理制度（1分）				

续表

评价项目	测评与测评方法 （以0.1分为扣分单位）	基础 分值	评价 得分	检查 记录	扣分 原因
2.3 企业至少每年组织一次内部控制综合检查。内部控制办应制定综合检查评价方案，确定检查的目的、时间、范围、内容、人员配备、检查方式等。综合检查评价方案需经本企业内部控制领导小组批准后实施	（1）检查企业是否至少每年开展一次内部控制综合检查，每次检查区间需与上一检查区间衔接（0.5分）； （2）查阅年度综合检查工作方案，检查方案是否包括检查目的、时间、范围、内容、人员配备、检查方式等内容，是否报本企业内部控制领导小组批准（0.5分）； （3）检查审计部门（或审计人员）是否参与综合检查（0.5分）				
3. 内部审计					

（3）业务流程评价底稿。控制活动涉及企业各项业务流程，每项业务流程都是根据公司内部控制制度规定，制定相应的测试评价方法。以《一般物资采购供应业务流程》为例，设计的业务流程如表3-11所示。

表3-11　《一般物资采购供应业务流程》评价底稿

检查时间：自　　年　　月　　日至　　年　　月　　日

被检查单位：　　　　　　　　　　　　检查小组组长（副组长）：

控制点描述	适用单位	不相容岗位	检查步骤及方法	相关制度索引	控制点相关资料	控制点分值	检查评价得分	检查记录（文件号/凭证号等，或注明不适用或未发生）	未有效执行的原因
1. 物资供应职责界定									
1.1 物资装备部负责制定股份公司物资供应管理规章制度，对各分（子）公司物资采购供应实施监管	物资装备部		检查是否制定物资供应管理规章制度	物资供应管理规定					

续表

控制点描述	适用单位	不相容岗位	检查步骤及方法	相关制度索引	控制点相关资料	控制点分值	检查评价得分	检查记录（文件号/凭证号等，或注明不适用或未发生）	未有效执行的原因
1.2 物资装备部按照总部集中采购物资目录，负责在全球范围内搜寻资源，实施总部集中采购。总部组织集中采购由物资装备部牵头组织优先确定供应商及采购价格	物资装备部（国际事业公司）分（子）公司		物资装备部：①总部直接集中采购是否由物资装备部实施采购。②总部组织集中采购是否由物资装备部签订框架协议。③分（子）公司：检查合同是否与框架协议一致	总部集中采购实施办法等	集中采购目录和采购框架协议或合同				
1.3 物资装备部或分（子）公司与供应商签订框架协议，分（子）公司采取合同（订单）方式执行框架协议。总部组织集中采购中的进口物资由国际事业公司实施采购操作			抽取进口采购合同，检查总部组织集中采购中的进口物资是否有国际事业公司实施采购						
……									

本流程共有控制点 30 个，其中不适用控制点××个，未发生控制点××个，应执行控制点 30 个，未执行控制点××个，本流程应得分××分，检查评价得分为××分

（4）内部控制业务流程评价汇总表。内部控制业务流程评价将各项业务流程评价结果进行汇总，并填列到汇总表中，以确定最终结果，如表 3-12 所示。

《内部控制评价汇总表》包括企业内部环境、企业内部监督、业务流程（含控制活动）和缺陷认定四部分，如表 3-13 所示。

表 3 - 12　内部控制业务流程评价汇总表（年度）

被检查单位：　　　　　检查时间：自　年　月　日至　年　月　日

序号	适用业务流程名称	控制点总数	不适用控制点数	应执行控制点数	未发生控制点数	未执行控制点数	应得分值	实际得分
04	1.4 一般物资采购供应业务流程							
07	2.1 全面预算管理业务流程							
08	3.1 生产成本管控业务流程							
10	3.3 管理费用、销售费用业务流程							
11	3.4 业务外支出管理业务流程							
12	3.5 修理费用业务流程							
13	3.6 科技开发费业务流程							
16	4.3 一般产品销售业务流程							
25	5.1 筹资业务流程							
26	5.2 货币资金业务流程							
37	7.5 固定资产业务流程							
41	9.1 编制财务报表业务流程							
43	10.2 担保业务流程							
44	10.3 利率汇率风险管理业务流程							
45	10.4 企业并购管理业务流程							
46	11.1 信息系统管理业务流程							
48	11.3 ERP 系统 IT 一般性控制流程							
50	11.5 基础设施 IT 一般性控制流程							
51	12.1 生产调度运行业务流程							
54	13.1 安全环保业务流程							
55	14.1 税务管理业务流程							
56	15.1 一般合同管理业务流程							
57	16.1 人力资源管理业务流程							
58	17.1 内部审计管理业务流程							
59	18.1 信息披露业务流程							
	……							
	控制点得分合计							

表 3 – 13 企业控制评价汇总表

被检查单位：　　　　　检查时间：自　年　月　日至　年　月　日

检查小组组长（副组长）：

行次	评价项目（评价部门）			总分	检查评价得分
1	一、企业内部环境检查评价				
2	二、企业内部监督检查评价				
3	三、业务流程综合检查评价				
4	综合评价得分				
5	四、缺陷认定	财务报告缺陷	影响会计报表缺陷	错误指标 1（‰）	
6				错误指标 2（‰）	
7				缺陷等级	
8			其他会计信息质量缺陷	缺陷数量（个）	
9			IT 控制缺陷	缺陷数量（个）	
10			内控重大事故事件缺陷	缺陷等级及数量（个）	
11		非财务报告缺陷		缺陷数量（个）	
12		综合扣分比例			
13		修正后综合评价得分			

3. 评价工作人员要求

内部控制自我评价工作是一项非常复杂细致的工作，而且政策性极强，还应了解被评单位生产经营特征。因此，参与内部控制评价的人员不仅要具备相应的专业胜任能力，如财会知识、营销知识、相关法规等，而且还要具备较高职业道德素养和人际之间的沟通能力，才能较好完成测评内务，作出正确评价。

（三）内部控制自我评价方法

《指引企业内部控制评价》指出，内部控制评价工作组应当对被评价单位进行现场测试，综合运用符合测试、个别访谈、调查问卷、专题讨论、穿行测试、实地查验、抽样和比较分析等方法，充分收集被评价单位内部控制设计和运行是否有效的证据，按照评价的具体内容，如实填写评价工作底稿，研究分析内部控制缺陷。

1. 符合测试法

对重要业务或典型业务进行测试，按照规定的业务处理程序进行检查，确认有关控制点是否符合规定并得到认真执行，以判断内部控制的遵循情况；对某项控制的特定环节，选择若干时期的同类业务进行检查，确认该环节的控制措施是否一贯或持续发挥作用。

2. 个别访谈法

事前拟好访谈提纲，寻找相关人员，了解有关内部控制的某些问题，如人才流失现象，进行访谈时要记录访谈内容，关注对同一问题的不同解释，并形成访谈纪要。

3. 调查问卷法

事先设计好调查问卷，题目要有针对性，且简捷易答，注意调查保密性，尽量扩大对象范围，做好发放和搜集的统计记录。

4. 穿行测试法

它是从内部控制流程中任选一笔交易作为样本，追踪该交易从最初起源直至最终，在财务报表或其他经营管理报告中反映出来的全过程，从而了解控制措施设计的有效性和执行的有效性。

5. 抽样测试法

抽样分为随机抽样和其他抽样。前者是指按随机原则从样本库中抽取一定数量的样本进行检查。后者是指人工任意选取或按某一特定标准从样本库中抽取一定数量的样本进行审查。使用抽样测试法时一定要注意样本库要包含符合测试要求的所有样本。为此，测试人员首先要对样本库的完整性进行确认；其次选取的样本应做到充分和适当。例如，测试人工控制的最小样本量区间如表 3 – 14 所示。

表 3 – 14　测试人工控制的最小样本量区间

控制运行频率	控制运行总次数	抽样测试最小样本量区间	在确定人工控制范围时应该考虑的因素
每年 1 次	1	1	(1) 控制的复杂程度；
每季 1 次	4	2	(2) 对控制运行进行判断的重要依据；
每月 1 次	12	2 ~ 5	(3) 执行控制必须具备的能力； (4) 控制运行的频率；
每周 1 次	52	5 ~ 15	(5) 控制的重要性；
每天 1 次	250	20 ~ 40	(6) 对应多个财务报表认定； (7) 期末的检查性控制；
每天多次	大于 250	25 ~ 60	(8) 针对某个特定财务报表认定的唯一控制

6. 实地查验法

它是通过使用统一的测试工作表，与实际的业务情况、财务单证进行核对，用以验证内控方法的有效性，如实际盘点某种存货与账面结存数核对。

7. 比较分析法

它是通过数据分析、识别评价关键控制点的方法。数据分析可以与历史数据、行业标准数据、行业最优数据等进行比较，从而评价控制的有效性，如通过预算的执行情况分析识别控制的有效性。

8. 专题讨论会

它是召集有关人员就内部控制执行情况或控制问题进行座谈分析，既可讨论控制评价的手段，也可讨论形成缺陷整改方案的途径。例如，对于涉及财务、业务、信息技术等方面的控制缺陷，就需要由内部控制管理部门组织召开专题讨论会议，综合各部门的意见，确定整改方案。

此外还可以使用观察、重新执行等方法，对内控的设计与运行情况进行全面评价。

(四)《内部控制手册》的评价

《内部控制手册》（也称《内部管理手册》）是从内部控制角度，按基本规范要求的框架，结合企业的具体情况而设置的内部控制活动的体系文件。《内部控制手册》全面、系统反映了企业内部机构设置、岗位职责、业务流程、权责分配等情况，包括内控目标、公司治理、风险评估、应对措施及控制活动，并按企业的主要业务活动分别设定控制目标、业务流程、关键控制点、潜在风险、应对风险措施以及控制责任者。通过《内部控制手册》及内部控制制度，可以全面了解企业内部控制制度设计的有效性；通过对手册及制度内容实施情况的检测，可以了解制度执行的有效性，从而做出正确的有效评价。

四、内部控制缺陷分类与认定标准

内部控制缺陷是指在内控制度的建设与执行中，不符合内部控制规范的要求，不能实现预期的控制目标。

(一) 内部控制缺陷分类

(1) 内部控制缺陷按其形成原因分类，可分为设计缺陷和运行缺陷。设计缺陷是指现有的内部控制制度缺少为实现控制目标所必需的内容，或现行的内控制度设计不适当，如流程图不正确、关键控制点不明确等，这种不完善的《内部控制手册》与制度即使正常运行，也难以实现控制目标。

运行缺陷是指对设计完好的内部控制制度与手册没有按照设计的意图运行，或因执行者没有获得必要授权或缺乏胜任能力而无法有效实施控制。内部控制运行缺陷是企业普遍存在的现象，有的企业往往是为了应付检查或出于其他目的，使设计完好的内部控制形同虚设，没有得到有效的贯彻执行。此外，内部控制还普遍存在授权不明、权责不清的情况，这也是造成内部控制无法有效运行的原因。

（2）内部控制缺陷按照内部控制对目标的影响分类，可分为影响财务报告目标的缺陷和影响其他目标的缺陷。前者主要表现在对财务报告的影响，后者主要表现在对其他目标的影响。

（3）内部控制缺陷按照影响的后果分类，可分为重大缺陷、重要缺陷与一般缺陷。重大缺陷是指一个或多个控制缺陷的组合可能导致企业严重偏离控制目标。重要缺陷是指一个或多个控制缺陷的组合，其严重程度和影响后果低于重大缺陷，但仍有可能导致企业偏离控制目标。一般缺陷是指除重大缺陷、重要缺陷之外的其他缺陷。

（二）内控缺陷的认定与标准

《企业内部控制评价指引》明确，企业对内部控制缺陷的认定应当以日常监督和专项监督为基础，结合年度内部控制评价，由内部控制评价部门进行综合分析后提出认定意见，按照规定的权限和程序进行审核后予以最终认定。

1. 内部控制缺陷认定应考虑的因素

评价内部控制缺陷应考虑的因素：内部控制缺陷导致错误发生的可能性；内部控制缺陷对企业目标实现的影响程度；其他补偿控制的有效性；多个一般缺陷组合的汇总影响。

具体而言，企业判断和认定内部控制缺陷是否为重大缺陷时，应重点考虑：①影响整体控制目标实现的多个一般目标组合是否构成重大缺陷；②针对同一细化控制目标所采取的不同控制活动之间的相互作用如何；③针对同一细化控制目标是否存在其他补偿性控制活动。

2. 内部控制缺陷认定的依据

企业对内部控制评价过程中发现的问题应当从定量和定性等方面进行衡量，判断是否构成内部控制缺陷，存在下列情况之一的，企业应当认定为内部控制存在设计和运行缺陷：①未实现规定的控制目标；②未执行规定的控制活动；突破规定的授予权限；③不能及时提供控制运行有效的相关证据。

需要强调的是，内部控制缺陷的严重程度并不取决于是否实际发生错报，而是取决于是否存在不能及时防止和发现并纠正潜在错报的可能性。换句话说，如果企业的财务报表存在错报，这就表明该企业的财务报表内部控制存在缺陷；如果企业的财务报告不存在缺陷，也不一定表明该企业的财务报告内部控制就不存在缺陷。

3. 内部控制缺陷的认定标准

《企业内部控制评价指引》规定，按其影响程度分为重大缺陷、重要缺陷和一般缺陷。

重大缺陷是指一个或多个控制缺陷的组合可能导致企业严重偏离控制目标。

重要缺陷是指一个或多个控制缺陷的组合，其严重程度和经济后果低于重大缺陷，但仍有可能导致企业偏离控制目标。

一般缺陷是指除重大缺陷、重要缺陷之外的其他缺陷。

《企业内部控制评价指引》规定，重大缺陷、重要缺陷和一般缺陷的具体认定标准由企业根据上述要求自行确定。

4. 内部控制缺陷认定标准实例

（1）定性标准实例。例如，某企业集团规定，具有下列特征的缺陷，至少定为重大缺陷：公司管理层存在的任何程度的舞弊；已经发现并报告给管理层的重大内部控制缺陷在经过合理的时间后，并未加以改正；控制环境无效；影响收益趋势的缺陷；影响关联交易总额超过股东批准的关联交易额度的缺陷；外部审计发现的重大错报不是由公司首先发现的；其他可能影响报表使用者正确判断的缺陷。

（2）定量标准实例。例如，某企业集团规定的省级公司财务报表存在的错/漏报的等级标准，如表 3-15 所示。

表 3-15　财务错/漏报等级标准

重要程度 指标内容	一般	重要	重大
利润总额存在错报	错报＜利润总额的3%或0.5亿元	利润总额的3%，或0.5亿元＜错报＜利润总额的5%或1亿元	错报≥利润总额的5%或1亿元
资产总额存在错报	错报＜资产总额的0.5%或2.5亿元	资产总额的0.5%，或2.5亿元＜错报＜资产总额的1%或5亿元	错报≥资产总额的1%或5亿元
营业收入存在错报	错报＜营业收入总额0.5%或0.5亿元	营业收入总额的0.5%或0.5亿元＜错报＜营业收入的1%或1亿元	错报≥营业收入总额的1%或1亿元
所有者权益存在错报	错报＜所有者权益总额0.5%或1亿元	所有者权益总额0.5%或1亿元＜错报＜所有者权益总额1%或2亿元	错报≥所有者权益总额的1%或2亿元
直接财产损失金额	10万~500万元	500万~1000万元	1000万元以上

又如，某企业对非财务报告内部控制缺陷规定的等级标准，如表 3-16 所示。

需要强调的是，上述的例子并不一定适用于所有公司，也不一定覆盖在所有的缺陷类别。公司需要根据实际情况制定适用的领域（如合规性），以及相关的指标（或额度）。除非有明确的指标或额定作为参考，否则缺陷评价将不可避免地出现随意性，导致评价的口径不一致。

表3-16 内部控制缺陷等级标准

缺陷分类	公司声誉	安全	营运	环境
一般缺陷	负面消息在某区域流传，对公司声誉造成（特定程度）损害	严重影响（一定数目）职工和公民健康	减慢营运作业受到法律惩罚和被罚款等；在时间、人力和成本方面超出预算（特定幅度）	对环境造成中等影响需特定时间才能恢复 出现个别投诉事件，需要执行一定程度的补救措施
重要缺陷	负面消息在全国各地流传，对企业声誉造成重大损害	导致一名职工或公民死亡	无法达到部分营运目标或关键业绩指标；受到监管限制；在时间、人力和成本方面超出预算（幅度）	造成主要环境损害 需要相当长的时间来恢复 大规模的公众投诉 应执行重大的补救措施
重大缺陷	负面消息流传世界各地、政府和监管机构进行调查，已引起公众关注，对企业声誉造成无法弥补的损害	导致多位职工或公民死亡	无法达到所有的营运目标日期和关键业绩指标；违规操作使业务受到终止；时间、人力和成本严重超出预算	无法弥补的灾难性环境损害 激起公众愤怒 潜在的大规模的公众法律投诉

下列迹象通常表明非财务报告内部控制可能存在重大缺陷：①国有企业缺乏民主决策程序，如缺乏"三重一大"决策程序；②企业决策程序不科学，如决策失误，导致并购不成功；③违反国家法律、法规，如对环境造成污染；④管理人员和技术人员纷纷流失；⑤媒体负面新闻频现；⑥重要业务缺乏制度控制或制度系统性失效；⑦内部控制评价的结果特别是重大缺陷和重要缺陷未得到整改。

为了避免企业操纵内部控制评价报告、非财务报告缺陷的认定标准一经确定，必须在不同评价期间保持一致，不得随意变更。

需要强调的是，在内部控制的非财务报告目标中，战略和经营目标的实现往往受企业不可控诸多外部因素的影响，企业的内部控制只能合理保证董事会和管理层了解这些目标的实现程度。因而在认定针对这些控制目标的内部控制缺陷时，不能只考虑最终的结果，而应主要考虑企业制定战略、开展经营活动的机制和程序是否符合内部控制要求，以及不适当的机制和程序对企业战略及经营目标的实现可能造成的影响。

（三）内部控制评价质量的控制与监督改进

1. 内部控制评价的质量控制

《企业内部控制评价指引》第十八条提出了对内部控制评价的两项质量要求。

（1）企业内部控制评价工作组应当建立评价质量交叉复核制度。

（2）评价工作组负责人应当对评价工作底稿进行严格审核，并对所认定的评价结果签字确认后，提交企业内部控制评价部门。

评价质量交叉复核制度及组长严格审核工作底稿是提高内部控制评价工作质量、确保内部控制评价结果的有效手段，也是审计工作的常规做法，从而确保评价结果的客观公允。

2. 内部控制评价质量的监督与改进

《企业内部控制评价指引》对内部控制评价质量的监督与改进提出了以下两项原则性要求：

（1）企业内部控制评价部门应当编制内部控制缺陷认定汇总表，结合日常监督和专项监督发现的内部控制缺陷及其持续改进情况，对内部控制缺陷及其成因、表现形式和影响程度进行综合分析和全面复核，提出认定意见，并以适当的形式向董事会、监事会或经理层报告，重大缺陷应当由董事会予以最终认定。

（2）企业对于认定的重大缺陷，应当及时采取应对措施、切实将风险控制在可承受度之内，并追究有关部门和相关人员的责任。

【例3-18】现以奥华公司为例，作出内部控制缺陷认定汇总表，如表3-17~表3-19所示。

表3-17 内部控制缺陷认定汇总表

被检查单位：　　　　检查时间：自　年　月　日至　年　月　日

被评价单位内部控制领导小组组长（副组长）：　　评价小组组长（副组长）：

一、财务报告内部控制缺陷

1. 影响会计报表缺陷评价

影响的会计科目	流程控制点	可能影响会计报表错报金额（万元）

一、财务报告内部控制缺陷		
可能影响会计报表错报金额合计（万元）		
被检查单位期末资产总额　　　　（万元）	被检查单位当期主营业务收入	（万元）
股份公司当期主营业务收入　　　（万元）		
错报指标1（‰）： 错报指标1＝潜在错报金额合计/被检查单位当期主营业务收入与期末资产总额孰高）	错报指标2（‰）： （错报指标2＝潜在错报金额合计/被检查单位当期主营业务收入）	影响会计报表缺陷等级：

2. 会计基础工作缺陷（一般缺陷）评价

缺陷事项	判定依据（××流程××控制点/判定相关资料及原因）
（1）会计人员缺乏必要的任职资格和胜任能力	
（2）会计凭证未按规定装订、保管和归档或会计凭证丢失	
（3）会计工作交接不完整使会计凭证、会计账簿、会计报表和其他会计资料丢失，或现金、有价证券、票据、印章和其他实物丢失	
（4）未建立或未执行内部会计管理制度，如内部会计管理体系、岗位的职责和标准等	
……	
会计基础工作缺陷合计（个数）	
3. 财务报告相关的信息系统控制缺陷（一般缺陷）	
（1）信息化管理机构不健全，职责不到位	
（2）ERP系统关键业务权限过大或未能实现不相容岗位分离	
（3）系统安全管理员、系统管理员、应用系统管理员等角色设置未进行不相容岗位（职位）分离	
（4）重要系统未按数据备份或数据备份不能恢复	
……	
财务报告相关的信息系统控制缺陷合计（个数）：	
缺陷等级及数量（个）	

二、非财务报告内容控制缺陷

缺陷事项	评定依据（××流程××控制点/评定相关资料及原因）
1. 通过投资收益分析，表明投资失败，发展战略与企业内外部环境实际不符	
2. 内部职能机构职责界限不清，交叉现象较多，个别职责缺位，或内部制衡不足	
3. 对于公司的重大投融资、重大担保、大额资金使用等重要事项失控	
4. 企业员工结构、薪酬不合理，关键岗位不足，员工明显缺乏责任感	
5. 物资采购质次价高，严重影响生产经营需要	
6. 存在舞弊事件	
7. 由于违章行为导致安全环保事故（事件）发生	
8. 通过调查基层员工，与其直接利益相关文件未能有效传达并受到影响	
……	

缺陷事项	评定依据（评定相关资料及原因）
一般缺陷：直接财产损失10万（含10万）~500万元，或受到省级（含省级）以下政府部门处罚或未对股份公司定期报告披露造成负面影响	
重要缺陷：直接财产损失500万（含500万）~1000万元，或受到国家政府部门处罚，或未对股份公司定期报告披露造成负面影响	
重大缺陷：直接财产损失1000万元以上，或已经对外正式披露并对股份公司定期报告披露造成负面影响	
非财务报告缺陷合计（个数）	
经检查小组判定，缺陷合计：一般缺陷＿＿个；重要缺陷＿＿个；重大缺陷＿＿个	
综合扣分比例（%）	

表 3 - 18　内部控制缺陷对财务报表的影响汇总表

被检查单位：　　　　　　　　　　　　评估截止日期：

报表项目	影响金额（万元）		报表项目	影响金额（万元）	
	多计	少计		多计	少计
货币资金			短期借款		
……			……		
……			负债合计		
……			实收资本		
……			所有者权益合计		
资产合计			负债和所有者权益合计		

报表项目	影响金额（万元）	
	多计	少计
主营业务收入		
……		
……		
……		
净利润		

表 3 - 19　内部控制缺陷及改进建议汇总表

缺陷类型	编号	缺陷描述	发生时间	产生原因	已造成或潜在影响	已采取的改进措施	目前改进情况	缺陷未完全消除的原因	缺陷来源（业务部门/内控部门/审计部门/外审）	下一步改进计划
重大缺陷										
重要缺陷										
一般缺陷										

五、内部控制评价报告内容及报出

（一）内部控制评价报告的种类及内容

《企业内部控制评价指引》规定：企业应当根据《企业内部控制基本规范》、应用指引和本指引，设计内部控制评价报告的种类、格式和内容，明确内部控制评价报告编制程序和要求，按照规定的权限报经批准后对外报出。

1. 内部控制评价报告的种类

根据《企业内部控制评价指引》的规定，内部控制评价报告应当分别按照内部环境、风险评估、控制活动、信息与沟通、内部监督等要素进行设计，并对内部控制评价过程、内部控制缺陷内容及整改情况、内部控制有效性的结论等相关内容做出披露。

2. 内部控制评价报告的内容

《企业内部控制评价指引》规定，内部控制评价报告至少应当披露下列八项内容。

（1）董事会声明。声明董事会及全体董事对报告内容的真实性、准确性、完整性承担个别及连带责任，保证报告内容不存在任何虚假记载、误导性陈述和重大遗漏。

（2）内部控制评价工作的总体情况。明确企业内部控制评价工作的组织、领导体制、进度安排，是否聘请会计师事务所对内部控制有效性进行独立审计。

（3）内部控制评价的依据。说明企业开展内部控制评价的依据是《企业内部控制基本规范》《企业内部控制应用指引》《企业内部控制评价指引》和企业制定的内部控制、相关制度、评价办法等。

（4）内部控制评价的范围。它是指评价涵盖的单位、纳入评价范围的业务事项，重点关注的高风险领域。评价范围如有所遗漏的，应说明原因，及其对评价报告的真实性、完整性产生的重大影响等。

（5）内部控制评价的程序和方法。描述内部控制评价工作遵循的基本流程、评价过程中采用的主要方法。

（6）内部控制缺陷及其认定情况。说明使用本企业的认定标准，并声明与以前年度保持一致，如做出调整应说明调整的原因；根据其标准确定期末存在的重大缺陷、重要缺陷和一般缺陷。

（7）内部控制缺陷的整改情况。对评价发现、期末已完成整改的重大缺陷，要说明企业有足够的测试样本显示与该重大缺陷相关的内部控制制度及其运行的有效性。对于评价期末存在的缺陷，要说明公司拟采取的整改措施及预期效果。

（8）内部控制有效性的结论。对不存在重大缺陷的，应出具内部控制有效结论；对存有重大缺陷的，不准做出内部控制有效的结论，并描述该重大缺陷的性质、对实现相关控制目标的影响程度、可能带来的相关风险。自内部控制评价报告基准日至评价报告发出日之间发生重大缺陷的，企业需让内部控制评价机构予以核实，并根据核查结果对评价结论进行相应调整，说明董事会拟采取的措施。

（9）内部控制评价报告的格式。根据财政部新的规定，具体格式见【案例3-2】。

（二）内部控制评价报告的编制及披露要求

1. 内部控制评价报告的编制

《企业内部控制评价指引》要求，企业应当根据年度内部控制评价结果，结合内部控制评价工作底稿和内部控制缺陷汇总表等资料，按照规定的程序和要求，及时编制内部控制评价报告。

（1）内部控制报告编制流程是：①整理核实有关资料；②认定内部控制缺陷及内部控制的有效性；③撰写内部控制评价报告；④上交经理层审核，再报董事会批准；⑤向有关部门递交报告及对外披露。

（2）内部控制评价报告的编制要突出重点、繁简得当。对内部控制缺陷及其认定情况、内部控制缺陷的整改情况以及对重大缺陷拟采取的整改措施等要详细描述。其他方面的内容能表述清楚即可，不要过于复杂。另外，企业内部控制评价报告的正文切忌太长，要尽量使用附图、附表和附件；要突出对重要缺陷以及缺陷可能导致风险的描述，要根据具体缺陷及风险提出具体建议，避免大而空的口号。

2. 内部控制评价报告披露要求

《企业内部控制评价指引》规定，内部控制评价报告应当报经董事会或类似权力机构审核批准后对外披露和报送相关主管部门。

企业内部控制审计报告应当与内部控制评价报告同时对外披露和报送。

内控评价部门应当关注自内部控制评价报告基准日至内部控制评价报告发出日之间，发生了影响内部控制有效性的因素，应根据其性质和影响程度对评价结论进行相应调整。

企业应当以12月31日作为年度内部控制评价报告的基准日。内部控制评价报告应于基准日后4个月内报出。

（三）内部控制评价的档案管理

《企业内部控制评价指引》规定，企业应当建立内部控制评价工作档案管理制度。内部控制评价的有关文件资料、工作底稿和证明材料等应当妥善保管。

评价档案的建立应从评价工作之始就注意，评价过程中的每一步骤的测试都要遵照要求填写相关记录并留有痕迹，需要签字确认的，要求被评价人员必须签字确认；评价结果的所有支持性文件要统一编号，与评价点对应，以便日后查阅。评估过程中产生的所有记录文档，如访谈记录、收集的规章制度、控制测试底稿、评估表单等，应妥善保管，保管期由企业确定。

第五节 内部控制与风险管理协调

一、内部控制与风险管理的关系

企业风险管理与内部控制的区别和联系一直是理论界和实务界争论的热点，且至今仍未达成共识。目前理论界对内部控制与风险管理的关系有三种不同的观点。

（一）第一种观点认为内部控制包括风险管理

按照施控的主体来分，控制可分为内部控制和外部控制。加拿大 COCO 报告（1995）认为，"控制"是一个组织中支持该组织实现其目标诸要素的集合体，实质上就是内部控制。风险评估和风险管理是控制的关键要素。同时，该报告将风险定义为"一个事件或环境带来不利后果的可能性"，阐明了风险管理和内部控制的关系："当你在把握机会和管理风险时，你也正在实施控制。"所以，风险管理是内部控制的内容。

（二）第二种观点认为风险管理包含内部控制

英国 Turnbull 委员会（2005）认为，风险管理对企业目标的实现具有重要意义。企业的内部控制在风险管理中扮演关键角色，内部控制应当被管理者看作范围更广的风险管理的必要组成部分。南非 King Ⅱ Report（2002）认为，传统的内部控制系统不能管理很多风险，例如政治风险、技术风险和法律风险，风险管理将内部控制作为减轻和控制风险的一种措施，是一个比内部控制更加复杂的过程。国内学者杜轩汗（2008）、张正兵（2009）等也认为风险管理的内涵比内部控制更宽阔，内部控制是风险管理的必要环节。

（三）第三种观点认为内部控制和风险管理的本质是一致的

Black Burn（1999）认为，"风险管理和内部控制即使人为地分离，而现实的商业化行为中，它们也是一体的"。Laura F. F. Spira 等（2003）分析了内部控制是怎样变为风险管理的。Matthew Leitch（2006）认为，理论上风险管理和内部控制没有差异，这两个概念的外延正变得越来越广，正在转变为同一事物。

（四）内部控制和风险管理在本质上是协调共存的

1. 从内部控制的"三要素"到"五要素"分析

这不仅仅是要素的变动，而且意味着人们对内部控制认识和考虑的深化，适应市场经济发展和利益相关者的需要，企业内部控制的内涵和外延不断拓展。人们考虑内部控制时，已经从会计系统发展到企业控制的操作层面，再到涉及企业各个层面（整体层面和控制层面），但在这个演进过程中，授权、实物控制、职责分离等控制活动的合理内涵一直被强调和巩固，随后增加了风险的考虑，增加了对治理层、管理层的约束等内容为主的企业整个层面的考虑。也就是说，风险管理继承了内部控制的合理内涵，内部控制也必然体现风险管理的理念。

2. 从内部控制的"五要素"和风险管理的"八要素"内涵分析

我们看到了内部控制和风险管理的控制活动是一致的，不同的是风险管理将控制管理提前，侧重于围绕目标设定对风险的识别、评估和应对处理，但如果能够站在战略层面把内部控制中的"风险评估"要素拓展，把内部控制的对象扩展到风险，无论是内部控制的建设、设计及运行，还是独立检查和评价，都是基于风险分析，两者基本上是一回事，仅仅是名词和叫法不一致而已。

3. 从手段和方法分析

一方面，内部控制既是风险管理的主要内容，也是风险管理的重要手段。也就是说，风险管理已经能够涵盖内部控制的所有内容，但由于"风险－内控＝可接受风险度"，对风险进行处理和管理一个极为重要的策略就是健全内部控制，适当有效的内部控制能够降低企业所有风险至可接受的水平，但不能完全消灭所有的风险。另一方面，风险管理的最终目标与企业经营目标一致。在现代社会中，企业经营目标已经不仅是追求利润最大化、价值最大化，而且追求企业构建起一个和谐的内控机制，考虑所有利益相关者的利益。为此，增强驾驭风险本领，改进和提高内部控制的效率和效果，也是风险管理的增值价值所在。

4. 从内部控制和风险管理演进路径分析

内部控制和风险管理从不同的路径共同到达了全面风险管理的新阶段，可谓殊途同归。一是内部控制的研究者主要来自会计、审计和经济管理学等学科领域，风险管理的研究者主要来自金融保险、安全工程、食品工程、项目管理、流行病学等学科领域。它们在不同的领域从不同的角度攀登到了全面风险管理这一新高地，从而将内部控制和风险管理的研究推向一个新阶段。二是内部控制和风险管理都是一个动态的过程，强调了内部控制和风险管理应该与企业的经营管理过程相结合，并受人的因素的影响，强调了"软控制"（即精神层面的内容，例如管理当局的风格和理念、企业文化等）的作用和风险意识，即不同企业的内部控制和风险管理都深深地烙上不同的企业文化。三是内部控制和风险管理均受目标驱动，并且明确组织中的每一个成员都对内部控制和风险管理负有责任，而且由于内部控制的固有限制，内部控制和风险管理只能提供合理保证，而非绝对保证。

二、内部控制与风险管理的衔接

尽管内部控制和风险管理实质上具有统一性，但风险管理毕竟是对内部控制的发展，两者的衔接凸显在从风险的视角理解和实践内部控制，即风险管理框架下的内部控制。

（一）平衡风险和控制的关系方面

风险管理框架下的内部控制是站在企业战略层面分析、评估和管理风险，是把对企业监督控制从细节控制提升到战略层面及公司治理层面。风险管理不仅仅关注内控建立，最主要的是关注内部控制运行与评价，从企业所有风险的角度为公司治理层、管理层、操作层持续改进内部控制设计和运行提供思路，风险管理比内部控制的范围要广泛得多。

（二）前动与后动的平衡方面

在风险管理框架下的内部控制既包括提前预测和评估各种现存和潜在的风险因素，从企业整体战略的角度确定相应的内控应对措施来管理风险，达到控制的效果；又包括在问题或风险事件发生后所采取的后动反应，积极采取修复性和补救性的行为。显然，在未来风险发生负面影响前即采取措施，更能够根据事件或风险的性质降低风险损失，降低成本，提高整体管理效率和效果。

（三）治理、风险、控制的整合方面

在风险管理框架下的内部控制试图寻求一个有效的切入点，使得内部控制真正作为组织战略管理的重要成分嵌入组织内部，提高组织对内部控制重要性的认同，并使得内部控制为组织战略目标的实现做出更多的贡献。依照风险管理的控制思维，扩展内部控制的内涵和外延，将治理、风险和控制作为一个整体为组织目标的实现提供保证。这一整合的过程也是内部控制实施的过程，内部控制不再被人为地从企业整个流程中分离出来，提高了内部控制与组织的整合性和全员参与性。

（四）从两者执行模式的融合方面

从"从上到下"控制基础和"从下到上"风管基础执行模式的融合方面看，一提到内部控制，人们往往认为是管理者制定出相应的规章制度约束员工的活动；但在风险管理框架下的内部控制，既体现内部控制"从上到下"的贯彻执行，也强调内部控制"从下到上"参与设计、反馈意见以及"倒逼"机制，即"从上到下"控制基础和"从下到上"风险管理基础的执行模式的融合。

从以上论述中看出两者并无实质性差异。从财政部颁发文件来理解，是将风险作为内部控制的对象来处置的。

【案例 3 - 2】

××股份有限公司 20××年度内部控制评价报告

××××股份有限公司全体股东：

根据《企业内部控制基本规范》及其配套指引的规定和要求，结合本公司（以下简称公司）内部控制制度和评价办法，在内部控制日常监督和专项监督的基础上，我们对公司内部控制的有效性进行了自我评价。

一、董事会声明

公司董事会及全体股东保证本报告内容不存在任何虚假记载、误导性陈述或重大遗漏，并对报告内容的真实性、准确性和完整性承担个别及连带责任。

建立健全并有效实施内部控制是公司董事会的责任；监事会对董事会建立与实施内部控制进行监督；经理层负责组织领导公司内部控制的日常运行。

公司内部控制的目标包括合理保证经营合法合规、资产安全、财务报告及相关信息真实完整，提高经营效率和效果，促进实现发展战略等。由于内部控制存在固有局限性，故仅能对实现上述目标提供合理保证。

二、内部控制评价工作的总体情况

公司董事会授权内部审计机构（或其他专门机构）负责内部控制评价的具体组织实施工作，对纳入评价范围的高风险领域和单位进行评价（描述评价工作的组织领导体制，一般包括评价工作组织结构图、主要负责人及汇报途径等）。

公司（是/否）聘请专业机构（中介机构名称）提供内部控制咨询服务；公司（是/否）聘请专业机构（中介机构名称）协助开展内部控制评价工作；公司（是/否）聘请会计师事务所（会计师事务所名称）对公司内部控制进行独立审计。

三、内部控制评价的依据

本评价报告旨在根据中华人民共和国财政部等五部委联合发布的《企业内部

控制基本规范》（以下简称《基本规范》）及《企业内部控制评价指引》（以下简称《评价指引》）的要求，结合企业内部控制制度和评价办法，在内部控制日常监督和专项监督的基础上，对公司截至20××年12月31日内部控制的设计与运行的有效性进行评价。

四、内部控制评价的范围

内部控制评价的范围涵盖公司及所属单位的主要业务和事项（列明评价范围占公司总资产比例或占公司收入比例等），重点关注下列高风险领域：

（列示公司根据风险评估结果确定的内部控制前"十大"主要风险）

纳入评价范围的单位包括：×××

（无须罗列单位名称，而是描述纳入评价范围单位的行业性质、层级等）

纳入评价范围的业务和事项包括（根据实际情况调整，未尽事项可以充实）：①组织架构；②发展战略；③人力资源；④社会责任；⑤企业文化；⑥资金活动；⑦采购业务；⑧资产管理；⑨销售业务；⑩研究与开发；⑪工程项目；⑫担保业务；⑬业务外包；⑭财务报告；⑮全面预算；⑯合同管理；⑰内部信息传递；⑱信息系统。

上述业务和事项的内部控制涵盖公司经营管理的主要方面，不存在重大遗漏。

（如存在重大遗漏）公司本年度未能对以下构成内部控制重要方面的单位或业务（事项）进行内部控制评价。

[逐条说明未纳入评价范围的重要单位或业务（事项），包括单位或业务（事项）描述、未纳入的原因、对内部控制评价报告真实完整性产生的重大影响等]。

五、内部控制评价的程序和方法

内部控制评价工作严格遵循基本规范、评价指引及公司内部控制评价办法规定的程序执行（描述公司开展内部控制检查评价工作的基本流程）。

评价过程中，我们采用个别访谈、调查问题、专题讨论、穿行测试、实地查验、抽样和比较分析等方法，广泛收集公司内部控制设计和运行是否有效的证据，如实填写评价工作底稿，分析、识别内部控制缺陷（说明评价方法的适当性及证据的充分性）。

六、内部控制缺陷及其认定

公司董事会根据基本规范、评价指引对重大缺陷、重要缺陷和一般缺陷的认定要求，结合公司规模、行业特征、风险偏好和风险承受度等因素，研究确定了适用本公司的内部控制缺陷具体认定标准，并与以前年度保持一致（描述公司内部控制缺陷的定性及定量标准），或作出调整（描述具体调整标准及原因）。

根据上述认定标准，结合日常监督和专项监督情况，我们发现报告期内存在（数量）个缺陷，其中重大缺陷（数量）个，重要缺陷（数量）个。重大缺陷分别为：（对重大缺陷进行描述，并说明其对实现相关控制目标的影响程度）。

七、内部控制缺陷的整改情况

针对报告期内发现的内部控制缺陷（含上一期间未完成整改的内部控制缺陷），公司采取了相应的整改措施（描述整改措施的具体内容和实际效果）。对于整改完成的重大缺陷，公司有足够的测试样本显示，与重大缺陷（描述该重大缺陷）相关的内部控制设计且运行有效（运行有效的结论需提供90天内有效运行的证据）。

经过整改，公司在报告期末仍存在（数量）个缺陷，其中重大缺陷（数量）个，重要缺陷（数量）个。重大缺陷分别为：（对重大缺陷进行描述）。

针对报告期末未完成整改的重大缺陷，公司拟进一步采取相应措施加以整改（描述整改措施的具体内容及预期达到的效果）。

八、内部控制有效性的结论

公司已经根据《基本规范》《评价指引》及其他相关法律法规的要求，对公司截至20××年12月31日的内部控制设计与运行的有效性进行了自我评价。

（存在重大缺陷的情形）报告期内，公司在内部控制设计与运行方面存在尚未完成整改的重大缺陷（描述该缺陷的性质及其对实现相关控制目标的影响程度），也由于存在上述缺陷，可能会给公司未来生产经营带来相关风险（描述该风险）。

（不存在重大缺陷的情形）报告期内，公司对纳入评价范围的业务与事项均已建立内部控制，并得以有效执行，达到了公司内部控制的目标，不存在重大缺陷。

自内部控制评价报告基准日至内部控制评价报告发出日之间（是/否）发生对评价结论产生实质性影响的内部控制的重大变化（如存在，描述该事项对评价结论的影响及董事会拟采取的应对措施）。

我们注意到，内部控制应当与公司经营规模、业务范围、竞争状况和风险控制水平等相适应，并随着情况的变化及时加以调整（简要描述下一年度内部控制工作计划）。未来，公司将继续完善内部控制制度，规范内部控制制度执行，强化内部控制监督检查，促进公司健康、可持续发展。

董事长：（签名）

××公司

20××年××月××日

【案例3-3】

表3-20　内部控制核心指标体系

核心指标	参考标准	测试
一、内部环境		
（一）组织架构		
董事会、监事会、经理层相互制衡	董事会及各专门委员会、监事会和经理层的职责权限、任职资格和议事规则是否明确并严格履行	
董事会、监事会、经理层致力于内部控制建设和执行	1. 是否科学界定了董事会、监事会、经理层在建立与实施内部控制中的职责分工； 2. 董事会是否采取必要的措施促进和推动企业内部控制工作，按照职责分工提出内部控制评价意见，定期听取内部控制报告，督促内部控制整改，修订内部控制要求	
组织机构设置科学、精简、高效、透明、权责匹配、相互制衡	1. 组织机构设置是否与企业业务特点相一致，能够控制各项业务关键环节，各司其职、各尽其责，不存在冗余的部门或多余的控制； 2. 是否明确了权责分配、制定了权限指引并保持权责行使的透明度	
组织架构适应性	是否定期梳理、评估企业治理结构和内部机构设置，发现问题及时采取措施加以优化调整，是否定期听取董事、监事、高级管理人员和其他员工的意见，按照规定的权限和程序进行决策审批	
组织架构对于公司的控制力	是否通过合法有效的形式履行出资人职责、维护出资人权益，特别关注异地、境外子公司的发展战略、年度财务预决算、重大投融资、重大担保、大额资金使用、主要资产处置、重要人事任免、内部控制体系建设等重要事项	

续表

核心指标	参考标准	测试
（二）发展战略心		
发展战略科学合理，既不缺乏也不激进，且实施到位	1. 企业是否综合考虑宏观经济政策、国内外市场需求变化、技术发展趋势、行业及竞争对手状况、可利用资源水平和自身优势与劣势等影响因素，制定科学合理的发展战略； 2. 是否根据发展目标制定战略规划，确定不同发展阶段的具体目标、工作任务和实施路径； 3. 是否设立战略委员会或指定相关机构负责发展战略管理工作，是否明确战略委员会的职责和议事规则并按规定履行职责； 4. 是否对发展战略进行可行性研究和科学论证，并报董事会和股东（大）会审议批准	
发展战略有效实施	1. 是否制订年度工作计划，编制全面预算，确保发展战略的有效实施； 2. 是否采取有效方式将发展战略及分解落实情况传递到内部各管理层级和全体员工	
发展战略科学调整	是否及时监控发展战略实施情况，并根据环境变化及风险评估等情况及时对发展战略做出调整	
（三）人力资源政策		
人力资源结构合理，能够满足企业需求	1. 人力资源政策是否有利于企业可持续发展和内部控制的有效执行需要； 2. 是否明确各岗位职责权限、任职条件和工作要求，选拔是否公开、公平、公正，是否因事设岗、以岗选人	
人力资源开发机制健全有效	1. 是否制定并实施关于员工聘用、培训、辞退与辞职、薪酬、考核、健康与安全、晋升与奖惩等方面的管理制度； 2. 是否建立员工培训长效机制，培训是否能满足职工和业务岗位需要，是否存在员工知识老化	
人力资源激励约束机制健全有效	1. 是否设置科学的业绩考核指标体系并严格考核评价，以此作为确定员工薪酬、职级调整和解除劳动合同等的重要依据； 2. 是否存在人才流失现象； 3. 是否对关键岗位员工有强制休假制度或定期轮岗制度等方面的安排； 4. 是否对掌握国家秘密或重要商业秘密的员工离岗有限制性的规定； 5. 是否将有效执行内部控制纳入企业绩效考评体系	

续表

核心指标	参考标准	测试
（四）社会责任		
安全生产体系、机制健全有效	1. 是否建立严格的安全生产管理体系、操作规范和应急预案，切实做到安全生产； 2. 是否落实安全生产责任，对安全生产的投入，包括人力、物力等是否能保证，及时发现、排除生产安全隐患； 3. 发生生产安全事故，是否妥善处理，排除故障，减轻损失，追究责任。是否有迟报、谎报、瞒报重大生产安全事故现象	
产品质量体系健全有效	是否建立严格的产品质量控制和检验制度并严格执行，是否有良好的售后服务，能够妥善处理消费者提出的投诉和建议	
切实履行环境保护和资源节约责任	1. 是否制定环境保护与资源节约制度，采取措施促进环境保护、生态建设和资源节约并实现节能减排目标； 2. 是否实施清洁生产，合理开发利用不可再生资源	
促进就业和保护员工权益	1. 是否依法保护员工的合法权益，保持工作岗位相对稳定，积极促进充分就业； 2. 是否实现按劳分配、同工同酬、建立科学的员工薪酬制度和激励机制，是否建立高级管理人员与员工薪酬的正常增长机制； 3. 是否及时办理员工社会保险，足额缴纳社会保险费； 4. 是否维护员工健康，落实休息休假制度； 5. 是否积极开展员工职业教育培训，创造平等发展机会	
（五）企业文化		
企业文化具有凝聚力和竞争力，促进企业可持续发展	1. 是否采取切实有效的措施，积极培育具有自身特色的企业文化，打造以主业为核心的企业品牌，促进企业长远发展； 2 企业董事、监事、经理及其他高级管理人员是否在文化建设和履行社会责任中起到表率作用，是否促进文化建设在内部各层级的有效沟通； 3. 是否做到文化建设与发展战略的有机结合，使员工自身价值在企业发展中得到充分体现； 4. 是否重视并购重组后的企业文化建设，平等对待被并购方的员工，促进并购双方的文化融合	

续表

核心指标	参考标准	测试
企业文化评估具有客观性、实效性	1. 是否建立企业文化评估制度，重点对董事、监事、经理和其他高级管理人员在企业文化建设中的责任履行情况、全体员工对企业核心价值观的认同感、企业经营管理行为与企业文化的一致性、企业品牌的社会影响力、参与企业并购重组各方文化的融合度，以及员工对企业未来发展的信心做出评估； 2. 是否针对评估结果以及是否巩固和发扬文化建设成果，进而研究影响企业文化建设的不利因素，分析深层次的原因，及时采取措施加以改进	
二、风险评估		
目标设定有效性	1. 企业层面是否有明确的目标，目标是否具有广泛的认识基础，企业战略是否与企业目标相匹配； 2. 各业务层面目标是否与企业目标一致，各业务层面目标是否衔接一致，各业务层面目标是否具有操作指导性； 3. 是否结合企业的风险偏好，确定相应的风险承受度	
风险识别清晰性	1. 目标是否层层分解并确立关键业务或事项； 2. 是否持续性地收集相关信息，内外部风险识别机制是否健全，是否识别影响公司目标实现的风险； 3. 是否根据关键业务或事项分析关键成功因素； 4. 是否识别影响公司目标实现的风险	
风险分析与评估准确性	1. 风险分析技术方法的适用性是否针对不同性质风险采用不同方法； 2. 结合风险发生可能性和影响程度标准划分风险等级的准确性； 3. 风险发生后负面影响判断的准确性	
风险应对科学性	1. 风险应对策略与公司战略、企业文化的一致性； 2. 风险承受度与风险应对策略的匹配程度	
三、控制活动		
（一）控制活动的设计		
控制措施足以覆盖企业重要风险，不存在控制缺失、控制过度	1. 是否针对企业内部环境设立了相应的控制措施； 2. 各项控制措施的设计是否与风险应对策略相适应； 3. 各项主要业务控制措施是否完整、恰当； 4. 是否针对非常规性、非系统性业务事项制定相应的控制措施，并定期对其执行情况进行检查分析； 5. 是否建立重大风险预警机制和突发事件应急处理机制，相关应急案件的处置程序和处理结果是否有效	

核心指标	参考标准	测试
（二）控制活动的运行		
控制活动运行符合控制措施规定	对各类业务事项的主要风险和关键环节所制定的各类控制方法和措施是否得以有效实施	
四、信息与沟通		
信息收集处理和传递及时准确、适用	是否有透明高效的信息收集、处理、传递程序，合理筛选、核对、整理与经营管理和内部控制相关信息	
反舞弊机制健全	1. 是否建立健全并有效实施反舞弊机制； 2. 举报投诉制度和举报人保护制度是否及时、准确传达至企业全体员工； 3. 对舞弊事件和举报所涉及的问题是否及时、妥善地作出处理	
沟通顺畅	1. 信息在企业内部各层级之间、企业与外部有关方面之间的沟通是否有效； 2. 董事会、监事会和经理层是否能够及时掌握经营管理和内部控制的重要信息并进行应对； 3. 员工诉求是否有顺畅的反映渠道	
利用信息化程度	1. 企业是否建立与经营管理相适应的信息系统，利用信息技术提高对业务事项的自动控制水平； 2. 在信息系统的开发过程中，是否对信息技术风险进行识别、评估和防范； 3. 信息系统的一般控制是否涵盖信息系统开发与维护、访问与变更、数据输入与输出、文件储存与保管、网络安全、硬件设备、操作人员等方面，确保信息系统安全稳定运行； 4. 信息系统的应用控制是否紧密结合业务事项进行，利用信息技术固化流程、提高效率、减少或消除人为操纵因素； 5. 信息系统是否建立并保持相关信息交流与沟通的记录	

核心指标	参考标准	测试
五、内部监督		
内部监督能够覆盖并监控企业日常业务活动	1. 管理层是否定期与内部控制机构沟通评价结果并积极整改； 2. 是否落实职能部门和所属单位在日常监督中的责任，及时识别环境和业务变化； 3. 日常监督的内容是否为经过分析确认的关键控制并有效控制，是否按重要程度将发现问题如实反馈给内部控制机构，是否积极采取整改措施； 4. 日常监督用以证明内部控制有效性的信息是否适当和充分，监督人员是否具有胜任能力和客观性； 5. 内部审计的独立性是否得以保障，审计委员会和内部审计机构是否独立、充分地履行监督职责，审计监督与内部控制沟通是否顺畅； 6. 是否开展必要的专项监督； 7. 内部控制机构是否追踪重大风险和重要业务，是否制定内部控制，自我评价办法和考核奖惩办法，明确评价主体、职责权限、工作程序和有关要求，定期组织开展内部控制自我评价，报送自我评价报告，合理认定内部控制缺陷并分析原因，提出整改方案建议	
内部控制缺陷认定科学、客观、合理，且报送机制健全	1. 内部控制机构是否制定科学的内部控制缺陷认定标准并予以一贯的执行； 2. 是否对控制缺陷进行全面、深入的研究分析，提出并实施整改方案，采取适当的形式及时向董事会、监事会或者经理层报告，督促业务部门整改重大缺陷并按规定予以披露； 3. 对发现的内部控制重大缺陷，是否追究相关责任单位和责任人的责任； 4. 是否建立内部控制缺陷信息数据库，并对历年发现的内部控制缺陷及其整改情况进行跟踪检查	
内部控制建设与评价文档妥善保管	1. 是否采取书面或其他适当方式对内部控制的建立与实施情况进行记录； 2. 是否妥善保存内部控制相关记录和资料，确保内部控制建立与实施过程的可验证性； 3. 对暂未建立健全的有关内部控制文档或记录，是否有证据表明确已实施了有效控制或者替代控制措施	
合计	实测评价值＝测试得分÷满分	

注：满分 100 分在各核心指标之间如何分配，应结合企业的具体情况确定。

第四章 风险管理效果监测评审与改进

风险管理效果监测、评审与改进包括风险应对效果评价、风险管理效果监测与评审、监测评审形式与重点、监测评价的风险报告、风险管理持续改进五部分内容。

第一节 风险应对效果评价

一、风险应对效果评价的含义

风险应对效果评价是指对风险应对方案实施的效益性和适用性进行分析、检查和评价。单位应定期总结、分析与评价已制定的风险应对方案（策略）的有效性和合理性，并结合实际不断地修订和完善。其中，应重点检查评价依据风险偏好、风险承受度和风险控制预警线实施的结果是否有效，并提出改进意见。

风险应对效果评价是以风险应对方案实施后的实际资料为依据，分析风险应对的实际效果。这就会产生双重作用：一方面，有助于减少风险事故的发生，提高风险应对水平；另一方面，可以根据风险应对过程中存在的问题，提出一些建设性意见，改进风险应对措施，提高风险管理的效益。风险应对效果评价和风险评价不同，其差异主要表现在以下几个方面：

（一）阶段不同

风险评价是针对可能发生风险事故的因素进行评价；而风险应对效果评价是针对风险应对方案执行的评价。风险评价处于风险管理计划阶段；而风险决策效果评价则处于风险应对方案的决策、执行及结果阶段。

（二）作用不同

风险评价的作用是为风险应对提供依据，其结论直接影响风险应对决策的制定；而风险应对效果评价是风险应对决策方案实施的信息反馈。通过风险应对效果评价，可以对风险管理状况进行全面考察，分析存在的问题及产生的原因，纠正风险应对决策中的失误，调整风险应对措施，提高风险管理水平。

（三）依据不同

风险评价的依据是风险识别及风险衡量的结果，经过评价使风险主体的风险状况更加明确，而风险应对效果评价的依据是实施风险应对措施以后，风险事故实际发生后的状况。

二、风险应对效果评价内容

风险应对效果评价的任务是客观地评价风险应对方案实施效果，总结风险管理工作的经验和教训，分析风险应对取得成效或失误导致的偏差程度。这不仅可以提供风险应对的有效性显著、充分有效地利用资源，而且还能防止或减少风险事故发生的可能性。风险应对效果评价应评价以下几个方面的内容：

（一）评价风险应对效果性

风险应对效果评价主要评价风险应对措施实施后是否降低风险事故发生的频率，是否降低风险事故造成的损失，这是风险应对效果评价的首要任务。如果已经采取的风险应对措施对防止或减少风险损失发挥很大的作用，则采取的风险应对措施是可行的；反之，则是不可行的。

（二）评价风险应对措施的科学性

风险应对决策所采取的措施是否科学，需要风险管控的实践来检验。如果单位风险应对风险措施有助于降低风险事故造成的损失，有助于促进单位的进一步发展，如降低能源消耗、治理环境污染等，则其风险应对措施与方案是科学有效的。

（三）评价风险管理者驾驭风险能力

风险管控者的知识结构、经验和业务水平、驾驭风险的能力等，是否适合风险管理的需要，风险管控者能否驾驭单位经营活动面临的风险，通过风险应对效果评价可以得到正确评价。

（四）评价风险应对措施的执行情况

风险应对措施的执行情况直接影响风险应对的效果。风险应对措施方案执行中的任何偏差都有可能导致风险管控的失败。因此，评价风险应对决策措施的执行情况是风险应对效果评价的重要内容，不仅有助于风险应对措施的实施，而且还有助于改进风险应对措施执行中的失误，强化风险管控措施的执行。

三、风险应对效果评价程序

（一）制订应对效果评价计划

风险应对效果评价的单位可以是单位管理部门、风险管理部门、保险公司等。风险应对效果评价机构应根据单位的具体特点、目的及要求等，确定风险应对效果评价的对象、范围、目标和方法，据此制订风险应对评价计划，评价计划应该能够较好地反映单位的风险应对绩效。

（二）收集与整理有关资料

风险的特点决定了风险应对的效果在短期内是难以考察、评价的，需要长期的观察和大量相关资料的支持。这一阶段需要收集的资料包括以下几个方面：

（1）风险应对的有关资料。这方面的资料主要包括风险应对意见书、风险应对措施的可行性报告、风险应对评价报告、设立风险应对设施的成本概算以及其他有关的文件。

（2）风险应对实施后的有关资料。这方面的资料主要包括风险应对措施实施后的运行状况、风险应对的成本、风险应对措施的收益状况等，资料可以通过实施前后发生风险后果和概率及其以此为依据计算出的技术指标和对比获得。如果风险事故的发生呈现出上升的趋势，则应分析产生问题的原因，并对以往的风险应对决策效果做出评价，然后提出调整建议。

（3）国家有关政策与规定方面的资料。这方面的资料主要包括与风险应对有关的国家政策、法规等，评价风险应对措施是否符合国家的政策和法规。

（4）有关部门制定的风险应对评价方法。风险应对效果评价不仅要求有比较充分的数据资料，而且还与评价方法选用有很大关系。风险应对效果评价应该符合评价单位的具体情况，并兼顾风险管理的目标。

（5）其他有关资料，如风险管理技术资料、产品质量记录、设备安全运行情况资料等。

（三）编制效果评价报告

评价人员应根据国家有关部门制定的评价格式、标准等，将风险评价的结果汇总，编制"风险应对效果评价报告"，并提交委托单位和被评价的单位。效果评价报告的编制必须坚持客观、公正和科学的原则。

四、风险应对效果评价方法

风险应对效果评价的具体技术方法有下列几种：

（一）资料收集法

资料收集是效果评价的重要基础工作，其质量与效率直接关系到效果评价报告的进度和质量。搜集资料的方法主要有以下几种：

（1）专家意见法。它是通过听取专家意见来收集资料的方法。运用该方法的一般程序是：①由资料收集人员编制意见征询表，将所要征询的内容一一列于表中；②将征询意见表分别送给专家由专家填写；③由资料收集人员将填好的意见征询表进行汇总整理，最后提出结论性意见。这种方法的优点是费用较低，可以在较短的时间内获得有益的信息。

（2）实地调查法。有关人员深入到实际中，通过现场考察、现场调查，与有关专业人员交换意见等搜集资料。该办法的优点是搜集的资料信息量大、简便易行、真实可靠。

（3）抽样调查法。根据随机的原则，在全体（总体）调查对象中，随机选取一办法进行调查，从而推算出全体的调查方法。抽样调查法主要有简单随机抽样法、分层随机抽样法和分群随机抽样法。

（4）专题调查法。通过召开专题调查会议的策略进行资料搜集，可以广泛地汲取不同意见，有利于克服片面性。例如，调查风险管理绩效的研究报告、风险应对成本对比的报告等，对于风险应对措施效果的评价具有重要意义。

（二）过程评价法

过程评价法是指将风险管理措施从计划、决策到实施各个环节的实际情况进行调查，发现风险管理中存在的问题，将风险应对措施实施的各阶段同风险管理目标进行比较，分析问题产生的原因，进行效果评价的方法。通过分析可以确定风险应对成败的关键因素，可对以后的风险管理提供有益的借鉴。

（三）指标对比法

指标对比法是指通过风险应对措施实施后的实际数据或实际情况，同风险应对措施实施以前的实际数据或者实际情况进行比较的方法。例如，将风险应对措施实施后发生风险事故的实际损失同应对措施实施前发生风险事故的实际损失进行对比，可以发现风险管理的效果性，也可为未来的风险管理决策提供依据。

（四）因素分析法

因素分析法是指通过对影响风险应对措施实施后的各种技术指标进行分析，进行效果评价的方法。风险应对效果评价的过程中，评价人员应将影响风险效果的各种因素加以分析，寻找出主要的影响因素，并具体分析各影响因素对目标的影响程度。

以上各种风险应对效果评价的方法各有特点，在评价中可将各种方法有机地结合起来，进行系统的分析和评价，才能达到评价的目的。

五、风险应对效果评价指标体系

评价风险应对效果的指标有以下几种：

（一）效果指标

风险应对效果指标可以用金额、百分比、比率、损失或索赔次数等加以评价。例如，今年单位风险的管理成本是销售收入的0.65%，这样可以根据市场变化的情况确定明年风险管理的成本。又如，风险管理部门根据以往各年工伤事故的状况测算出的结论是，明年工伤事故造成的直接费用低于 300 万元的概率是95%。再如，统计意外事故、责任事故损失频率和程度的下降等。

（二）作业指标

风险应对也可以用作业指标进行评价。例如，规定设备保养人员每年检修的次数和维修的台数。又如，要求一些风险管理人员至少每年对各种设施检查一次等。

（三）工作指标

风险应对效果还可以通过"风险控制清单"建设考核评价、风险控制业绩，要检查清单的内容是否完善、是否切合实际、是否经常更新、是否能对照工作实施控制。

（四）综合指标

众所周知，风险多种多样，应对风险的策略也多种多样，既有定性的也有定量的。定量的风险应对效果，可以通过公式表示，但定性的风险应对效果如何计量，有些应对方案既有定量也含定性，可将定性转化为定量，可采用综合性公式计量：

效果比值＝因采取该应对风险方案减少的风险损失及增加的收入/因采取该应对风险方案支付各项费用及机会成本

从公式中可以看出，若效果比值大于 1，则该应对方案是有效果的，比值越大说明取得的效果越好；相反，如比值小于 1，则说明效果差，比值越小，效果越差。

第二节　风险管理效果监测与评审

监测与评审是风险管理框架中的一个重要环节，是确保风险管理有效并持续健康运行的重要手段，且嵌入风险管理的全过程。

一、《准则》对风险管理效果监测与评审的规定

为确保风险管理有效且持续支持组织的绩效及健康发展，《准则》规定组织应做到以下几点：

（1）针对各种指标测量风险管理绩效，并定期评审这些指标的适宜性。

（2）针对风险管理计划定期测量其进展和偏差。

（3）在给定的组织内部和外部环境下，定期评审风险管理框架、方针、计划是否仍然适宜。

（4）报告风险动态及风险管理计划的进展情况，组织的风险管理方针遵循情况。

（5）评审风险管理框架的有效性。

二、风险管理效果监测与评审的对象、目的及要求

（一）监测与评审的对象

监测与评审的对象是单位管理风险的"框架"及风险应对方案设计有效性和执行的效果。

（二）监测与评审的目的

通过监测与评审，可以实现两个目的：一是有助于风险管理对企业的绩效提供继续支持；二是对风险应对方案的实施发挥促进作用。

（三）对监测与评审的要求

监测与评审要求做好以下工作：

（1）要做好三项基本工作。①要建立风险管理的绩效指标，否则监测与评审将失去依据和标准；②要定期评审这些指标的适应性，由于企业内外部环境的变化，有些指标可能需要调整，有些指标可能被取消，也有可能增加一些新的指标；③用这些指标对风险管理的绩效进行测量，并对测量的结果进行分析和评价。

（2）对"风险管理计划"进行监测与评审。"风险管理计划"是框架中的一项重要内容，是单位实施风险管理的总体计划。单位在编制并实施风险管理计划后，为了对框架进行监测与评审，要定期测量该计划的进展情况和偏离情况。

（3）对风险管理的适应性进行监测与评审。风险管理框架、风险管理方针、风险管理计划的适应性进行定期评审，这三项是单位风险管理工作中最基本的内容，企业需要根据内外部环境的变化定期对它们的适应性给予评审。

（4）对"监测/评审"报告的要求：一是在评审时要弄清相关报告制度、报告途径以及报告周期等；二是要报告风险管理计划的进展情况；三是要报告风险管理方针的遵循情况。

（5）要对风险管理框架整体的有效性进行评审。要对风险管理整体工作的有效性进行全面监测与评审，并做出结论。

三、监测与评审的好处

（1）可检查验证风险管理方案设计的有效性和方案执行的有效性。

（2）可发现成效与不足，为改进风险管理提供有效依据。

（3）可检测风险应对措施的成功与失败，从中吸取经验与教训。

（4）可为单位验证及改进风险应对方式和优先排序提供依据。

（5）可进一步发现新识别的风险和正在显现的风险。

四、监测与评审的要求及原则

（一）对监测评审者的要求

（1）评审者必须了解所评价主体的每一项业务活动以及企业风险管理的每一个构成要素。关注企业风险管理的系统和程序是如何运行的。

（2）评审者必须确定系统的实际运行如何，有时设计出来以特定的方式运行的程序随时可能被修改，或采用其他方式运行，或该程序不再被执行，或有时制定了新程序，但介绍人不知道等。

（3）评审者了解确定实际运行状况时可通过与执行人或受到风险管理影响的人进行讨论的方式来完成，也可通过检查业绩记录的方式来完成。

（4）评审者在测试分析单位风险管理过程的设计及执行效果时，要以管理部门针对每一构成要素所制定的标准为依据。因为评价的最终目的是确定该过程是否为相关的既定目标提供合理的保证。

（二）监测评审的原则

1. 独立性

对风险管理效果评价必须坚持公正性和独立性，只有这样才能保证风险管理向着既定的目标迈进；否则，风险管理的目标就很难实现。

2. 可信性

评价者评价工作的实践经验的独立性、资料信息的可靠性和评价方法的实用性，决定着风险管理后评价的可信性。可信性的一个重要标志是评价应同时反映出风险管理的成功经验和失败教训。

3. 可操作性

由于风险管理后评价结果要对风险决策产生作用，因此评价建议必须具有可操作性。

4. 透明性

评价结果的透明度越大、扩散效果越强，越有利于单位更多的员工在风险管理等实施中借鉴以往的经验和教训。

5. 反馈性

风险管理后评价的结果要及时反馈到决策部门，作为调整风险管理战略与策略、制定新的风险管理方案和修订评估标准的基础，也可以改进和完善风险管理执行中存在的问题，从而提高风险管理水平，这是风险管理后评价的最终目标。

第三节　监测评审的形式与重点

一、监测评审方式与方法

单位风险管理的监测有持续监测评审和个别监测评价两种方式。由于风险发生在日常经营活动中，持续监测与评审必须对日常的风险管理行为进行监测、对员工履行各自职责行为进行监测，它比个别监测评价应更加及时有效。个别评价发生在事后，不能及时迅速地识别风险管理中存在的问题。所以，既要有日常的监测评价活动，也要有定期的个别评价活动，以促进风险管理工作的正常运行。

（一）持续监测评审

持续监测关注要点有以下几个方面：

（1）在日常工作中获取能够判断内部控制与风险管理执行情况的信息。

（2）反映与单位内部信息的反映是否吻合，有多大差异。

（3）财务系统数据与实物资产的定期核对。

（4）重视内外部审计师提出的改善措施，并积极配合。

（5）各级管理人员应积极了解内部控制与风险管理的执行情况。

（6）定期与员工进行沟通。

（7）关注和支持内部审计活动。

单位在正常的经营活动中，许多活动可以起到监控单位风险管理是否发挥有效的作用。这些信息来自定期的管理活动，如差异分析，对来自不同渠道的信息比较，以及应对非预期的突发事件等。又如，管理部门审查主要经营活动指标的报告，如财务报告、新的销售方式和现金状况的快报，有关未完成订货的情况，毛利的信息和其他财务与经营统计数据；经营管理人员把产量、存货、质量测量、固定资产、现金、票据和有价证券等盘点情况，销售和其他从日常活动中获得的信息，与预算和计划进行比较；管理部门给予自己制定的风险敞口范围审查绩效，如何接收错误率及悬而未决的事项、调整的项目、外汇敞口范围和来自合约方面的风险；管理人员审查主要业绩指标，如风险方向和大小的趋势、战略和战术行动的状态，实际结果相对于预算与前期的变化趋势和变化率等。

美国 COSO 认为，一般情况下，持续监控应由直线式的经营管理人员辅助管理人员执行，因为这些人员可以对他们所掌握的信息进行更深入的思考，通过分析可以发现矛盾和问题，寻找产生问题的环节和责任人，在进一步掌握信息的基础上，确定是否需要提出改进的措施。需要注意的是，应把持续控制活动与单位经营过程中的控制活动区别开来。因为前者控制的对象是风险管理的政策；后者控制的对象是经营政策。

（二）个别监测评价

1. 个别监测评价的含义及要点

（1）个别监测评价是指单位风险监控的另一种方式，通常是由单位的经营目标、业务流程和管理主体等方面发生变化而引起的。个别监测评价的参与人员包括企业的高层管理人员、风险管理人员、内部审计部门和外部专家。个别监测评价一般要定期进行，进行次数由其单位依据风险变化的情况加以确定。

（2）个别监测评价要点：①评价计划的制订；②评价活动的执行情况；③评价报告和纠正措施。

2. 个别监测评价的步骤

（1）计划。确定监测评价的目标和范围；确定一个具有管理该评价所需权力的主管人员；确定评价小组、辅助人员和主要业务单元联系人；规定评价方法、时间路线和实施步骤；就评价计划达成一致意见。

（2）执行。获得对业务单元或业务流程活动的了解；了解单元和流程的风险管理过程是如何设计运作的；应用一致同意的方法评价风险管理过程；通过与单位内部审计标准的比较来分析结果，并在必要时采取后续措施。如果适用的话，记录缺陷和被提议的纠正措施；与适当的人员符合和验证调查结果。

（3）报告和纠正措施。与业务单元或过程以及其他适当的管理人员符合结果；从单元和业务过程的管理人员获得说明和纠正计划；把管理反馈写入最终的评价报告。

3. 个别监测评价的方法和工具

个别监测评价有一系列评价方法和工具可供利用，包括核对清单、调查问卷和流程图技术。评价者确定支持评价过程所需要的方法和工具，现有许多方法和工具可用来测试和评价企业风险管理的重要工具与方法。

选择监测评价方法和工具的依据是；它们能否易于被指派的员工使用，是否与给定的范围相关，是否与评价的性质和预期频率相适应。例如，如果该范围涉及了解和记录业务流程设计与实际执行之间的差异，评价小组要复核过程流程图和控制矩阵；反之，一个范围仅限于处理具体规定的控制活动是否存在，就表明可以使用预先制定的调查问卷。

常用的方法和工具有：过程流程图、风险矩阵、风险控制参考手册、单位内部或同行业确定的基准、计算机辅助审计技术、风险与控制自我评价讨论会、调查问卷及动员会等。

【例4-1】现摘录美国COSO制定发布的《风险管理》中工薪过程风险与控制自我评价调查问卷，如表4-1所示。它充当一个诊断参考点，关注与工薪处理风险有关的控制实际被应用的程度，其结果构成必要纠正措施的依据。

表4-1　风险与控制自我评价调查问卷摘录

工薪问题	调查问卷回答选项					政策参考
①我的部门是复核预算部门编制的预算总结	是	否	不知道	不详	不详	1号工薪政策
②我的部门监控从我的预算中支付工资的员工数量	是	不是	不知道	不详	不详	2号工薪政策
③我的部门符合邮寄给我们部门的月度薪酬报告	从来没有	很少	经常	总是	不详	3号工薪政策
④在复核工薪报告时，您认为每个人超额付薪的工时是多少才是极端高，以至于会详细复核以确定根本原因	10%～20%	20%～30%	30%～40%	大于40%	不知道	没有工薪政策

调查结果总结：
①95%的被调查者复核预算部门编制的薪酬预算报告；
②93%的被调查者复核从他们薪酬预算中支付工资的人数；
③70%的人只是复核工薪报告，18%的经常这样做，12%的很少复核这些报告

（三）监测评价运行

监测评价活动是通过对风险控制点的实际操控情况进行有效性检测，以确定各业务流程中的控制是否依照单位内部控制的规定运行，并向单位报告测试结果及失效控制点的整改建议，监督整改落实情况，并为单位董事会出具内部控制评价报告提供依据。

1. 测评人员的职责与权利

测评人员的职责：根据单位制定的测试办法对控制点进行测试，判断各项测试对象内部控制的有效性和合理性；根据测试的情况出具报告，并保证工作底稿及测试报告的真实性和完整性。

测评人员的权利：有权查阅与所测试的业务流程有关的凭证、文件；就所测试的流程询问相关经办人员；就测试过程中出现的障碍向测试项目组长汇报。同时，测评人员不能在测试过程中进行与其测试内容无关的业务，并对了解的业务

所涉及的机密内容有绝对保密的责任。

2. 测评活动流程

测评活动流程如图 4-1 所示。

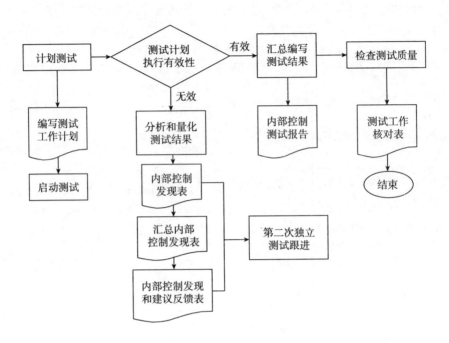

图 4-1 测评活动流程

（1）测评工作计划。为保障测试工作符合国家相关法律法规和单位内部控制制度的要求，并能够有序和周全地开展，单位测试人员在测试前必须妥善准备和筹划测试工作。进行测试工作的主要步骤和注意事项如下：

1）制定和编写"测评工作计划表"。它的制定和编写应该涵盖单位、各控股子公司和各业务流程的控制点三个层面。"测评工作计划表"的内容设计应该清晰、全面，有利于指导测试工作的进程，能够准确测试对象和测试结果进行及时跟踪和反馈，测试结果有利于形成统计数据，为单位内部控制工作和战略决策提供一定的分析依据。制定"测评工作计划表"时应当遵循重要性原则，并依据各控制点对财务报告的影响程度，拟定各控制点在测试单元的测试范围。

2）获取和分析被测评子公司的财务和业务资料。在准备测评计划时，测评人员要分析被测试对象的财务和业务资料，包括应用情况、上期财务年度组织性质、营业收入和税前正常业务利润等；选出具有代表性的测评单元，各测评对象的内部审计人员应做好配合工作。

3）确认被测评对象提供的内部控制材料是最新的。为保证测评的准确性，测评范围的确定要依据测评对象最新的内部控制情况。因此，在实际工作前，测试人员应予被测评对象确认，其所提供的内部控制材料内容是否已更新，避免出现对现有控制点的误解。

4）确认测评人员已到位。单位、各控股子公司及相应的业务环节应确保测试人员到位，为日后培训和测试工作做好安排。

（2）召开测评项目启动会议。在独立测评实施工作前，测评人员应予被测评单位管理层就已制订的测评工作计划、测试范围、时间和"测评所需资料清单"等与被测评单位充分沟通。

（3）进行有效性测评。为保证测评工作的有效运行，对于每个控制点，测评人员都应依据控制点的性质，选取规定数量的交易样本，检查控制的执行情况，确定该控制点是否有效执行，并详细记录测试结果。

1）进行有效性测评具体操作步骤包括：各测评人员应仔细分析研究各被测评单位的实际情况和控制点设置特点，并修改相关工作底稿内容，确保测评方法、抽样方法和测试步骤能有效检查各控制点的实际操控情况；测评人员在测试年度内抽取样本进行测评，并详细记录测试结果；测评员应要求控制点负责人对有效性测评的结果进行签字确认；测试员需要按计划进度及时将测评工作底稿提交相关人员进行审阅，确保测评工作已按"测评工作计划表"全部完成；若测试过程中发现任何问题，测评员需及时与被测评单位的负责人进行沟通并记录；及时跟踪反馈情况；所有工作底稿和相关的文件、单据都应进行顺序统一的编号，最后汇总归档。

2）进行有效性测评注意事项：控制点应依照规定设置来操作运行；控制点的执行人员应被授予必要的审批授权的资格，以分析控制点执行的有效性；问题描述应客观、简洁，将测试过程客观表达；测试文档归类清晰，方便查阅。

（4）分析测评结果。完成运行有效性测试后，测评人员要对测试结果进行分析，分析对财务报表的影响，若问题已直接影响到测评年度的报表科目和数据，而有关影响是可以量化的，测评人员应在相应的测试文稿中明确。同时还要明确测评结果所显示的问题是否为显著缺陷或实际漏洞。

对测评结果的分析主要有：①问题的特殊性质是否可能给单位带来重大影响；②单个或多个问题发现导致财务报表中出现错报，或在披露中出现虚伪陈述的可能性；③财务报表中出现错报或在披露中出现虚伪陈述后果的重要性和严重性。

（5）编写测评报告。测评人员应根据其测评结果和被测评单位的反馈内容，撰写测评报告，并把报告提交给单位相关部门审阅。报告的内容应完整和准确地反映如下问题：①违反风险管理要求的控制点及其重要性；②各测试问题可能产生的影响；③可能受影响的经济指标及影响程度；④改进建议；⑤执行时间表；⑥被测评单位的反馈意见等。

（6）召开测评项目结束会议。在测评实际工作结束前，测评项目组组长应与各运行子公司的项目管理委员会和内部审计部门召开测评项目结束会议，进行正式汇报。

3. 测评方法

常用于适当的人员询问、相关文档的审阅、风险控制点执行的实地观察、对控制点执行重复验证等。

测评人员可根据控制点的不同性质，选择适用于该控制点测试的方法和方法组合。

4. 保存测评工作底稿

（1）保存。对测评工作底稿经过分类整理汇集后，编号归档，形成档案，加以保存：①对测试归档资料进行清理核实检查，按周期和流程编号排放，并制作文件索引；②制作档案交接清单，由测评项目组组长签字；③留存交接清单，作为测评工作资料保留。

（2）保密。保密是指在测试时间内所收悉的凭证、文档和样本需统一归口管理。测评人员不得向他人透露有关测试的任何资料，对涉及单位机密的内容有绝对保密的责任。

二、监测评审的重点

监测评审的重点包括两方面：一是方法技术，即对相关人员所采用的方法及选定的风险管理战略所设计的特别技术环节是否实施；二是程序过程，即对单位的风险管理官员、高级管理者、过程活动责任人和风险管理责任者所使用的程序进行监测。监控的重点包括以下几个方面：

（一）现存的重点风险

经理们应该用重点测试、系列分析等技术，附以成文的框架来判断公司风险预测报告中提及的风险变动是否真的发生。

（二）新出现的风险

对各种外在条件和因素（环境风险）及内部的条件和因素（过程风险）的改变，应按时间标准加以识别，确保对重要变化进行额外风险评估，并制定适用的风险管理方案。

（三）风险管理绩效

助理执行官、风险责任者在评估所选定的风险时，要运用有效的方法，采取正确的行动，将风险管理测评在平衡计分卡上列出最佳做法。

（四）特定的度量措施、政策与程序

对这些方面的监控可以确保风险度量的可信性，确保风险管理过程按预期的规定进行，确保单位的政策、运作程序与风险管理相协调。

上述监测评审的重点为单位每个相关人员及所问的问题提供了答案，这些问题如图 4-2 所示。

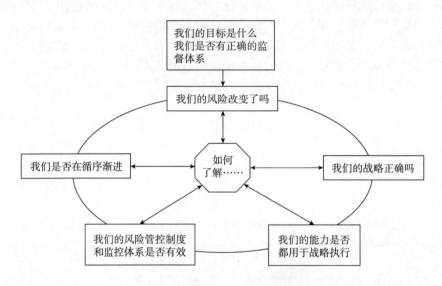

图 4-2 监测评审中的关键问题

三、监测评审程序及实例

单位应根据自身对风险情况的掌握进行内部定期评价和外部评审。单位定期对所属单位和流程风险管理的有效性进行自我评价，对发现的漏洞应设计改善措施。外部评价有助于发现单位自身发现不了的风险和问题，并促进有效的改善。

（一）部门自查、自检与评审

单位各有关部门和业务单位应定期对本部门的风险管理工作进行自查和自检，分析风险管理的实施情况，看是否有遗漏的风险因素，决策是否合规，采用措施是否恰当，环境变化是否产生新的风险因素，发现缺陷及时加以改正。自检单的评价报告应及时报送单位风险管理职能部门。

进行自查自检的负责人应对相关流程的运作风险负责，而监督的主要工作包括业务评价、定期对流程风险进行自我评价及日常的沟通。每一责任单位都应对风险进行自我评价。例如，某流程负责人应该通过对风险的自我评价中所提的相关问题予以关注，进一步评估流程的业绩表现、风险及风险控制手段。当然，风险自我评估必须确保流程负责人能识别风险及分析风险产生的根源及原因，从而采取最佳措施和控制程序。防范重大风险的产生。

风险的自我检评可采用多种方式进行，如核对清单、调查问卷和流程图技术，还可用本单位与其他单位相比较，或以其他单位的风险管理作为标杆，设定业绩指标，或召开专门会议、调查、访谈等都是行之有效的自我评价方式。需要注意的是，进行比较时，必须牢牢把握住目标，因为事实和情况总是与目标存在差别。需要记住风险管理的八个构成要素，以及风险管理的固有局限性。

有些流程所涉及的经理及所关联的员工，可能是来自不同的职能部门，通过培训可以提高风险评价效果，同时也可减少所需的成本。

【例4-2】建华公司技术开发部风险管控自我测评矩阵，如表4-2所示。

表4-2　建华公司技术开发部风险管控自我测评矩阵

测评日期：××年××月××日

关键控制活动	相关表单	控制活动痕迹	测评程序	测试方式	抽查频率（次）	测评结果
新模具/配方可行性论证	可行性研究报告 新模具/新配方开发计划 设计开发任务单	是否有详细的可研报告分析痕迹；不适用记录痕迹；领导审批痕迹	检查新项目研发前有无详细的可行性研究报告，是否有详细的研究开发方案、有无管委会讨论及领导审批痕迹	抽查表证	2~4	
新模具/配方开发审批	有关人员对新研发项目的改进书意见书面记录	提出修改意见的记录痕迹；对建议的采纳与否记录痕迹	检查是否有相关人员关于新研发项目的反馈与修改的建议	抽查表证	2~4	
新开发项目进展审核	项目开发进程计划 实际研发进度	研发开展进程记录痕迹；投入各种资源及利用记录凭证	依可行性研究报告计划及批示，人员配备、出勤、资源配置记录、到现场查看	抽查记录	2~4	
新模具/配方推广	新研发项目使用记录 客户使用反馈单	新成果生产使用/质量记录痕迹；征求、听取客户意见反馈痕迹	到生产现场查阅新项目运转状况，检查相关手续记录，听取相关方意见	抽查走访	2~4	
新模具/配方成本核算	新项目费用凭证 核算账表及审批表	新项目经费核算过程及核算过程记录痕迹	抽查新项目经费核算记录、审批表及经济效益状况	抽查表证	2~4	

（二）风险管理职能部门的评估

单位在风险管理中，要充分发挥内部监审人员在监督和评价方面的重要作用。监审人员在单位不直接参与相关的经济活动，处于相对独立的位置，对单位内部的各项业务比较熟悉，单位发生的事件比较了解。他们必须协助管理层和董事会监督、评价、检查、报告和改革风险管理。监审部每年至少一次对风险管理责任部门、业务流程等进行监测与评价，找出管理漏洞及薄弱环节，发现执行中存在的不完善之处，提出改进措施及意见，促进风险管理方案及计划的有效执行。评估中发现的问题可填写"风险测评报告清单"，向相关部门报告。清单如表4-3所示。

表4-3　风险测评报告清单

风险现状	标准	原因	影响	评价	建议
没有重要的例外、内部控制设计良好	标准的控制程序及流程图	风险控制和抑制措施	将风险控制在可接受水平	控制设计适中、可行	尚无更好的建议
货币资金的收入、记账和对账由同一人执行	原设计是相互分离的职责	另一位出纳调离	存在挪用公款的可能及舞弊漏洞	原控制设计措施没有得到执行	将收款、记账、对账实施职责分离

公司整体风险管控能力评估如表4-4所示。

表4-4　公司整体风险管控能力评估

序号	评价对象（业务单元）	综合分	权重	管控能力		控制（评价）要素及权重					
				等级	得分（％）	授权（10）	职责（15）	规范（25）	执行（25）	记录（15）	监管（10）
1	公司领导	6.00	8	良	75.00	4	4	4	3	4	4
2	社会责任	6.00	8	良	75.00	4	4	4	3	4	4
3	企业文化	4.32	6	良	72.00	4	4	4	3	3	4
4	采购管理	5.04	8	中	63.00	4	4	3	3	3	2
5	营销管理	3.72	6	中	62.00	4	4	3	3	2	3
6	合同管理	3.30	6	中	55.00	4	4	3	2	2	2
7	生产管理	3.60	6	中	60.00	4	4	3	3	2	2

序号	评价对象（业务单元）	综合分	权重	管控能力		控制（评价）要素及权重					
				等级	得分（%）	授权（10）	职责（15）	规范（25）	执行（25）	记录（15）	监管（10）
8	资产管理	2.10	6	差	35.00	2	2	2	2	1	1
9	预算管理	1.60	8	极差	20.00	1	1	1	1	1	1
10	资金管理	2.80	8	差	35.00	4	4	1	1	1	1
11	成本控制	2.70	6	差	45.00	3	3	2	2	2	2
12	人资管理	4.08	6	良	68.00	4	4	3	3	4	3
13	财务报告	3.76	8	中	47.00	4	3	3	2	1	1
14	安全运营	4.80	6	良	80.00	4	4	4	4	4	4
15	内部审计	2.80	4	良	70.00	4	4	3	3	4	4
合计		56.62	100		862.00	54	53	43	38	27	38
百分制得分		56.62		中	57.47	72.00	70.67	57.33	50.67	36.00	50.67
管控能力等级		中			中	良	良	中	中	差	中

注：①管控评价要素分别按：优（5分）、良（4分）、中（3分）、差（2分）、极差（1分）。

②单项业务单元权重，按每项业务单元对考评主体业务所处地位及作用不同赋予不同权重，但所有业务单元权重之和为100分。

③业务单元管控风险能力得分（百分制）＝（该评价要素评价得分×权重）÷（该评价要素最高得分×权重）×100

④各项控制要素管控能力得分（按百分制）如：授权＝（4×10＋4×10＋4×10…＋4×10）÷（5×10＋5×10＋…＋5×10）×100＝（540÷750）×100＝72（分）。

（三）外部中介机构的检查评审

单位可聘请有资质、信誉好、风险管理专业能力强的中介机构和顾问，对单位风险管理工作进行评审，出具风险管理评审和检查专题报告。报告应评价风险管理计划的执行情况、存在的缺陷及改进建议。可针对单位的具体情况，就下列事项中的某一项或全部提供咨询服务：①风险管理基本流程与风险管理策略；②重大风险、重大事件和重要业务流程的风险管理及内部控制系统的建设；③风险管理组织体系与信息系统；④风险管理的总体目标。

应该注意的是，中介机构和顾问只起到协助、补充和促进作用，不能取代高层管理者在风险管理中的作用。

第四节 监测评价的风险报告

一、风险报告含义、目标及对象

风险报告是单位风险管理信息和风险管理状态在一定时期内的总结表述，是一种有准备的沟通形式。在风险管理中具有突出的地位，其功能被视为"六大管控能力之一"，这是由它的效能决定的。在单位经营管理中，如果报告效能产生问题，单位肯定出问题，单位的风险管理的失效也常与报告机制有关。单位的决策层必须及时、准确、可靠、系统地获取基层、专业层的风险报告，才能有效提高决策水平，使单位避免遭遇风险或减小风险损失。

根据 COSO – ERM2004 描述，风险报告目标是"可靠的报告为管理层提供适合其既定目的准确而完整的信息，它支持管理层的决策并对企业活动和业绩进行监控"。

监测评价过程中发现的风险管理缺陷——影响单位经营战略目标实现的各种现象及行为，应向有关部门和所涉及的人员进行报告。如果发现的问题超出组织的边界，报告也应当相应超出，并且直接呈交给足够高的层次，以确保采取适当措施。

至于向谁报告缺陷，有的单位依据 COSO – ERM2004 规定，制定了如下指导方针：①把缺陷报告给那些直接负责受这些缺陷影响的经营目标的人；②把缺陷报告给直接负责这些活动的人以及至少市政级的人；③存在报告敏感信息（如非法和不当行为）的备选报告渠道；④特定类型的缺陷要报告给更高级的管理者。

至于哪些缺陷要报告给高级管理层，也确定了如下标准：

当一个事件发生的可能性不可忽视，而且其影响会引发以下结果时，要向高级管理层报告缺陷：①对员工及其他人的安全产生不利影响；②非法或不当行为；③资产的重大损失（超××万元）；④没有实现的主要目标；⑤对主体的声音消极影响；⑥不当的对外报告。

二、风险报告种类

（一）企业风险报告种类

总的来看，风险报告分类可分为对外报告和对内报告两大类。对外报告要按国家相关规定执行。对内报告可根据不同目的及需要编制不同内容的风险报告。

例如，围绕风险管理战略而设置的风险报告可分为预测性风险报告、监测性风险报告、监督检查性风险报告、周期总结性风险报告和特殊事件报告，以及应特别要求而出具的相关报告，如向企业利益相关者出具的报告或向监管方提供的报告等。按报告具体内容，可分为单一风险报告、组合风险报告和整体风险报告；按报告传递媒体，可分为口头、文字或信号等报告；按报告形成过程，可分为自动形成报告和非自动报告等。

（二）针对企业内部管理层的风险报告

针对企业内部管理层的风险报告包括：①收益或损失的原因报告；②当前企业风险状况报告；③周期性风险管理总结报告；④关键风险的监测报告；⑤经营中发生的意外与偏差（调查）报告；⑥关键业绩达到的指标报告（衡量成/败）；⑦风险审计报告；⑧特别事件（内部和外部）调研和分析报告；⑨周期性的风险战略评估报告；⑩某些事项的预测报告；⑪权益方（股东、监管、第三方等）报告，如上市公司的财务报告。

以下是西方企业的基层向经营决策高层进行风险报告的要点：

（1）分析现有风险的管理状况与理想化管理状况之间的差距在哪里。

（2）总结什么是最优秀的和最糟糕的风险管理资源投入，并给出解释。

（3）根据当前的环境扫描过程或早期预警显示，报告什么风险应引起或必须引起企业立刻行动或对风险的及时反应。

（4）基于企业采用的风险价值等方法进行报告，评估宏观经济的利率波动可能超出的极限对企业的收益和现金流的影响。

（5）采用情景分析法评估某些企业不可控制的风险，如通货膨胀、天气、竞争者行动、供应商运作水准差异对企业收益、现金流、资本和商务计划的影响。

（6）操作风险报告，针对风险政策和已经界定的风险限度分析企业在操作方面重要的失误、事件、损失、险情或接近出错的情况。

（7）进行特别专题的研究或特别目标的研究报告，如就开拓一个新市场、开发一个新产品进行论证，企业是否有必要就某些计划"叫停"。

（8）总结报告企业的内部审计发现和外部审计发现的缺陷及问题。

（9）总结企业在风险管理方面的创新行为，并报告下一步的创新计划，如没有，解释原因。

它是按企业子公司、操作区域、产品组别等几大类，汇总报告企业层面的风险评估结果及各层面的主要风险，并进行风险重要性排序。

（三）针对不同层面利益相关者的风险报告

1. 上市公司向公众和投资股东的报告

目前，上市公司向公众和投资者主动披露风险管理的内容是根据监管部门要求，通常在年度（半年度）对外报告中增加一个或几个部分内容进行公布。企业在年度报告中究竟多大程度地披露风险管理要素，受多个因素的制约，如上市公司监管部门的法律法规制约。

另外是将风险管理信息从年度报告总体组合中专门披露风险管理内容。例如，西方企业在年度报告中目前专门披露风险管理的分报告一般包括如下内容：①审计报告（必须包括的报告）；②公司治理报告（一般包括的报告）；③企业可持续发展报告；④风险因素披露报告；⑤企业全面风险管理报告（2000年后逐渐开始披露这一信息）；⑥企业的社会责任报告；⑦环境报告；⑧质量目标；⑨企业内部控制程序与原则；⑩损失事件和损失报告；⑪某些行业特定风险报告。

2. 公司经营层向董事会和风险管理委员会的报告

该风险报告是特定风险管理报告和企业综合性/整体性风险管理报告。

经营层向董事会或风险管理委员会的报告内容、时间和风险限度要严格按照企业的《风险管理手册》进行，或者特殊情况下按董事会向经营层要求的详细程度进行风险报告。一般经营层有责任100%地向董事会和风险管理委员会报告企业风险及其管理状况。

3. 公司风险管理职能部门或风险首席执行官的风险管理报告

该风险报告是常规业务报告、特定/局部风险管理报告和企业综合性/整体性风险管理报告。报告内容、时间和风险限度，要严格按照企业的《风险管理手册》进行。风险管理职能部门或风险首席执行官有责任100%（不加修饰程度）地向风险管理委员会报告企业风险及其管理状况。一般来讲，针对内部管理层的风险报告比针对董事会的风险报告内容要详细和具体。

4. 业务单位/风险经理向公司风险管理职能部门、风险首席执行官或风险管理委员会的报告

该风险报告是常规业务报告、特定或局部风险管理报告。报告内容、时间和风险限度要严格按照企业的《风险管理手册》进行。业务单位或风险经理有责任100%（不加修饰程度）地向公司风险管理职能部门、风险首席执行官或风险管理委员会报告业务单位层面的风险及其管理状况。

5. 风险责任人向风险经理、风险管理职能部门或风险管理委员会的报告

该风险报告是常规业务报告或特定风险管理报告。报告内容、时间和风险限度要严格按照企业的《风险管理手册》进行。风险责任人有责任100%（不加修饰程度）地向风险经理、风险管理职能部门或风险管理委员会报告风险及其管理状况。

6. 企业员工向风险责任人、风险经理、风险首席执行官或风险管理委员会的报告

该风险报告一般为工作岗位相关的风险报告。报告内容、时间和风险限度要

按照企业的《风险管理手册》进行。另外，企业可设置"风险报告直通车"，鼓励一线工作人员直接向企业的高层报告重大风险隐患。

7. 企业向债权方、客户或其他利益相关者的报告

该风险报告一般应利益相关方要求，企业不得不出具尽量能够证明企业风险管理处在合理、科学和有效的管理之下的风险报告，以打消利益相关方的顾虑和增进他们的信心。报告要在真实的基础上将风险管理信息艺术性地披露到让利益相关方满意。

总之，风险报告应根据不同对象的需求，其内容也应有所区别，目的是满足利益相关者需要，提高企业防范风险的能力与信誉度。

三、风险报告管理

风险报告的管理程序如图4-3所示。

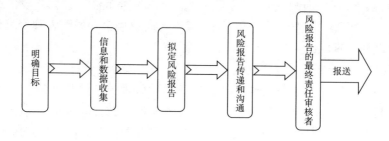

图4-3 风险报告管理程序

（一）明确目标

这一环节主要解决风险报告送给谁，是外部还是内部，是风险责任者还是主管上级，或公司最高管理决策者，或风险管理委员会。只有目标明确后，才能做到有的放矢地组织材料进行撰写。

（二）收集信息和数据

这一环节的目标是实现信息的可靠性。由于有意或无意的失误，或人的素质的局限性，或信息收集技术的局限性，或设计的信息收集方案不科学等因素，都会使收集数据的质量大打折扣，甚至导致风险报告本身是无意义和无效的。

（三）拟定风险报告

无论是自动还是手工方式出具风险报告，仍旧是人及技术因素对报告质量产生影响。另外，这个过程也可能出现报告形成的时间过长，或出现泄密问题。

（四）风险报告传递和沟通

这一过程容易出现的问题是传递速度过慢，报告泄密、报告丢失，报告渠道不

畅通等风险，或出现错送地址或收件部门等，从而影响报告的可靠性和及时性。

（五）风险报告的最终责任审核者

审核者对报告解读的速度和水平、审核者组织报告综合会议的能力、审核者的"智囊团"参谋水平、审核者所拥有的决策权程度等，将影响审核者实施"措施制定质量"和"措施实施速度"。

显然，公司实施 ERM 并建立风险管理部门后，风险管理部担当很多基层单位所发出的风险管理报告最终审核者。风险管理部还需要做进一步的平衡与分析，进而产生公司层面的、综合一致的风险报告（如消除基层可能产生的不一致性报告），这些报告将供公司高级管理层、董事会、监管或其他利益相关者审阅，在这种情况下，这些人士又是报告的最终审阅者。

四、风险报告管理制度

为提高对风险管理报告的管理水平，需要一种相宜的制度作为长期的指引和保障。以下是风险报告制度应覆盖的内容提要：

（1）风险报告的目标。

（2）明确风险报告信息来源真实性、可靠性、完整性的重要意义。

（3）设定明确的风险报告程序或指引。

（4）根据识别出的风险，特别是关键性风险的种类，规范报告的种类。

（5）根据识别出的风险点绘制报告布局图、报告流程、路线图等。

（6）明确岗位责任和相关工作的授权，明确责任的追究。

（7）规范每一级管理人员应了解影响他所管辖范围内的风险信息报告。

（8）描述报告的可靠性、保密性、及时性及质量的特点和要求。

（9）明确对报告的检查和纠错机制。

（10）明确对员工的素质要求和对员工实施培训的原则要求。

（11）明确对接触各类报告信息的人员范围和最终的审阅者。

（12）明确报告的存档管理制度和具体报告类别管理的责任人。

（13）明确风险管理部门在统一管理和审核风险报告中的作用。

这些具体内容和要求在"内部控制手册"中有明确规范。

第五节　风险管理持续改进

任何管理都存在改进、提高的问题，所以持续改进是风险管理原则和事物发展规律。

ISO《标准》明确指出，"基于监测与评审的结果，组织应该就如何改善风险管理框架、方针、计划做出决策，这些决定应导致组织的风险管理和风险管理文化的改善"。

一、持续改进的意义、目标及过程

（一）持续改进的意义

ISO《标准》认为"持续改进"是一项循环的活动，通过过程的运行和改进来实现。改进包括日常的渐进改进和重大的突破性改进。改进是为了寻求每一个可能的改进机会，而不是在问题发生后才去改进。改进是持续的，一个改进过程的终止意味着一个新的改进过程的开始。改进是螺旋式上升的，每一轮的改进都不是简单的重复，而是向着更新、更高的目标攀升。

持续改进的主要内容是风险管理框架、风险管理方针、风险管理计划等。

（二）持续改进的目标

（1）要促使企业风险管理的改进。

（2）要促使组织风险管理文化的改善。

（三）持续改进循环过程

（1）分析和评价现状，从而找出需要改进的内容和范围。

（2）确定改进的目标，寻找可能实现目标的解决方法。

（3）评价改进的方法，并做出选择、实施所选定的新方法。

（4）测量、验证、分析和评价实施的结果，以确定改进目标是否实现。

（5）正式采纳更改。

二、树立风险管理标杆、实施标杆管理

（一）风险管理标杆内容

企业在改进风险管理的战略及方法时，应明确以下问题：

（1）企业希望拥有什么样的风险管理能力。

（2）通过培训，企业的风险管理人员应具有什么样的风险管理能力。

（3）企业内部风险管理的信息流动和沟通机制是否完善、运行如何。

对上述问题的回答必须有一个标准，这个标准称为风险管理标杆。企业可以将自己内部最佳的风险管理实践，或者与其他主体比较，或者以其他企业的风险管理作为风险管理的标杆，为持续改进树立标准榜样。

（二）风险管理标杆类型

1. 内部风险管理标杆

它是以企业内部最佳风险管理实践为基准的标杆管理。它是以企业内部风险

管理绩效最佳者为标准，作为内部实施风险管理的标杆，然后推广到其他部门，从而提高企业整体的风险管理水平。它的优点是利用企业内部的信息、方法便捷且易操作。不足之处是单独使用内部风险管理标杆，往往具有内部视野，容易产生封闭思维。因此，在实践中应与外部风险管理标杆结合起来使用。

2. 竞争风险管理标杆

它是以竞争对手风险管理绩效为基准的风险管理标杆。竞争风险管理标杆的目标是与有着相同市场的企业在风险管理的绩效与实践方面进行比较，直接面对竞争者。这些风险管理标杆的实施较困难，原因在于除了公共领域的信息容易获取外，竞争企业的其他内部风险管理信息不易获得。

3. 职能风险管理标杆

它是以行业领先者或某些企业的优秀风险管理经验作为基准进行的标杆管理。这类风险管理的标杆合作者，常常能相互分享一些风险管理的技术和信息，企业可以在行业或者产业协会的主导下进行比较。其他企业可能会提供比较全面的信息，而一些行业中的同业复核（Peer Review）职能机构能够帮助一家企业对照同行业来评价它的企业风险管理水平。

4. 流程风险管理标杆

它是以最佳风险管理流程为基准进行的标杆管理。风险管理标杆是某种工作流程，而不是某项业务与操作职能。这类标杆管理可以跨组织地进行。它一般要求企业对整个风险管理流程和操作有很详细的了解。

（三）标杆管理的步骤

1. 收集与分析数据

首先要确定风险管理的标杆。分析和寻找最佳实践风险管理标杆是一项比较烦琐的工作，但它对风险管理的成效非常关键。风险管理标杆的寻找包括实地调查、数据收集、数据分析、确定风险管理标杆指标。风险管理标杆的确定可以为企业找到对比与学习的目标，

2. 确定比较目标

比较目标就是能够为企业提供值得借鉴学习的企业或个人，比较目标的规模不一定同自己的企业相似，但在风险管理方面应是世界一流做法的领袖企业。

3. 分析总结

在前面工作的基础上，各个部门及个人通过与选定标杆的比较，寻找自身实践的差距。这是一个系统的分析过程，尤其要明确企业在风险管理的规则和实施过程中的差距。此外，由于每个企业所处的环境有很大差别，每个企业所面对的风险差别也很大。因此，企业应该对自身面对的几个主要风险的管理和应对措施要进行认真的总结，提出改进的行动方案，更好地驾驭风险。需要注意的是，在

进行比较时，企业必须考虑到不同企业的目标及资源情况，以制定适合自身的最佳风险管理方案。

4. 制订并实施改进计划

在确定风险管理标杆并明确差距之后，企业就可以针对本身在风险管理过程中暴露出的问题进行持续的改进。

5. 持续发展，逐步提高

实施风险管理不能一蹴而就，而是一个长期、渐进的过程。例如，魁北克水力发电公司的风险管理就在不断地改进，最初只是关注最主要的风险，到第二年增加第二批风险，到第三年又增加第三批风险。企业的风险管理确立了由主要到次要的风险管理观念，着重强调最主要的风险管理，并把企业引向成功。另外，在实施标杆管理的过程中，要坚持系统优化的思想，不是追求企业某个局部的风险管理最优，而是要着眼于企业总体的风险管理最优。

三、持续学习和改进，形成学习型组织

在企业内部进行纵向与横向持续的信息交换与知识分享，是企业风险管理持续改进的重要因素之一。只有企业内外部进行持续的信息交换和知识分享，企业才能明确自身的业绩、内外部环境的变化、行动界限和限制，从而确立新的目标和战略，并朝着新的目标和战略进行持续改进。

系统的学习和改进是实施风险管理的关键。管理的精髓在于创造一种环境，使组织中的人员能够按组织远景目标工作，并自觉进行学习和变革，以实现组织的目标，通常认为是从组织的利益出发，组织员工进行知识共享的过程。风险管理是一个变动的过程，风险管理往往涉及未来的不确定性，难以客观地掌握和驾驭。因此，它必须得到企业的学习与个人学习的支持。企业需要将风险管理作为企业的文化融入员工的日常行为，通过培训使员工接受并了解企业统一的风险管理过程。例如，Marine Max 把风险管理培训纳入了 Marine Max 大学的课程中。推进风险管理的企业都把知识分享、教育与培训视为事关企业风险管理成败的内容。有效的风险管理培训也有助于业务单位的经理人员和风险管理责任人关注企业的风险管理观点、战略、政策与过程，并能使他们了解支持全面风险管理战略实施的信息系统。它同样有助于对企业全面风险管理的接受及责任感的树立。

员工培训应强调以下内容：①企业的风险战略与政策；②企业风险识别与风险评估构架及其理由；③关键性的自我评估过程如何与日常业务流程结合起来；④企业选择的有效风险度量方法及运用；⑤风险管理基本框架的组成要素及其在风险管理能力方面的应用；⑥诸多现有沟通渠道的参与；⑦企业实现持续改进行

为，对企业风险管理及员工个人的影响。

四、不断完善与提高，实现与时俱进

风险管理的完善过程是企业持续的永恒过程，因为风险管理的完善程度永远是相对的，企业的资源也是有限的，这也就意味着风险管理持续改进只能是相对的。每一阶段，企业都会面临新的问题，都能学到新东西。在风险管理过程中，管理层将会持续地提出如下一些问题：

（1）决策过程中什么信息是最有用的。

（2）过去发生了哪些错误。

（3）哪些风险事项的发生管理层并未预见到。

（4）在过去制定战略风险管理并未使用的外部环境信息在将来可能会更有帮助的信息有哪些。

（5）如果获取该等信息，结果会有什么不同，这意味着企业现行信息获取流程存在什么问题。

（6）企业如何改进目前的风险控制机制。

总之，风险管理是一个动态的过程，随着外部环境、内部条件变化、科学技术水平的不断创新与发展，风险管理理论、技术与方法也应不断变革，才能充分发挥它应有的作用。这其中领导层的观念及风险偏好将决定一切。

风险管理持续改进永无止境，增强驾驭风险的本领永远在路上！

【案例】

魁北克水力发电公司：向风险意识文化过渡

把风险与机遇作为一个整体来管理：一种经营理念的转变。

明白步入一项新的事业所冒的风险：关注成长以及国际投资。

从最上层的委任开始引发模式转变。

凭借57亿美元的利税，魁北克水力发电公司（HQ）不仅是加拿大的而且也是全世界最大的发电公司之一。作为一个公共设施公司，公司的一贯任务是利用北方的河流产生出巨大的水电潜能从而满足位于南方的魁北克人口中心的电力需求。为了达到这一目的，公司曾经克服了无数个技术挑战，如先进的远距离输电系统。但是，正如魁北克水力发电公司行政执行官员勒克莱尔所说，大部分极富经济生机的河流都已经被筑坝启用了。或许，更为严峻的问题是整个世界市场结构的改组，单纯的政府主导的电力市场正在向竞争性的电力市场倾斜。勒克莱尔先生说，"很明显，经营理念以及文化理念是我们必须要进行转变

的"。

经营理念的转变正在通过拓宽商业动机以及投资额度得以实现。摆在公司面前的一条可以选择的绿荫大道，就是追求清洁的、新颖的电力资源，这是对逐步老化了的、污染环境的煤炭以及核电工业极具挑战性的反映。举例而言，在1998年秋季，公司开始与各个合作伙伴在加拿大领土上共同建造一座100万千瓦功率的风力发电厂，与其配套的项目融资可以从加拿大基金利率署获得优先投资权。国际投资重点的转移也推动了经营理念的转变。勒克莱尔先生说，"这恰恰是公司的真正成长动力所在"。但是为了成功地实施经营理念的转变，公司认识到必须同时改变公司的文化理念。EWRM的具体措施，虽然能够很好地管理公司的运营风险，但是公司的管理人员已经习惯了相对无风险的商业环境。勒克莱尔先生说，"竞争文化的转变不仅引进了许多新的机遇，同时也引进了一些风险。随之而来的就是，我们一直在寻找转变自己的经营理念从而能够更好地管理所面临风险的途径"。

经过董事会和高级管理层的充分考虑，公司决定踏上EWRM的漫漫征程。勒克莱尔先生最后总结道："我们确信，通过使我们的员工更加深刻地认识到我们所处的市场地位，通过使他们更加明了我们所承担的风险的深刻内涵，以及为什么我们要承担这些风险，将有助于我们推进理想的行为模式。"魁北克水力发电公司快速发展的EWRM模式，为魁北克水力发电公司实施国际化过程的相应举措提供了更深层次的指导，成为该公司高速发展的辅助因素。

1. 委任

1998年初，魁北克水力发电公司的高级管理人士开始对EWRM的大量观点产生兴趣。公司意识到，现存的魁北克水力发电公司的风险管理条例从本质上而言可被概括为消极的或是防御性的，更不用说承担风险了。而公司的业务条例绝大多数是出于单纯的政治目的，二者均是早期的、过时的条例。

如今较为客观的做法就是发展出一套方式，使之更适合于充满竞争的全球市场，其特点就是前瞻性、整体性和高度集成化。为了实现这种转变，公司设立了一个新的职位——总经理，以负责控制和集中风险管理，并且由马西尔担任。他可以直接向总裁勒克莱尔汇报工作。马西尔先生说："总经理的特权就是创造出一种文化理念或者风险意识，从而为公司职员提供工具，并且帮助他们取得最大可能的成功。"

实际上，新的"商务风险管理人"有其重要任务：

（1）发展一种观点。总经理的工作之一就是发展集中风险管理的更加全面的理念——产生出一个让委员会成员、高级行政官员以及中层管理人员均认可的观点。这将意味着把集中风险管理的理念提高到超出理论上的范畴，从而在本质上将这一过程转变为一系列的客观实践目标。这同时也意味着主动地"出售"集中风险管理这一项目的利益，以寻求获得更广泛的理解和认可。正如马西尔先生所说："我们不是想要接管风险管理的责任，而是要为业务单位和委员会提供一个有效的管理框架，以及进入这一框架的正确手段。"

（2）发展一种企业层面的视野。第二项任务就是将集团的各种风险观点集中起来，实现真正意义上的汇总。最初关注风险识别和风险评估，但是最终将要求发展风险管理和优化各项风险的切实可行的工具。马西尔指出："最为重要的一个词就是'优化'，我们不应该只想着消除风险，我们要求业务经理们要从概念上理解什么是风险，并且能够解释为什么他们正承担着一系列的风险。这样，在企业层面上，我们要确保我们的业务单位能够理解各项措施，并且能够有效地运用这些措施，从而创造出一个优化了的风险体系。"

特定的风险优化战略不仅需要改善个体业务单位，也要改善处于集团水平上的"现存风险"。风险模式对于公司发展前景同样也很重要，魁北克水力发电公司正致力于为简化的或者是决定性的各种风险管理尺度提供更多的可能的方法。马西尔先生指出："最终的目标就是建立一个持续性的、前瞻性的、富有生命力的以及优化了的组织，以确定它的业务计划、风险评估以及风险管理的过程。"

（3）评估公司衍生交易以及保险。第三项任务就是评估公司的衍生交易以及保险产品的使用情况。毫无疑问，采用一种企业层面的风险管理框架会对公司的各项交易操作目标以及决策过程产生冲击。然而，这里的关键问题是要运用操作上的优化来减少业绩变化，使其达到可以接受的水平。同时确保坚持已经建立起来的政策和控制方式。

魁北克水力发电公司正在加快使用衍生交易。公司正在进行着规模越来越大的能源产品的贸易。但是，这些市场是以其复杂性而闻名的，因此公司就使用诸如期货、期权这样的衍生工具来锁定风险。同时，利率风险和货币风险也正在得到积极的管理——后者随公司的国际化进程而出现了快速增长。正如在任何一个工业公司一样，保险产品也是风险战略的一个重要因素。

对马西尔先生的委任意味着公司更加强调其风险管理目标，并开始注重利用衍生交易与保险使风险过程和控制实现优化。正如马西尔先生所说，一套完整的生产程序应该在满足交易单位对于速度和流动性的需求的同时，满足高层管理部门对于可控性的要求。最终，公司应该确保：①业务单位会理解它们所承担的风险并且了解找到合适的措施来管理这些风险；②利用资本市场去管理这些风险是行之有效的。

2. 一个"不进则退"的决定

在新的职位上经过了第一个一年半，马西尔先生的收获就证明了 EWRM 的有效性。仅在任务实施的第一个阶段，就已经取得了公司高度的赞同和全面的支持，最初的成功是显而易见的。基于前18个月的发展，EWRM模式在1999年10月的公司最高决策层会议上获得了全面的支持。最高决策层的讨论关注于魁北克水力发电公司的风险管理的当前状况、进展日程以及在未来希望取得的潜在成就（见图4-4）。经过大量的相互探讨、争论，马西尔先生说："公司董事会决定，以最快的速度向未来状态前进。"

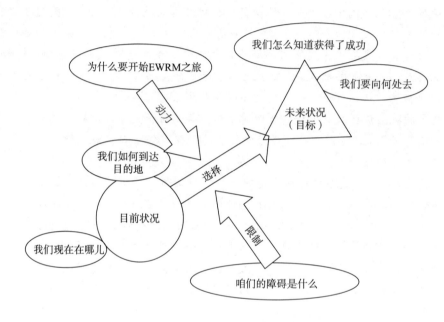

图4-4　在魁北克水力发电公司进行讨论所采用的转变模式

资料来源：摘自笔者关于商务风险研究的著作。

在会议上，董事会鼓励马西尔先生及其工作组成员要加快步伐，实现公司的短期与长期的目标。马西尔先生谈道："我相信，至少还需要五年的时间，我们会拥有一套真正的EWRM文化理念和模式。但是，在两年内，我们将致力于去除大多数的旧方式，所以说我们是任重而道远。"

这并不意味着该项过程还没有实现，在1998年4月开始的前4个月，马西尔先生和他的工作小组成员就已经开始起草了发展蓝图。公司始终要采取一体化的方式来管理它的财务风险，如将货币风险与其他相关财务风险结合起来。马西尔先生指出："我们的目标是建立起管理各种风险的统一框架，我们需要每一位管理人员都对他们各自的商务风险负责任。"马西尔先生另外指出："我们想让管理人员看到风险的严峻性：什么是改善业绩的机遇？什么是风险？我们为什么要承担这些风险?"从这一点出发,未来的蓝图就是,一旦识别了风险,就要对其做出结论:是保留还是抵消?是摒弃还是规避?是转移还是接受或进行利用?这一蓝图的最后一点就是根据汇总资料来评估这些风险的效用,马西尔先生说:"这正如我们在财务风险方面所做的一样。"

问题变得实际了,EWRM 如何才能够提供给魁北克水力发电公司的管理层以有效的工具和洞察能力来识别并管理风险,进而改善其业绩?马西尔先生提出了五步方针:

(1)帮助业务单位构思它们的机遇和风险。必须清楚地了解业务环境。马西尔先生认为,没有比风险图更好的风险识别过程了。但是,就在制作风险图的过程中,马西尔先生和他的工作小组成员经历了最初的挑战。"最大的问题是让人们承认他们所承担的风险,因为在此之前,尚无人谈及这些。"但是,对于拒绝承认自己所承担风险的人,马西尔先生说道:"或许你从未将它付诸计划之中,尽管你知道它是存在的,那么让我们将它暴露于大庭广众之下,以便共同探讨它。"

另一个行之有效的方法就是首先关注所有业务单位都关心的一些普通的风险。按照这种办法,每位管理人员都会觉得威胁小一些,因为他们认识到,他们并不孤独。随后,该过程结出的累累硕果会让行政管理人员看到他所冒的风险与机遇的成功融合。正如马西尔先生所说的:"他们通常是第一次看到这种融合。"

(2)为重要风险建立风险容忍度。一旦风险图被起草、论证,并且最终定型,对于业务单位来说,接下来的任务就是开始决定风险的优先次序。这一过程的关键之处在于确定"必要条件":处于什么情形下、什么水平下的风险是容许的。马西尔先生说:"让行政管理人员根据机遇来规定必要条件是很容易的,但是对于他们而言,以相同的方式衡量风险却是非常困难的。同时,在各业务单位层面与整个集团层面上确定并管理风险容忍度,恐怕是明年我们最主要的挑战之一。"

(3)评估标准的选择。对于每一个关键性风险,业务单位均被要求去确定可能行动的全部范围。了解每一个潜在战略的应用是很重要的。在这一过程中,马西尔先生和他的工作小组的成员们发挥了顾问与指导人员的作用。他们的作用在于帮助业务单位的管理人员制定决策,而不是告诉他们什么是他们必须要做的。马西尔先生指出:"我们的作用是提供一个有关我们如何管理所接受风险的规范的、有意识的决定。"

(4)修订一个行动计划。一旦可以选择的项目已经被勾画出来,业务单位就必须做出相应决策,而且,它们的决策要在业务计划中加以阐述和说明。马西尔先生说："我们并不是在寻找一个在业务计划之外与之并行的过程，我们现在所需要的是两种理念：风险管理和业务计划，二者要紧密结合——成为一个一体化的体系。"而且，业务单位认识到，一旦识别到了风险，它们就有责任去监督风险是否被管理。这是一个不可推卸的责任：风险决策的成功或者失败已经成为业务单位全面评估和持续改善目标的一部分。

（5）在汇总的基础上管理风险。迄今为止，在这项工作的初期阶段，仅是在单个业务单位的层面上进行风险分析。最终公司将致力于将各业务单位的风险汇总起来。只有在汇总的基础上，这些机遇才能够被认清，从而得以利用。

人们认为在某些业务单位中的某些风险管理举措对于整个企业范畴来说是多余的；或者，在一个业务单位的投资决策中的风险很高，而在别的业务单位其风险却很小。所有这些结果，都应该区别对待，加以分析，每个业务单位都应该根据实际情况和给定的机遇来重新评估它们拟定的行动。同样地，来自原来部门的某些形式上的"担保"或许会成为一个业务单位的业务计划和评估标准的一部分，这也是为了企业能够获得整体上的优化成果。

语言和报告的一致性是至关重要的，总体而言，公司的目标就是发展起一个连续的沟通循环和创造性思维方式，使企业的所有风险变成一个真正的优化组合。马西尔先生解释道："行政执行官负最终的责任，并且向委员会做出报告。"但是，管理部门认为 EWRM 最初应该由处于相应的风险管理职位上的管理人员共同负责，他们的工作也包括提供过程方案、报告以及方针政策来优化贯穿于整个组织结构的种种风险。"我们想要让每一个业务单位负责管理它们自己的风险。"马西尔先生补充道："我们将发展共同的语言和统一的过程，从而在各个业务单位之间创造出密切的合作、沟通和资源共享。我们将在一个汇总的基础上优化我们的风险，并评估可以选择的风险管理决策对于整个企业的影响。"

3. 实施前景：魁北克水力发电公司的国际化

迄今为止，上述步骤已经在两个业务领域中得以实施。第一个就是美国和加拿大相邻电网间的电力销售。虽然公司长期以来一直从事这一业务，多年来，它一直按照传统方式销售电力——但这只是在保证价格和销售额的某种平衡下进行调整。随着燃料价格的不断降低，竞争环境越来越恶劣，运用一套更规范的手段来评估风险和机遇就显得更为重要。

尽管对于公司来说改进地区性电力销售非常重要，但是地区性电力市场的未来增长潜力却是很有限的，但就公司业务的国际化来讲，情况就大大不同。魁北克水力发电公司的国际化被看作是其未来全面发展的潜在源泉。过去的 20 多年中，该公司已经形成了很强大的国际声望。而目前该公司正在上马一个新的投资项目：在全球范围内开展实物资产的开发与运营业务。魁北克水力发电国际公司已经投资或者承诺投资 150 万美元，但是这仅是计划在未来的四年间投资 1.35 亿美元的一小部分。

开发与管理国际电力投资是一项复杂的、资本高度集中的、充满竞争的，因此也就充满了风险的业务。但是，对于那些有着足够能力的公司而言，这同时又是一次难得的机遇。发展中国家是缺电国，即使其现存的容量也常常不能满足需求。通过进行国际化投资，在世界范围内供应电力，魁北克水力发电国际公司（HQ）既为其投资东道国，也为其股东带来了利润与效率。

但是，对于该公司而言，国际直接投资是一项新的尝试。这意味着承担新的、更重大的商务风险。很明显，这将不同于以往国内的风险管理。对这些风险的管理需要新的能力。因此，魁北克水力发电国际公司自然就成了马西尔先生的综合风险评估与管理体系的首要分析对象。正如辅助风险管理部主任吉鲁·杜福尔先生所解释的："很明显，随着电力公司的这项业务的出现，风险将会成为一个主要因素。必须承认，随着对风险管理的要求不断增加，我们的任务也越来越重了。"

4. 什么是我们所承担的风险以及我们如何去管理它们

吉鲁·杜福尔先生说："我们在 1998 年夏天采取的第一个步骤，就是回顾公司的基本决策以及我们的重大举措。"借助于一个风险图过程，该小组发展了一套详细的风险评级标准。

5. 人力资源

魁北克水力发电国际公司的最主要风险就是人力资源问题。魁北克水力发电国际公司的全体工作人员已经习惯于不从利润驱动角度出发来管理项目或者进行预算。但是，吉鲁·杜福尔先生指出，价格和利润的管理都需要一整套全新的技巧。"你在技术方面具有多大的能力并不重要，"他解释道："如果你不能够以利润为出发点进行管理，如果你选择了错误的项目，你将会面临失败。"为了强调风险，魁北克水力发电国际公司组建了一个人力资源职能部门来组织并确保关键的职位让那些有能力的人才担当。在这方面，员工之间的差距非常明显，吉鲁·杜福尔先生指出："我们采取一系列的措施来提高人才质量，或者通过培训、从别的公司聘请人员来缩小员工间的差距。"

6. 项目选择（投资评估）

通过制作风险图管理过程，处在第二位的风险即投资选择风险被突出出来，评估小组聘请主要的咨询公司来确定所有相关过程。正如吉鲁·杜福尔先生所解释的："我们从头到尾重新设计我们的投资过程——包括项目核定、模拟咨询、投资评估、方针战略以及全部的预测手段和技术。我们认为这是十分重要的，因为我们的利润不仅依靠资产的管理，更依靠以适当的价格获取利润。"这并不意味着现存的机制完全不再适用了。评估小组一直配备有咨询公司以及金融专家、投资专家提供大量的模型和技术。然而，魁北克水力发电国际公司认识到，有必要进一步进行突破性改进。目前，公司正在发展一项更为复杂的风险调整 NPV 模型——它能够反映国际直接投资和项目管理的关键风险。除此之外，公司希望能够运用一套概率模型来预测单一项目的回报率。吉鲁·杜福尔先生指出，最终该小组将发展出一套模型来演示一项潜在投资是如何在现存的整体业务中发挥作用的，"我们想实现在风险可以调节的基础上增加投资的能力，同时还想了解一项投资项目对于另一项投资项目的总体影响"。投资项目如何融合在现存的整体业务中，是投资选择和资本配置的关键因素。

7. 魁北克水力发电国际公司投资组合

魁北克水力发电国际公司的国际投资金额已经接近它未来四年国际发展投资总额 1.35 亿美元的 12%。目前，它投资的项目包括以下几方面：

哥斯达黎加：在这里，魁北克水力发电国际公司已经建成一个可连续发电 10 万千瓦的水力发电厂，这是在 1998 年投资的，该公司负责全国的发电和输变电。

塞内加尔：魁北克水力发电国际公司已经并购了塞内加尔国家电力公司。这项投资需要设备以及管理机构的更新换代，也包括重大项目的进一步投资。

秘鲁：魁北克水力发电国际公司正在建造远距离的输变电设施来连接整个国家的南北地区。该项目的收益有充分保证（尽管还存在政治风险）。

澳大利亚：为了连接两个市场，魁北克水力发电国际公司正在建造从昆士兰到新南威尔士的地下输电线路。该项目未受国家支持，风险较大。

中国：为了在世界上最大的新兴经济体中获得立足点，魁北克水力发电国际公司已经和中国电力总公司携手合作以谋求并购 8 家中国水力发电工厂。

8. 合同风险

魁北克水力发电国际公司已经习惯于签订各种专业服务合同。然而，这些仅是相对较小的合同，只涉及相对有限的资本投资和少数国家。而目前，公司的国际投资金额越来越大，资金投向越来越多的国家，因此很有必要对合同风险进行严格评估，这对公司来说是一个重大变化。吉鲁·杜福尔先生解释道，在一个受到管制的垄断市场中，"是由你自己单方面决定合同条款"。但在有着自己的法律法规的别国市场中或在一个自由竞争市场中，严格考察合同条款以尽量避免损失就有了至关重要的意义。因此，公司在这方面做出了巨大的努力，目前，在公司的整个投资评估过程中，合同风险都被摆在重要位置上。

9. 政治风险

基础设施投资的投资周期会长达 10 年、20 年甚至 30 年。因此极易受到各种风险的冲击：如暴力、战争、征用，以及各种各样的国有化措施，等等。然而，风险图过程突出了这一混乱现象的另一个因素：不对风险进行明确界定，我们就不会在投资东道国拥有足够影响力，进而也就不能够减小因政府政策的改变而带来的潜在风险。

为此，魁北克水力发电国际公司同一家咨询公司共同制定一套适用于管理政治风险的模型。例如，公司关注并且分析各个主权国家的制约因素，从而确定适用于政治风险的战略。这项工作尚未完成，但是，目前公司正在寻找途径收集并分析来自内部和外部资源的相关数据和信息。

一个与公司密切相关的问题就是评估各种保险形式的有效性。这包括有关的准政府组织或者当地的出口信贷机构（ECAS）提供的便利。迄今为止，公司为所有的投资项目购买了政治风险保险——这是由于公司认识到当前的投资组合还远远没有完善到能够完全抵御一次重大的政治风险事件的程度。在近一阶段，或许就在 3~5 年，魁北克水力发电国际公司将会在这方面做出努力来减少因重大政治变化、风险事故而引起的损失。

10. 竞争风险

公司热切关注其交易能力的改进，以及竞争环境下项目管理能力的提高。吉鲁·杜福尔先生指出："在过去，我们不必去分析我们面临的竞争或者详细分析我们的市场地位，但是为了发展，我们现在不得不关注这些方面的问题。"

11. 合作风险

公司也认识到必须要提高自身识别最佳合作伙伴的能力，这些伙伴与公司承担共同的投资风险。吉鲁·杜福尔先生解释道："什么是共同投资风险？我们应该与谁合作？为什么要合作呢？我们怎么样才能够确保我们的投资资金和我们的合作伙伴的资金都得到充分的保障呢？我们不应该与谁合作，为什么不与之合作呢？"同样重要的是，一旦我们认定了一位合作伙伴，"我们怎么样才能和合作伙伴有效地合作以确保这一关系的成功呢？"这一风险在那些国际投资规模巨大并常常导致腐败事件的国家当中是相当重要的。共同投资风险伙伴和供应商至少必须具有可信度与声望，必须对其背景进行考察，并进行严格的筛选。

12. 财务风险

随着国际投资项目的增加，外汇与利率风险的影响也在增加，魁北克水力发电国际公司现在有两个专业人员，他们的任务就是衡量并且量化上述风险及其他的财务风险，评估套期保值战略，寻求适用的分析体系和模型，以及软件系统，最终在整个集团的层面上管理这些风险。

13. 沟通与不断学习对未来发展至关重要

沟通对于一个拥有不同文化背景的企业而言是至关重要的。在魁北克水力发电国际公司，100 名员工中就有 1/3 的人多年来一直从事国际业务工作，另外，2/3 的工作人员是最近新加入的，其中 1/3 来自母公司，1/3 来自其他单位。吉鲁·杜福尔先生说，挑战使这些人团结起来，使公司在没有承担不适当风险的情况下，顺利地开展起国际业务。沟通——在最高管理部门的支持下——正在推进这一过程。在魁北克水力发电国际公司里，公司的国际业务主席勒克莱尔先生已经在一些场合上会见了各个小组并且强调了 EWRM 的重要性。制定简明扼要的报告来讨论目标，突出过程并且详细讨论下一步计划，这是全体小组成员共同努力的成果。魁北克水力发电国际公司甚至要制定崭新的内部通信体系来辨别和讨论公司的重大事项。

魁北克水力发电国际公司也组织了培训课程促进沟通意识。对于大部分小组，没有过分地强调特定的风险，而是强调企业层面的利润。举例而言，这些课程将会着重于改变政策、职能以及相应的责任感。在魁北克水力发电国际公司，每周有 1 小时用于人事管理培训，有 3 小时用于专业课程培训。

除了一般性的培训，魁北克水力发电国际公司也开设了更加深入的研究课程。公司的专业培训需要参加 5 小时的特定风险的小组讨论。吉鲁·杜福尔先生指出："这样做的目的就是要明确：对风险的理解是通过过程和工具两个方面来获取的。"最后，吉鲁·杜福尔先生说："我们的目标是推动关于企业面临的所有风险的讨论。业务单位中的许多风险是相同的，一体化的风险管理功能是具有指导意义的，我们要求各业务单位分享信息，互相帮助来取长补短，从而推进切实可行的决策。"

最终，EWRM 强调企业人员不断学习的重要性——这也就是为什么培训和沟通显得如此重要的原因所在。马西尔先生说："我们所要构建的是分享个人经验的手段，我们用每位管理人员所必需的知识和工具来充实他们，我们帮助他们通过一个共同的风险语言进行沟通。我们所构建的是比个人的经验更为丰富的知识结构——我们致力于知识的共享。"归根结底，要由人而不是机器来做出决策，正像吉鲁·杜福尔指出的："我很强调量化分析，但你不能仅靠数字来管理企业，最终你还得靠人来综合考察相关问题并做出决策。"

14. 总结

EWRM 方法在魁北克水力发电公司甚至在魁北克水力发电国际公司仍处于初级阶段。但上述内容还是反映了其在思维和运作模式上的巨大变化。正如马西尔先生及其工作小组成员在魁北克水力发电公司发展前景上所勾画的一样，魁北克水力发电国际公司已经迈开了走向 EWRM 的第一步。它已经开始制作风险图，且使 EWRM 得到全公司的认可和接受，现在公司正在寻找适当的激励机制，以推动其管理人员在各自业务单位和整个公司这两个层面上尽其所能地开展风险管理工作。业务经理认识到：他们必须在 1999～2000 财政年度的业务计划中讨论风险和与风险有关的活动。马西尔先生说："目前，我们正在组织中层管理人员的培训，以便使他们能够更好地理解这些任务。"从这一点出发，公司的目标是进一步发展实现 EWRM 前景所需要的模式和工具。吉鲁·杜福尔先生指出："那将是最艰难的工作，我们正在努力完成它。"

最后，改变对企业人员的授权或许是马西尔先生和吉鲁·杜福尔先生以及他们的工作组成员正在运用的方法中最为重要的方面。吉鲁·杜福尔先生和马西尔先生均认为风险意识是一种理想的组织原则，而在 EWRM 方法中，对人员的授权至关重要。正如马西尔先生所言："风险与机遇是不可分割的，挑战使人们认识到了这一点，并使人们确信他们是最有资格去区别、衡量和管理风险的，人们也认识到当挑战更为严峻时，我们将会提供帮助。"公司只有既在业务单位层面上，又在全企业层面上与风险做斗争，才能真正地优化风险为收益。

虽然马西尔先生和吉鲁·杜福尔先生对于目前的发展日程很满意，但是他们充分认识到真正的工作尚未开始。人才的合理使用方可填补技术上的差距，沟通渠道必须要建立起来，职能评估以及与规划有关的风险要集中起来，报告要实施标准化，发展确定的模式和实施完善的、支持性的技术。最后，必须发展确保重新评估确定性和连续性的良性循环，马西尔先生指出："我们的前景以及我们的职能是帮助业务单位明白它们各自的任务，明白它们制定的战略性选择，并且明白整个组织机构潜在的最佳协同作用。我们的前景是学习，在你学会走路之前，你必须爬行，在你学会跑步之前，必须要学会走路，我们正在准备学会走路——我们坚信终究有一天我们会跑起来。"

第五章　保险与风险管理

第一节　保险概述

一、保险的定义及特征

（一）保险的定义

现代学者一般从两个方面来解释保险的定义。一是从经济的角度，保险是分摊意外损失的一种财务安排。投保人通过购买保险而把发生损失的风险转移给保险人，保险人集中了大量的同质风险，因而能借助大数法则预见发生的损失金额并确定保险费率，再通过向所有投保人收取的保险费来补偿少数投保人发生的损失。因此，少数不幸投保人的损失由包括受损者在内的所有投保人进行分担。二是从法律的角度，保险是一方同意补偿另一方损失的合同安排，保险人是同意赔偿损失的一方，投保人是被赔偿损失的另一方。保单是主要的保险合同，投保人通过购买保险单把损失风险转移给保险人。

《中华人民共和国保险法》中的定义是："本法所称保险，是指投保人根据合同约定，向保险人支付保险费，保险人对于合同约定的可能发生的事故因其发生所造成的财产损失承担赔偿保险金责任，或者当被保险人死亡、伤残、疾病或者达到合同约定的年龄、期限时承担给付保险金责任的商业保险行为。"

（二）保险的特征

根据保险的定义，保险至少具有以下三个最基本的特征：

1. 互助性

保险在一定的前提条件下分担投保人的风险，形成一种经济互助的关系。"一人为众，众为一人"充分体现了保险的互助性。这种经济互助的关系以大数法则为基础，投保人所缴纳的保费建立保险基金，并对发生损失的少数投保人提供补偿，从而在所有投保人之间建立经济互助的关系。

2. 合同性

保险是一种典型的法律行为。保险的整个过程都是依法按照合同的形式体现其具体的存在。保险双方当事人要建立保险关系，其形式则是保险合同；保险双方所需要履行的权利和义务，其依据也是保险合同。

3. 补偿性

保险最终的目的是对灾害事故的损失进行经济的补偿，这也是保险合同的主要内容。保险保障活动是国民经济活动的一个有机组成部分，其保障对象是财产或人身；其保障手段是最终都必须采取支付货币的形式；保障的根本目的则是无论是企业的宏观角度还是微观角度，都是为了有利于经济发展。

二、保险的职能

保险职能是指保险产品固有的内在功能，是由保险的本质决定的。一般认为，保险的职能包括基本职能和派生职能。其中，保险的基本职能是保险最为根本的用途，而保险的派生职能则是在保险产品在发挥基本职能的过程中同时兼具的用途。

（一）保险的基本职能

保险的基本职能包括损失分摊和损失补偿，体现为保险人通过向投保人收取保险费和建立保险基金，分摊特定危险所导致的损失，并实现经济补偿的目的。其中，损失分摊是保险处理危险的方法和手段，而损失补偿则是保险的最终目的。两者是不可分割的两个方面。

1. 损失分摊职能

对于某个特定的个体而言，风险事故的发生具有较大的不确定性，也就是说没有不发生的可能。但是，根据大数法则，对于面临相同风险的一个较大的群体而言，风险事故的发生却是必然的，并且是可以预测的。因此，这使得保险可以基于风险事故的偶然性和必然性这一对立统一的矛盾基础进行损失的分摊。投保人以缴付小额确定的保险费来换取对大额不确定损失的补偿。保险人则根据大数法则集合足够多的投保人，通过向全体投保人收取保险费来分摊其中少数不幸投保人所遭受的损失，将相对少数投保人的损失转嫁给所有投保人共同承担。

2. 损失补偿职能

保险最核心的基本职能就是损失补偿的职能，损失补偿职能主要是针对财产和责任保险而言。遭受损失的特定投保人可以从全体投保人所缴纳的保费中获得补偿。当然，这只是一个财富的再分配，而没有产生新的财富。然而对于人身保险而言，人身意外伤害险和健康保险在一定程度上带有经济补偿的性质。但人寿保险没有经济补偿的性质，更倾向于对未来的经济保障。由于人的生命价值不能以货币表示，并且多种人身保险还具有储蓄和投资功能，所以人身保险存在非补偿的成分，一般称为给付保险金。

损失分摊和损失补偿是保险的两个基本职能。这两个基本职能分别从手段和目的两个不同的角度描述保险的过程。按照保险合同对发生灾害事故损失的企业或个人进行经济补偿是保险的目的，而分摊损失是经济补偿的手段。没有分摊，损失就无法进行保险补偿。这两者是相互依存、相互统一的。

（二）保险的派生职能

随着保险制度的发展和保险产品的创新，在履行保险基本职能的过程中，也产生了派生职能。这些派生职能虽然不是保险所特有的职能，但是由保险机制的内在动力产生，而并非是外部力量强加的。保险的派生职能主要有风险管理职能、资金融通职能和社会管理职能。

1. 风险管理职能

保险的经营对象就是风险，保险本身也是风险管理的一项重要方法。倘若企业或家庭具有较高的风险管理水平，则在损失发生前的预防、发生时的抑制与施救，以及损失发生后的补救等工作都做得比较好，因而能够在一定程度上降低损失发生的概率和损失程度，有利于保险公司提高经营效益。因而，现代保险公司的经营核心不再拘泥于事后的补偿，而更多地把核心工作往前移，从而同时具有风险管理的派生职能。

的确，保险公司的风险管理职能是由保险经营的特点决定的，并且始终贯穿在整个保险工作之中。首先，保险公司的日常业务都与风险事故有关，熟悉并掌握各种风险事故损失的统计资料、事故原因等，具有丰富的风险管理经验。其次，通过周密的风险管理能有效减少损失，并降低保险公司的赔付，提高保险公司的经营效率。最后，保险公司可以通过保险业务经营来促使投保的企业和个人重视风险管理工作，鼓励、协助并监督投保企业和个人加强风险管理工作，促进投保人的风险管理意识。因而，在保险业发达的国家里，保险公司不但经营传统的承保与投资业务之外，还向投保企业提供风险管理的咨询等服务。保险公司内部的风险管理专家可以为投保人提供各种专业的风险管理咨询，帮助投保人估计潜在的风险，评价投保人的风险管理机制并提出解决方案。

2. 资金融通职能

保险公司的资金融通职能可以从保费和赔款两个角度进行解释。从保费的角度来看，由于保险费是预付的，而保险赔偿或给付责任要在整个保险期限内承担，但损失发生与赔付之间存在延迟，历年的赔付率也有波动性等，使得保险的赔付与保费缴纳之间具有显著的时间差。保险公司必须充分运用这个时间差，将这些暂时闲置的保险资金用于投资。当然，投资能提高保险公司的收益，从而增强赔付能力，并能在一定程度上弥补承保业务的亏损。随着投资型人寿保险产品的不断创新，资金融通功能显得越发重要。事实证明，投资业务和承保业务是保险公司发展的两个必不可少的轮子，偏废哪一个轮子，保险公司都无法健康发展。

另外，从赔款的角度来看，当投保人发生损失时，保险公司会根据保险合同的规定而进行赔款。这笔赔款也可以视为灾难发生时的融资。当企业或家庭发生损失时，急需获得资金的补充。倘若没有保险，处于危难之中的企业或家庭就很难获取外部融资，然而保险赔款却没有任何门槛，能轻松获取。因而，保险赔款可以被视为损失发生后的融资。近年来，随着保险服务的创新，出于财务目的而安排的保险越来越多。这也为保险未来的发展开拓了新的领域。

3. 社会管理职能

保险所具有的社会管理职能是由中国学者提出的。社会管理是指调节和控制整个社会及其各个环节的过程，以正常发挥政府的各系统和部门的作用，实现社会关系的和谐和社会的良性运行。但是，保险的社会管理职能并不等同于国家政府机构的社会管理职能。保险的社会管理职能是保险在正常的业务经营过程中，其内在的特性具有促进经济社会的协调及社会各领域正常运转和有序发展的作用。通过保险应对灾害损失，不仅可以补偿灾害损失，可以起到稳定社会的作用，还可以提高事故处理的效率，减少当事人可能出现的各种纠纷，促进社会关系的管理；保险还能促进社会信用管理，完善的社会信用制度是建设现代市场体系的必要条件，也是规范市场经济秩序的治本之策。

（三）保险的作用

随着保险的不断创新，保险产品在实现保险职能的过程中，有了越来越多的用法，具有越来越多的宏观作用和微观作用。

保险职能的宏观作用是保险职能的发挥对全社会以及对国民经济总体所产生的经济效益，主要体现在：保障社会生产的持续稳定进行；为资本市场提供资金来源；促进对外贸易和经济的合作，增加国家的外汇收入；推动科学技术转化为现实的生产力等。保险对企业、家庭和个人的影响则是保险的微观作用，主要体现在：有助于受灾企业持续稳定地生产经营；加强企业的财务管理和风险管理；有助于安定个人和家庭的生活；促进个人或家庭消费的均衡；有利于合理避税和延迟纳税；有利于民事赔偿责任的顺利与快速履行；有利于提高个人和企业的信用，有利于贷款等商业行为的实施等。

三、保险的社会代价

保险作为一种经济制度，在具有以上各种基本职能、派生职能和作用之外，在运行的同时当然会产生一定的社会成本，即保险的社会代价。

（一）经营费用

为了保持整个保险系统的正常运作，需要大量的人力和物力。这些费用包括佣金、业务费用、管理费用、中介费用、宣传费用、税金、利润等。因此，社会总费用是增加的。当然，这些费用也有存在的必要。保险不但可以提供保障，发挥职能与作用，还可以为社会提供大量的就业岗位。

（二）保险欺诈

保险的存在会助长通过故意损失而获得保险金的行为，即保险欺诈。保险欺诈的方式有很多种，主要包括隐瞒或误告、伪造索赔、多重索赔等。随着科技的发展，保险欺诈的技术含量也越来越高。保险公司为了防止保险欺诈也会采取各种行动和措施。保险欺诈和反保险欺诈都成为一项社会成本。

（三）虚增的赔付

有时，损失虽然不是由投保人或被保险人故意造成的，但在索赔时也可能会夸大损失，造成虚增的赔付。虚增的赔付并不是由投保人或被保险人造成的，而是由一些相关的专业人员造成的。这些夸大损失的目的无非是想从保险公司多得到一些赔款，同时也成为一项社会成本。

（四）解决逆选择的成本

逆选择是指在信息不对称的前提下，理性的人以自身经济利益最大化为标准，利用信息不对称从而达到使自己付出最少或获利最大的目的。逆选择是保险市场中普遍存在的现象，投保人和保险人之间存在着严重的信息不对称。为了解决逆选择，就必须充分了解信息，比如要求体检、严格核保等。这些措施均产生了社会成本。

（五）防范道德风险的成本

道德风险也是保险普遍存在的现象。保险合同双方在签订合同后，其行为可能会存在改变的倾向。比如，投保人可能会因为有了保险保障而对保险事故疏加防范，使损失概率和损失程度增加，或因为购买了保险而在遭受损失时未尽力抢救而使损失扩大等。为了防止这些道德风险就必须采取一定的措施，也导致社会成本的增加。

四、风险管理与保险的关系

风险管理与保险无论是理论上还是实践中都有着非常密切的关系。保险是风险管理中不可缺少的工具和方法，并为风险管理的发展提供经验和教训。

(一) 保险和风险管理的对象相同

风险管理和保险的管理对象都是风险。风险的客观存在是保险产生、存在和发展的客观原因与条件，并且是保险经营的主要对象。如果客观上不存在风险，则不需要保险，也不需要进行风险管理。但保险不是处置风险的唯一方法，也并非所有风险都可以通过保险来进行处置。相对而言，风险管理所管理的风险要比保险的范围更广泛。保险只是风险管理的一种方法。保险是着眼于可保风险的分散、转嫁和损失发生之后的补偿；而风险管理则相对侧重于损失发生之前的预防、发生之中的控制和发生之后的补偿，更具有综合治理的特征。

(二) 保险是风险管理的基础，风险管理是保险经济效益的源泉

毋庸置疑的是，风险管理起源于保险的经营与控制，发展于保险的经验与教训。从风险管理的发展历史来看，在风险管理理论形成之前，人们主要用保险的方法来管理风险，后来才形成风险管理的理念，乃至全面风险管理的理念。因此，保险是风险管理的起源与基础，为风险管理提供了丰富的经验和科学资料。由于保险的起步较早，长期的经营活动积累了丰富的风险识别、风险预测与风险评估的经验和技术资料，掌握了许多风险发生的规律。所有这些为风险管理理论和实践的发展奠定了基础。

从保险的角度而言，风险管理是保险产生经济效益的源泉。倘若保险公司也能很好地进行风险管理，通过防灾、防损等管理活动，建议和监督客户控制风险，从而降低赔付率、提高利润率。所以，一个优秀的保险公司不仅是多为客户提供赔款，而且能知晓并熟悉运用风险管理技术，并为客户提供高水平的风险管理服务。这也是保险公司经营中的重要一环。

(三) 保险是风险管理的一个重要方法

保险是经营风险的特殊行业。在长期的经营过程中，保险业造就了一大批熟悉风险管理技术的专业人才，还通过保险发展业务活动和保险经营活动，进行了多形式、广范围的宣传，培养了国民的风险意识和防灾防损的意识，提高了社会的防灾防损的水平。因此，保险是风险管理的一个重要方法，具有非常重要的风险管理职能。

第二节 财产保险产品

一、财产保险概述

（一）财产保险的定义

《保险法》中对财产保险的定义是：财产保险是以财产及其有关利益为保险标的的保险，又称为非寿险。通常，财产保险包括广义的财产保险和狭义的财产保险。广义的财产保险中的保险标的除了包括一切动产、不动产、固定或流动财产及处于生产中的有形财产之外，还包括运费、预期利润、信用以及责任等无形财产，是泛指所有的财产保险业务。《保险法》规定："财产保险业务，包括财产损失保险、责任保险、信用保险、保证保险等保险业务。"狭义的财产保险是特指保险标的为有形财产且仅赔偿直接损失的保险，是特指财产损失保险。财产保险的范围非常广泛，可以这样说，除了人身保险以外的所有保险均可归为财产保险。

（二）财产保险的特点

财产保险有非常明显的特殊性，其与人身保险虽然同为保险，但两者是完全不同的。财产保险主要具有以下的特点。

（1）财产保险的保险标的是财产及其有关利益，通常包括有形财产、经济收益和损害赔偿。

（2）财产保险的保险标的必须是可以用货币衡量价值的财产或利益，无法用货币衡量价值的财产或利益均不能作为财产保险的保险标的。

（3）财产保险的保障功能表现为经济补偿。具体为，当被保险人的财产或利益遭受保险责任范围内的损失后，保险人的保险补偿最多使被保险人恢复到损失发生之前的状态，而不能从保险补偿中获得额外的利益。

（4）财产保险合同是属人的合同。财产保险合同是投保人或被保险人与保险人之间的合同。因此，实际上，财产保险合同并不承保财产，而是承保财产所有人的损失。所以，未经保险人同意，不能把保险合同转让给其他人。当财产出售后财产所有权发生转移时，由于新的财产所有人具有不同的风险特征，因而保险合同不能随财产的转移而自动转移，需经过保险人重新核保之后才能转让。

（三）财产保险保障的损失

财产保险保障自然灾害和意外事故所导致的损失，当然不同险种所保障的范围有所差异，对意外事故的界定也有所不同。从损失的角度来看，财产保险所保障的损失通常包括以下三种：

1. 财产的直接损失

自然灾害和意外事故的发生会导致财产发生直接损失，这是财产保险所保障的最为主要的损失。比如在交通事故中，汽车被撞导致汽车发生的损失。直接损失又可以分为全部损失和部分损失。

（1）全部损失。全部损失是指保险标的全部都遭受损失。具体而言，全部损失还包括实际全损、推定全损、协议全损及可划分部分的全损。

实际全损是指保险标的发生保险事故后完全灭失，或受到严重的损坏完全失去原有的形体和效用，或不能再归被保险人所拥有并使用等。推定全损是指保险标的虽未达到全部灭失的状态，但完全灭失是不可避免的，或者修复标的或运送货物到原定目的地所耗的费用将达到或超过其实际的价值。此时，投保人可以要求保险人按照全部损失进行赔偿，并办理委付，将保险标的的残值转让给保险人。在某些情况下，保险标的所遭受的损失既不是实际全损，也没有达到推定全损的要求，但基于各种原因的考虑，双方一致认为以全损为基础更加方便可行，则称为协议全损。在此情况下，保险人应被保险人的要求按全部损失进行赔偿，相应地也需办理委付。在海上保险中，当事人双方在签订合同时，将标的划分为尽可能小的部分，则当中某一个部分发生全部损失时，称为部分全损。这样，将每一个部分的损失按全部损失来处理更加方便简捷。

（2）部分损失。部分损失是指保险标的的损失没有达到全部损失的一种情况。因此，凡不构成全部损失的情况均为部分损失。海上保险中的部分损失比较复杂，还可以进一步分为单独海损和共同海损两种。其中，单独海损是指保险标的因属于保险责任范围内的风险引起的属于船方、货方或其他利益方单方面所遭受的损失。单独海损是非共同海损的一种部分损失。共同海损则是由共同海损行为造成的损失，又包括共同海损牺牲和共同海损费用。比如，发生海难时，海水浸入船舱，把一部分货物打湿，同时，船长下令减轻船的重量，又把一部分未被水浸的货物扔到海里。此时，被海水浸泡的货物所发生的损失是单独海损，而被扔到海里的货物所发生的损失则是共同海损。

2. 费用支出

财产在发生损失时可能会产生一些费用，如发生火灾时的灭火费用等。特别是在海上保险中，把费用划分得非常详细，包括施救费用、救助费用、特别费用和额外费用。施救费用是指被保险人或其代理人、受雇人或受让人在保险标的遭受保险事故时，所采取的合理施救措施避免或减轻损失到最低限度而发生的费用；救助费用则是指船舶或货物遭遇海上风险时，若自愿救助的第三者能有效使船舶或货物避免损失或减少损失，被保险人应支付的费用；额外费用则是指为了证明损失索赔的成立而支付的费用，如检验费用、查勘费用等；特别费用则是指船舶遭遇海难后在中途港或避难港卸货、存包、重装及续运货物所产生的费用。

3. 间接损失

间接损失是指财产的直接损失而引起的后续损失。例如，某一家餐厅发生火灾，需停业重新装修。则在火灾中烧毁的财产称为直接损失，而在停业装修时因营业中断而导致的收入损失及利润降低，则称为间接损失。除了某些特殊的财产保险如营业中断保险之外，绝大多数的财产保险都不保障间接损失。

二、财产保险的分类

一般来讲，财产保险的标的物包括有形财产、经济收益和损害赔偿三种。财产保险的分类主要是根据保险标的物来进行的。不同的保险标的物有着不同的存在特征和使用特征，面临着不同的风险，因而对应的保险产品也有着明显不同。

（一）有关有形财产的保险

有形财产是指以一定实物形态的财产，能看得见、摸得着。财产保险的保险标的物主要是有形财产。

1. 财产保险

财产保险是保险人对于有形财产因火灾、爆炸、雷击、空中坠物等意外事故及一些自然灾害造成的财产直接损失及相应的施救费用负责赔偿。其主要是保障有形财产的静止状态的风险，比如企业财产保险和家庭财产保险。其中，企业财产保险的保障对象是企业所拥有的用于生产经营的不动产和动产；家庭财产保险的保障对象为家庭所拥有的用于家庭生活的不动产和动产。考虑到财产风险的多样性，该保险通常还有许多附加保险，如盗窃险等。

2. 交通工具保险

不同的交通工具有不同的保险产品，比如机动车辆保险、船舶保险、飞机保险等。其中，机动车辆保险目前是财产保险中市场份额最大的险种。机动车辆保险是保障机动车辆在使用的过程中，因自然灾害和意外事故对车辆本身造成的损失，以及对第三者所造成的损害。保险责任主要包括车损险和第三者责任险两大部分。飞机保险和船舶保险也与机动车辆保险相似，根据不同标的物所面临的特殊风险设计相应的保险责任。这类险种不但保障运输工具处于静止状态的风险，也保障其处于运动状态的风险。

3. 货物运输保险

货物运输保险保障货物在运输过程中因发生自然灾害和意外事故而造成的损失。通常，根据运输方式的不同，有不同的保险产品，比如，内陆货物运输保险、海洋货物运输保险、冷藏货物运输保险等。有时，还包括运费保险和责任保险。这类险种不但保障货物处于静止状态的风险，也保障其处于运动状态的风险，还保障货物在装卸过程中的操作风险。

4. 工程保险

工程保险是保障各种建筑工程、安装工程及特殊工程中财产由于各种自然灾害、意外事故及外来原因和人为过失造成的损失，以及由此导致的责任风险。由于工程所涉及的风险种类比较多，因此，这类保险大多是按照"一切险"的形式来承保的。其不仅仅保障静止状态风险、运用状态风险、操作风险，还保障各种人为过失的风险。相关的险种有建筑工程一切险、安装工程一切险、机器损害保险、核电站保险等。

（二）有关经济收益的保险

经济收益是指由有形财产衍生出来的或在经济活动中产生的利益，比如收入、利润等。相关的险种如下：

1. 营业中断保险

营业中断保险是保险人对不动产和动产因在企业财产保险中所发生的直接损失而导致营业中断，中断期间的营业收入减少及费用的增加提供保障。通常是以附加险的形式存在，比如营业中断费用、额外居住费用、租金损失等。

2. 信用保险

信用保险是以被保险人的信用为保险标的的一种保险，承保债权人因债务人不按时偿付债务而遭受的损失，如承保出口商因收不到进口商的货款而遭受损失，包括一般信用保险及出口信用保险等。其中，出口信用保险在我国是政策性保险，受国家资金的支持。

3. 投资保险

投资保险承保投资者在中国或国外的投资因政治变动、内战、暴乱、政府没收、汇兑限制等因素而遭受的经济损失，通常也称为政治风险保险，这也是我国的一项政策性保险，主要目的是鼓励来华投资和海外投资。

4. 确实保证保险

确实保证保险保证被保证人会按时履行所有合同责任。这个险种所涉及的风险也是信用风险。但是与信用保险不同的是，应该由义务人购买。所以，从某种程度上来讲，这实际上不是保险，而是第三方担保。其常用于建筑工程的招投标或质量保证。

5. 忠诚保证保险

忠诚保证保险对雇主因雇员的不诚实行为，如贪污、挪用、诈骗所遭受的损失提供保障。这个险种保障的也是信用风险，保障雇员的道德品质。

（三）有关损害赔偿的责任保险

损害赔偿是指依法应该承担的某种赔偿责任，主要是指责任保险。责任保险是随着法律的发展与完善而逐步发展起来的一个新险种。责任保险种类很多，大致上可分为以下几种：

1. 公众责任保险

公众责任是指由企业在生产经营中应承担的法律赔偿责任。这些责任是因企业经营场所的所有权、使用权或者维修和保养，环境污染及人身侵害等引起的。比如，一个顾客因餐厅的吊灯脱落而受到伤害，则餐厅要对此承担赔偿责任。

2. 职业责任保险

职业责任保险承保医生、律师、会计师、建筑设计师等各种专业人员因工作过失而造成他人人身伤亡和财产损失的赔偿责任。不同职业有不同的职业责任保险。

3. 产品责任保险

产品责任保险保障产品在使用和销售的过程中对于第三者造成的损害。

4. 雇主责任保险

雇主责任保险保障雇主对雇员因与工作有关的伤亡事故所负的法律赔偿责任，包括医疗费、工资损失、抚恤金等。

当然，这些保险产品都是单个的保险产品。企业和家庭一般根据自己业务经营的特征进行购买即可。这是对于保险产品最为传统的运用方式。

第三节　人身保险产品

一、人身保险的定义及特点

（一）人身保险的定义

人身保险的保险标的是人的生命或身体。当被保险人在保险期限内死亡、伤残、疾病、年老或保险期满时仍生存时，保险公司按保险合同的约定给付保险金。人的生命有生存和死亡两种状态；而人的身体则体现为人的健康和生理机能以及劳动能力。所以，概括地讲，人身保险的保险责任涉及人的生、老、病、死、伤、残。

（二）人身保险的特点

由于人身保险与财产保险具有完全不同的保险标的，故两者的特点完全不同。

1. 保险标的的不可估价

人身保险的保险标的是人的生命和身体。这两者都是无价的，很难用货币来衡量价值。财产保险的保险标的必须用货币来衡量价值。所以，人身保险的保险金额是由投保人和保险人双方约定后确定的。通常采用定额保险，根据被保险人的需要程度及缴纳保费的能力来确定。

2. 保险金额定额给付

由于人身保险标的物的无价性，所以人身保险通常采用定额保险，除健康保险外还有一些补偿性的医疗费用保险。当保险合同内约定的事故发生时，保险人按照合同约定进行给付。因此，采用定额保险的人身保险不适用补偿性原则，也不存在重复保险比例分摊和代位追偿的问题。同时，在人身保险中也没有重复投保、超额投保和不足额投保问题。

3. 保险利益的特殊性

人身保险的保险利益与财产保险也完全不同，两者的主要区别在于：财产保险的保险利益通常有量的规定，而人身保险的保险利益没有量的规定，只考虑有没有保险利益；财产保险的保险利益不仅是订立保险合同的前提条件，也是维持保险合同效力的条件，人身保险的保险利益只是订立保险合同的前提条件，并不是维持保险合同效力的条件，也不是判断保险人是否给付保险金的条件。

4. 保险期限的长期性

人身保险合同大多都是长期的，特别是人寿保险合同，保险期限通常为几十年甚至终身。但财产保险合同通常都为一年。因此，许多在财产保险中几乎无关的因素在人身保险中具有重要的作用，比如利率、通货膨胀率等。长期的人身保险必定受利率的影响，保险期限越长，则利率的影响越大。同时，通货膨胀也是影响人身保险的一个重要因素。传统寿险通常是固定利率和固定给付，不具有任何抵抗通胀的作用。因而，这一问题促使人寿保险公司创新许多新的人寿保险产品，比如投资连结险、万能寿险等。

5. 生命风险的相对稳定性

人身保险保障的是生命风险，则其主要的风险因素就是死亡率。死亡率的变化直接影响着保险公司的经营成本，虽然死亡率受很多因素的影响并持续变动。但相对于自然灾害和意外事故而言，死亡率发生概率的波动性还是较小的，相对而言是稳定的。所以，寿险经营面临的巨灾风险较小，寿险经营的稳定性较好，因此寿险经营对于再保险的运用也相对较少。

人身保险除了具有保险的基本作用，提供经济保障、稳定社会之外，还有较为明显的投资和储蓄的作用。所以，人身保险是广大家庭一种良好的投资渠道，特别是投资性比较强的险种不仅可以提供经济保障，同时还可以提供投资收益，分享保险公司的经营成果。

二、人身保险的种类

根据不同的分类依据，人身保险有多种分类的方法。当然，最为基本的分类还是基于保险标的的分类。

（一）按保险标的进行的分类

人身保险的保险标的是人的生命和身体，因此人身保险分为人寿保险、年金保险、意外伤害保险和健康保险。人寿保险保障的是死亡风险，年金保险保障的是生存风险，意外伤害保险保障的是残疾风险，而健康保险保障的是疾病风险。

1. 人寿保险

人寿保险的保险标的是人的生命，主要针对的是死亡风险。只要被保险人在保险期限内死亡，保险人则按照合同的规定给付保险金。具体还包括许多种类。

（1）定期寿险。定期寿险提供确定时期的保障期限，或设定一个确定的年龄。倘若被保险人在保险期限内死亡，保险人向受益人给付保险金。如果保险期满时被保险人仍然生存，则保险人不承担给付责任。

（2）终身寿险。终身寿险为终身提供长期保障，一般到100岁为止。如果被保险人在100岁之前死亡，则保险人给付身故保险金；若被保险人到100岁时仍生存，则保险人不给付或给付满期保险金。根据缴费的不同，终身寿险还有多种形式。

（3）两全保险。两全保险具有保障和储蓄的功能。如果被保险人在保险期限内死亡，保险人给付身故保险金；如果保险期满时仍生存，则保险人给付满期保险金。两全保险的保险期限比终身寿险短，大多为5年、10年或15年等。

（4）投资连结险又称为变额寿险。这类保险具有保障和投资的功能，保险金额会随着投资业绩的变化而变化。通常，保费分为两部分，一部分用于保障，另一部分则用于投资。保险公司为保险单持有人单独设立投资账户，死亡给付金则以某种方式随投资收入而增减。这种保险具有较强的抗通胀的能力。

（5）万能寿险。万能寿险是非常灵活的一种保险产品，它允许保险单持有人随时改变死亡给付金、保险费及其缴付时间，但通常有最低要求。保费收入也是记入单独的账户，投资账户与保障账户分离。死亡保险金也与投资收入相关，但是有最低保证回报率。

2. 年金保险

在保险中，年金保险是指用年金的方法给付保险金。倘若被保险人在规定的期限或终身中生存，则保险人按年、季度或其他间隔时间有规律地给付。年金保险保障的是生存风险，与人寿保险正好完全相反。根据缴费和给付的期限不同，年金保险可以分为多个种类：比如根据缴费的不同，分为趸交年金和期交年金；根据保险期限的不同，分为定期年金、定期确定年金和终身年金；根据给付开始的时间不同，分为即期年金和延期年金；根据一张保单中被保险人的个数，分为联合年金、最后生存者年金、联合及最后生存者年金；根据给付金额是否与投资相连接，分为定额年金和变额年金等。

3. 健康保险

健康保险是以疾病为保险标的的保险，主要包括以下几种产品：

（1）医疗费用保险是指以保险合同约定的医疗行为的发生为给付条件，为被保险人接受诊疗期间的医疗费用支出提供保障的保险。通常有住院医疗费用保险、门诊医疗费用保险、手术费用保险等。

（2）疾病保险是指以保险合同约定的某种疾病的发生为给付保险金条件的保险。当被保险人罹患合同约定的特定疾病时，保险公司按保险金额给付保险金，而不考虑被保险人的实际医疗费用支出，通常有重大疾病保险、特种疾病保险等。

（3）失能收入保险是指以因保险合同约定的疾病或意外伤害而导致工作能力丧失为给付保险金条件的保险，为被保险人在一定时期内的收入减少或中断提供保障。

（4）长期护理保险是指以因保险合同约定的日常生活能力障碍引发护理需要为给付保险金条件，为被保险人的护理支出提供保障的保险。

健康保险中，医疗费用保险中补偿型和给付型都有，而疾病保险、失能收入保险和长期护理保险则都是给付型的。

4. 人身意外伤害保险

人身意外伤害保险是指当被保险人因发生意外伤害事故而造成死亡或残疾时，保险人根据保险合同和残疾程度给付保险金的保险。意外伤害保险根据保障的特有意外事故可以进行多种分类，包括交通意外伤害保险、一般意外伤害保险、航空意外伤害保险、旅游意外伤害保险等。意外伤害的保险期限通常较短，保险期限从几分钟到一年不等，而且保费低廉，投保简单，不需要体检。

（二）根据是否分红进行分类

根据保单是否参与分红，人身保险可以分为分红保险和不分红保险。其中，分红保险是保险人将保单每期经营盈利的一部分，以红利的形式分配给投保人的保险。特别是在人寿保险中，终身寿险、两全寿险都有分红型和不分红型之分。年金保险中的定额年金也有分红型和不分红型两种。以人寿保险为例，分红型保险的保单红利一般来自下列三个方面：①预计死亡率与实际死亡率之间的差异；

②实际投资收益率与预计利率的差异；③预计经营费用与实际经营费用之间的差异。

具体的红利金额是根据保险公司的实际经营业绩而确定的，保险人通常不会保证红利的支付。实际上，分红保险中，保险人是将未来可能的盈余与投保人进行分享。

（三）按投保方式进行分类

按投保方式进行分类，人身保险可以分为个人保险和团体保险。其中，个人保险是指一张保险单中只为一个被保险人提供保障的保险；而团体保险则是指以一张总保单为某一个团体单位的所有员工或大多数员工提供保险的保障。一般要求投保员工至少应该为总员工数的75%。根据所保障的风险，团体保险也有团体人寿保险、团体年金保险、团体意外伤害保险和团体健康保险。由于承保的被保险人数的不同，团体保险在许多方面与个人保险不同。团体保险是企业进行员工风险管理的重要渠道，是为员工提供企业团体福利的重要工具。

【案例】

2016 年的自然灾害和人为事故

2016 年，全球各地发生多起破坏程度较为严重的自然灾害，影响范围较大。日本、厄瓜多尔、坦桑尼亚、意大利和新西兰均先后发生了不同震级的地震，欧洲和亚洲的一些国家还发生了多起严重的洪涝灾害。在美国，2016 年发生的与天气相关的自然灾害的数量是有记录以来最多的一年，最严重的灾害是飓风马修。飓风马修是自 2007 年之后在北大西洋上空形成的第一个 5 级风暴，也是在 2016 年导致伤亡人数最多的一次自然灾害，共导致 700 多人丧生，特别是海地的死亡人数最多。除此之外，2016 年 5 月至 7 月，加拿大艾伯塔和萨斯喀彻温两省发生的森林火灾也是一起影响广泛、损失巨大的灾害。

根据瑞士再保险 Sigma 有关巨灾事件的定义标准，2016 年全球共发生 327 起巨灾事件，其中包括 191 起自然灾害和 136 起人为灾难。全球大约有 11000 人在这些巨灾事件中死亡或者失踪。从经济损失来看，这些巨灾事件造成 11750 亿美元的经济损失总额，这个数值是自 2012 年以来的最大值，显著地超过了 2015 年所发生的 940 亿美元经济损失。与过去 4 年的历史一样，亚洲所发生的经济损失也最为严重。其中，日本九州的地震是 2016 年中经济损失最大的灾害，损失金额估计为 250 亿~300 亿美元。

保险在 2016 年中发挥了一定的作用，弥补了一定程度的损失。2016 年，全球巨灾的保险损失为 540 亿美元。这个数值也是 2012 年以来的最大值，而 2015

年的保险损失仅 380 亿美元。保险损失的数值明显上升，这意味着在天灾人祸之中，有数以万计的保单持有人因为购买了保险保障而从中受益。他们将能迅速从保险公司获得财产损失的赔偿款，让自己的企业尽快地重返生机，缓解家庭的困难、恢复经济生活水平。比如，在加拿大的森林火灾中，许多住房被烧毁了，大约 88000 名居民被疏散，离开了自己温暖的家。当疏散命令被解除后，保险公司人员立即获准进入受火灾影响的地区。他们尽自己最大的可能和最快的速度进行查款定损，尽快地将赔款送到客户的手中，并协助居民重返自己的家园。截至 2016 年底，已经处理大约 68% 的个人财产索赔。在飓风马修之后，加勒比巨灾风险保险基金（CCRIF）也迅速向海地赔偿了 2340 万美元。成千上万的灾民因此而获得了食品和避难的场所，政府部门因此也能够购买一些应需药品。这些均体现出保险对于政府、企业和家庭的积极作用。

实际上，全世界范围内的保险保障并不足够普遍。很容易算出，2016 年全球的巨灾保障缺口为 1210 亿美元，这是指未通过保险赔偿而是由当事人自己承担的损失金额。比如，新西兰的保险发展较好，投保率较高，新西兰人因而能从 2016 年 10 月的南岛地震损害中尽快地恢复。然而，日本九州地震造成的经济损失中的投保率不足 20%；厄瓜多尔的地震虽然造成了 40 多亿美元的经济损失，而保险赔付仅为 5 亿美元，保障缺口为 88%。所以，保险还应更大力地发展，以为自然灾害和人为事故提供充足的保障。

【案例】

天津港爆炸[①]

2015 年 8 月 12 日，位于天津市滨海新区天津港的瑞海国际物流有限公司（以下简称瑞海公司）危险品仓库发生了特别重大火灾爆炸事故。事故的具体经过是，8 月 12 日 22 时 51 分 46 秒，位于天津市滨海新区吉运二道 95 号的瑞海公司危险品仓库运抵区最先起火，事故现场有 6 处大火点及数十个小火点，并连续发生两次剧烈爆炸及多次小爆炸，爆炸总能量约为 450 吨 TNT 当量。直至 8 月 14 日 16 时 40 分，现场明火完全被扑灭。

事故现场按受损程度可以分为事故中心区和爆炸冲击波波及区。事故中心区是事故中受损最严重区域，面积约为 54 万平方米。两次爆炸分别形成一个月牙形小爆坑和一个圆形大爆坑，150 米范围内的建筑被摧毁，堆场内大量集装箱被掀翻、解体或炸飞，场内储存的 7641 辆商品汽车和现场灭火的 30 辆消防车全部

---

① 资料来源：天津港爆炸事故调查报告［EB/OL］. http：//news. sohu. com/s2016/tjbzbg/.

损毁，邻近中心区的 4787 辆汽车受损。爆炸冲击波波及区分为严重受损区、中度受损区。其中，严重受损区是指建筑结构、外墙、吊顶受损的区域，受损建筑部分主体承重构件的钢筋外露，失去承重能力，不满足安全使用条件。中度受损区是指建筑幕墙及门、窗受损的区域，受损建筑局部幕墙及部分门、窗变形、破裂。其中，严重受损区距爆炸中心的半径约 3 公里，中度受损区距爆炸中心的半径约 5 公里。受地形地貌、建筑位置和结构等因素影响，同等距离范围内的建筑受损程度并不一致。事故共造成 165 人遇难，8 人失踪，798 人受伤住院治疗（重伤 58 人、轻伤 740 人）；304 幢建筑物、12428 辆商品汽车、7533 个集装箱受到损害。除此之外，残留的化学品与产生的二次污染物超过百种，对局部区域的大气环境、水环境和土壤环境造成了不同程度的污染。截至 2015 年 12 月 10 日，事故调查组已核定直接经济损失 68.66 亿元人民币，其他损失尚需最终核定。

最终认定事故直接原因是：瑞海公司危险品仓库运抵区南侧集装箱内的硝化棉由于湿润剂散失出现局部干燥，在天气高温等因素的作用下加速分解放热，积热自燃，引起相邻集装箱内的硝化棉和其他危险化学品长时间大面积燃烧，导致堆放于运抵区的硝酸铵等危险化学品发生爆炸。

事故发生后，各家保险公司迅速开展了理赔工作，并进行了预付处理。保险业最终赔款 17.3 亿元，成为 2016 年全球保险损失最大的单一事件。

部分保险公司的赔付情况如表 5-1 所示。①

表 5-1 部分保险公司的赔付情况

公司名称	赔付情况
太平洋产险	车险报案 91 起、非车险报案 59 起、人身意外险 4 起
平安产险	车险报案 141 起、财产险报案 102 起，首笔理赔金 63.3 万元
中华保险	共接到报案 7 起，其中车险 4 起，雇主责任险 1 起，财产险 1 起，总估损 10 万元
阳光产险	接到车险报案 14 起、财产险报案 16 起、人身意外险 1 起、总估损 2440 万元
中国人寿财险	共接到 8 起车险报案、4 起财产险报案
安邦保险	共接到 14 起报案，26 起家财险报案
天安财险	总赔付金额为 853.88 万元

① 根据网络资料整理而成。

第六章 衍生产品与风险管理

根据标的物的性质，衍生产品分为商品衍生产品和金融衍生产品。商品衍生产品是以商品作为标的资产的衍生产品，如黄金期货、石油期货、大豆期货，以及铜、铝、橡胶期货等。类似地，金融衍生产品就是以金融产品作为标的资产的衍生产品，如股票、期权，证券、利率等。

第一节 金融衍生产品的含义、功能与定价

一、金融市场和金融产品

（一）金融市场的概念、意义及分类

1. 金融市场的概念

金融市场是资金融通的场所。广义的金融市场是指市场资金流动的场所，包括实物资金和货币资金的流动。其交易对象包括货币借贷、票据承兑和贴现、有价证券的买卖、黄金和外汇买卖，办理国内外保险，生产资料的交换等。狭义的金融市场一般是指有价证券市场，即股票和债券的发行和买卖市场。金融市场也是金融商品通过各种交易方式，使供求双方达成交易的场所，它是由金融市场的参加者和交易组织者构成的一个有机统一体。

2. 金融市场的意义

金融市场是企业赖以生存和发展的重要外部条件之一，对于企业理财而言，金融市场是企业筹资和投资的场所。企业的生存和发展离不开金融市场，金融市场环境的演化对企业财务管理会产生重要影响。金融市场所提供的利率变化、有价证券价格升跌，对国家金融政策的反应等信息，是企业筹资和投资的重要依据。通过金融市场，企业还可实现长、短期资金的相互转化，金融风险转移，提

高企业资金的流动性等。由此可见，离开金融市场，企业将寸步难行。

3. 金融市场的功能

金融市场的主要功能是转储蓄为投资；改善社会经济福利；提供多种金融工具并加速流动；提高金融体系的竞争性和效率；引导资金流向等。

4. 金融市场的要素

金融市场的构成要素包括：①市场主体。参与金融市场交易的当事人是金融市场的主体，包括企事业、政府及政府机构、金融机构、居民个人等。②金融工具。金融工具是金融市场的交易对象，包括货币头寸、票据、债券、股票、外汇和金融衍生品等。③组织方式。金融市场的组织方式是调节资金融通活动的运作方式。主要有交易所方式、柜台方式和中介方式。

5. 金融市场的分类

金融市场的分类如图6-1所示。在金融市场中，外汇市场和黄金市场主要从事外汇和黄金交易，而与企业财务活动联系较为密切的是资金市场。资金市场按融资时间长短可分为货币市场和资本市场。资本市场又分为长期证券市场和短期存贷市场。

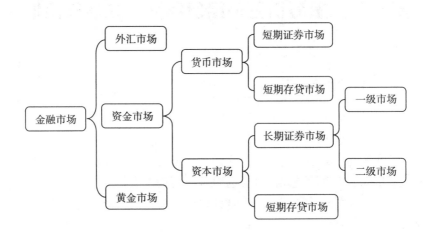

图6-1　金融市场分类

（二）金融产品

金融产品也叫金融工具，是指在信用活动中产生的、能够证明债权债务关系并据以进行货币资金交易的合法凭证，它对债权债务双方所应承担的义务与享有的权利均有法律效力。金融产品一般具有期限性、流动性、风险性和收益性四大基本特征。

（1）期限性是指金融产品一般都规定偿还期，偿还期是指借款人从拿到借款开始，到借款全部偿还清为止所经历的时间。

（2）流动性是指金融资产在必要时能迅速转换成现金，而其价值不致蒙受损失的能力。

（3）风险性是指投资于金融产品的本金遭受损失的可能性。本金受损一般来自两个方面：一是债务人不履行合约，不按期偿还，这种风险称为信用风险；二是指由于金融产品市场价格下跌，导致本金亏蚀，这种风险称为市场风险。

（4）收益性是指金融产品能为持有者定期或不定期带来收益回报。收益包括两个方面：一是固定收益，如债券持券人可按债券票面上注明的利率取得固定利息收益；二是即期收益，如股票按市场价格卖出时，获得的差价收益（或亏损）。

金融产品按其期限不同可分为货币市场产品和资本市场产品，前者主要有商业票据、国库券（国债）、可转让大额定期存单、回购协议等；后者主要有股票和债券等。

二、金融衍生产品的含义及种类

金融衍生产品是指在股票、债券、利率等基本金融产品的基础上派生出来的一个新的金融合约种类。金融衍生产品的迅速发展及其在风险管理中的重要作用，使其成为企业的重要投资方式。金融衍生产品种类繁多，且处于不断的创新发展之中。

（一）金融衍生产品的含义

国际互换和衍生协会将金融衍生产品描述为"衍生品是有关互换现金流量和旨在为交易者转移风险的双边合约。合约到期时，交易者所欠对方的金额由基础商品、证券或指数的价格决定"。金融衍生产品是由金融基础产品衍生出来的各类金融合约及其各种组合形式。也有的认为"衍生产品"（Derivative Instrument，也叫作衍生工具）的未来回报依赖于一个潜在的（Underlying）证券、商品、利率或指数的价值，而这一潜在的证券、商品、利率或指数就称为标的（基础）证券和标的资产。例如，一个股票期货合约就是一个衍生产品，因为这个股票期货合约的价值取决于作为该合约标的资产股票的价值；又如，一个债券期权也是一个衍生产品，其价值依赖于标的债券的价格变化。

（二）金融衍生产品的种类

金融衍生产品就是以金融产品作为标的资产的衍生产品，主要有金融期权、金融期货、股票证券、金融远期等，它是金融市场中的主要衍生产品。

1. 金融期权

金融期权也称选择权合约，是指赋予其购买方在规定期限内按买卖双方约定的价格（简称协议价格或执行价格）购买或出售一定数量某种金融资产的权利/义务合约。期权购买方为了获得这个权利，必须支付给期权出售方一定的费用，称为期权费（Premium）或期权价格（Option Price）。这种选择权并不是一种义务，选择权的购买者根据未来价格的变动情况可以行使购买权，也可以放弃购买权利；当选择权被行使时选择权的出售方必须履约，这是规定一种义务，无论价格的变动是否对自己有利。金融期权按购买者的选择行为划分，可分为买入期权（又称看涨期权）和卖出期权（又称看跌期权）；按期权的执行日划分，可分为美式期权、欧式期权和百慕大期权。美式期权可以在期权到期日之前的任何一天行使，欧式期权只能在到期日的当天行使，百慕大期权是一种能够在到期日前所规定的一系列时间行使，例如，某期权期限约定为 3 年，在 3 年中每一年的最后一个月都可行使。

2. 金融期货

金融期货的全称为金融期货合约，是指买卖双方在有组织的交易所内以公开竞价的形式达成的、在将来某一特定日期交割标准数量的特定金融产品的协议，主要有货币期货、利率期货、股票指数期货等合约。金融期货的最大特点是合约的标准化。金融期货的合约金额、交易数量、交割地点、交割日期、交割方式等都有固定的标准条款；这些标准化条款给利用金融期货进行套期保值的企业带来不便。

3. 股票证券

股票证券主要指股票，股票是股份公司发给股东的书面证明，作为投资入股的证书和索取股息红利的凭证。作为一种权益证明，公司股票的持有者即公司的股东，有权参与公司的决策、分享公司的盈利，同时也有义务分担公司的责任和经营风险。相对于债务性工具而言，股票具有非返还性、高风险性、潜在的高收益性及较强的流通性等特点。

4. 金融远期

金融远期是指交易双方达成的，在未来某一特定日期，以预先商定的价格和方式买卖、交割特定的某种金融资产的协议或合约，如远期外汇合约、远期利率合约、远期股票合约、远期债券合约等，最常见的是远期外汇合约。

三、金融衍生产品的功能

在今天的金融市场上，衍生产品非常受欢迎，且获得巨大的发展，这充分说明衍生产品有着重要的功能，否则它既不能生存更谈不上发展。其基本功能如下：

1. 有利于促进市场完善功能

金融理论中，一个完全的市场意味着通过交易市场中所有可得的产品和工具，可以得到所有可能的确定回报，即对于市场上可能出现的各种情况，市场中具备足够数目的独立金融工具来进行完全的套期保值，从而转移风险。如果市场中的金融工具不够多，不够分散，无法实现这个过程，那么这个市场就是不完全的。

从完全市场的定义出发，我们可以看到完全市场是非常理想化的，在实际中几乎不可能存在，但是，就这样的一个完善市场却是金融市场不断追求的一种理想状态，因为越接近完全市场，经济中的市场主体所获得的效益就越大，市场主体的处境就越能得到改善。延伸产品可以发挥分担风险、减少定价手续和增加信息揭示三个方面的作用，促进市场完善。

2. 有利于规避风险、进行套期保值功能

规避风险、套期保值是金融衍生工具最主要的功能。随着固定汇率制被浮动汇率制取代，拥有外币收支的企业受汇率影响而导致收益不确定的程度越来越大，而这种不确定性更多地表现为净利润减少的风险。因此，迫切需要某种方式来规避风险，金融衍生工具正是为适应这种需要而产生的。

3. 有利于投资者风险的转移和进入国际市场功能

市场上的投资者面临着众多的风险源（即不确定性），这些风险源会对投资者的未来收益产生影响，并进而影响投资者的效用。由于这些风险源对不同投资者未来收益的影响性质及程度而言有时是不同的，对于投资者 A 而言是很糟糕的风险，而对于投资者 B 而言却可能影响不大，甚至是好的结果。因此，市场上的产品越多，不同产品所具备的风险—收益特征越多，投资者就越能通过这些衍生产品的买卖，将对自己不利的产品（风险）转让出去，买入对自己有利的产品（风险）。所以，衍生产品可以实现对风险的有效分担，提高市场主体的效用，促进市场完善。

金融衍生工具还是进入国际市场投资的有效工具。若投资者想参与国外证券的买卖，并不需要直接购买国外证券，只需通过本国证券交易市场的买卖期货合约，就可以达到目的。这样既可以避免跨国交易带来的不便，又可以大大降低交易费用。此外，有些国家对外国资本进入国内资本市场有诸多限制，若通过衍生工具的投资则可避免这些障碍，间接自由地进入其内。

4. 有利于减少定价偏误、增加信息沟通功能

资产定价是金融学的一个核心课题，资产定价是否合理，即定价偏误是否存在以及定价偏误的大小也是市场是否完善的一个重要标志。一个完全的市场应该是一个不存在定价偏误的市场，也是一个不存在套利机会的市场。市场上的衍生产品越多，市场上复制某种资产的途径就越多，整个市场越接近无套利，该资产的价格就越可能接近准确价格。因此，衍生产品的开发和引入可以有效地减少市

场上的定价偏误，促进市场的完善。

信息不对称是市场不完全的一个重要原因，并对投资者的投资决策产生很大的影响，导致一些无效行为和现象的发生。尽可能降低信息不对称的程度，通过各种机制最大限度地促进各种信息的揭示，对减少市场摩擦、促进市场完善具有积极的意义。金融产品（其中很大部分是衍生产品）的开发则是实现该目标的一个重要的市场手段。因为具有不同风险—收益特征的金融产品，实际上代表着发行者的不同信息，可以有效地帮助投资者了解企业的性质和风险收益状况，促进市场的信息揭示，从而能够有效地降低企业和投资者之间的信息不对称程度以及由此引起的代理成本，促进市场的完善。

5. 有利于投资者投机可能的功能

衍生产品往往以高风险著称，其高杠杆的交易特征是主要原因之一。但是，衍生产品的高风险性并不一定是不好的，因为衍生产品为那些希望进行投机、追逐利润的投资者提供了非常强大的交易工具，而适度的投机是金融市场得以存在的重要基础之一。对于投资者来说，持有一个或多个衍生产品的相应头寸，可以让他们对利率的涨跌、整体股票市场或单只股票的涨跌、某国货币汇率的涨跌等进行巧妙的投机，受到了众多金融投资者的青睐，以实现成本最小化和收益最大化。

当然，衍生产品的投机功能需要把握得当，过度投机可能带来市场的剧烈波动，反而导致很糟糕的后果。

6. 有利于降低交易成本功能

衍生产品都是基于一定的标的资产（基础资产）衍生出来的，因此在很多情况下，投资者可以通过持有一种或几种衍生产品，作为标的资产头寸的一种代替品。例如，一个股票指数期权的头寸可以很好地复制指数的盈亏状况，一个利率期货合约则可以作为其标的国债投资组合的替代。用衍生产品代替标的资产头寸，具有一个很突出的优点——交易成本大大降低。比如，一个买入一份100万美元美国国债期货合约的投资者，可能只需要承担100美元的初期交易成本（不考虑保证金），这使得衍生产品常常成为比其标的资产更具吸引力的投资工具。衍生产品相对于标的资产的另一个比较优势在于其有时具有更大的流动性。如果在现货市场上，希望买入一个股票市场组合的投资者必须买入市场组合中的各种股票，这样的投资策略当然会有很高的交易成本，不仅如此，他还必须同时承担这些股票流动性较低时所带来的流动性成本。如果这个投资者选择股票指数期货或股票指数期权，就不仅可以降低交易成本，还可以拥有因衍生产品流动性较高而带来的收益。

金融衍生产品自诞生以来，其内涵和外延时时刻刻都处在动态的变化发展中，尤其是进入 20 世纪 80 年代之后，金融创新的蓬勃发展，衍生工具得以通过进一步的衍生、分解和组合，形成新的证券种类则是多种多样，但这些新的金融衍生产品大多都可以在远期、期货、期权和互换等基本衍生工具的框架中得到解释与分析。

近几年我国金融市场出现一些非法集资者，也是利用金融衍生产品搞庞氏骗局，如 e 租宝、泛亚等，再有监管不力，把金融市场搞得乌七八糟，影响国民经济健康发展。

四、金融衍生产品定价的基本假设与方法

金融衍生产品的内涵和外延总是处在不断的发展与演变过程中，但是它们之间也存在一些共同之处。下面是金融衍生产品分析与定价的一般思路与基本方法。

（一）金融衍生产品定价的基本假设

现代金融学中衍生产品的定价理论是建立在以下五项关于金融市场特征的假设基础上：

假设一：市场不存在摩擦。也就是说，金融市场没有交易成本（包括佣金、买卖差价、税收等），没有保证金要求，也没有卖空限制。

假设二：市场参与者不承担对手风险（Counterpart Risk）。这意味着，对于市场参与者所涉及的任何一个金融交易合同，合同双方都不存在违约的可能。

假设三：市场是完全竞争的。金融市场上任何一位参与者都可以根据自己的意愿买卖任何数量的金融产品，而不会影响该金融产品的价格。他们都是价格的接受者，不是价格的制定者。现实中规模比较大、交易品种比较成熟的市场接近这一假设。

假设四：市场参与者厌恶风险，且希望财富越多越好。如果有两个投资机会的风险相同，则投资者偏好回报率高的投资机会；若它们的回报率相同，则投资者偏好风险水平低的投资机会。

假设五：市场不存在套利机会。如果市场上存在获取无风险利润的机会，套利活动就会进行调整，直到这种机会消失为止。无套利假设是金融衍生产品定价理论中最重要的假设。

（二）金融衍生产品的定价方法

从金融衍生产品的定义来看，金融衍生产品的定价与基础产品定价不同，分别采用绝对定价法及相对定价法。

1. 绝对定价法

绝对定价法是根据金融产品未来现金流的特征，运用恰当的贴现率将这些现金流贴现成现值，该现值就是绝对定价法要求的价格。股票和债券定价大多使用绝对定价法。这种定价法的核心在于确定恰当的贴现率。绝对定价法的优点是比较直观，也便于理解，但它有两个缺点：一是金融产品（特别是股票）未来的现金流难以确定；二是恰当的贴现率难以确定，它不仅取决于金融产品风险的大小，还取决于人们的风险偏好，而后者是很难衡量的。半个多世纪以来，金融理论界在此领域的成果虽然多如牛毛，但至今远未形成定论，理论与实际还相去甚远。

2. 相对定价法

相对定价法的基本思想是利用基础产品价格与衍生产品价格之间的内在关系，直接根据基础产品价格求出衍生产品价格。该方法并不关心基础产品价格确定。它仅把基础产品的价格假定为外生给定的，然后运用风险中性定价法、无套利定价法为衍生产品定价。衍生产品定价主要运用相对定价法。相对定价法的优点主要有两个：一是在定价公式中没有风险偏好等主观变量，因此比较容易测度；二是它非常贴近市场。在用绝对定价法为基础产品定价时，投资者即使发现市场价格与理论价格不符，也往往无能为力；而用相对定价法为衍生产品定价时，投资者一旦发现市场价格与理论价格不符，就意味着无风险套利机会就在眼前。

（三）无套利定价原理

从相对定价法出发，知道金融衍生产品的价格应该处在一个和标的资产价格相对确定的位置，否则就偏离合理价格。如果市场价格对合理价格的偏离超过相应的成本，则市场投资者就可以通过标的资产和衍生产品之间的买卖，进行套利，买入相对定价过低的资产，卖出相对定价过高的衍生产品。市场价格必然由于套利行为做出相应的调整，相对定价的资产价格会因买入者较多而回升，而相对定价过高的衍生产品价格则会因为卖出者较多而下降之后，就不再存在套利机会，从而形成无套利条件下合理的衍生产品价格。这就是套利行为和相应的无套利定价原理。

具体来说，利用一个或多个市场存在的价格差异，在不冒任何损失风险且无须投资者自有资金的情况下，获取利润的行为。一般来说，严格的无套利定价机制具有以下三个特征：

第一，套利活动在无风险的状态下进行，最糟糕的情况是从终点又回到起点，套利者的最终损益（扣除所有成本）为零。当然，在实际的交易活动中，纯粹零风险的套利活动比较罕见。现实中交易者在套利时往往不要求零风险，所以实际的套利活动有相当大一部分是风险套利。

第二，无套利的关键技术是所谓的"复制"技术，即用一组证券来复制另一组证券。复制技术的要点是使复制组合的现金流特征与被复制组合的现金流特征完全一致，复制组合的多头（空头）与被复制组合的空头（多头）相互之间应该完全实现头寸对冲。由于价格不同，这时通过对价格高者做空、对价格低者做多，就能够实现头寸对冲，不承担风险的前提下获取收益的目标，从而实现套利。由于套利活动的存在会推动市场走向均衡，所以是可以互相复制的。

第三，两种资产在市场上交易时必定有相同的价格，否则就会发生套利活动。由此可以得到以下基本推论：

（1）如果两个资产组合在某个时刻的合理价格相等，则这两个资产组合在另一个时刻的价格也应该相等。

（2）无风险组合只能获取无风险收益率。

（3）无风险的套利活动从即时现金流看是零投资组合，即开始时套利者不需要任何资金的投入，在投资期间也没有任何的维持成本。这一点需要以金融市场可以无限制卖空为前提。所谓卖空，是指交易者能够先卖出当时不属于自己的资产（俗称做空），待以后资产价格下跌后再以低价买回，即所谓"先卖后买"，盈亏通过买卖差价来结算。在没有卖空限制的情况下，套利者的零投资组合不管未来发生什么情况，该组合的净现金流都大于零。我们把这样的组合叫作无风险套利组合。从理论上说，当金融市场出现无风险套利机会时，每一个交易者都可以构筑无穷大的无风险套利组合来赚取无穷大的利润。这种巨大的套利头寸成为推动市场价格变化的力量，迅速消除套利机会。所以，理论上只需要少数套利者（甚至一位套利者），就可以使金融市场上失衡的资产价格迅速回归均衡状态。

（四）风险中性定价原理

在金融衍生产品定价中存在一个重要且特殊的原理，即风险中性定价原理。所谓风险中性定价原理，是指在对衍生产品进行定价时，所有投资者都是风险中性的，在所有投资者都是风险中性的条件下（有时称之为进入一个"风险中性世界"），所有衍生产品的预期收益率都可以等于无风险利率，这是因为风险中性的投资者并不需要额外的收益来吸引他们承担风险。同样，在有风险中性条件下，所有现金流量都可以通过无风险利率进行贴现求得现值，这就是风险中性定价原理。

风险中性定价原理是从 Black – Scholes 期权定价模型中推导出来的，因为在Black – Scholes 期权定价模型中，人们发现与主观风险偏好有关的变量没有进入期权定价公式，因而对期权价格没有影响。基于这一发现，人们做出了风险中性的定价，所获得的结论不仅适用于投资者风险中性情况，也适用于投资者厌恶风险的所有情况，因而成为衍生产品定价中的一个重要原理。

（五）金融期货定价实例

1. 无收益资产期货合约的定价

假设金融期货的基础金融产品为无收益资产，如零利息债券，则在无套利原理的假设下，到期日为 T 的金融期货在 t 时刻的理论价格 F 满足：

$$F = Se^{r(T-t)}$$

式中，S 为金融期货基础金融工具的现货价格；r 为无风险利率。

［例 6 - 1］假设 1 年期的贴现债券价格为 900 美元，6 个月期无风险年利率为 4%，则 6 个月期的该债券期货合约的理论交割价格应为：

$$F = 900e^{0.04 \times 0.5} = 918.18（美元）$$

上述的金融期货理论价格公式，又称为无收益资产的现货—期货平价定理（Spot - futures Parity Theorem），无收益资产对应的期货价格等于其基础金融工具现货价格的终值。

2. 支付已知现金收益资产的期货合约定价

支付已知现金收益的资产是指在到期前会产生完全可预测现金流的资产，如附息债券和支付已知现金红利的股票等。令已知现金收益的现值为 I，则到期日为 T 的金融期货在 t 时刻的理论价格 F 满足：

$$F = (S - I)e^{r(T-t)}$$

这是支付已知现金收益资产的现货—期货平价公式，表明支付已知现金收益资产的期货价格等于基础金融工具现货价格与已知现金收益现值差额的终值。

［例 6 - 2］假设 12 个月无风险年利率为 10%，发行 10 年期债券的现货价格为 990 美元，该债券每年底付息 100 美元，且第一次付息日在期货合约交割日之前，则该年期期货的价格为

$F = (990 - I)\exp(0.1 \times 1)$，其中 $I = 100\exp(-0.1 \times 1) = 90.48$，所以 $F = 994.12$（美元）。

3. 支付已知收益率资产期货合约的定价

支付已知收益率的资产是指在到期前将产生与该资产现货价格成一定比率的收益的资产。令该收益率为 q，则到期日为 T 的金融期货在 t 时刻的理论价格 F 满足：

$$F = Se^{(r-q)(T-t)}$$

这是支付已知收益率资产的现货—期货平价公式，表明支付已知收益率资产的期货价格等于按无风险利率与已知收益率之差计算的现货价格在 T 时刻的终值。

［例 6 - 3］某股票现在的市场价格是 30 美元，年平均红利率为 4%，无风险利率为 10%，则该 6 个月期期货价格为 $F = 30 \times \exp^{[(0.1 - 0.04) \times 0.5]} = 30.91$（美

元）。

在金融期货的价格分析中，除了需要考虑金融期货理论价格外，还需要关注期货价格和当前的现货价格的关系，即"基差"（Basis）。所谓基差，是指金融产品的现货价格与以该金融产品为基础金融产品的期货价格之间的差额，即基差＝现货价格－期货价格。在金融期货交易中，交易者尤其是套期保值者都会密切关注基差的变动，从而来选择合适的交易时机。

五、积木分析法

积木分析法也叫模块分析法，是将各种金融工具进行分解和组合，以解决金融产品现实问题。积木是一种比喻的说法，就像儿童拿着不同的积木通过不同的摆法创造出神奇的建筑物一样，金融工程师运用他金融积木箱中的积木——各种金融工具（主要是衍生金融工具），来解决金融的现实问题。

积木分析法中运用的一个重要工具是金融产品回报图，或称损益图、盈亏图。所谓回报图，是指横轴为标的资产价格，纵轴为（衍生）金融产品不考虑成本时的收益；图 6 - 2 及图 6 - 3 中分别给出了看涨期权空头和看跌期权空头的回报图，从中可以看出，回报图（盈亏图）不仅可以用于分析不同金融工具的风险收益特征。还可以进一步分析不同金融工具之间的组合和分解关系：不同的衍生产品可以通过一定的组合和分拆，转化为另一种新的衍生产品。下面对看涨期权和看跌期权的盈亏进行分析。

看涨期权和看跌期权的行使权利的性质是不同的，两者比较如表 6 - 1 所示。

表 6 - 1　看涨期权和看跌期权的对比

分类	看涨期权（买入权）	看跌期权（卖出权）
期权买方	以执行价格买入标的资产的权利	以执行价格卖出标的资产的权利
期权卖方	以执行价格卖出标的资产的义务	以执行价格买入标的资产的义务

1. 看涨期权的盈亏分析

假设投资者张方预期苹果公司的股票价格将上涨，与投资者李明达成看涨期权合约。张方是期权买方，李明为期权卖方。期权有效期 3 个月，协议约定的执行价格 X 为 130 美元/股，期权费 C 为 5 美元/股。合约约定数量为 100 股。在未来的 3 个月可能出现的情况有以下三种：

其一，当苹果公司的股票市场价格 S 小于或等于 130 美元/股时，看涨期权买方张方会放弃执行买入的权利，他最大的亏损就是期权费 C，即 5 美元/股 × 100 股 ＝500 美元，这也是期权卖方李明的盈利。

其二，当苹果公司的股票市场价格 S 大于 130 美元/股，小于或等于 135 美元/股时，如买方张方行使权利，其差额介于 0～500 美元，这就是卖方的盈利。

其三，当苹果公司的股票市场价格 S 大于 135 美元/股时，买方张方行使权利，且获得盈利。假如股票市场价格 S 为 140 美元/股，则买方的盈利就是（140 美元/股 – 135 美元/股）×100 股 = 500 美元，这就是卖方李明的亏损。

具体情况如表 6 – 2 所示。

表 6 – 2　看涨期权买方和卖方的盈亏分析

股价 S 范围	看涨期权买方的盈亏	看涨期权卖方的盈亏
$S \leqslant 130$	– 500	500
$130 < S \leqslant 135$	$(S - 130 - 5) \times 100$	$(130 + 5 - S) \times 100$
$S > 135$	$(S - 130 - 5) \times 100$	$(130 + 5 - S) \times 100$

该看涨期权的买方和看涨期权卖方的盈利与亏损的分布如图 6 – 2 所示。

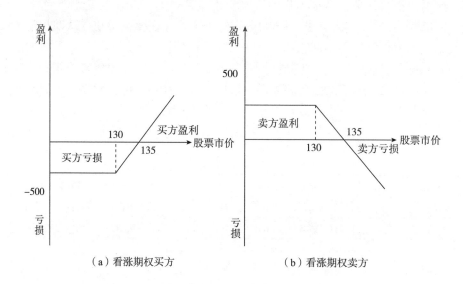

（a）看涨期权买方　　　　　　　　（b）看涨期权卖方

图 6 – 2　看涨期权买方和卖方盈亏分析

由此可见，看涨期权的买方其亏损是有限的，盈利在理论上说是无限的。看涨期权的卖方则正好相反，盈利是有限的，而亏损在理论上是无限的。期权价值（即盈亏）取决于标的资产的市场价格 S 与执行价格 X 之间的差距。标的资产市场价格 S 大于执行价格 X 时的看涨期权称为实值期权，$S = X$ 时的看涨期权称为平值期权。S 小于 X 时的看涨期权称为虚值期权。具体情况如图 6 – 2 所示。

2. 看跌期权的盈亏分析

看跌期权的分析与看涨期权是相对应的。

其一，当苹果公司的股票市场价格 S 小于或等于 130 美元/股时，看跌期权买方放弃执行的权利，最大的亏损就是期权费，即 5 美元/股 × 100 股 = 500 美元，这也就是期权卖方的盈利。

其二，当苹果公司的股票市场价格 S 大于或等于 125 美元/股、小于 130 美元/股时，看跌期权买方行使卖出的权利，其亏损介于 0 ~ 500 美元，这就是卖方的盈利。

其三，当苹果公司的股票市场价格 S 小于 125 美元/股时，看跌期权买方行使以 130 美元/股卖出的权利，且获得盈利。假设 S 为 120 美元/股，则期权买方的盈利就是（125 美元/股 – 120 美元/股）× 100 股 = 500 美元，这就是卖方亏损。

具体情况比较如表 6 – 3 所示。

表 6 – 3　看跌期权买方和卖方的盈亏比较

股价 S 范围	看跌期权买方的盈亏	看跌期权卖方的盈亏
$S \geqslant 130$	– 500	500
$125 \leqslant S < 135$	$(130 - 5 - S) \times 100$	$(S - 130 + 5) \times 100$
$S < 135$	$(130 - 5 - S) \times 100$	$(S - 130 + 5) \times 100$

该看跌期权的买方和卖方的盈利与亏损分布如图 6 – 3 所示。

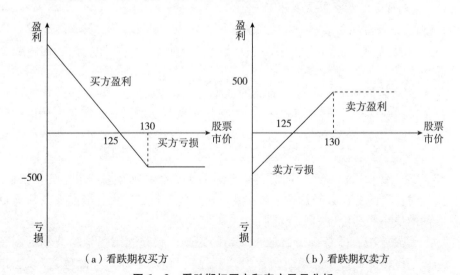

（a）看跌期权买方　　　　　　　　（b）看跌期权卖方

图 6 – 3　看跌期权买方和卖方盈亏分析

由此可见，看跌期权买方的最大亏损是有限的，即期权费，理论上标的股票价格跌到 0 元时获得最大盈利，即（130 − 5 − 0）× 100 = 12500（美元）；看跌期权卖方的最大盈利是有限的期权费，亏损最大值就是买方的盈利最大值 12500 美元。因此，看跌期权的期权价值也是取决于标的资产市场价格 S 与执行价格 X 之间的差距。标的资产市场价格 S 小于执行价格 X 时的看跌期权称为实值期权，S 等于 X 时的看跌期权称为平值期权，S 大于 X 时的看跌期权称为虚值期权。

第二节　期货及其运作

一、期货的含义、特点及作用

（一）期货及期货合约的含义

期货是相对现货而言，期货交易是以规范的合约形式进行操作，因此也称为期货合约买卖。期货合约是由交易所设计、规定缔结合约的双方在将来某一特定的时间和地点按照合约规定的价格交割一定数量和质量的实物商品或金融产品，并经国家监管机构审批后可以上市交易的一种标准化合约。它是一种基于标准的资产来确定价格的可交易标准化合约。期货合约的持有者可通过交易现货或进行对冲交易来履行或解除合约义务。

（二）期货合约构成要素及术语

1. 期货合约构成要素

（1）交易品种。交易双方买卖的期货资产，如大豆、石油、铜、铝等或金融产品。

（2）交易数量和单位。每种商品的期货合约都规定统一的、标准化的数量和数量单位，统称交易单位。例如，大连商品交易所规定，豆粕期货合约的交易单位为 10 吨。每次交易数量起码是 10 吨。用术语表示就是 1 手，是最小交易单位。

（3）最小变动价位。是指期货交易时买卖双方报价所允许的最小变动幅度，每次报价时价格的变动必须是这个最小变动价位的整数倍，大连商品交易所大豆期货合约的最小变动价位为 1 元/吨。

（4）涨跌停板，即每日价格最大波动的限制，它充当市场价格波动的刹车器。当市场价格涨到最大涨幅时，称为"涨停板"，反之称为"跌停板"。当市场价格到达当日的涨跌停板时，市场交易并未封闭起来，它只是禁止市场不得以逾越涨跌停板范围的价格去进行交易。如大豆合约昨日结算价是 2170 点，今天的涨跌幅就以 2170 点为基数，它的最大波动幅度为上下 4% 。

（5）合约月份，即交割月份。商品期货合约对实物交割的月份作了规定。每种商品都根据商品特点和市场规律有几个不同的合约，每个合约标一定月份，如 2013 年 11 月黄大豆 1 号合约。再如，对于豆粕 200308 合约，到了 2003 年 8 月，该合约交割就开始了。

（6）交易时间。每周星期一至星期五上午 9：00 ~ 11：30；下午 13：30 ~ 15：00。中间为休息时间。

（7）最后交易日是指期货合约停止买卖的最后截止日期。每种期货合约都有一定的月份限制，到了合约月份的一定日期，就要停止合约的买卖，准备进行实物交割。大连商品交易所规定，黄大豆 1 号期货的最后交易日为合约月份的第 10 个交易日。

（8）交割标准和等级。商品期货合约规定了统一的、标准的质量等级。交易所一般采用国家制定的商品质量等级标准，并规定期货交割的标准品、替代品以及升贴水标准。例如，黄大豆 1 号期货合约交割的标准品是国际 3 等黄大豆。替代品是国际 1 等、2 等、4 等黄大豆，它们之间有一定的升贴水。

（9）交割地点。期货合约中规定了为期货交易提供交割服务的指定交割仓库，以保证实物交割的正常进行。交割地点往往选择在该品种的集散地，如我国大豆的主产区在黑龙江等东北地区，大连是我国重要的大豆集散地之一，现货交易、粮食仓储业都非常发达，目前，黄大豆 1 号期货的指定交割仓库都设在大连。

（10）保证金。交易双方向交易所缴纳的，用于履约担保的资金。一般情况下，保证金为合约价值的 5% 。

（11）交易手续费。买进或卖出期货合约时收取的费用（各期货经纪公司收取费用的标准不同）。

2. 期货相关术语

（1）熊市：处于价格下跌期间的市场。

（2）牛市：处于价格上涨期间的市场。

（3）套利：投机者或对冲者使用在某市场买进现货或期货商品，同时在另一个市场又卖出相同或类似的商品，并希望从两个交易中产生价差而获利。

（4）投机：为获取利润进行风险性买卖，不是为了避险或投资。

（5）交割：按交易所规定的规则和程序，履行期货合约，一方移交实物商品的所有权，一方支付等值现金。

（6）升水：①交易所条例所允许的，对高于期货合约交割标准的商品支付额外费用。②指某一商品不同交割月份间的价格关系，高于低价月份称为升水。相反即为贴水。

（7）开盘价：当天某商品的第一笔成交价。

（8）收盘价：当天某商品的最后一笔成交价。

（9）最高价：当天某商品最高成交价。

（10）最低价：当天某商品最低成交价

（11）新价：当天某商品当前最新成交价。

（12）结算价：当天某商品所有成交合约的加权平均价。

（13）买价：某商品当前最高申报买入价。

（14）卖价：某商品当前最低申报卖出价。

（15）涨跌幅：某商品当日收盘价与昨日结算价之间的价差。

（16）涨停板：某商品当日可输入最高限价（涨停板额＝昨结算价＋最大变动幅度）。

（17）跌停板：某商品当日可输入最低限价（涨停板额＝昨结算价－最大变动幅度）。

（18）空盘量：当前某商品未平仓合约总量。

（19）建仓：也叫开仓，是指交易者新买入或新卖出一定数量的期货合约。

（20）补仓：交易者建立一定数量的合约后，如果出现亏损，为摊低单位成本，再行建立一定数量合约的行为。

（21）追仓：交易者建立一定数量的合约后，如果出现盈利，为扩大收益，再行建立一定数量合约的行为。

（22）爆仓：交易者的期货账户出现亏损后，在没有追加保证金的状况下，其账户上的保证金不够维持原来的合约，因保证金不足而被强行平仓。

（23）穿仓：由于行情变化过快，在来不及追加保证金的状况下，交易者账户的保证金出现赤字（负数）。

（24）平仓盈亏：指交易者平仓后所形成的盈亏状况，与持仓盈亏相对应，计算公式为：（当日平仓价－上日结算价或当日开仓价）×平仓量。

（25）持仓盈亏：指交易者持仓期间所形成的盈亏状况，与平仓盈亏相对应，计算公式为：（当日结价－上日结算价或当日开仓价）×持仓量。

（26）期货点数：指期货商品价格的最小波动单位。比如大豆合约最小波动点为1元，1手合约为10吨，一个点为10元。

（27）头寸：是一种市场约定，指已经持有还未进行对冲处理的买入或卖出期货合约的数量。敞口头寸等于多头头寸或空头头寸的数量。

（三）期货合约的特点

（1）期货合约的商品品种、数量、质量、等级、交货时间、交货地点等条款都是既定的，是标准化的，唯一的变量是价格。

（2）期货合约是在期货交易所组织下成交的，具有法律效力，而价格又是在交易所的交易厅里通过公开竞价方式产生的；国外大多采用公开叫价方式，而我国均采用电脑撮合交易。

（3）期货合约的履行由交易所担保，不允许私下交易。

（4）期货合约可通过对冲平仓了结履约责任。

（四）期货合约的作用

（1）吸引套期保值者利用期货市场买卖合约，锁定成本，规避因价格波动而可能造成的风险损失。

（2）期货可帮助生产方锁定未来产品销售价格，避免市场价格波动的风险损失。

（3）吸引投机者进行风险投资交易，增加市场流动性及资源流通。

二、期货交易流程及主要规则

（一）期货交易流程及要素

1. 期货交易流程

期货交易流程如图6-4所示。

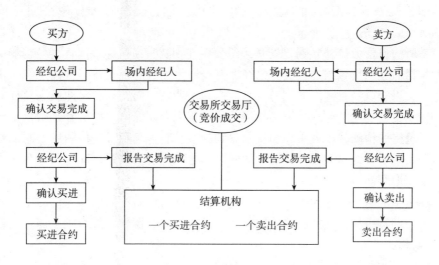

图6-4　期货交易流程

2. 构成要素说明

（1）期货交易所。期货交易所是专门进行期货合约买卖的场所，它的主要职能是为期货交易提供交易场所和交易设施，制定标准化的期货合约和交易规则，监督交易过程，控制市场风险，组织、监督期货交易日常运行。它分为两种类型：一种是专门为了金融期货交易而设立的，如伦敦国际金融期货交易所（LIFFE）和新加坡国际货币交易所（SIMEX）等；另一种是传统的期货交易所或证券交易所，专门从事金融期货交易的场所。

（2）结算机构。结算机构通常称为结算所或清算所，是期货交易的专门清算机构。结算所的职责是确定并公布每日结算价和最后结算价，负责收取和管理保证金，负责对成交的期货合约逐日清算、监督管理到期合约的实物交收，以及公布交易数据等。在期货交易中，结算机构还充当买、卖双方的共同对手方，它既是所有买者的卖方，也是所有卖者的买方。因此，期货交易的双方在不知实际交易对方到底为谁的情况下，就实现了买卖交易。

（3）期货经纪公司。期货经纪公司是依法设立的、接受客户委托、按照客户的指令、以自己的名义代理客户进行期货交易，并收取交易手续费的中介组织。期货经纪公司通常都是交易所会员。交易所会员指拥有期货交易所的会员资格、可以在期货交易所内直接进行期货交易的机构或自然人。一般分成两类：一类是为自己进行套期保值或投机交易的期货自营会员；另一类则是专门从事金融期货经纪代理业务的期货经纪公司。非会员的交易者只能通过委托属于交易所会员的经纪公司或经纪人参与交易。

（4）交易者。按参加期货交易的动机不同，交易者可分为套期保值者（Hedgers）、投机者（Speculators）、套利者（Arbitragers）。他们（除本身就是期货交易所的自营会员外）通过期货经纪公司在期货交易所进行期货交易。套期保值者是指通过期货合约的买卖为已经拥有或即将拥有的现货转移价格风险提供保值工具，以获取经营利润的交易者。他们利用期货双向交易、对冲机制及杠杆作用，在期货市场建立与现货市场相反部位，实现套期保值。投机者是指根据对金融期货价格的预测，以低买高卖获取盈利的交易者。套利者是指利用不同期货合约之间或期货合约与现货商品之间的暂时不合理的价格关系，同时买进和卖出期货，以获取利润。

期货市场除了上述四类主体外，还有各国的行政监管部门，它们的主要职责是起草与期货市场有关的法律法规、制定管理规则、监管各类市场主体、查处违法违规行为。

（二）期货市场交易规则

期货交易是在高度组织化、有严格规则的期货交易所进行。其规则如下：

1. 标准化合约和集中交易

期货合约是由交易所设计、经主管机构批准后向市场公布的标准化合约。它对期货及基础金融工具，或基础金融变量的品种、交易单位、最小变动价位、每日价格波动限制、合约月份、交易时间、最后交易日基本要素等都作了标准化规定，唯一不确定的是成交价格。金融期货交易在交易所采取公开竞价方式决定买卖价格，集中进行交易。交易所实行会员制度，非会员参与金融期货交易需通过会员代理完成。

2. 保证金制度和逐日结算制

保证金的支付可分为客户向会员支付的保证金和会员向结算公司支付的保证金。买、卖双方在交易之前都必须在经纪公司开设专门的保证金账户，并存入一定数量的保证金，这个保证金也称为初始保证金（Initial Margin）。初始保证金可以用现金、银行信用证或短期国库券等缴纳。保证金的比率因合约而定，也可能因经纪人不同而定。对于大多数的期货合约而言，初始保证金通常为成交时期货合约价值的5%~10%。在每天交易结束时，结算公司会根据当日的结算价格对投资者未结清的合约进行重新评估。结算价格的确定规则由交易所规定，它有可能是当天的加权平均价，也可能是收盘价，还可能是最后几秒钟的平均价。保证金账户将根据期货结算价格的升跌而进行调整，以反映交易者的浮动盈亏，这就是逐日盯市（Marking to Market）。当保证金账户的余额超过初始保证金水平时，交易者可随时提取现金或用于开新仓；而当保证金账户的余额低于交易所规定的维持保证金（Maintenance Margin）水平时（维持保证金水平通常是初始保证金水平的75%），经纪公司就会通知交易者限期将保证金账户余额补足到初始保证金水平，这就是保证金追加（Margin Call），如果客户不能及时存入追加保证金，就会被强制平仓。与经纪人要求客户开设保证金账户一样，清算所也要求其会员在结算所开设保证金账户，即为清算保证金（Clearing Margin）。

期货交易与远期交易不同，它实行的是逐日结算制度或称逐日盯市制度。由于这一制度规定以一个交易日为最长的结算周期，在一个交易日中，要求所有交易的盈亏都得到及时结算，保证会员保证金账户上的负债现象不超过一天，因而能够将市场风险控制在交易全过程的一个相对最小的时间单位之内。

3. 涨跌停板制度

涨跌停板制度是将每日价格波动限定在一定幅度之内的规定，这种人为的制度安排是为了防止期货价格的剧烈震动，保证市场的稳定性。有的交易所还规定断路器规则，当价格达到某一限幅之后暂停交易一段时间，十余分钟后再恢复交易，给交易者充分的时间以消化特定信息的影响。

4. 限仓和大户报告制度

限仓制度是期货交易所为防止市场风险过度集中于少数交易者和防范操纵市场行为，而规定会员或交易者可以持有的、按单边计算的、某一合约投机头寸的最大数额。大户报告制度则是与限仓制度紧密相关的另一个控制交易风险、防止大户操纵市场行为的制度。期货交易所建立限仓制度后，当会员或客户投机头寸达到交易所规定的数量时，需向交易所申报，申报的内容包括客户的开户情况、交易情况、资金来源、交易动机等，便于交易所审查大户是否有过度投机和操纵市场行为，以及大户的交易风险情况。

三、期货交易运行

（一）远期合约

远期合约（Forwards Contract）是最简单的衍生金融工具。它是指交易双方在合约签订日约定交易对象、交易价格、交易数量和交易时间，并在这个约定的未来交易时间进行实际的交割和资金收付。该类金融资产被广泛用于对冲风险和投机获利，交易中买方处于长仓（多头方）地位，卖方处于做空（空头方）地位。

远期合约与期货合约类似，但又有以下重要区别：

（1）远期合约为买卖双方之间的合约，属于场外买卖的衍生产品，违约风险较大。期货合约则为交易所内买卖的衍生产品，而交易所的清算机制可在绝大多数情况下确保合约的履行。

（2）远期合约买方较少发生变更，双方在期末按约定完成指定资产所有权的转让。期货合约则在交易所不断易手，且对冲时标的资产所有权并不一定发生变动。在经济日益全球化的今天，很多公司都经常使用外汇远期合约。

【例6-4】某果汁厂建设期间预计为3年，希望投产后以固定价格取得一片桃林的经营权，以确保预算准确性。桃林经营权所有人（以下简称桃农）亦希望以固定价格卖出经营权。交涉后双方签订远期合同约定3年后以100万元的价格交易该片桃林经营权及附属权益，同时果汁厂于签约当日汇款10万元给桃农作为保证金，如3年后果汁厂违约，则保证金不退；如桃农违约，则在退还保证金的基础上支付果汁厂5万元的违约金。

3年后，如该片桃林市场价为90万元或以上（假设交易税费为0），则厂方遵守远期合约为最佳购林选择。如桃林市场价为85万元，违约后以市场价购桃林的总成本为95万元（85万元市价＋10万元违约金），而履约购桃林成本为100万元，届时买方已有违约动力；相对地，如该片桃林售价为105万元或以下，则桃农遵守远期合约为最佳售桃林选择。如桃林售价为110万元，则违约并以市价售出桃林的总收益为105万元（110万元市价－5万元违约金），高于远期合约收购价100万元，届时卖方已有违约动力。如果双方信守合约，3年后如期兑现，则合约结束。

【例6-5】甲、乙公司于4月1日签订一项英镑远期合约，在第180天以每英镑 1.678 美元的价格交易 100 万英镑。这个远期合约使多头方（即合约中的购买方）有权利也有义务以每英镑 1.678 美元的价格买入 100 万英镑，并支付美元；而空头方（即合约中约定出售英镑的卖方）同样有权利也有义务以每英镑 1.678 美元的价格卖出 100 万英镑，收到美元。

远期合约对于那些预期在将来某一时刻可能需要支付或收到资金又希望事先确定相关成本或收益的公司来说是很有意义的，基于这一现象，期货交易逐渐产生和发展起来。这正是外汇远期市场成为国际金融市场重要组成部分的原因。

从以上介绍可以看出，远期合约非常简单，对消除经济中的不确定性具有很重要的作用。但是，远期合约的主要缺陷在于每一笔交易的特殊性太强，较难找到符合要求的交易对手；远期合约签订后的再转让也较为麻烦，需要耗费大量的交易成本和搜寻成本；远期合约到期时必须履行实物交割义务，而无法在到期前通过反向对冲等手段来解除合约义务；而且远期合约缺乏对交易对手信用风险的强有力约束，如果到期时交易对手违约，就会给交易对方带来损失。

（二）期货合约

期货合约（Futures Contract）实际上就是标准化的远期合约。同远期期货合约一样，期货合约也是买卖双方之间签订的在确定的将来某个日期按约定的条件（包括价格、交割地点和交割方式等），买入或卖出一定数量的某种标的资产的协议。

期货合约根据标的物的不同，分为商品期货合约和金融期货合约两大类：

（1）商品期货合约。商品期货合约是以商品为标的物的期货合约，主要有铜、铝、大豆、石油等。

（2）金融期货合约。金融期货合约是以金融工具为标的物的期货合约。按金融期货基础金融产品的不同，主要有外汇期货、利率期货、股权期货、股票指数期货、股票期货及股票组合期货。

期货合约双方在交易所促成交易，买方处于长仓（多头）地位，卖方处于做空（空头）地位。期货合约在到期前可经交易所易手。它与远期合约的主要区别如下：

（1）交易场所不同。远期合约没有固定交易场所，通常在金融机构的柜台或通过电话等通信工具交易，而期货交易则是在专门的期货交易所内进行的。

（2）合约格式内容不同。期货合约通常有标准化的合约条款、合约规模、交割日期、交割地点等都是标准化的，在合约上有明确的规定，无须双方再商定，价格是期货合约的"自变量"。因此，交易双方最主要的工作就是选择适合自己的期货合约，并通过交易所竞价确定成交价格。例如，美国芝加哥期货交易所就规定了每份小麦期货合约的规模为 5000 浦式耳，有 5 个交割月份（即 3 月、

5 月、7 月、9 月和 12 月）可供选择，除此之外，交易所还规定了可供交割小麦的等级和交割的地点等。

（3）交易机构的不同。在期货交易中，交易双方并不直接接触，期货交易所（更确切地说叫清算所）充当期货交易的中介，既是买方的卖方，又是卖方的买方，并保证最后的交割。交易所通过保证金等制度防止信用风险。

（4）保证金不同。为确保合约的履行，双方向第三方（如期货公司）交付履约保证金。不同商品履约保证金与货值比例不同。随着商品结算价格的波动，买卖双方维持自身地位所需的履约保证金亦发生变动。如下个交易日前账户保证金低于交易所要求水平，则交易所将强制进行对冲买卖，直至保证金水平符合要求为止。

为投资方提供从价格波动中获益的机会，但同时承担对应风险。履约保证金与货值比例越低，货品价格杠杆越高。

【例 6-6】某油田为避免油价下跌风险，在交易所签订卖出石油期货合约（忽略交易费用及开户时缴纳的原始保证金，下同），拟于 1 年后以合约签订时点期货价格 50 美元/桶卖出 10000 桶原油。为此油田支付履约保证金 2.5 万美元（假设买/卖双方履约保证金比例均为 5%）。某投资方 A 看好石油价格走势，接下该订单并支付履约保证金 2.5 万美元。交易期初，石油每桶价格为 50 美元/桶，双方在交易所的资产状况如表 6-4 所示。

表 6-4　某油田和投资方 A 在交易所的资产状况

项目	油田	投资方 A
订单方向及数量 （1000 桶为 1 个单位）	卖出 10	买入 10
每单保证金	2500 美元	2500 美元
所需保证金总值	25000 美元	25000 美元
账户总额	25000 美元	25000 美元

3 个月后，假设石油价格跌至 49 美元。届时，双方在交易所的资产状况如表 6-5 所示。

表 6-5　某油田和投资方 A 在交易所的资产状况

项目	油田	投资方 A
订单方向及数量 （1000 桶为 1 个单位）	卖出 10	买入 10

续表

项目	油田	投资方 A
每单保证金	2450 美元	2450 美元
所需保证金总值	24500 美元	24500 美元
对赌获利/亏损（表象为保证金的追加/减少）	10000 美元	−10000 美元
账户总额	35000 美元	15000 美元

石油单价下跌至 49 美元，届时以 50 美元单价购买 1 万桶的履约责任意味着亏损 1 万美元。计入此项预期亏损后，投资方 A 账户余额仅剩 15000 美元，而履约保证金需要 24500 美元，已不具备买方资格。此时投资方 A 有两种选择：①追加投入 9500 美元保证金。②将订单转让出至少 4 单（每单期货条约为 9 个月后以 49 美元/桶的价格购买 1000 桶石油，每单亏损的 1000 美元已由原投资方付出），保证金由接单的投资方 B 出。假设投资方 A 不追加保证金，选择强制平仓，由投资方 B 接单，则结果如表 6 - 6 所示。

表 6 - 6 石油每桶 49 美元，油田、投资方 A、投资方 B 在交易所的资产状况

项目	油田	投资方 A	投资方 B
订单方向及数量 （1000 桶为 1 个单位）	卖出 10	买入 6	买入 4
每单保证金	2450 美元	2450 美元	2450 美元
所需保证金总值	24500 美元	14700 美元	9800 美元
账户总额	35000 美元	15000 美元	9800 美元

如 9 个月后石油价格不变，则各方获益如表 6 - 7 所示。

表 6 - 7 石油每桶 49 美元，油田、投资方 A、投资方 B 在交易所的资产状况

项目	油田	投资方 A	投资方 B
操作	按 49 美元价格履约售出石油	将订单交接给炼油厂	将订单交接给炼油厂
石油销售收入	490000 美元	—	—
保证金支出	25000 美元	25000 美元	9800 美元
账户余额取出	35000 美元	15000 美元	9800 美元
总收入/亏损	500000 美元	−10000 美元	0 美元

如表 6 - 7 所示，油田方通过对赌获利 1 万美元，但因石油价格下跌，收入较 50 美元/桶也减少 1 万美元。总体来看，通过参与期货对赌，油田方将油价下跌造成的损失转嫁到了投资方 A。

假如 3 个月后石油价格涨至 51 美元/桶，而非跌至 49 美元/桶，届时，双方在交易所的资产状况如表 6 - 8 所示。

表 6 - 8　石油每桶 51 美元，油田与投资方 A 在交易所的资产状况

项目	油田	投资方 A
订单方向及数量 （1000 桶为 1 个单位）	卖出 10	买入 10
每单保证金	2450 美元	2450 美元
所需保证金总值	24500 美元	24500 美元
对赌获利/亏损（表象为保证金的追加/减少）	-10000 美元	10000 美元
账户总额	15000 美元	35000 美元

类似地，油田方保证金不足，有两种选择：①追加投入 9500 美元保证金。②将订单转让出至少 4 单（每单期货条约为 9 个月后以 51 美元/桶的价格卖出 1000 桶石油，每单亏损的 1000 美元已由油田方付出），保证金由接单方出。假设油田方追加保证金且直至期末石油价格不变，双方在交易所的财产状况如表 6 - 9 所示。

表 6 - 9　石油每桶 51 美元，油田、投资方 A 在交易所的资产状况

项目	油田	投资方 A
操作	按 51 美元价格履约售出石油	将订单交接给炼油厂
石油销售收入	510000 美元	
保证金支出	34500 美元	25000 美元
账户余额取出	24500 美元	35000 美元
总收入/亏损	500000 美元	10000 美元

油田方通过对赌损失 1 万美元，但因石油价格上涨，收入较 50 美元/桶增加 1 万美元。

综上所述：

（1）只要供货方（如油田方）追加保证金，货物价格无论涨跌，总收入与以订单签订时点价格卖出是持平的，体现了期货市场的保值功能。

（2）期货合约转让时没有对价。但合约持有者需在期货账户中存有与合约金额相匹配的履约保证金。

（3）履约保证金不作为货款使用，一般用于对赌双方在货品价格变动时，输家向赢家账户付款使用（从本质上讲，期货是卖方赌货品价格下跌，买方赌货品价格上升，合约订单规模决定价格变动时的每单买卖方输赢规模，交易所从输家保证金中抽取对应部分至赢家。为确保赢家有钱可拿，根据货品价格浮动剧烈程度等因素制定保证金比例。但与赌场的零和游戏不同，供货方可借此对冲货物价格变动风险；相应的货物价格变动所产生的收益与损失被转移到投资方）。

（三）期权合约

期权（Option）的实质是一种特殊权利。期权合约的标的是在未来特定时间段或特定日期，以合约订立时约定的价格（履约价格），买卖约定数量、品种等交易物的权利。远期合约和期货合约的多头方（买方）和空头方（卖方）在签订协议后，既有权利也有义务，需按照约定的价格买入或卖出一定数量的资产；而期权合约的独特之处在于，其多头方（买方）获得了按合约约定购买某种资产的权利，但也可以不进行购买。也就是说，只要多头方支付费用（即权利金），也可选择不行使该购买权利。其空头方（即期权卖方）收取权利购买费用，并缴纳一定数额的保证金，只有按照多头方要求承担履行约定的义务。也就是说，购买方可以不买，但出卖方不可不卖。期权交易可在交易所内进行，也可在交易所外进行。期权交易双方权利如表6-10所示。

表6-10　期货交易双方权利

项目	看涨期权	看跌期权
购买期权	购买看涨期权（Long Call）：购买在未来以固定价格购买约定交易物的权利	购买看跌期权（Long Put）：购买在未来以固定价格售出约定交易物的权利
出售期权	出售看跌期权（Short Put）：出售在未来以固定价格售出约定交易物的权利	出售看涨期权（Short Call）：出售在未来以固定价格购买约定交易物的权利

期权买卖方的收益/损失情况如表6-11所示。

表6-11　期权买卖方的收益/损失情况

未来时点交易品现货价格高于履约价格的情况下（看涨方赢）		
参与方	应对方式	收益/损失
购买看涨期权	行驶权利低价购买交易品	损益＝现货价格－履约价格－权利金－交易费用（如为负数即亏损，下同）
出售看涨期权	履约低价卖出交易品	损益＝权利金－（现货价格－履约价格）－交易费用

续表

参与方	应对方式	收益/损失
购买看跌期权	放弃权利	损益 = - （权利金） + 交易费用
出售看跌期权	因买方弃权而不履行义务	损益 = 权利金 - 交易费用
未来时点交易品现货价格低于履约价格的情况下（看跌方赢）		
购买看涨期权	放弃权利	损益 = - （权利金 + 交易费用）
出售看涨期权	因买方弃权而不履行义务	损益 = 权利金 - 交易费用
购买看跌期权	行驶权利高价卖出交易品	损益 = 履约价格 - 现货价格 - 权利金 - 交易费用
出售看跌期权	履约高价购买交易品	损益 = 权利金 - （履约价格 - 现货价格） - 交易费用

从市场角度看，期权卖出方则收取权利金并承担价格波动风险。

1. 商品期货合约事例

中航油事件是最著名的商品期权风险事件之一。

【例 6 - 7】中国航油（新加坡）股份有限公司（后文简称中航油）成立于 1993 年，是央企中国航空油料控股有限公司海外上市的子公司。起初经营不善濒临破产，后在新总裁陈久霖的带领下，利用该公司在航空汽油领域的垄断地位迅速发展壮大。到 2003 年时净资产从成立时的 21.9 万美元增长到 1 亿多美元，总资产亦达 30 亿美元。

2002 年 3 月起，中航油开始进行期权交易。看涨石油，购买看涨期权并出售看跌期权，合约标的近 200 万桶原油。初期对石油价格走向判断准确，获得大量收益。

2003 ~ 2004 年，中航油开始看跌石油。将策略调整为购买看跌期权并出售看涨期权。2004 年第一季度，油价上涨，中航油面临 580 万元因期权交易导致的账面亏损。中航油对策为赎回期权关闭原先合约，同时出售期限更长的巨量新合约。然而油价继续上涨，2004 年 10 月 3 日交易盘口扩大到 5200 万桶原油，账面亏损扩大至 8000 万美元。2004 年 10 月 9 日，中航油开始正式向母公司报告亏损并申请支援。同年 10 月 13 日，母公司中航油集团决定救助中航油，于当月 20 日折价配售母公司所持 15% 股份，筹得 1.07 亿美元用于暗中补仓。但最终因资金不足而被迫平仓，截至 2004 年 11 月底，期权合约被全部平仓时亏损已达 3.81 亿美元。中航油被迫于 2004 年 11 月 29 日向新加坡法院申请破产保护。

我们来看一下石油贸易中期权的作用，如表 6 - 12 所示。

表 6-12　期权在价格变动中的作用

项目	看涨	看跌
购买期权	石油购买方以一定代价规避因石油价格上涨而导致成本升高的风险	石油销售方以一定代价规避因石油价格下跌而导致销售收入减少的风险
出售期权	石油购买方以一定代价承担因石油价格下跌而导致（石油销售方）销售收入减少的风险	石油销售方以一定代价承担因石油价格上涨而导致（石油购买方）成本升高的风险

首先，中航油主要业务为石油的进口、加工、储备与分销，本身不生产石油。中航油购买看涨期权，可以视为锁定石油价格，防止油价上涨的行为。但出售看跌期权是为石油销售方承担石油价格下跌风险的做法。一旦油价跌幅过大，同样会导致巨大损失。只不过因为对油价走势判断正确，未体现该风险。

其次，中航油将策略调整为购买看跌期权并出售看涨期权。因为中航油并不生产石油，看跌期权权利的实现和看涨期权义务的履行都需要通过另行购买石油或转让权利义务来实现。更为致命的是，一旦出现油价上涨，中航油将面临原材料上涨和期货对赌亏损的双重压力，资金断链的风险巨大（同理，如果赌赢则获得原材料下跌和对赌获利的双重收获）。

可以说中航油购买看跌期权并出售看涨期权的做法是成倍放大油价波动影响的做法，与对冲风险背道而驰。因为错误评估油价走势而破产也不足为怪（上海财经大学《中航油（新加坡）石油期权丑闻的控制与分析》）。

2. 外汇期权事例

【例 6-8】美国某制造商从德国进口价值 1000 万欧元的商品，3 个月后用欧元支付货款。①若 3 个月后的即期汇率为 1.55 美元/欧元；②若 3 个月后的即期汇率不变；③若 3 个月后的即期汇率为 1.49 美元/欧元，如何进行套期保值？

方案一：利用远期合同套期保值。

假设以远期汇率 1.52 美元/欧元购入 1000 万美元 3 个月远期欧元，若欧元升值（1.55 美元/欧元），履行远期合同比从现汇市场购买欧元可节约（1.55 - 1.52）×1000 = 30（万美元）；若欧元汇率不变（1.52 美元/欧元）履行合同与从现汇市场购买所付美元数相同；若欧元汇率贬值（1.49 美元/欧元），则履行合同比从现汇市场购买多支付 30 万美元。

方案二：利用外汇期权合同套期保值。

由于存在远期外汇支付，购买买入期权（看涨期权）。假设协定汇率为 $K = 1.52$ 美元/欧元，期权费 $P = 0.005$ 美元/欧元，则执行/不执行期权临界点为 $F = K = 1.52$ 美元/欧元，当市场价格 $F > 1.52$ 美元/欧元时，执行期权；当 $F < 1.52$ 美元/欧元时，则不执行期权。盈亏平衡点为：$K + P = 1.525$ 美元/欧元，当市场

价格 $F > 1.525$ 美元/欧元时，期权购买者盈利，若欧元升值到 1.55 美元/欧元，执行期权可节约 $(1.55 - 1.525) \times 1000 = 25$ （万美元）；若欧元汇率不变 1.52 美元/欧元，执行期权与不执行相同，损失期权费 $0.005 \times 1000 = 5$ （万美元）；若欧元贬值到 1.49 美元/欧元，不执行期权，按市场价格买入欧元，与执行期权相比，放弃期权可节约：$1520 - 1490 - 5 = 25$ （万美元）。

结论：对已确定的外汇金额，利用远期合同套期保值，在消除汇率不利变动造成损失的同时，也丧失汇率发生有利变动而获利的机会。外汇期权合同则无论汇率朝哪个方向变动都给其持有者留有获利的机会。

【例 6 - 9】美国某企业参加瑞士某部门举行的国际公开招标，2 个月后公布结果。中标者获得 200 万瑞士法郎。该企业参加投标的结果有三种可能：①企业中标，获得 200 万瑞士法郎，而瑞士法郎贬值；②企业中标，获得 200 万瑞士法郎，而瑞士法郎升值；③企业未中标。

方案一：利用远期合同规避风险。按固定汇率卖出 200 万瑞士法郎，只有上述第一种情况可以获利，后两种情况将使企业非常被动。第二种情况下，将损失由于瑞士法郎升值而本可获得的收益；第三种情况下，该企业则需在现汇市场买进 200 万瑞士法郎，以了结远期合同，造成计划外的资金头寸变动。

方案二：利用外汇期权合同套期保值。由于存在不确定的远期收入，所以购买瑞士法郎卖出期权（看跌期权），总额为 200 万瑞士法郎。第一种情况下，执行期权，按协定价格出售瑞士法郎；第二种情况下，不执行期权，按市场价格出售瑞士法郎；第三种情况下，放任期权作废，或将期权在市场上转让出去，从而收回部分期权费。

结论：对于不确定的外汇流量，利用外汇期权合同是一种更为理想的套期保值手段。

【例 6 - 10】外汇市场上德国马克投机者认为，德国马克在今后 3 个月将非常不稳定，贬值或升值的幅度会超过当时期权市场上德国马克卖出期权的期权费（市场低估了德国马克汇率变动的幅度，从而低估了期权价格），于是投机者将购买 3 个月到期的德国马克卖出期权。无论德国马克升值还是贬值，只要汇率波动的幅度足够大，该投资者都是有利可图的。此时利用远期合同对投机者则会造成不利，因为一旦汇率变动方向与投机者预期不一致，履行合同将使投机者遭受很大损失。

结论：当外汇市场投机者既要在某种货币汇率的变化方向，又要在这种货币汇率的不稳定即波动幅度上进行投机时，外汇期权合同将是最优的选择。

3. 股票期权事例

【例 6 - 11】某投资者购买一份基于 A 股票的期权合约，该期权合约规定，投资者在支付 2100 美元的期权费之后，就可以获得在一个月后以每股 35.4 美元的价格买入 1000 股 A 股票的权利。到时候，如果 A 股票的价格高于 35.4 美元，这个投资者就可以执行期权。以每股 35.4 美元的价格买入 1000 股 A 股票，从中获利，显然这时 A 股票的价格越高对投资者（买方）越好；如果 A 股票的价格低于 35.4 美元，该投资者就可以放弃执行购买期权，他的全部损失就是最初支付的每股 2.1 美元期权费。对于这个期权的卖方来说，如果到期时 A 股票的价格高于 35.4 美元，期权买方必然执行期权，他必须以 35.4 美元的价格卖出 1000 股 A 股票，从而遭受损失；如果 A 股票的价格低于 35.4 美元，期权买方必然放弃执行购买期权，期权卖方的全部收入就是每股 2.1 美元的期权费。可见，期权卖方通过获得一定的期权费收入，承担可能会有的所有损失。这一协议乍看之下不太合理，但事实上市场是公平的，期权费的设定是通过对未来价格变化概率的精密计算得出的，在正常情形下足以弥补期权卖方所承担的一般损失。

以上是赋予买方以未来购买资产权利的期权合约，叫作看涨期权。还有一类期权，其买方有权在未来一定时间以一定的价格出售确定数量的资产，这类期权称为看跌期权。仍以 A 股票为例，一份期权合约规定期权买方在支付每股 1.70 美元的期权费之后，有权以每股 35.4 美元的价格在一个月后出售 1000 股 A 股票。显然，在这个看跌期权协议下，如果未来股票价格低于 35.4 美元，期权卖方就会执行期权，将 1000 股以每股 35.4 美元的价格出售，从而盈利，而期权买方就只能承受相应的损失；如果未来股票价格高于 35.4 美元，期权卖方就不会执行这个期权。

根据以上的分析，在期权合约中，按照权利义务关系和买卖关系，实际上有四种头寸位置：看涨期权的买方和看涨期权的卖方、看跌期权的买方和看跌期权的卖方。除此之外，期权还可以根据其交易标的资产的不同、交易时间不同有多种分类，但不管期权的变化如何复杂，期权的实质仍然是在支付一定的期权费之后，期权赋予其持有者（购买方/出售方）做某件事情的权利，但持有者却不一定要行使这个权利。

（四）二元期权

二元期权（Binary Options）的履行方式十分简单，权利售出方赌注未来某一时点指定交易品的价格高于/低于某一数值，否则就以特定价格回购二元期权。权利购买者下反方向赌注。权利售出者赢，则获取全额权利金；权利售出者输，则必须以约定价格赎回该权利，购买者赚取其中价差。因此，权利购买者赢则获取高额利润，输则失去全部本金。

【例 6-12】二元期权售出方以 50 美元出售如下权利：如 1 周后下午 17：00 时，石油价格高于 50 美元 1 桶，则以 90 美元价格向该二元期权售出方出售本期权之权利。一周后如石油单价低于 50 美元，则该权利一文不值，权利购买方失去购买权利所付之 50 美元，权利出售方获得该 50 美元；如石油单价高于 50 美元，则权利购买方以 90 美元价格向权利出售方出售该权利并获利 40 美元，权利出售方损失该 40 美元。

二元期权因过于接近赌博而广受诟病。

（五）掉期交易

掉期交易（Swap）（也是一种互换交易）是指交易一方以现金流换取另一方的金融衍生品。常见的掉期交易有利息掉期交易、货币掉期交易和利率掉期交易。

【例 6 - 13】甲方现在负有固定利率债务，希望按浮动利率付息；乙方负有浮动利率债务，希望按固定利率付息。在银行的撮合下，甲方通过银行向乙方支付约定份额债务的浮动利率利息，乙方向甲方支付对应债务份额的固定利率利息。借此双方均达到预期目的。

货币掉期交易的例子与利息掉期交易类似，甲方负有 A 币种负债，希望以 B 币种货币还本付息。乙方负有 B 币种负债，希望以 A 币种货币还本付息。在银行的撮合下，甲方通过银行向乙方支付约定份额债务的 A 币种本息，乙方向甲方支付对应份额债务份额的 B 币种本息，借此双方均达到预期目的。商品掉期交易的一方以固定价格买/卖商品，另一方以浮动价格结算。从属风险交易的一方以约定价格，换取将指定的因持有股权而产生的风险转嫁给另一方权利的交易。

掉期交易是在场外市场进行的，在互换市场上，交易双方之间可以就互换的标的资产、互换金额、互换期限、互换利益分享等方面进行具体的协商，从而更能符合交易者的具体需要，但也因此而必须承担一定的流动性成本和信用风险。

掉期交易涵盖范围十分广泛，且不断有新的形式出现。

第三节 衍生产品风险管理

在衍生产品市场中要想运用衍生产品规避风险，必须知己知彼，才能更好地驾驭风险，趋利避害。

一、企业选择衍生产品应考虑的问题

（1）衍生产品的可得性、灵活性、法律保障程度和持有环境。

（2）衍生产品的选择对企业收益的预期应有有力的帮助。

（3）对复杂衍生产品的了解程度，权衡在远期、期权和互换等方面选择适宜性。

（4）企业应根据风险特点研究是否需要用衍生产品做避险工具。

（5）了解企业对冲哪些重要类别风险，选择衍生产品的基本规则和策略。

（6）基础风险最小化（与对冲产品的价值存在差异而产生风险）。

（7）考虑非线性效应而选择相应期权。

（8）如果使用衍生产品，如何对衍生产品自身的风险实施管控及紧急应对策略。

（9）如何为企业寻找有道德和有专业水平的衍生产品专家。

（10）在何处购买衍生产品；企业是不是具有议价能力等。

二、金融衍生产品进行风险规避

尽管投机是金融衍生产品的功能之一，但是它们同时也为那些希望进行风险规避的市场主体提供非常重要而有效的管理工具。比如，一个打算发行债券的公司面临利率风险，如果市场利率在债券正式发行之前上升了，那么公司就不得不接受这个比原先计划的利率要高的发行利率，从而承担更高的利息支出。在这种情况下，这个公司就可以通过买入利率期货来预先获得确定的发行利率，规避利率风险。类似地，一家拥有分散的股票投资的养老基金面临着股票市场整体波动的风险，那么它可以通过股票指数期权来降低甚至完全规避这个系统性风险。因此，虽然衍生产品自身的价格波动很大，风险较高，但衍生产品的重要功能之一就是运用于风险管理。通过衍生产品的开发和交易，市场主体可以将分散在社会经济各个角落里的市场风险、信用风险等集中到衍生产品交易市场中进行匹配，然后分割、包装并重新分配，使套期保值者规避营业中的大部分风险，不承担或只承担极少一部分风险（如在期货市场上的套期保值要承担基础风险，期权交易要承担期权费等）。金融衍生产品交易控制金融风险的另一个特点是并不改变原有基础业务的风险暴露，而是在表外建立一个风险暴露与原有业务刚好相反的头寸，从而达到表外业务与表内业务风险的完美中和。

利用衍生产品进行风险管理，与传统的风险管理手段相比具有以下三个方面优势：

1. 具有更高的准确性和时效性

我们知道衍生产品的价格受制于基础产品价格的变动，且这种变动趋势有明显的规律性。以期货为例，由于期货的价格就是现货价格的终值，影响现货价格变动的诸因素同样也左右着期货价格的变动，所以期货价格与现货价格具有平行变动性。平行变动性使期货交易金额相等、方向相反的逆向操作可以方便地锁定价格风险。所以，成熟的衍生产品交易可以对基础资产的价格变化做出灵活反应，并随基础资产交易头寸的变动而随时调整，可以较好地解决传统风险管理工具处理风险时的时滞问题。

2. 具有成本低优势

这与衍生产品交易中的高杠杆性有关。衍生产品交易操作时多采用财务杠杆方式，即付出少量资金便可控制大额交易，定期进行差额结算。运用的资金相对保值的对象比例很低，可以减少交易者套期保值的成本，对于在场内交易的衍生产品而言，由于创造了一个风险转移市场，可以集中处理风险，大大降低寻找交易对手的信息成本，而交易的标准化和集中性又可以极大地降低交易成本。

3. 具有灵活性

如期权的购买者可以获得履约与否的权利；场内的衍生产品交易中，交易者可以方便地随时根据需要进行抛补。还有一些场外的衍生产品，多由金融机构以基本金融产品为素材、随时根据客户需要为其量身定制的金融新产品。这种灵活性是传统金融产品无法比拟的。

【案例】

远期汇率套期保值计算

即期汇率是外汇交易完成后的 2 个营业日内进行外汇交割的汇率。同业拆借市场中的外汇交易者也可以在 2 个营业日之后的未来某个约定日期进行交割，并以当日的汇率作为交易汇率。远期汇率又称期汇汇率，是指在外汇市场上，买卖双方成交后，在约定的未来某个日期按成交时商定的汇率办理交割。远期汇率是预约性外汇买卖所使用的一种汇率，通常在远期外汇买卖合约成交时确定，合约到期时按此汇率进行交割，不受汇率变动的影响。远期汇率在一定程度上代表即期汇率的变动趋势。

一、汇率差额计算

远期汇率高于即期汇率的差额叫升水（Forward Premium）、远期汇率低于即期汇率的差额叫贴水（Forward Discount），平价（Par）表示两者持平。其公式为：

外币升贴水数值 = 即期汇率 × 两国利差 × 月数/12

外币升贴水数值 = 即期汇率 × 两国利差 × 天数/360

例如伦敦外汇市场即期汇率 1 英镑 = 1.5500 美元，伦敦市场利率为 9%，纽约市场利率为 7.5%，3 个月后，美元远期汇率是升水还是贴水？3 个月后，美元远期汇率的贴水值是多少？

方法一：将美元视为外币。

因为 1 美元 <1 英镑，所以美元远期升水。

美元升水值 = 1/1.5500 ×（9% −7.5%）×100% ×3/12 = 0.0024（英镑）

3 个月美元远期汇率为：

1 美元 = 1/1.5500 + 0.0024 = 0.6476（英镑）或 1 英镑 = 1.5442（美元）

方法二：将英镑视为外币。

因为 1 美元 <1 英镑，所以美元远期升水。

英镑贴水率 = 1.5500 ×（9% −7.5%）×100% ×3/12 = 0.0058（美元）

3 个月美元远期汇率为：1 英镑 = 1.5500 − 0.0058 = 1.5442（美元）

又如美国一公司因进口产品用汇，从远期外汇市场购入一个月远期瑞士法郎。已知即期汇率 1 美元 = 1.5341 瑞士法郎，一个月后美元贴水 50 点，该公司因进口产品用汇（瑞士法郎）升值而遭受的损失折成年率是多少？美元贴水 50 点，即瑞士法郎升水 50 点（0.0050 瑞士法郎），则瑞士法郎升水值折成年率为：0.0050/1.5341 ×12 ×100% = 3.91%。

二、套期保值操作

远期合同是进行套期保值的传统方式，但并不是唯一方式，货币市场工具、期货、期权等也用于同样目的。远期合同的优越之处在于交易成本低，市场流动性相对较大，可以不涉及现金流动。套期保值主要用于以下情况：

（一）避免交易风险

客户为避免未来外汇收支风险而进行远期外汇交易。客户在未来一定日期，有一笔确定的外汇收入或支出时（如进口付汇、出口收汇、对国外投资或所欠国外债务到期等），利用远期外汇固定汇率，从而无论到期日汇率如何变化，当事人支付或收到的本币数量是确定的。例如，美国公司从加拿大进口价值 1150 万加元货物，2 个月后付款。美国公司应从加大银行买进 1150 万 2 个月远期加元，使加元价格固定，以防止加元升值风险。到交割日（2 个月又 2 天），美国公司按远期合同约定的固定汇率向加拿大银行购买 1150 万加元，用于支付进口货款。在此期间若加元果然升值，则远期交易使美国公司避免损失；若加元贬值，则美国公司将因签订远期外汇而多支付美元。可见，远期合同在避免交易中的外汇风险时，也同时排除从汇率变动中获利的机会。进口商利用远期合同，实际是将汇率变动的风险转嫁给银行，但银行也不愿意承担风险，为了避免损失，加拿大银行在卖出 1 笔 2 个月 1150 万加元的远期合同后，可向其他银行买进 1 笔 2 个月 1150 万加元的远期，价格小于或等于远期加元的卖出价。

例如，某英国公司从美国的一家企业进口货物，即期汇率：1 英镑 = 1.5880 ~ 1.5890 美元。9 月 12 日，两公司签订贸易合同；10 月 12 日，支付货款 200 万美元。如果选择即期买入美元，需要 200/1.5880 = 125.94（万英镑），如果选择远期买入美元，需要 200/1.5820 = 126.42（万英镑）。如果 10 月 12 日的即期汇率为：1 英镑 = 1.5700 ~ 1.5710 美元，即英镑贬值，支付货款需要 200/1.5700 = 127.39（万英镑）。说明远期交易是合算的。如果 10 月 12 日的即期汇率为：1 英镑 = 1.5900 ~ 1.5910 美元，即英镑升值，支付货款需要 200/1.5900 = 25.79（万英镑）。因此，远期交易要多付英镑，虽不合算，但仍可保值。

银行为平衡其远期外汇持有额而进行远期外汇交易。银行因与客户进行各种交易后，产生"外汇持有额"不平衡的现象，即现汇和期汇超买或超卖情况，虽然汇率变动有时对"外汇持有额"不平衡情况有利，银行可获得汇率变动的收益，但各国经营外汇业务的银行大部分只起代客户买卖外汇的中介作用，本身并不承担风险，其从事外汇业务的目的主要是通过业务赚取买卖差价和营业收入，所以一般银行的外汇持有额要有意识地处于平衡状态。

（二）避免账面风险

跨国公司在国外的子公司，其资产负债表中的内容是以当地货币计值的，但其年度财务报告却需用本国货币为计价单位。如果上一报告期到本报告期之间，有关汇率发生变化，则原来以外币表示的资产、负债、收入、支出等转化为本国货币的数值后可能不反映真正的资产损益情况，而账面风险由此产生。例如，加拿大的约克公司在纽约曼哈顿地区拥有一些房地产，在会计账面上，它们是用美元计值的资产，因此，当美元贬值时，约克公司将发生一笔账面损失。为避免损失，约克公司卖出 3 个月远期加元，当合同到期时，若加元升值，则约克公司从远期外汇交易中获得一笔收益，可抵消该公司在纽约房地产的账面损失；如果加元贬值，约克公司从该笔远期外汇交易中招致损失，但约克公司在纽约的房产升值。可见无论何种情况，远期加元的损益恰可抵消用美元计值的房地产的账面收益或损失。

（三）避免经济风险

不同于交易风险和账面风险，经济风险是指汇率变动对公司总体盈利性或长期现金流的影响，因而对经济风险的度量也较为复杂，必须考虑多种因素，如汇率变动后客户的反应如何、所涉及货币的相对通货膨胀率如何变化等。

三、投机操作

投机的基本操作有两种：一是买空或做多头，是在预测外汇汇率将上涨时先买后卖的投机交易；二是卖空或做空头，是在预测外汇汇率将下跌时先卖后买的投机交易。例如，东京外汇市场上 6 个月的远期汇率 1 美元 = 104 日元，投机者张永预计半年后即期汇率将是 1 美元 = 124 日元，若该预测准确的话，在不考虑其他费用的前提下，该投机者买进 6 个月的远期美元 100 万，可获多少投机利润？

张永投机者买进 6 个月的远期美元 100 万，支付 1.04 亿日元；到期后，将 100 万美元按即期汇率 1 美元 = 124 日元卖出，即得 1.24 亿日元，可获利（1.24 − 1.04）亿日元 = 0.2 亿日元，若预计不准确，就会蒙受损失。又如，法兰克福汇市，3 个月期汇率为 1.2809 美元/法郎，一个投机商预测欧元对美元汇率下跌，他就卖出 10 万欧元 3 个月期汇，3 个月后，欧元跌至 1.2710 美元/欧元，他可买入 10 万欧元，交割抵轧可获投机利润（128090 − 127100）= 990（美元）。

若 2 个月后，欧元即期汇率就跌至预期的低点，远期汇率也下跌，若 1 个月远期欧元汇率为 1.2710 美元/欧元，投机者可按此远期汇率买入 1 个月远期 10 万欧元，到期后，两份相抵，提前获利 990 美元。如果该投机者预期错误，欧元升值，他的第一笔远期合同会使他遭受损失，第二笔合同就不会做了。

第七章　合同与风险管理

第一节　合同管理

现行《中华人民共和国合同法》（以下简称《合同法》）关于合同的定义是：合同是平等主体的自然人、法人、其他组织之间设立、变更、终止民事权利义务关系的协议。

在1982年7月1日生效、1993年9月2日修订、直至1999年10月1日随新《合同法》生效而被替代失效的《合同法》中，关于经济合同的定义是：平等民事主体的法人、其他经济组织、个体工商户、农村承包经营户相互之间，为实现一定经济目的，明确相互权利义务关系而订立的合同。

国家财政部等五部委发布的《企业内部控制应用指引，第16号——合同管理》（以下简称《合同管理指引》）第二条关于合同的定义是："本指引所称合同，是指企业与自然人、法人及其他组织等平等主体之间设立、变更、终止民事权利义务关系的协议。"

显然，上述三段描述没有质的区别，都明确表述三点：一是合同是自然人、法人、其他组织等平等主体之间的；二是合同是为了设立、变更、终止民事权利义务关系所做的；三是合同是相关各方共同协商一致而达成的。

参与协商订立合同的各平等主体，均为合同当事人，简称当事人。《合同法》规定："当事人订立合同，应当具有相应的民事权利能力和民事行为能力。当事人依法可以委托代理人订立合同。"合同的当事人为法人或其他组织的，应当由该当事人的法定代表人亲自订立，或由该当事人的法定代表人委托代理人订立合同。委托代理人订立合同的，必须由委托当事人的法定代表人出具有效的书面委托文件，写明委托人、被委托人的基本情况、委托事项、委托权限及时限等。

　　法律法规对某种类型合同订立主体，设置需要具备相应"资质"等限定条件的，该类合同的当事人必须符合相关法律法规设置的限定条件。

　　合同当事人应诚实守信，在订立合同时，应如实出示和记载本方的基本情况。当事人在订立合同时隐瞒真实情况的，存在欺诈或诈骗风险；法律法规限定了订立合同主体条件、当事人隐瞒真实情况或存在"伪造资质"文件等造假行为的，所订立的合同存在"无效合同"的法律风险。

　　《合同法》规定：当事人订立合同，有书面形式、口头形式和其他形式。法律、行政法规规定采用书面形式的，应当采用书面形式。当事人约定采用书面形式的，应当采用书面形式。合同的书面形式是指合同书、信件和数据电文（包括电报、电传、传真、电子数据交换和电子邮件）等可以有形地表现所载内容的形式。《合同管理指引》第五条规定："企业对外发生经济行为，除即时结清方式外，应当订立书面合同。"此外，根据企业内部控制理论，企业任何经济活动，都应该"有痕迹""可追溯"。因此，没有极其特殊的情况，企业不应采用口头形式订立合同。

　　企业是依法设立、具有经济法人资格，从事生产、流通、服务等经济活动，以生产、流通或服务等经济活动来满足社会需要，实行自主经营、独立核算的一种营利性的经济组织。企业的性质决定其存在和经营发展中，遇到最多、自始至终不可离开的是经济合同管理工作。《合同管理指引》第四条规定："企业应当加强合同管理，确定合同归口管理部门，明确合同拟定、审批、执行等环节的程序和要求，定期检查和评价合同管理中的薄弱环节，采取相应控制措施，促进合同有效履行，切实维护企业的合法权益。"

　　除了经济合同之外，还有不是为实现经济目的而订立的非经济类合同，例如劳动人事合同、无偿的委托代理合同，以及关于婚姻、收养、监护等有关身份关系的协议等。

　　本节重点介绍企业经济合同管理的基本内容和工作要点。为了行文方便，在本节后续描述中，凡是在合同之前没有加定语的，一律代表经济合同；凡是在合同管理之前没有加定语的，一律代表经济合同管理。

一、合同管理各阶段的任务

　　合同管理按工作进程，一般可以划分为筹备期、订立期、履行期和善后期共四个工作阶段。

　　合同筹备期管理包括合同的可行性研究、立项，合同他方（包括一个或多个相关方，下同）资信等资料信息库的建立，与合同他方的意向接触，对合同他方的资信等基本情况的尽职调查等。

合同订立期管理包括合同项目的招投标，合同的商务谈判、技术谈判以及保密条款等法务谈判，合同条款的拟定、磋商、修订、订立，本组织内部对合同的审查会签、备案审核、审批签字，以及加盖印鉴、合同文书交换送达等。

合同履行期管理包括对合同履行各阶段本方履约结果和能力的监督控制；对合同他方履约结果的监督控制；对合同履行期间市场环境、社会环境、自然环境等外部条件变化的监控；合同各方在合同履行期间根据实际需要，就合同的变更、中止、解除进行协商谈判，达成合同补充或修订、备忘录等具备法律效力的文件，力争最大限度地化解合同履行期间出现的纠纷；针对合同履行期间发生的地震、台风等严重自然灾害以及战争等不可抗力因素，做出必要、及时、科学、妥善的处置，通知合同他方并完善保留证据。

合同善后期管理包括合同履行结果的交付验收（如工程类合同的竣工验收、物流贸易类合同的货物质量检验及数量查验接收）；合同账款的清算、结算；合同约定的质量保证期和后续服务期的履约监控；合同遗留纠纷的后续处置，协商谈判、依法仲裁或诉讼；合同文件归档管理。

（一）合同筹备期的管理任务

经济合同是企业经营活动中，企业与市场、与市场参与各方（包括企业的客户，企业的上游供货商、服务商，下游分包商，融资债权人、欠款债务人等）订立的具有约束作用的法律文书，对企业的经营发展具有重要的引导、支撑和约束作用，事关企业的兴衰甚至生死存亡。因此，合同管理对企业的重要性不言而喻。《合同管理指引》第五条规定："合同订立前，应当充分了解合同对方的主体资格、信用状况等有关内容，确保对方当事人具备履约能力。"在企业经营管理实践中，一项大型经济活动合同往往要与多方当事人共同订立，涉及多方权利义务的协调，是一项非常复杂的工作。凡事预则立，不预则废。要做好合同管理工作，必须从合同的筹备期入手，扎扎实实做好合同相关方考察评估、遴选等合同订立前的各项筹备工作。

1. 建立强大的上下游企业和客户信息库，夯实合同管理基础

建立包括本企业生产所需原材料供应商、备品备件加工分包商、设备维护维修服务商，以及本企业产品的经销、分销商等在内的上下游企业和客户信息库，是企业管理的一项重要基础性工作。建立强大、有效的上下游企业和客户信息库，是合同管理筹备阶段的首要任务。

（1）上下游企业和客户信息库一般应收录相关企业的下列内容：

1）企业工商登记信息包括：企业注册地；企业性质（股份公司、有限公司或一人有限公司等）；企业认缴注册资本、实缴资本和资本增减变更登记；企业出资人或股东基本情况；企业法定代表人的基本情况；企业章程及修订情况等。

2）企业基本资信包括：企业历年来的主营业务收入，历年来的盈利和纳税，企业的资产负债及资产负债率等企业应依法披露的信息。

3）企业的软实力信息包括：企业持有的重要专利、系统性专有技术等软实力信息，这些专利和专有技术在国内外相关领域所处地位以及这些专利和技术对该企业主营业务及企业实力的影响等。

4）企业的社会声誉信息包括：企业的主要客户及上下游企业对该企业信誉的评价和对该企业产品质量及服务质量的评价；国家工商、税务、审计、质检、安监、环境、海关、证监会等监管机构对企业的监管评价和表彰处罚记录等。

5）企业的涉诉信息包括：企业因各种纠纷（包括债权债务、技术专利、人力资源等）而涉及的诉讼，包括审结执行案件和在诉案件的诉讼结果和进展情况，应特别关注企业因大额债权债务或大额潜在债务（如出具担保引发的债务）诉讼；企业资产被执行情况；企业失信，尤其是重大失信记录等。

（2）上下游企业和客户信息库收录的内容须真实准确，重要客户信息入库一般需要履行评估或审批程序。

1）企业的上下游企业和重要客户是影响甚至制约企业发展的重要因素。因此，确保企业上下游企业和客户信息库内信息真实准确是企业生存发展的需要。企业应该把本企业重要上下游企业和客户信息的收集管理作为企业管理的一项特别重要的工作，建立、推行上下游企业和重要客户评估审批制度。

2）大型和特大型企业对本企业的上下游企业和客户信息，应该视企业实际分级管理。对本企业或企业集团影响特别重大的上下游企业或客户，应该由企业集团集中管理（例如，火力发电企业集团和水泥生产企业集团，都应该对集团所属企业的燃料供应商信息实行集团管理）。由集团组织信息收集、评审评估和信息入库审批。目前，国务院国资委考评局和各中央企业对为企业提供审计和评估服务的会计师事务所等中介机构的信息管理，建立了专项制度，中介机构必须通过制度规定的评审程序，才能进入相关信息库，才具备与中央企业订立相关中介服务合同的资格。

上下游企业和客户信息库收录的内容应动态管理，须及时更新。企业应该根据本企业规模和机构设置的实际，设置或选择本企业上下游企业和客户信息库的管理机构或管理人员，明确责任，严格实施管理。要充分利用工商、税务、证监会、人民法院等机构网站发布的信息，利用网络、大数据等技术手段，强化对信息库的动态管理，确保库存信息更新及时、准确无误。

2. 科学开展拟签合同的可行性研究，制定完善的合同管理方案

企业订立数额较大或数额巨大的合同，应该在启动合同谈判、参与订立之前，进行科学、深入的可行性研究，针对该项合同的管理，制定完善的管理

方案。

（1）研究确认拟签合同的必要性。要认真研究拟签合同的内容是否企业发展的急需要素、是否维持企业生产运营的必要条件或者是否提升企业产品质量或服务水平的必要条件、有否比拟签合同约定条件更优越的替代项目，经过深入研究论证后，确认拟签合同的必要性。

（2）研究确认拟签合同的可行性。一是确认拟签合同符合国家或企业驻在国的法律法规，符合国家产业政策和技术导向；二是研究确认拟签合同项目技术可行，可以实现；三是研究确认本企业有能力履行拟签合同将要设定的本企业的义务。

（3）就拟签合同进行科学性研究，本着效益第一的原则，选择企业经济效益与社会效益高度统一的拟签合同项目，编制完善的用以指导后续尽职调查、合同谈判、订立、履行、善后等合同管理全过程的合同管理方案。

3. 认真遴选相关方，对目标企业开展合法、全面的尽职调查

在建立完备的上下游企业和客户信息库的基础上，企业根据拟订立合同项目的技术经济条件要求和相关法律法规，遴选拟作为合同对方或相关方的一个或若干个目标企业，与这些目标企业展开初步接触、沟通交流和尽职调查等合同订立前的相关工作。

（1）遵循上级机构监管规定和本企业相关制度，根据拟签合同项目的规模、技术特点，在"上下游企业和客户信息库"中初选基本符合条件的企业，在本企业内履行评审、审批等程序后，确定拟签合同的初选目标企业。在"上下游企业和客户信息库"中所储备的可供选择的同等条件企业数量较多时，可以采用随机取样方式抽取初选目标企业。对重要项目或合同额巨大的拟签合同，一般要按照拟签合同所需相关方的两倍或多倍数量，选定初选目标企业。

（2）通过向初选目标企业发送邀请或征询文函、电子文档等方式，与初选目标企业展开初步接触，沟通交流情况，征询对方有否参与拟签合同项目的意向。在该阶段，发送邀请或征询文函的企业，必须严格文函管理，确保文字表述准确，绝不允许在邀请或征询文函中做出承诺或要约性的表述，防范企业法律风险和道德风险。

（3）与接受邀请并经过初步接触、双方就拟签合同达成初步共识的目标企业订立《意向书》或《备忘录》及相关保密协议，为了探讨拟签合同的需要，双方应达成展开"尽职调查"的协议。对拟签合同相关方的尽职调查，可以由本企业的财务、法务、审计等部门专业人员组织实施。对拟签合同内容属于"收购企业或公司股权资产"等专业性较强或数额巨大的重要项目的，一般需要委托具备相应资质的会计师事务所、律师事务所等中介机构，或者聘请财务、法律、

经济分析领域的专家组成尽职调查组实施尽职调查。

（4）对拟签合同目标企业的尽职调查内容，必须满足本企业出资人和监管机构的要求。例如，中央企业必须符合国务院国资委的要求，上市企业必须满足股东大会的要求并符合证监会的监管规定。

（5）对拟签合同目标企业尽职调查的目的，是了解掌握被调查企业的真实状况，充分揭示该企业的潜在机会和潜在风险。要根据拟签合同项目的重要程度、合同项目的性质、合同额度的大小、合同有效期的长短等，坚持高效经济与风险防范相统一的原则，确定尽职调查范围和深度，既要防止对目标企业存在重大风险的疏漏，又要防止耗时耗资的无实际内容的调查。

（6）以收购企业或公司股权资产为目的的尽职调查，一般需要查清：①目标公司基本情况，包括其成立背景、历史沿革、股权结构及变化（增资、减资、资产重组等）；②公司成立以来业务发展、生产能力、盈利能力、销售数量、产品结构的主要变化等情况，最好能够收集到近三年来经第三方审计的财务报表；③公司对外投资情况，包括投资额度、比例、性质、收益等情况，以及被投资主要单位和被投资主要项目的情况；④公司人力资源状况，包括董事、监事及高级管理人员的简历，员工的年龄结构、受教育程度结构、岗位分布结构和技术职称分布结构；⑤公司历年股利发放情况和公司现行的股利分配政策，公司实施高级管理人员和职工持股计划情况，等等。

尽职调查需严格遵守保密协议，为被调查企业保守商业秘密，防范法律风险和道德风险。

（7）依法必须进行招标的项目如何对目标公司尽职调查。包括我国在内的许多国家和地区政府，对自己辖区内的大规模投资建设等重大经济活动，都制定了诸如"招投标法"之类的监管法规，以管理、规范经济活动参与各方的行为。我国2000年1月1日生效的《中华人民共和国招标投标法》（以下简称《招投标法》），规定凡涉及"关系社会公共利益、公众安全的大型基础设施、公用事业等工程建设项目"的经济合同，都"必须进行招标"。这些项目非经批准，必须进行公开招标。显然，这些必须进行公开招标的项目，在合法有效的招标程序完成前，与这些项目相关拟签合同的目标公司，始终处于极大的不确定性之中。因此，任何企业和组织在必须进行招标项目的相关合同订立筹备期间，必须严格遵守我国或项目驻在国的法律法规，在履行招投标等法定程序之前，绝对不能随意与任何企业订立涉及该项目的具有经济合同性质的文件，严防法律风险。

为了保证必须进行招标尤其是公开招标项目所选定的目标公司符合招标企业和项目的要求，需要通过发布招标文件限定投标人条件、编制标书文件提纲等方式，对投标人进行尽职调查，确保入围的有效投标人企业实力、资信等条件符合尽职调查的要求。

《招投标法》第十八条规定："招标人可以根据招标项目本身的要求,在招标公告或者投标邀请书中,要求潜在投标人提供有关资质证明文件和业绩情况,并对潜在投标人进行资格审查;国家对投标人的资格条件有规定的,依照其规定。招标人不得以不合理的条件限制或者排斥潜在投标人,不得对潜在投标人实行歧视待遇。"利用招标文件对目标公司进行尽职调查和预选是必要的。但是,在招标文件中限定投标人的条件,必须严格遵守招投标法的上述规定。

(二)合同订立期的管理任务

经过合同筹备期的精心筹备工作之后,进入合同管理工作的第一个重要阶段,即合同订立阶段。该阶段工作包括选定拟签合同的目标企业、合同谈判、合同条款起草和定稿、履行内外部审批程序、合同交换生效等。

1. 通过邀请协商或招投标等方式,合法合规地选定拟签合同的目标企业

拟签合同目标企业的选定渠道和方式,一般分为三大类,一是邀请协商方式;二是招投标方式;三是邀请投标方式,简称邀标方式。

(1)招投标和邀请投标选定拟签合同目标公司。在经济全球化日益发展、市场竞争日趋激烈的今天,许多国家或地区政府为了保护国家或地区利益、社会公共利益、提高经济效益,维护良好的经济秩序,对在自己辖区内企业间开展的工程发包及承揽、大宗商品采购等经济活动,都制定了比较严格的管理法规。企业要在这些国家和地区选择拟与之订立合同的目标企业,必须严格遵循当地的相关法律法规。违反政府诸如"招投标法"之类的法律法规而选定目标公司所订立的合同,可能被依法认定为无效合同,甚至受到法律制裁。企业在决定选择企业与之订立合同之前,必须全面深入地了解合同订立地和履行地的法律法规,依法操作。

我国《招投标法》第三条规定,在中华人民共和国境内进行"大型基础设施、公用事业等关系社会公共利益、公众安全的""全部或者部分使用国有资金投资或者国家融资的""使用国际组织或者外国政府贷款、援助资金的"等工程建设项目包括项目的勘察、设计、施工、监理以及与工程建设有关的重要设备、材料等的采购,必须进行招标。《招投标法》第十条规定,招标分为公开招标和邀请招标。公开招标是指招标人以招标公告的方式邀请不特定的法人或者其他组织投标。邀请招标是指招标人以投标邀请书的方式邀请特定的法人或者其他组织投标。《招投标法》第十一条规定,国务院发展计划部门确定的国家重点项目和省、自治区、直辖市人民政府确定的地方重点项目不适宜公开招标的,经国务院发展计划部门或者省、自治区、直辖市人民政府批准,可以进行邀请招标。

参与招标或投标是企业开展经济活动、寻求商业机会的一项重要工作,是订

立一些重大经济合同难以逾越的工作程序，也是一项涉及技术和经济业务领域较广、技术性较强的工作。因篇幅所限，本文不再详述。

采用招投标方式或者邀标方式选择拟签合同目标公司的，招标项目业主所发布的招标文件或邀请投标文件以及投标企业参与投标所提交的投标文件，在合法履行招投标或邀请投标的程序、认定中标之后，将转化为《合同法》规定的、不能再行更改和修订的拟签合同的合同要约。因此，无论是拟签合同的招标企业，还是参与拟签合同竞标的投标企业，都要高度重视招投标文书的编制，要认识到招投标文书一旦生效，即具有合同效力，需要依法恪守。招投标文件编制应遵循的原则要点，与合同文件撰写的原则要点雷同，请参阅本章节的"合同条款"内容。

（2）通过邀请协商选定拟签合同目标公司。对于《招投标法》等法规限定必须招投标之外的项目，如果项目企业的出资人和上级企业及监管机构也没有相关限制和要求，即可以采用邀请协商方式选定拟签合同的目标企业。邀请协商选定目标企业的最大优点是，有利于拟签合同双方，在合同订立前相互间充分展开尽职调查，深入了解企业和拟签合同涉及项目的状况，在合同订立前最大限度地消除分歧，为合同履行奠定较好的基础。邀请协商选定目标企业的最大缺陷是，选择过程相对封闭，市场竞争机制相对较弱，缺乏社会监督，容易因合同订立参与人员的道德风险而影响合同质量。为了保证邀请协商选定拟签合同目标公司的工作质量，采用该种方式的企业，要充分发挥企业内部控制体系的监督机制，强化合同订立阶段的监督控制，兴利除弊，最大限度地消除合同订立阶段参与人的道德风险。

在邀请协商选定拟签合同目标公司过程中，协商过程也具有合同谈判的性质，协商过程中相互提交的文件，许多内容可能具有《合同法》意义上的要约性质。因此，要高度重视邀请协商过程中的工作细节，尤其要特别重视相互间的文函往来。必要时，可以在邀请协商期间的往来文函中，注明"本文函不具有要约效力"的字样，以防范合同管理前期工作的法律风险。

2. 合同谈判

合同谈判是合同订立阶段的重要工作环节。合同谈判是否成功，关系合同双方或合同各参与方的核心利益，对合同能否顺利订立和履行，至关重要。合同谈判内容一般包括商务谈判、技术谈判、保密合同或保密条款谈判等。规模大、内容复杂项目的商务谈判与技术谈判可以分别进行，并分别订立相互关联的商务合同和技术合同，作为整个项目合同的组成部分。受企业委派参与合同谈判的代表在合同谈判期间的言行尤其是出具的文字（包括短信、微信等电子文档），很可能被对方理解为具有企业要约或承诺的性质。因此，在合同谈判期间，参与谈判的组织和人员要提前做充分准备，集体研究、编制谈判提纲和要点，统一口径。同时，要学习运用科学的谈判策略和技巧，在谈判桌上、桌下都需谨言慎行，切忌刚愎自用、信口开河，严防损害本企业利益。

（1）商务谈判的策略和技巧。商务谈判是合同各方围绕合同的商务内容充分交换意见、讨价还价的过程。通过商务谈判，合同各方就合同设定的权利义务、交易额度、款项支付方式、工程工期或货物交付期限、工程或货物的质量保证等，通过谈判达成一致或妥协，形成对订立各方具有约束效力的协议文件。因此，充分学习运用科学的谈判策略和技巧，抓好商务谈判，是合同订立阶段工作的重中之重，应注意以下几点：

1）注重谈判氛围，掌控谈判议程，合理分配时间。无论是工程建设项目还是大宗商品贸易合同，商务谈判都会涉及诸多重要性不同的、关注度各异的事项。谈判者应充分了解谈判对手的核心诉求、个人好恶、性格特征等因素，注意利用这些因素、营造合作氛围。要着力掌控谈判的进程，善于在合作氛围浓厚的阶段，展开对本方核心诉求和所关注重要议题的商讨，从而抓住时机，达成更有利于己方的共识。在谈判气氛紧张时，善于引导讨论双方具有共识基础的议题。此外，应重视合理利用时间，科学分配各议题协商讨论的时间，不过多拘泥于细节性争论，努力降低双方的谈判成本。

2）实施高起点战略，争取谈判中的优势地位。合同谈判是合同各方围绕合同涉及的各项权利义务的沟通、协商，逐步达成一致或妥协的过程。合同各方通过谈判，都会不同程度地放弃本方的部分权利，或者不同程度地增加承担义务的份额，求得与合同他方的妥协，以实现协商一致、达成合同。企业参与合同谈判的团队，在谈判之初，必须对各方诉求做全面深入的分析和预判，将本方谈判的核心诉求科学地划分为高级（力争）、中级（坚守）、底线（绝不放弃）三个层级的目标。谈判之初向对方提交的方案，是力争实现的高级目标。参与谈判者一定要清楚描述本方高级目标方案的理由，引导谈判各方充分理解本方所提交方案的合理性，促使谈判对手对本方谈判底线产生较高的估计和判断，从而使本方占据谈判中的优势地位，促使谈判对手做出更多的让步。

3）避实就虚，求同存异，调控节奏，化解僵持。在经济合同谈判中，参与各方的权利义务是矛盾统一体，既有一致性，又有矛盾性。各方都从维护本方利益的目的出发，通过谈判，实现各方利益，即合同各方权利义务的相对平衡。在谈判全过程中，各方不同意见的碰撞、争执在所难免，一旦控制不好，很容易使谈判各方的情绪抵触、气氛紧张，甚至使整个谈判陷入僵局。为了避免上述情况，谈判参与者应知己知彼，审时度势，善于判断谈判的趋势和氛围，避实就虚，求同存异，科学地调整谈判节奏。在谈判涉及我方优势明显或对方劣势明显的情况下，要抓住机会，充分展示本方的优势，引导合同谈判对方"认账"、做出妥协；对谈判涉及本方的明显弱点、劣势或对方明显优势的情况下，要尽量回避，千方百计降低谈判对手的关注度。如果出现谈判各方分歧巨大、争执激烈、陷入僵持的现象，可以提议"暂时休会"，使谈判各方从激烈的争论中冷静下来，进行理智的思考。商务谈判休会期间，谈判各方可以相互拜访、磋商、交换意见，寻求各方都可以接受的新的中间方案；可以先行启动技术谈判或保密条款等其他非商务条款谈判，给各方对争议方案进行理智思考更长的时间。

4）注重谈判团队人员结构，提升团队的整体执行力。企业参与重要或重大合同谈判，一般选派或委托一个团队专门负责。企业组建自己的谈判团队时，应充分考虑拟签合同的项目规模、涉及业务的专业技术特点，兼顾谈判对方团队人员组成的情况，包括对方人员的专业特长及性格特征，选择确定谈判首席代表和团队成员。为了谈判需要，还可以在谈判进程中、在确保谈判连续性的前提下，适当更换参与谈判人员。谈判团队合理的人员结构，可以提升团队的整体执行力。团队成员发挥各自优势，扮演不同的角色，有的可以积极"进攻"、锱铢必较，摆出寸步不让的态势；有的可以和颜悦色、温文尔雅，体现顾全大局、寻求双赢的姿态；遇到双方分歧巨大，各执一词，都不让步的争议焦点，如果由团队中的、行业内有威望的专家出面，从技术的角度陈述本方主张的合理性，往往更容易说服对方、缩小双方主张的差距。谈判团队在目标一致的前提下，分工合作，有软有硬，软硬兼施，力求事半功倍。

5）坚持效益第一原则，抓主要矛盾，"弹好钢琴"，统揽全局。无论多么重要和重大的经济合同，相对企业整体发展而言，可能都属于局部和全局的关系。因此，制定合同谈判策略、开展合同谈判，必须坚持效益第一原则，强化全局意识，抓住主要矛盾，弹好合同订立这部"钢琴"。一是要从本企业全局利益出发，设定拟签合同的谈判底线。谈判团队所有成员必须牢记，谈判底线绝不能暴露，必须始终坚守。二是从本企业全局层面，准确理解拟签合同的"分量"，进而科学确定该项合同谈判的可妥协尺度。例如，对本企业长远发展影响特别重大、深远的合同，在争取局部利益的谈判中，可妥协尺度可以放大些；对企业长远发展没有影响或影响很小的合同，在争取局部利益的谈判中，可妥协尺度就应该收紧些。

6）尊重对手，善于倾听，注重细节，谨言慎行。合同谈判是利益诉求有别的两个或两个以上组织为了就某一事项达成一致意见，由各方代表间展开的、人与人之间的交流活动。因此，真诚地尊重谈判对手，善于倾听合同参与各方的意见，注重语言表述，不说伤害对方感情的言论等，有利于避免或减少谈判中的对抗和僵持。一是真诚待人、尊重谈判对手。谈判中不同观点可以发表、争论，但必须始终真诚地尊重谈判对手，尤其是持不同观点的对手。为了做到这一点，制定谈判方案期间，应设定禁区，即给本方谈判人员划定谈判期间不能说的语言和不能做的行为的禁区，避免伤害谈判对手的自尊心。二是善于倾听谈判对手的意见。在谈判这种竞争性环境中，本方的观点应该尽量多用严谨、简练的文字表述，少说多听。充分倾听，即体现对谈判对方的尊重，又有利于从对手的话语中了解谈判对方的真正意图，甚至发现其破绽。三是注重谈判人员自身的语言等行为细节，谨言慎行。谈判中，无论是提交的文字材料还是口头发言、交流谈话，都需言简意赅，切忌言之无物、缺乏主题或松散冗长；讨论分歧巨大的议题时，听取不同意见要保持涵养、专心耐心，发表不同意见时，无论表述的观点如何与对方针锋相对，都要面容和蔼，语言委婉。谈判中，切忌语言上咄咄逼人，绝不能伤害他人的自尊心。

7）重视和警惕合同谈判中的"异常顺利"现象，严防合同陷阱。合同谈判是利益博弈过程，既要尊重谈判对手，更要高度警惕谈判对手，绝不能盲目轻敌。合同谈判的参与各方，都要谙熟"以迂为直"的"孙子兵法"和克劳赛维斯将军"到达目标的捷径就是那条最曲折的路"的名言。因此，在合同谈判中，应特别警惕他方设置的合同陷阱，尤其要重视和警惕合同谈判中出现的"异常顺利"的现象。笔者曾于2006年夏天参与处置一起遭遇合同陷阱的事件。2006年7月，笔者任中国中材科工集团有限公司（以下简称中材集团）总法律顾问期间，集团接到下属一个控股企业（本集团持有51%股权的有限公司，以下简称ZJ公司）申请，请求集团为其与美国某公司（以下简称P公司）共同设立的中美合资企业（ZJ公司与P公司各持50%股权，以下简称PJ公司）借用日本某银行（以下简称出借银行）5400万美元的贷款，向出借银行出具一份《安慰函》。ZJ公司的申请文件表示，出借银行基于对美国P公司和中材集团雄厚实力的了解，对PJ公司该笔借款，不需要任何担保，只要求中材集团出具一份《安慰函》即可。PJ公司已委托香港某律师所审查出借银行所拟《安慰函（草案）》，请集团尽快订立该文件。接到申请后，笔者组织集团法务部，认真研究了该《安慰函（草案）》的中英文两个版本，发现该函的实质是"为PJ公司5400万美元借款，向出借银行出具担保"。该函一经订立，中材集团将为PJ公司承担偿还该5400万美元本金及利息的全部保证责任。发现该问题后，在集团制造业分管领导的支持下，笔者主持召开了北京、香港等多地人员参加的电话会，与香港某律师所进行了沟通，对方以"此前未看到《安慰函（草案）》英文稿"为由，承认看到英文稿后，才发现该函"内容包含保证的意思，订立方将承担保证责任"。电话会后，集团领导根据笔者意见，同意删除了《安慰函（草案）》中的保证性条款。事后获悉，由于集团对《安慰函》保证性条款的删除，PJ公司为获得该笔贷款的谈判又延长了 3 个多月。最终各方达成协议：为 PJ 公司借用 5400 万美元，由美国 P 公司向出借银行提供 2700 万美元额度的担保；由 ZJ 公司向出借银行提供 2700 万美元额度的资产抵押。直至 2015 年，美国 P 公司将其所持 PJ 公司 50% 股权以 "1 美元" 价格转让给 ZJ 公司时，PJ 公司仍拖欠出借银行该笔债务的大半。事实证明，笔者和集团法务部的坚持成功防范了一起境外企业与出借银行共同设置的合同陷阱，为中材集团减少了 5400 万美元 73.5% 额度的巨额或有债务责任。

应该强调的是，上例中的美国 P 公司和日本出借银行，都是实力雄厚的国际知名企业。该案例说明，无论与任何类型的企业谈判合同事项，都不能放松对 "合同陷阱" 的警惕和防范。对合同谈判中的 "异常顺利" 现象或者合同文件中存在本方明显 "占便宜" 的条款，都必须格外重视，切忌盲目乐观。此外，对拟签合同各方在谈判期间提出的妥协方案尤其是对本方有利的巨大让步方案，一定要慎重研究，不要轻易表态，严防合同陷阱。

（2）技术谈判的策略和技巧。技术谈判是针对拟签合同标的（包括工程项目或交易商品等）所涉及的技术约定而展开的谈判。技术谈判的内容服从于合同内容，涉及领域比较广泛，一般包括：工程项目和交易商品执行的技术标准、规范；工程建设的技术方案、施工组织方案、业主的技术要求和设计、施工、顾问等单位的技术建议；交易商品的材料型号品质选择、生产工艺、重要部件生产加工的技术控制过程等。技术谈判的目的是使拟签合同各方在订立 "商务合同" 的同时，对合同标的涉及的技术约定取得充分共识，最大限度地防范合同履行中产生 "技术性争议"。技术合同谈判应注意以下策略和技巧：

1）为商务谈判扫清障碍、为合同订立提供技术支持，是技术谈判的中心任务。经济合同是明确合同各方权利义务的法律文件，所以，关于合同商务条款的谈判是合同谈判的重点，而关于合同技术条款的谈判是对商务条款谈判的补充和技术支持。同时，合同技术条款关系合同标的的技术水准和质量保证。所以，要妥善处理技术谈判与商务谈判的关系。技术谈判既要服从于商务谈判、支持本方在商务谈判中处于更有利的地位，又要筑牢合同标的的技术和质量底线，保障合同标的的技术和质量水平。

2）妥善运用与合同标的相关的技术法规、标准和规范。在技术谈判中，对必须执行强制性技术标准的合同内容，不必展开讨论；对有不同技术标准或规范可选择的，结合商务合同、准确描述约定选择标准或规范的名称和编号，严防歧义；对没有技术标准或规范可供选择的，由合同相关方提出设计图纸、商品技术指标等技术方案，或者由合同各方共同委托设计机构、科研机构或生产制造厂商等单位编制拟签合同的技术方案，作为合同技术谈判的基础。

3）科学设置合同的技术控制点，适度把握技术合同的深度。合同的技术条款是合同订立各方围绕合同标的的技术品质所达成的共识和约定，虽然应该尽可能完善，但因文件容量和谈判工作周期所限，很难面面俱到。为了提高工作效率，参与合同谈判的各方，都应遵照或参照国内外、同行业相关技术标准和规范，科学地设置合同的技术控制点或控制范围，针对拟签合同标的的性质和特点，适度地把握、控制合同关于技术性约定的深度。对合同标的的技术、质量控制范围及深度，如果政府的技术法规或合同各方约定选择的技术及质量标准有明文规定，在合同中尽量不要再重复设置具体约定，避免画蛇添足。

笔者在撰写本文时，接到天津某企业一个电话，讲述了其机械部件分包厂家在按合同约定交付产品前增加要求支付对交付产品的"X 射线探伤"费用的情况，希望笔者提供处置意见。笔者告诉该企业，如果政府质量监管机构或机械行业法规对委托加工合同涉及的机械部件有明确的质量检测标准且"X 射线探伤"是强制性规定，或者虽然没有强制性标准，但在委托加工合同中已经把提交"X 射线探伤"结果作为委托加工部件的质量检测文件，对方在该委托机械加工合同之外再增加"X 射线探伤"费用，是无理要求。该企业告诉笔者，按照机加工行业惯例，其委托加工部件交付时必须附包括"X 射线探伤"结果在内的质量检测报告，无须在合同中做具体约定。但是，由于该企业缺乏经验，在委托合同之外，与被委托方订立了一份委托对加工部件进行"X 射线探伤"的技术合同，且未就进行"X 射线探伤"不另外收取费用做出约定，给被委托方留下了追加费用的可乘之机。该案例说明，技术合同应该抓准控制点，文字表述力求简明、准确，不做"节外生枝"的约定。

4）组建高素质团队、编制适宜的方案，提升技术谈判水平。与商务谈判一样，组建高素质的技术谈判团队，编制与拟签合同条件、目标相适应的技术方案，是顺利获取技术谈判中的优势地位、赢得谈判的基础。企业应高度重视合同技术谈判团队组成人员的专业结构、技术水平和综合协调能力及执行能力。对于重要或重大项目合同的技术谈判，应选派本企业在合同所涉技术领域的一流专家组成技术谈判团队，必要时可以聘请国内外知名机构或专家担任顾问，提供咨询或参与谈判。在重视技术谈判团队成员专业水平的同时，还要特别重视参与谈判人员的情商，选择高情商技术专家领导技术谈判团队，控制好技术谈判的氛围。启动技术谈判之前，应委托专业机构编制拟交谈判各方讨论的技术方案。为技术谈判而编制的技术方案要力求适宜性：一是符合合同履行地的相关法规和技术标准；二是与合同标的设定的技术水平相适应，与商务谈判相配套，不能存在过高或过低的偏离；三是在技术水平和成本造价方面，有选择和调整的余地。技术谈判团队在谈判中要胸有成竹，全面把握、灵活运用事先准备的技术方案，必须对什么是技术底线，争什么、让什么、取什么、舍什么，做到心中有数、张弛有度。

（3）保密合同或保密条款的内容和相关注意事项。保密条款是经济合同的重要组成部分。有的经济合同把保密条款作为商务合同条款或技术合同条款的一部分，不单独订立合同文件；有的将保密条款作为单独合同文件，经谈判协商后订立。目前，关于股权收购、企业重组、高科技产品合作研发等重大经济活动的合同，因涉及保密事项较多，一般都订立专门的保密合同。

1）保密合同或保密条款的主要内容。保密合同或保密条款是指经济合同订立各方，关于为合同他方的商业秘密承担保密义务的协议或约定。

保密合同或条款所称的商业秘密包括要求保密一方所拥有的经营信息、技术信息、专有技术等依据相关法规做了密级登记，或列入商业秘密管理的各种介质的信息资料。其中，经营信息包括：企业客户名单、供货商或分包商名单等关联人资料；市场营销策略、成本核算及价格策略；企业非公开的财务资料、合同文件、管理制度，等等。技术信息包括：企业编制、购买或委托编制的工程设计、施工方案，或设备制造的方法、工艺流程等技术方案；企业使用、不对外开放的计算机软件、数据库，不对外开放的实验结果、技术检测数据等图表和手册；企业所有、不对外开放的产品图纸、样品、样机、模型、模具、说明书、操作手册，等等。专有技术包括企业在产品研制开发、设计生产及销售服务领域，和技术咨询、策划、系统维护等技术服务领域，所拥有的技术知识、信息、技术资料、制作工艺、制作方法、经验或其组合，并且未在任何地方公开过其完整形式的、未作为知识产权实施保护的技术。

与经济合同相关的保密合同或保密条款一般约定为合同他方的商业秘密承担的保密义务主要包括：一是恪守保密合同或保密条款，严守合同谈判、订立和履行期间所获得的合同他方的商业秘密，采取所有保密措施和制度（包括但不限于为保护本方所拥有商业秘密而采用的措施和制度）来保护合同关联方的商业秘密；二是承诺绝不泄露任何商业秘密给该秘密拥有方之外的任何第三方；三是承诺除了用于履行与秘密拥有方共同订立的本合同之外，任何时候均不得使用相关秘密；四是承诺绝不复制或通过工程及产品的宣传展示等途径泄露或公开相关秘密。

2）谈判及订立保密合同或保密条款应注意的相关事项。保密合同或条款的谈判订立是经济合同谈判的重要组成部分，需予以高度重视。一是认真统计、编制合同涉及本方商业秘密的清单，准确描述保密要求，不要遗漏；同时，认真审查合同他方提交的商业秘密清单，通过磋商、谈判有理有据地排除他方提交清单中的不属于商业秘密的内容。二是在订立保密合同或订立含有保密条款的商务、技术等合同的同时或之前，必须与本企业或组织内部可能接触到该保密合同或条款所约定必须保守的商业秘密的员工，包括可能接触这些秘密的本组织聘用的律师事务所、财务顾问所等中介机构及其人员，均订立一份保密协议，该保密协议的内容应与本组织与拟签合同各方共同订立的保密合同或条款内容一致。三是在订立保密合同或保密条款时，必须重视设定的例外约定条款。为保密合同或保密条款设定的例外条款主要是针对发生保密合同或保密条款所约定的某些商业秘密转化为非商业秘密的例外情况下，约定原商业秘密拥有方同意放弃对已转化为非商业秘密的保密要求的条款。例外情况一般包括：原认定的商业秘密已经或正在变成普通大众可以获取的资料；有充分证据证明，合同相关方在从某项商业秘密拥有方处获取该项商业秘密之前，就已经从其他合法渠道掌握或熟知该项技术或资料信息；有充分证据证明，合同相关方未使用某项商业秘密拥有方的任何技术资料，独立研究、开发出与该项商业秘密相同或相似的技术。四是必要时应该设定返还秘密或返还资料信息条款。商业秘密具备权益属性，保密合同或保密条款应该约定，商业秘密的拥有方有权要求返还属于自己的商业秘密。合同相关方收到商业秘密拥有方的书面要求后，应立即归还对方全部商业秘密资料和文件，包含该商业秘密资料的媒体及其任何或全部复印件或摘要。如果该技术资料属于不能归还的形式或已经复制或转录到其他资料或载体中，则应彻底删除。五是根据法律相关规定和合同涉及商业秘密的实际情况，设定保密合同和保密条款约定的保密期限。六是就保密协议或保密条款的法律管辖做出相应的约定。

3. 合同条款起草和定稿

合同条款是拟签合同各方经过较长时间的筹备和谈判，达成充分共识后形成的文字成果，该文字一经各方共同订立后，将成为订立各方必须遵循的法律文件。合同条款可以在合同谈判期间随着谈判进程而逐步起草成文，经过谈判后定稿。对于重要或重大项目的合同条款，内容涉及广泛、复杂，一般在完成商务谈判和技术谈判等主要谈判任务、拟签合同各方对合同所约定的全部事项取得基本共识之后，推举拟签合同的某一方执笔，或共同委托诸如律师事务所等第三方执笔，综合合同谈判所达成的全部共识，起草合同条款草稿。之后，拟签合同各方围绕合同条款草稿进行讨论、修改、完善，共同审阅，认为草稿文字符合合同谈判达成的共识、表述准确、没有歧义后，各方谈判代表共同签字定稿。在合同条款起草和定稿阶段，应注意下列问题：

（1）高度重视合同条款起草工作，绝不放弃条款修订的话语权。积极主动地对待拟签合同筹备和谈判，尽最大努力争取由本方负责合同条款的执笔起草工作。如果针对起草权争执激烈、各方互不相让，可以主动推荐第三方中介机构起草。无论由任何一方起草合同条款，都要积极参与，通过参与合同条款的起草或讨论修订，维护本方的合法权益，绝不能放弃对合同条款的话语权。

（2）在合同条款起草和讨论、修订中，始终坚持公平公正、诚实守信原则。无论执笔起草还是参与合同条款草案的修改讨论，都应秉承公平公正、诚实守信的原则。一是自觉遵守相关法律法规，绝不在合同条款上钻法律的空子，不打法律的擦边球；二是要自觉维护合同谈判成果，确保合同条款符合且完整、准确地表达拟签合同各方谈判所达成的共识；三是绝不利用文字游戏设置合同陷阱，同时，要警惕、防范他方设置合同陷阱。

（3）坚持形式服从于内容原则，正确使用合同示范文本。在企业经营实践中，政府监管机构、行业管理部门以及大型企业集团，为了强化管理、提高效率，往往将发生频次高的经济活动所用合同编制成通用的合同示范文本，推荐合同当事人使用。有的监管机构为了自己工作便利，甚至要求报送审查备案的合同必须采用其提供的合同示范文本。《合同管理指引》第六条规定："国家或行业有合同示范文本的，可以优先选用，但对涉及权利义务的条款应当进行认真审查，并根据实际情况进行适当修改。"在使用合同示范文本时，必须坚持形式服从于内容的原则，绝不能被文本形式束缚手脚，无论任何一方对合同示范文本中所涉及的权利义务等"实体"条款，都有权要求讨论和修改。

（4）重视合同条款细节，避免因文字歧义而引发合同争议。成败在于细节，合同条款的细节往往对合同约定的内容产生质的影响。所以，一定要高度重视合同条款的质量。一是全面、准确地反映合同各方通过谈判已经达成的约定；二是条款逻辑清楚、严谨，文字简练、准确；三是商务合同、技术合同、保密合同等条款之间相辅相成，切忌相互矛盾；四是设定关于合同条款的"生效""失效""补充或修订"等条件或程序性条款，为合同后续管理工作打好基础。

（5）依法设定合同争议解决条款，为解决合同争议奠定基础。由于合同订立各方立场不同、对问题认识角度不同等原因，合同订立生效后，各方可能对合同中某些条款的含义产生不同的理解或解释，该情况叫合同争议。《合同法》第一百二十八条规定："当事人可以通过和解或者调解解决合同争议。当事人不愿和解、调解或者和解、调解不成的，可以根据仲裁协议向仲裁机构申请仲裁。涉外合同的当事人可以根据仲裁协议向中国仲裁机构或者其他仲裁机构申请仲裁。当事人没有订立仲裁协议或者仲裁协议无效的，可以向人民法院起诉。当事人应当履行发生法律效力的判决、仲裁裁决、调解书；拒不履行的，对方可以请求人民法院执行。"

目前，国内外企业对待合同争议的通常做法是，在合同文件中设定解决合同争议的专门条款。同时约定，在各方对合同争议协商解决不成时，或者按照合同中设定的仲裁条款（或者作为合同附件单独订立仲裁协议）申请仲裁，或者向人民法院起诉。如何约定合同争议的最终解决途径，实质是合同各方利益的平衡。一般情况下，合同的任何一方都希望选择相对本方更有利的仲裁机构或者有权管辖的法院作为合同争议的审理裁判机构。在该问题上，要依法据理力争，力求公平公正。

我国法律规定，如果约定合同争议选择仲裁解决，则发生合同争议后不能到法院诉讼。法律还规定，仲裁是一裁终局制，除仲裁程序存在明显错误的仲裁结果之外，人民法院不会受理仲裁结果的实体。我国法律规定，诉讼实行两审终审制度，当事人如果不服二审法院做出的生效法律裁判，还有相关的法定监督机构和救济程序。笔者认为，鉴于上述情况，针对我国当前的社会环境，选择诉讼的方式解决合同争议，可能更有利于合同争议的公平公正解决。

4. 严格履行合同审查审批程序

企业或其他经济组织订立合同必须按照本企业章程和制度规定，严格履行本企业内部的合同审查审批程序，绝不能违反制度、越权订立。企业因内部监管失误、未履行合同审查审批程序而以企业名义与他方订立的合同，不能以该企业未履行内部审批手续为由而推卸该合同带来的法律责任。为了提高企业运营效率，企业应遵循相关法律法规、根据本企业法人治理结构特点、主营业务特点和本企业章程确定的原则，制定合同审批管理制度。《合同管理指引》第六条规定，"合同文本须报国家有关主管部门审查或备案的，应当履行相应程序"，对此必须予以足够重视。大型企业应根据合同所涉及业务的规模大小、重要程度，实施分级审批管理。多数经济合同的内部审批程序，一般在合同文件订立前履行。上市公司参与订立必须由股东大会批准生效的，或者合同内容涉及证监会监管审批、备案等事项的合同，必须在草拟合同条款期间设定"先订立合同文件、后履行审批生效程序"的专门条款，防止违约。无论是在合同文件订立前、还是在合同文件订立后履行审批程序，都要高度重视合同审批过程的细节；要从经办人拟文呈报、项目负责人校对审核、相关领导审查会签、审批决策机构审议并草拟批准建议，直至有权批准人签字审批、文印管理部门印制、装订文件（包括附件）并加盖印鉴，每个环节都要权责清晰、准确无误，并保留痕迹。许多特别重要合同订立时，拟签合同方有权要求合同各方提供企业有权机构（如上市公司董事会或股东大会）出具的"关于同意订立合同的决策会议纪要"，以确保所签合同的法律效力。

5. 合同文本交换和档案管理

合同文本交换和档案管理是合同订立期的最后环节，认真负责地做好该环节的工作，有利于合同顺利生效、合同约定的经济活动顺利展开，也有利于减少合同履行期间的纠纷和风险。

合同文本交换应严格遵循合同约定，保证合同各方按照合同约定的份数持有合同及附件，并按照合同约定向相关监管机构报送备案。

企业收到订立生效的合同文本及附件后，应立即将该合同及全部附件纳入本企业的档案管理系统进行管理。经济合同档案管理应坚持"三个部门同时管理、互相监督"的原则。必须确保企业档案专管部门至少存放一份合同文本及附件的原件，企业财务部门和合同所涉及业务的承办部门各持有一份合同文本及附件的原件（或复印件）。三个部门均设立合同管理台账。合同订立和履行期间，由业务承办部门负责，向财务部门、档案管理部门报送合同文本、附件以及合同履行期间的修订、补充等文件，三个部门应像管理财务一样，明确管理职责，严格对合同文件的登记管理。

（三）合同履行期的管理任务

顺利圆满地履行合同各项约定，是合同文件的应有之义，也是合同订立各方的共同愿望，因此，合同履行期是合同管理的第二个重要阶段。在该阶段，合同订立各方应重点做好以下工作：

1. 严格履行合同，自觉承担义务，有效维护权益

合同订立各方都应遵循诚实信用原则，严格履行合同。首先，要充分了解合同所约定的本方义务，积极创造条件承担义务，自觉履行合同约定。企业在做出订立某项经济合同的决策之前，应该对本企业履行该项合同的条件和能力做全面评估，制定完备的资源调配计划，具备履行合同的充分条件。合同一经订立生效，企业需立即启动履行，按计划调配包括资金、原材料、设备、人员等在内的履行合同所需要的各类资源，努力按照合同约定的时限落实本方应该承担的义务。其次，要高度重视合同所约定的本方权益。企业在自觉承担义务的同时，应密切关注合同他方履行合同的情况，包括合同履行各阶段各方资源的投入情况、各阶段目标的实现情况，支持、配合、敦促合同他方创造条件、承担义务，确保本方权益的顺利实现。

2. 强化动态监控，修订完善条款，保障合同顺利履行

对规模较大或履行时限较长的经济合同，企业应建立合同履行日志，健全合同履行期间的档案管理，实现对合同履行全过程的动态监控。

（1）合同履行日志要及时、准确记载本方为了履行合同所投入的资源情况、阶段性目标考核情况、内外部环境情况；要及时、准确记载合同相关方履行合同义务的情况，尤其是相关方违约情况以及这些违约行为给本方履行合同所造成的不利影响；要及时、准确记载合同履行期间发生的重大自然灾害、战争等不可抗力事件，以及该类事件对合同履行造成的不利影响。

（2）合同履行日志要详细记录合同履行进度、合同履行期间的修订、补充

等重大或重要事件。对需要合同他方承担责任的事件，要及时提取并固定证据，并尽力争取获得事件责任方及时、有效的确认。如果事件责任方拒绝确认证据，要设法争取相关方（包括工程监理机构、事件发生地政府、事件知情者等）的有效证据。

（3）合同履行期间要高度关注合同约定的付款责任人和相关义务方履行付款义务的情况，一旦发现责任人和相关方违约，必须及时进行交涉，并报告上级部门，采取通知或敦促对方履约等有效措施。

（4）加强对合同履行环境的监控，包括汇率变化、原材料价格和人工费的变化、合同履行地及相关地区政治经济形势的变化、自然条件的变化、税收制度的变化、进出口监管政策的变化等。一旦有不可抗力事件发生，必须及时通报合同各相关方，并提取固定有效的证据。

（5）工程类合同履行期间，要特别加强对合同对方要求的设计变更、赶工期等特别事项的监控。一是要对这些事项的合规性进行审查，确保这些特别事项合规、生产安全、质量合格；二是要及时核算这些特别事项增加的成本和费用，并取得合同付款责任方的有效确认。

（6）工程类合同履行期间，还要加强对施工事故、工地火灾等突发事件的监控。一旦发生这类事件，应及时与合同对方及相关各方协商，力争就事件责任和经济补偿额度及方式达成共识。

3. 加强合同争议的管控，化解矛盾，防范并降低风险

合同履行期间，合同各方当事人之间也存在利益的碰撞。无论合同文件在订立之前讨论得如何深入，在履行期间仍然很难避免发生争议。为了实现合同顺利履行、降低合同善后工作量和复杂程度、提高工作效率之目的，合同各方都应加强合同履行期间的争议管控。

（1）以合作共赢心态管控合同争议。保持合作共赢的健康心态，是避免或最大限度减少合同争议以及高质高效地管控合同争议的思想基础。从合同筹备、订立到履行，各方当事人都应确立合作共赢的健康心态，树立大局意识、公平公正意识、共同发展意识，各方当事人都要把合同顺利履行、共同做大合同约定的利益"蛋糕"，作为推进合同履行的目标。合同各方当事人都应具备合作共赢的健康心态，合同争议自然会减少，即使发生争议，争议各方也容易通过协商交换意见、取得共识，或者求同存异、弱化分歧。合同各方都应从实现合同约定目标这个大局角度管控争议，避免从单方面考虑问题，切忌以邻为壑，绝不能故意"算计"合同他方，更不能给他方设置合同陷阱。

（2）以诚实守信品格赢得各方理解。合同约定事项的大目标一致、各方利益诉求不同，是经济合同的正常现象。通过谈判，各方利益实现平衡，形成各方

都认可的合同文件。在合同履行期间，很难彻底避免合同一方重视己方诉求、忽视他方诉求的情况，这是引发合同争议的最常见的主观原因。对待合同争议，各方当事人应坚持诚实守信原则，在不违反保密规定的前提下，坦诚地与合同争议方交换意见、申明本方理由；同时，从争议各方的不同角度，分析争议问题，有理有利有节地提出解决争议的建议。真诚对待合同他方当事人，以诚实守信的品格赢得各方理解，是有效管控合同争议的必要条件。

（3）以实事求是原则对待客观争议。在合同履行期间，因发生合同设定的主客观条件变化而引发的合同争议，是客观争议。解决该类争议，应坚持实事求是的原则，要及时收集合同履行期间合同各方原承诺的履行情况、合同履行地法律法规变化情况、自然环境变化情况、相关大宗材料价格变化、汇率变化以及不可抗力事件等情况，以这些事实为依据，及时与合同各方交换意见，促使各方在正视事实的基础上，在公平公正的框架下，达成解决客观争议的共识。

（4）以证据为基础，及时依法解决争议。以协商方式不能解决的合同争议，需要在法律规定的时限内，依法申请仲裁或向人民法院提起诉讼解决。首先，要重视证据收集和管理工作。无论是仲裁还是在人民法院诉讼，证据都是胜诉的基础。因此，从合同谈判订立到生效履行全过程，必须时刻不忘收集和管理证据，尤其要重视收集和管理合同履行期间的证据。其次，要重视诉讼时效。无论仲裁还是诉讼，法律均规定了诉讼时效，当事人只有在法定时限内就合同争议申请仲裁或起诉，相关机构才会受理。一旦超过诉讼时效，相关机构将拒绝受理。所以，合同各方在争取以协商方式解决合同争议的同时，必须注重证据收集和诉讼时效，坚守依法解决合同争议的底线。

（四）合同善后期的管理任务

合同各项约定事项圆满完成，或者合同约定事项部分完成、合同各方当事人一致决定终止合同之后，即进入合同管理工作的善后期。合同善后期应重点做好以下各项工作：

1. 严格履行合同标的验收程序

依据相关法律法规和合同约定，认真履行合同标的验收。包括工程类合同的竣工验收、贸易类合同的货物交付验收以及服务类合同的服务成果考核验收等。法律或行业规定需要由政府监管机构或中介机构主持或参与验收的，必须严格遵守相关规定；法律或行业没有规定的，按照合同约定条款实施验收。通过严格的验收，对合同标的的质量达标情况、标的完成程度和进度情况等依据相关标准和合同约定予以核定及确认。验收期间，必须制作完整有效的验收文件，作为合同的"售后服务"和合同尾款结算的依据。

2. 完善售后服务条款或订立售后服务合同

在严格履行合同标的验收程序的基础上，合同各方就售后服务事项进行协商，如果认为原合同关于售后服务的条款需要完善补充，经各方协商一致，可以订立补充条款或专项售后服务合同，就合同标的售后服务的范围、项目、时限、责任、费用承担等做出明确的规定。国家或行业对售后服务有强制性规定的，订立售后服务条款或合同时，必须遵循相关强制性规定。

3. 及时结清合同款项或订立有效的结算文件

及时结清、回收合同款项是合同收款权利方在合同善后阶段的最重要任务。合同收款权利方应该以及时收回合同款项为中心，安排合同善后期的其他各项工作。合同收款权利方依据合同及相关修订补充文件、合同各方订立的备忘录、合同标的验收报告、合同各阶段收付款凭证以及合同履行日志等文件，与合同付款义务方进行清算，力争通过协商就应付款项额度和付款时限达成共识，及时结清合同款项，或者共同订立有效的结算文件。

如果合同的应收、应付款双方在合同清算中存在争议较大，难以达成共识，双方可以协商、共同委托会计师事务所等第三方机构参与，通过审计评估等措施，寻求对合同清算事项达成共识。

4. 及时采取法律措施维护合法权益

如果由于合同争议巨大等原因，出现合同履行终结或中止，但履行合同义务的一方或多方的权利未能按照合同约定实现的情况，认为合同权利受到侵害的任何一方，都有权且应该及时采取法律措施维护本方的合法权益。合同中设定仲裁条款的，应及时按照约定申请仲裁；合同中未设定仲裁条款的，应及时向有管辖权的人民法院起诉。合同各方在申请仲裁或提起诉讼或应对仲裁或起诉时，需要充分梳理合同订立、履行期间的证据。选择依法解决合同纠纷的当事人必须时刻牢记，充分有力的证据是依法维护权益的必要条件。

二、常用合同的管理要点

财政部等五部委发布的《企业内部控制基本规范》，要求企业建立与实施内部控制，应遵循全面性、重要性、制衡性、适应性和成本效益五项原则。企业合同管理工作也应遵循上述五项原则，根据合同的不同类型、规模大小和重要程度，有针对性地实施管理，努力降低管理工作成本，提高效率。本节简要介绍工程、物流及小额合同管理工作的要点及需要特别注意的事项。

（一）工程类合同管理要点

工程类合同是一个非常大的合同类别，包括民用建筑工程、工业建筑工程、路桥水利等市政工程、机械设备制造工程、设备安装工程以及机械部件委托加工制造工程等各种合同。由于篇幅所限，本书仅就工程类合同管理需要重视的共性或规律性问题，做简要介绍。

1. 围绕工程类合同特点，实现精准的重点管控

工程类合同涉及面广，其管理工作是一项复杂的系统工程。工程类合同各方都应围绕该类合同的特点，设置合同管理控制点，实现精准管控。

（1）针对工程类合同涉及法律监管内容广泛、复杂的特点，强化合同的合法合规性管理。企业在参与工程类合同订立和履行期间，应自觉、严格遵守合同履行地相关的，包括环境法规、税收法规、技术规范、质检规范、金融汇兑、专利保护、劳动用工保护等各项法律法规。

（2）针对工程类合同当事人主体的特殊性，妥善选择工程合同承包方等当事人。许多国家和地区为了保证工程类项目的质量，制定了工程类合同当事人的"准入制度"。例如，在我国境内执行的建筑工程合同，其工程承包人需具备法人资格、具有相应的营业执照和有效的资质；招标法限定需履行招标程序的工程，承包人必须通过合法招投标程序入围。因此，工程类合同的当事人无论是发包人、承包人还是分包人，都必须遵守合同订立地和合同履行地的相关法规，确保合同当事人主体资格合法。

（3）针对工程类合同标的的特点，科学设置合同管理控制节点。工程合同的标的，具有体量大、价值高等特点。其中，建筑工程合同和特大型装备制造及安装合同的标的往往还具有不可移动性及不可替代性（如三峡发电机组）。因此，在工程类合同的订立和履行过程中，应该针对合同标的的性质、重要程度、规模大小、技术难度、建设或制造周期、使用周期等特点，科学地设置对合同标的的质量、进度等实施检查、考核、验收的控制节点，努力提升合同的可操作性和可追溯性。

（4）针对工程类合同履行周期长、不可预见因素多的特点，强化对合同的动态管控。无论是建设工程合同还是大型装备制造合同，从合同生效到履行结束，一般都经历较长的时间周期。在工程合同的漫长履行期间，工程本身的复杂性、合同履行期间自然环境的变化、社会政治环境（如战争）的变化、与工程相关产业技术发展等诸多因素，都可能对合同履行产生影响。因此，必须切实加强工程类合同的动态管控，针对合同履行期间的变化，对合同实施有效的管理和控制。

（5）针对工程类合同履行地政策、法规等影响，慎重订立和履行合同。工程项目尤其是重大或重要建设工程项目，对其所在地的经济发展、人们生活都可能产生重大影响。所以，工程项目所在地政府往往根据政策和法规，通过对规划、计划的审批、环保方案的审核等途径，对工程项目施加控制和影响。我国现行《合同法》专门为"建设工程合同"设置了一章、共19条（第十六章，第二百六十九条至第二百八十七条）法律条款。因此，无论工程类合同的任何一方，

在订立合同之前及履行期间都要充分重视合同履行地相关政策和法规对工程的影响和限定，尤其不要忽视合同履行期间的政策变化，以便针对政策，及时采取妥善的措施。

2. 将优质高效履行合同作为合同管理的终极目标

工程类合同的任何一方都应把高效履行合同、确保工程合同所约定的质量、进度、成本三大目标圆满实现，作为合同管理工作的终极目标。

（1）实事求是，科学高效，增强合同内容的科学性。工程类合同各方当事人，都应遵循实事求是原则，在合同条款订立、变更等环节，开展科学高效的合作，使合同约定的质量、进度、成本等关键指标更科学，使合同设定的条款更具备可操作性。在工程类合同订立、修订及变更等过程中，必须实事求是，坚决杜绝违背科学规律和违背政府或行业法规的行为。

（2）公平公正，诚实守信，强化协作，力求共赢。工程类合同各方当事人从谈判开始就应确立寻求真诚合作、力求合同各方共赢的指导思想。在该思想的指导下，争取最大限度地将工程投资方、工程建设方或生产制造方等各方的权利、义务和责任，最大限度地纳入合同范畴。通过科学有效的合同管理，使工程合同的任何一方都能以合同为依据，诚实守信，公平公正地享有权利、履行义务，共同推进工程合同顺利履行，圆满实现合同所约定的质量、进度、成本等共同目标。

（3）筑牢风险管控防线，努力降低合同履行风险。工程类合同条款必须清晰界定合同各方为实现合同标的必须承担的义务、责任和应享有的利益。为了避免或减少合同履行期间的纠纷，合同条款应明确、具体，杜绝歧义，必须突出体现合同各方权利义务的相互制衡。合同订立时，应科学设置纠纷解决条款，为快速化解纠纷打好基础；合同履行期间，应建立高效的协调机制，及时消除误解、化解矛盾，弥补合同缺陷。通过高效的合同管理，努力降低合同履行期间的风险。

3. 重视并努力做好合同善后管理，争取合同期望的圆满结局

工程类合同尤其是大型工程合同的标的往往是大型工程建设项目，其设计使用寿命一般数十年甚至百年以上。因此，工程类合同的履行期即工程的建设施工期结束之后，还要经历一个时期的、比较复杂的善后管理工作。对此，合同各方都应予以高度重视，努力做好。

（1）依法依约做好工程验收。工程类合同标的的建设或生产制造全面完成后，必须遵循相关法律法规和合同约定，严格履行竣工验收程序。一般情况下，合同标的的工程规模越大、复杂程度越高，其验收程序越复杂。

我国政府和行业主管部门对各类建设工程和大型机电设备制造工程的验收程

序、验收标准等，都颁布了相关规定，其中部分属于强制性规定。对此，必须严格执行。工程合同谈判订立期间，合同各方应就合同标的的验收（包括局部验收或分阶段验收）标准、程序等内容，进行深入磋商，取得共识，设定严格、明确的专项条款。工程合同相关各方，从合同启动履行之日起，就需重视工程质量验收管理。比如，土建工程自动工之日起，必须做好"隐蔽工程"验收，取得并保留各施工阶段真实、准确、完整的验收档案。工程验收应力求做到合法合规，信守合同，结果真实、准确，手段科学、高效，程序严谨、完善。

（2）按照合同约定，及时妥善完成移交。工程类合同订立期间，应针对合同标的移交条件、移交内容、移交方式、移交时限等设置严格、完备的条款。合同履行期间如发生影响未来移交的因素，合同各方应及时订立补充条款，为后续移交消除隐患。工程合同履行地相关法规对合同标的移交有限制性要求的，需遵守相关法规。工程合同标的移交，应履行严格的交接程序，订立有效的移交清单或备忘录。一般情况下，工程类合同标的移交应该提交：①符合合同约定质量标准的合同标的物；②具有法律效力的合同标的物的全部验收文件，包括竣工质量验收报告及阶段性或局部性质量检验检测报告；③合同标的物各阶段（包括设计、建造或制造、竣工或完工阶段）的设计图纸、程序文件、检验样品、实物模型等文件和实物；④合同标的物整体和配套设施的使用、操控及运行维护说明文件；⑤根据相关法规要求，业主须向城市档案管理机构提交备案的项目竣工图等工程档案。

（3）对合同标的质量保障和后期服务做出妥善安排。对于工程类合同标的质量保障，政府或行业法规多有强制性规定，合同相关方一般也在合同中设定专项条款。为了力求工程类合同结果圆满，合同各方在标的移交前或移交期间，应该就合同标的物移交后的质量保障以及使用期间的有偿维护维修，做出合法、合理的安排。必须依据相关法规和合同约定，严格区分保修和有偿维修的内涵，充分界定质量保障的范围和时限，明确各方权利、义务和责任，避免后续纠纷。

（4）妥善处理合同遗留问题，结清相关债权债务。妥善处理合同履行期间的各项遗留问题及时结清合同相关债权债务，是合同各方尤其是工程合同所形成的债权方在合同后期管理工作的中心任务。一般情况下，工程类合同的债权方多为合同承包方。为了有效维护自身合法权益，工程合同的债权方除了在工程履行期间加强合同及其债权管理、强化风险管控、化解纠纷、减少遗留问题或降低遗留问题难度外，必须在合同善后期利用工程业主方亟待接收合同标的的有利时机，积极地，依法、有理、有利、有节地处理合同遗留问题，力争按合同约定收回债权。债权方应在合法及符合合同约定的前提下，力争把化解合同遗留纠纷纳入合同标的移交谈判，力求使合同标的物移交或相关文件移交的进度与债权回收进度形成义务与权利的对应关系，千方百计赢得债权回收的主动权。

如因合同遗留问题久议不决，难以结清相关债权债务，合同的债权方应实事求是地做出理智的评估，及时果断做出决策。一旦认定自身利益受到不法侵害，应及时启动诉讼或约定申请仲裁等司法救济措施。

（二）物流类合同管理要点

物流业是指从事将物品从供应地向接受地实体流动过程的业态，是将运输、储存、装卸、搬运、包装、流通加工、配送、信息处理等基本功能根据实际需要实施有机结合的活动的集合。物流业是在市场经济快速发展和不断完善过程中逐步形成的复合型（或聚合型）业态。

物流业的复合型特征决定了其所涉及合同的多样性和复杂性：物流业使物品从供应方转移至需求方的性质，使物流类合同具有合同法规定的买卖合同特性；物流业将物品的运输、储存、包装、配送等经营活动集合为一体的性质，使该类合同高度融合了《合同法》规定的"货运合同"或"多式联运合同"、保管合同或仓储合同甚至委托合同、行纪合同、居间合同等各类合同的特点。

笔者认为，透过物流业纷繁复杂的现象，其核心本质是商品交换，是物品的"买"和"卖"，其中运输、储存、配送等均为商品交换的具体实现过程。因此，物流类合同管理应在严格遵循《合同法》第九章即"买卖合同"章节的条款的同时，根据该合同所涉及的物品运输、仓储等具体内容，遵守或参照合同法对应条款的规定，实施有效的管理。

1. 遵循相关法律规定，订立准确、严谨的物流类合同

《合同法》"第九章　买卖合同"一个章节，用了第一百三十条至第一百七十五条共46条条款，对买卖合同的订立、履行、合同标的物权利转移等行为，做出了明确、全面的规定。凡是中国境内订立并履行的以"转移标的物的所有权"为目的的合同，无论冠之以什么文书名称，无论采用什么交付方式，其实质均有"买卖合同"的性质，都必须遵守《合同法》第九章及其他相关条款的规定。

（1）合同内容由当事人约定，一般包括当事人的名称或者姓名及住所，标的，数量，质量，价款，履行期限、地点和方式，包装方式，运输与储存，检验标准和方法，结算方式，合同使用的文字，合同效力，违约责任，以及解决争议的方法等。物流合同当事人可以参照示范文本订立合同。

（2）合同当事人可以将标的的买卖、运输、储存、交付或配送等经济活动集中谈判，相关各方协商一致，订立一个综合相关各方权利义务的"一体化合同"；也可以由标的物买卖、运输、储存等相关环节的当事人分别订立合同。无论采用何种方式订立物流类合同，当事人都应重视物流产业链长、关系相对复杂

的特点，在合同中准确登记包括当事人名称、住所、银行账号、当事人的联系人姓名及联系方式等在内的基本情况，对不同当事人在该物流合同中的权利、义务和责任做出严格、准确的界定，切忌混淆关系或错误登记。

（3）合同条款需准确描述标的物的名称（包括法定名称和俗称等）、型号或品种、数量、质量（含质量标准）、分项价款和合同总额，当一份合同包含多个标的物时，必须将制作的分类清晰、内容完整、准确的"标的物清单"作为合同文本或者有效的合同附件，切忌对各项合同标的物及价款的描述含混不清。

（4）合同条款需明确约定合同履行期限、合同履行或交付地点及方式、标的物检验标准及检验方式、合同款项支付方式及结算方式等内容。当一份合同包含多个标的物时，应该将编制的"分项履行、交付、验收及分项付款"的计划作为合同文本或者有效的合同附件，以消除歧义，增强合同的可操作性。

（5）合同标的物的权利转移如需发生包装、储存、运输等活动，合同条款需就这些相关活动做出准确、严格、没有歧义的描述，清晰地界定各当事人在相关活动中的权利义务和责任。

（6）合同条款还应就合同的生效条件、合同效力、担保或保证方式、违约责任、解决争议办法以及合同中止或终止条件等做出约定。此外，涉外合同或与港澳当事人以及少数民族自治区当事人订立合同，还应就合同使用文字做出约定。设定担保或保证方式条款的合同，必须将相应的担保或保证合同作为主合同的附件，附件关于保证内容、额度、方式、期限等条款必须与主合同一致。

2. 以依法、诚信为准则，加强合同履行全过程管控

物流类合同标的物的"高流动性"，决定了对各类合同履行实行全过程管控的必要性。物流类合同各方当事人都应以依法经营、诚实守信为行为准则，从合同订立生效之日起，切实加强合同履行期间的管理工作，自觉履行合同约定的义务，努力维护合同约定的权益。一般应特别抓好以下方面或环节的管控：

（1）严格做好标的物验收和包装环节的管理控制。为了避免或减少合同纠纷，对大宗标的物的质量检查和验收最好在其包装及发运前进行。合同标的物买受方应会同合同相关当事人，依据合同约定的标的物的品牌、质量、数量、包装方式、质量检验执行标准等文件，对准备包装发运的标的物进行严格的检查验收。如果相关法规要求或合同当事人协商决定需委托第三方实施质量检查的，应委托第三方实施质量检查或验收。对标的物完成质量检查验收后，相关当事人共同订立验收文件、做好标的物验收标记。

（2）严格做好标的物发运和储存环节的管理控制。合同标的物发运环节责任方，应依据合同约定准时组织标的物发运，并应按合同约定时限通知标的物买受方以及标的物下一个运输或储存环节的相关当事人。标的物买受方应高度重

视、实时跟踪标的物在运输或储存环节的状况，一旦发现风险，应及时采取诸如"中止合同、暂停付款、冻结已付汇票"之类的调控措施，避免或降低风险。储存环节的责任方在标的物接收入库前，应依据相关合同、运单等文件，对标的物进行必要的查验，核实无误后确认接收，并及时通知标的物买受方以及标的物下一个流通环节的相关当事人。标的物运输、储存过程中如发生遗失、坏损等情况，相关当事人应及时组织取证、登记，并及时通报合同各相关当事人。

（3）严格做好标的物交接和结算环节的管理控制。物流合同标的物的交接应根据合同约定，在合同规定的时间、地点由合同约定的相关当事人实施交接。标的物交接时，要根据合同约定，一并移交标的物流通过程中的检查验收文件、标的物包装、发运、储存等相关清单，认真核验标的物移交时的质量和数量。一旦发现合同标的物的质量、数量与合同不符，或存在标的物遗失、坏损等情况，标的物接收方应及时组织取证、登记，并尽快与其他相关当事人沟通情况，交换意见，力争就合同履行结果缺陷的弥补、相关责任的承担及赔偿等合同遗留问题的解决，与各相关当事人达成共识。合同标的物交接完成、合同各相关当事人就解决合同遗留问题达成共识后，应及时订立合同执行终结文件，并按照原合同约定和该合同执行终结文件，结清合同款项。如果合同各相关当事人就解决合同遗留问题难以通过谈判达成共识，因合同遗留问题所形成的债权方，应及时依法启动诉讼或依合同约定启动申请仲裁程序，以维护合法权益。

（三）小额合同管理要点

小额合同是个相对概念，是指相对合同当事人的经营活动而言，该合同额度极其微小，其结果无论成败都不会给本当事人造成严重负面影响的合同。企业风险管理和内部控制理论告诉我们，企业风险管理和内部控制，应奉行成本效益原则。因此，对于小额合同，各企业应根据自身情况，制定相关制度，实施科学适度的管理，以降低合同管理工作成本，提高效益。小额合同管理应重点做好下列工作：

1. 科学划定小额合同范围，实施分级管理

划定小额合同范围、实施分级授权管理，是企业合同管理的基础工作。企业应根据出资人授权、本企业行业特点，以及自身业务需要，科学划定本企业或本企业集团的小额合同范围，对划入小额合同范围之内的合同，实施分级授权管理。企业划定小额合同范围，需充分考虑下列因素：

（1）严格遵循出资人或上级企业的授权和本公司章程。企业出资人或上级企业，一般对下级企业的经营决策权限、决策程序，都有明确的限制性规定，企业自己的公司章程也有类似性质的条款。企业在研究划定小额合同范围时，必须严格遵守上述关于决策权限、程序性的规定，绝不能违反。如果认为原有关于决

策权限、程序性的规定确实需要修订，必须按相关程序向有权部门申请修订，在有权部门批准完成修订之前，必须严格遵守原有规定。

（2）根据业务特点和经营规律，分类界定小额合同的规模。不同行业、不同经济活动的合同，涉及的规模额度差距巨大。例如，对于铁路工程建设公司而言，其承揽路桥涵洞工程建设的合同额度往往数以亿元计；而其采购办公用品的合同额度，即使是集中采购，也很难达到千万元量级。因此，企业划定小额合同范围、实施授权分级管理时，应充分考虑自身的行业特点、业务特点以及不同类型经济活动的特点，以既提高企业决策效率又不降低企业内控标准为目标，分门别类地划定小额合同界限。

（3）与企业法人治理结构和内部控制体系现状相适应。划定小额合同范围、分级授权管理合同的制度，必须与本企业法人治理结构及内部控制体系建设的成熟程度相适应。对于法人治理结构健全、内控体系建设完善、运行良好的企业，划定小额合同范围可以适度宽松，关于合同管理的授权可以适度加大；对于法人治理结构尚不健全、内控体系建设尚未完善的企业，划定小额合同范围应该适度收紧，关于合同管理的授权应适度缩小。

2. 完善小额合同管理制度，实现阳光管理

小额合同管理的目标是决策快、效率高、风险低。要实现上述目标，需要建立并实行一套完善有效的管理制度。小额合同管理制度应努力做到规范化、科学化，体现企业内部控制的制衡性原则，力求实现阳光管理。

（1）推行关联人信息库、抽签选择客户、合同模板等制度。企业建立小额合同管理制度，必须突出规范化管理。首先，要推行客户或企业关联人信息库制度。企业应结合日常经营管理工作，通过信息收集、审查评审、上级审批等程序，建立动态的、具备一定规模的企业合格客户或关联人信息库。企业拟签合同的客户或关联方必须从该信息库中筛选。其次，企业应规范由信息库中筛选合同客户或关联人的办法，只要条件具备，应优先采用抽签或摇号等方式预选客户或关联人，降低人为因素的影响。最后，针对企业订立频次较高的小额经济合同，应组织业务、财务、法务等专业人员共同研究，编制合同模板，以提升合同管理的规范化。

（2）充分利用网络平台，及时、全面、深入地掌握市场信息。企业合同管理工作应充分利用网络平台，及时、全面、深入地收集、梳理与自身业务及合同管理相关的各类市场信息，为合同管理尤其是小额合同管理提供技术支撑。

（3）积极探索集中采购、网上采购、网上竞标等措施和制度。对于额度相对较小、发生频次较高或者在同一企业集团下属企业涉及面较广的经济活动所涉及的合同，应积极探索集中采购、网上公开采购或网上公开竞标招商等措施。许

多中央企业集团的实践证明，利用网络平台，组织集中或集团采购以及网上公开竞标招商，有利于公平公正公开地优选合同客户或关联方，有利于提升合同标的的性价比，有利于实现公开、透明的阳光管理。对不涉及保密事项的经济活动，在企业小额合同管理制度中，都应优先选择阳光管理。

3. 建立、运行完善的内部控制体系，增强内控实效

小额合同管理是发生频次较高的企业日常管理工作。建立、运行完善的企业内部控制体系是提升合同管理工作效率和水平的关键。财政部等五部委发布的《企业内部控制基本规范》及《合同管理指引》对企业健全内控体系、强化合同管理提出了比较详尽的原则性规定，企业必须严格遵守。企业应通过内部控制体系的运行，从下列环节或控制点加强对小额合同的管控。

（1）在企业管理机构设置上，贯彻不相容原则。《企业内部控制基本规范》第四条第三款规定："内部控制应当在治理结构、机构设置及权责分配、业务流程等方面形成相互制约、相互监督，同时兼顾运营效率。"《企业内部控制应用指引第1号——组织架构》第二章第七条规定："企业在确定职权和岗位分工过程中，应当体现不相容职务相互分离的要求。不相容职务通常包括：可行性研究与决策审批；决策审批与执行；执行与监督检查等。"在企业管理机构设置上，必须贯彻"不相容"原则，尤其在涉及小额合同管理的机构或岗位设置上，绝不能忽视"不相容"原则。例如，小额合同的业务经办人与该合同的财务经办人以及该合同的审计人员三个岗位，必须贯彻"不相容"的原则，绝不能发生兼职或存在其他利害关系的现象。

（2）在合同管理工作程序上，贯彻制衡性原则。制衡性是防止企业内部人员舞弊的一项最有效的措施。遵循制衡性原则，除了在企业管理机构设置上体现相关岗位间的不相容外，在合同管理工作流程上，必须强化程序间的制衡。《合同管理指引》第十四条规定："企业财会部门应当根据合同条款审核后办理结算业务。未按合同条款履约的，或应订立书面合同而未订立的，财会部门有权拒绝付款，并及时向企业有关负责人报告。"第十五条规定："合同管理部门应当加强会同登记管理，充分利用信息化手段，定期对合同进行统计、分类和归档，详细登记合同的订立、履行和变更等情况，实施合同的全过程封闭管理。"对于发生频次较高、审批程序相对简单的小额合同，绝不能忽视管理程序间的制衡，必须在规章制度和管理流程设计上，遵循《合同管理指引》的要求，通过严谨、科学的管理程序，强化合同管理的制衡，消除合同管控漏洞。

（3）通过合同履行情况评估等环节，完善小额合同管控。《合同管理指引》第十六条规定："企业应当建立合同履行情况评估制度，至少于每年年末对合同履行的总体情况和重大合同履行的具体情况进行分析评估，对分析评估中发现合

同履行中存在的不足，应当及时加以改进。企业应当健全合同管理考核与责任追究制度。对合同订立、履行过程中出现的违法违规行为，应当追究有关机构或人员的责任。"《企业内部控制评价指引》和《企业内部控制审计指引》也就企业通过组织开展内控评价和委托第三方进行内控审计，揭示企业内部控制缺陷、完善内部控制体系，做了制度设计。企业应遵循上述制度要求，在开展合同履行情况评估和企业内控评价、审计工作环节，高度重视小额合同管理中存在内控体系缺陷，及时修复缺陷、堵塞漏洞、完善管控。

第二节 合同的风险防控

在市场经济环境下，风险无处不在。经济合同是经济活动各参与方之间约定建立特定经济关系、展开特定经济活动的具有法律效力的文件。在经济合同自订立生效开始直至其约定的经济活动终结的整个过程中，始终存在着大量的不确定性。这种不确定性对合同当事人的利益、信誉和形象的损害，就是合同风险。《合同管理指引》第三条要求："企业合同管理至少应当关注下列风险：（一）未订立合同、未经授权对外订立合同、合同对方主体资格未达要求、合同内容存在重大疏漏和欺诈，可能导致企业合法权益受到侵害。（二）合同未全面履行或监控不当，可能导致企业诉讼失败、经济利益受损。（三）合同纠纷处理不当，可能损害企业利益、信誉和形象。"

合同风险伴随于合同订立和履行的全过程，因此，合同风险的防范和管理控制工作，也必须贯穿于合同管理的全过程。企业应从以下方面着手，不断加强合同风险的防范和管理控制工作。

一、培育良好的企业风险管理文化

合同风险的防范和管理控制工作是企业全面风险管理和内部控制工作的重要组成部分。国务院国资委发布的《中央企业全面风险管理指引》，要求企业"围绕总体经营目标，通过在企业管理的各个环节和经营过程中执行风险管理的基本流程，培育良好的风险管理文化，建立健全全面风险管理体系"。企业文化是企业在经营活动中形成的经营理念、经营目的、经营方针、价值观念、经营行为、社会责任、经营形象等的总和，是企业生存、竞争和发展的灵魂。企业风险管理文化是指"具有风险意识的企业文化"，即融入强烈的风险意识和风险管理理念的企业文化。培育良好的企业风险管理文化是企业全面提升风险管控水平的需要。《风险管理师专业能力培训教程》的第四分册，就企业风险管理文化培育做了较详尽的介绍，请读者参阅。本节着重从合同风险管理所涉及的企业文化建设层面做简要讨论。

（一）从出资人做起，率先树立风险管理意识

企业文化是出资人的文化在企业的体现，是由企业出资人主导的。因此，要建立具有风险意识的企业文化，也必须从出资人做起，出资人自身率先树立风险管理意识，倡导、监督所属各级企业将风险管理文化建设融入企业文化建设的全过程。国务院国资委在其发布的《中央企业全面风险管理指引》第九章，用了全文大约1/10的篇幅对企业风险管理文化的目标、途径和过程以及企业风险管理文化建设的主要内容，做了简要、概括的描述，体现了作为国家最高级别的国有企业出资人代表机构对企业风险管理文化重要性的认识，也体现了国有出资人代表对企业培育良好的企业风险管理文化的要求。

《中央企业全面风险管理指引》第九章不但是国有企业培育良好风险管理文化的指导文件，对非国有企业培育良好的风险管理文化也具有特别重要的指导意义。因篇幅所限，本书不再逐条解读。

各类、各级企业的出资人都应正确认识风险管理在企业生存、发展过程中的重要性，强化风险管理责任意识，尤其要认识到自己是所出资设立企业风险管理文化建设的第一责任人。一个企业的文化优劣基础来源于该企业出资人的文化导向。企业要培育良好的风险管理文化，其出资人必须率先树立良好的风险管理意识，为企业提供正确的风险管理文化导向。

（二）自上而下灌输，使风险管理文化深入人心

企业出资人通过制定或修订公司章程和董事会议事规则等企业治理文件、提交风险管理专项提案、考核选聘及培训企业高管人员、发布指令指引、开展专项质询等途径，向所出资企业的股东大会、董事会以及企业高管团队，宣示、传达、灌输自己的风险管理理念，引导、敦促所出资企业的董事会和高管团队，将出资人的风险管理理念融入企业文化、转化为企业的行动。

各类、各级企业董事会都应通过修订公司规章制度，制定和宣传贯彻企业精神、员工守则、内控制度等文件，组织企业高管团队及骨干员工岗前风险管理培训等途径，大张旗鼓地宣传、灌输本企业的风险管理文化。企业董事长、董事、总裁等高级管理人员应带头传播、灌输本企业的风险管理文化，使风险管理文化深入企业员工人心。

（三）虚实结合，使风险管理文化融入规章制度

企业应把风险管理文化宣传贯彻等务虚工作，与企业治理、内控制度、薪酬制度、人事制度、重大风险事件责任追究制度等务实性制度建设有机结合，使企

业风险管理文化融入规章制度和行为准则，引导并约束企业各级管理人员特别是企业高级管理人员和负责经营工作的管理人员，不断强化风险意识，提高防范、管控风险的自觉性，努力营造防止片面追求业绩、防止盲目扩张、严禁随意订立合同、高度重视合同风险的氛围，有效杜绝"先行业务后签合同""越权订立合同"与"主体不适格当事人订立合同""订立存在重大疏漏甚至欺诈内容的合同"以及"忽视合同履行期间风险管控""不当处置合同纠纷"等损害企业利益、信誉和形象的行为。

二、构建有效的风险管理和内控体系

完善有效的风险管理和内控体系是企业健康发展的保障，也是企业有效防范和管理合同风险的基础。关于如何构建有效的风险管理体系这个专题，《风险管理师专业能力培训教程》的第四分册，做了比较详尽的介绍，请读者参阅。本节仅就企业风险管理和内部控制体系中的合同风险管理控制体系建设的内容做简要介绍。

（一）准确把握风险环境，制定科学的合同风险管理策略

企业风险管理策略是企业风险管理和内控体系的重要组成部分，是企业风险管理之纲。企业在合同管理中的风险管理策略包括企业在合同管理中的"风险偏好、风险承受度和风险管理有效性标准"等内容，是企业风险管理策略的核心内容。企业应正确认识、准确把握企业自身条件和所处的外部风险管理环境，针对合同管理，制定科学的合同风险管理策略。

1. 认真收集、积累信息，准确判断合同履行期间的环境

企业应广泛、持续不断地收集和积累与本企业相关的市场、客户及关联企业的信息，建立动态的外部信息库；同时，加强对本企业人力资源、技术资源、成本统计等情况的统计分析，建立动态的内部信息库。企业通过对内外部信息的深入分析和风险评估，对面临的客户需求、市场环境、竞争态势等保持清醒、正确的认识，对拟签合同履行期间的环境风险，做出科学的分析和预判。

2. 根据企业的内外部环境，制定合同的风险管理策略

在清醒认识、科学准确分析判断环境风险的基础上，企业要理智地制定本企业的合同风险管理策略，包括订立合同时的"风险偏好、风险承受度和风险管理有效性标准"。例如，对于本企业拥有绝对技术优势、产业或产品性价比也拥有较强优势、但市场占有率尚未取得优势的产业领域，企业一般应将该类产业合同纳入高风险偏好范畴，并在本企业风险承受度内选择上限作为该类合同的风险承受度；对于本企业拥有绝对技术优势、市场占有率也已拥有一定优势，但在该产业或产品性价比方面缺乏优势的产业领域，企业一般应适度降低对该类产业合同

的风险偏好，适当降低对该类合同的风险承受度。

3. 用好内部监督和审计成果，完善合同的风险管理策略

《中央企业全面风险管理指引》要求："企业应定期总结和分析已制定的风险管理策略的有效性和合理性，结合实际不断修订和完善。"《企业内部控制基本规范》和相关指引要求企业制定内部控制监督制度，定期对内部控制的有效性进行自我评价，委托从事内部控制审计的会计师事务所对企业内部控制的有效性进行审计。企业应遵循上述要求，扎实做好内部监督、内控自我评价和内控审计工作。在此基础上，用好内部监督、内控自我评价和内控审计的成果，及时进行内控缺陷整改。通过内控缺陷整改，不断完善合同的风险管理策略。

（二）前移防线，夯实合同风险管控基础

风险的不确定性决定其管理控制防线必须前移。合同风险的防范和管理控制工作必须从合同筹备阶段开始，夯实合同风险管控的基础。合同风险管理的各项基础性建设应贯彻《企业内部控制基本规范》要求的"全面性、重要性、制衡性、适应性、成本效益"五项原则，切忌形式主义和无效低效管理。

1. 加强合同风险管理的组织机构建设

企业的合同风险管理组织机构应根据本企业的规模和业务特点，结合自身经营管理组织架构、全面风险管理组织架构以及合同管理的需求，进行具体规划和建设。在充分满足合同风险管控需求、符合制衡性原则的前提下，企业应力求合同风险管理组织机构与其经营管理组织架构及全面风险管理组织架构高度融合，避免机构重叠。企业合同风险管理组织机构建设的目标：一是企业必须拥有符合制衡性原则的、完备的合同管理责任机构或责任人；二是企业的合同管理责任机构或责任人必须牢固树立合同风险管理意识，养成"基于风险的思维"能力以及合同风险的管理控制能力。

（1）根据企业实际，科学设置合同管理机构或合同管理责任人。以工程承包为主业的大型企业或企业集团，一般在具备法人主体资格的企业层级内设立专门的合同管理机构，负责合同筹备、订立、履行、善后等全过程的常规管理；同时，由同一企业层级的财务部门负责合同全过程的财务管理，由同一企业层级的档案管理部门负责合同全过程的档案管理，由同一企业层级的法务管理部门负责合同全过程的法律事务管理；由同一企业层级的内审机构负责合同全过程的审计监督。具备法人主体资格企业层级设立风险管理专门机构的，可以责成该风险管理专门机构负责合同风险管理，也可以责成专门的合同管理机构全面负责合同风险管理。有些企业或企业集团将合同订立和履行分开管理，由上级企业统一负责订立合同，下级企业负责履行合同。采用该类合同管理模式的企业，应由订立合同的企业或企业集团承担合同风险管理的总体责任，由负责履行合同的企业承担

履行期间的合同风险管理责任。合同风险管理责任要落实到相关机构和人员，消除死角。

以贸易或物流为主业的企业，单笔合同额度相对于其经营规模而言一般不大，且合同订立及履行频次较高、履行期限较短。该类企业一般由企业内设的（诸如贸易或物流）业务机构负责合同的筹备、订立、履行及善后的全过程管理，同时在企业内部承担其所负责合同的风险管理责任。该类企业的计划、财务、法务、审计及风险管理机构，都应从本机构所负责的业务层面，承担对其企业内设（诸如贸易或物流）业务机构所经办全部合同的风险管理的监管责任。

资产和经营规模小、组织机构简单、未设置合同管理机构的企业，必须将合同风险管理责任落实到人。该类企业一般应由合同订立责任人或合同业务负责人承担其所订立或经办合同的风险管理责任，由企业的财务和综合管理部门从财务和综合管理层面实施对合同风险的监督管理。

（2）努力培养合同管理和决策者的"基于风险的思维能力"。国家标准化管理委员会2016年12月30日发布、2017年7月1日起实施的《GB/T19001—2016质量管理体系要求》文件，正式将"采用基于风险的思维"纳入质量管理体系的"国家标准"。该标准采用过程方法，结合"策划—实施—检查—处置"（PDCA）循环和基于风险的思维。该标准总则要求："基于风险的思维使组织能够确定可能导致其过程和质量管理体系偏离策划结果的各种因素，采取预防控制，最大限度地降低不利影响，最大限度地利用出现的机遇。"笔者认为，企业合同风险管理组织机构建设目标的实质应落实在企业对合同管理人员、合同管理决策者乃至法定代表人的"基于风险的思维能力"的培养和提高上。通过风险管理文化的宣传灌输、风险管理知识的学习培训，使企业专兼职合同管理人员和合同决策者及参与者，切实提升"基于风险的思维能力"，具备从风险管理层面实施合同管理的能力，使风险管理融入合同管理的全过程。

2. 把风险管理文化渗透于合同管理规章制度

采用"基于风险的思维"，建立并不断完善合同管理规章制度，使企业风险管理文化融入、渗透于合同管理制度之中，是强化合同风险管理的有效途径。

（1）将严格防范风险作为选择合同对方当事人的底线。《合同管理指引》第五条要求："合同订立前，应当充分了解合同对方的主体资格、信用状况等有关内容，确保对方当事人有履约能力。"企业应遵循该指引要求，在合同管理规章制度中，把风险防范作为选择合同对方当事人的底线。一项拟订立的合同无论其项目多么"诱人"、条件多么"优惠"，只要该合同的对方当事人（包括相关当事人）存在下列缺陷，就绝不与其订立该项合同：一是不具备主体资格，或主体资格存在重大法律缺陷的；二是信用状况低劣的，包括有较严重失信记录的，背负重大债务诉讼或执行案件的，因违法行为被税务、证监、海关等监管机构处罚的；三是不具备拟订立合同要求的履约能力的。在合同管理制度中，还应规定，对拟订立合同对方当事人的出资人、合同项目分包商、合同项目所需大宗材料设备供应商等拟签合同关联方的主体资格、信用状况等情况，应按照合同风险管理的标准进行必要的调查评估，尽最大限度防范合同当事人或关联方缺陷带来的合同风险。

（2）将适度承担风险作为合同及其项目评审决策的重要参数。在企业关于合同及合同涉及项目的评审、决策制度中，必须把适度承担风险作为重要参数，做出限制性规定：第一，呈报申请审查、审批的合同及其项目的文件中，必须有关于送审合同及项目的风险评估内容，重要或金额巨大的合同，应报送合同风险评估报告，风险评估文件应对合同及项目的机遇和风险、本企业对该合同及项目风险的承受能力以及企业管理控制该合同及项目风险的措施等，做出定量的分析判断。第二，承担合同及项目审查、会签、法务管理等职责的部门，在履行职责的过程中必须对合同及项目的风险评估文件进行认真审查，重点审查报送文件关于风险描述是否符合客观实际、风险承受能力是否适度、风险管控措施是否可行且有效，并负责签署审查意见。第三，负责合同审批、决策的机构在做出某项合同及项目的审批决策过程中，必须全面审查合同及项目报送单位和审查、会签、法务管理等职能部门关于该合同及项目的风险管控意见，在充分认识该合同及项目潜在风险的基础上，根据企业风险管理策略，做出综合判断和审批决策。

（3）将动态管控风险作为合同管理的重要任务。为了保障合同顺利履行，在合同管理制度中必须把动态管控风险列为合同管理的重要任务。第一，把保障本方的合同履行能力贯穿于合同管理的全过程。一旦发现自身履约能力不足的问题，应及时采取措施（调配资源、使自身能力满足合同要求，或者争取合同相关各方当事人的理解、通过变更合同条款而使自身能力满足合同要求），以实现防范因自身履约能力不足而使本方陷入合同风险的目的。第二，从合同订立到履行终结，始终密切关注合同相关当事人的履约表现和履约能力的变化，包括相关当事人的经营业绩、资本结构、法人治理结构以及重大诉讼活动等重大事件对其履约能力的影响。一旦发现合同相关当事人违约或履约能力严重不足，应及时提取固定证据，并积极与合同各方当事人沟通、协商，力争化解或降低因合同相关方违约带来的合同风险损失。第三，高度重视合同履行期间与合同相关的内外部条件变化给合同带来的风险因素，包括合同履行地的自然环境（包括地震、洪水等）、社会及政治环境（包括战争、罢工等）、重大政策或法律（包括汇率、税制）等履约条件变化。一旦发生该类重大事件，应及时提取固定证据，并及时通报合同各方当事人，力争通过协商谈判就"合理承担外部条件变化而形成的损失"取得共识。如果谈判不能取得共识，且该类外部条件变化使本方承担的损失巨大，应通过暂停履行合同、中止交付合同标的物或中止付款、寻求诉讼或仲裁等措施，力求防止损失扩大并尽快消除分歧，最大限度地降低该类风险带来的损失。第四，加强合同变更、修订、中止等事项伴生的风险管理。合同履行期间，存在合同任何一方当事人请求协商变更、修订合同条款的可能。遇此情况，应积极、冷静地应对，在与相关方协商、谈判过程中，始终不能忽视风险防范。如涉及合同条款重要或重大变更事项，应按照合同管理办法进行风险评估，并履行审查、审批决策程序。第五，扎实做好合同验收（包括各阶段性或局部验收）环节的风险管控。对合同标的按合同约定，分阶段或分局部进行质量检查、验收，以及合同执行终结进行验收和交接，是合同履行的重要环节，也是合同风险管理的重要环节。合同各方当事人都应重视验收环节的风险管控，力求严格按照合同约定的相关法规、技术标准、规范规程等文件实施验收，并严谨、准确地制作、会签验收文件，防范因验收失实、失准造成风险损失。

（4）将防止或降低风险损失作为合同纠纷处置的最终目标。在合同管理制度中，应将防止或降低合同风险损失作为最终目标。第一，秉持依法经营、诚实守信的经营理念，把真诚合作、追求共赢作为订立和履行合同的指导思想。在订立和履行合同中，绝不为他方设置合同陷阱，绝不故意损害他方当事人利益，绝不故意制造合同纠纷。第二，在合同履行过程中重视分歧管控。一旦发生分歧或发现分歧苗头，应及时与相关合同当事人交换意见、协商谈判，以公平公正的心态，有理有利有节地寻求合同分歧解决方案，力求取得共识。第三，对合同履行期间发现或产生的、经相关当事人反复协商始终难以达成共识的合同纠纷，应及时就其风险的潜在影响程度进行评估，根据评估结果，以合同总风险损失最小为标准，理智地做出暂时搁置纠纷、继续履行合同或者中止合同、及时通过法律途径解决纠纷等决策。第四，无论选择何种途径处置合同纠纷，都不能忽视证据和"诉讼时效"，避免因证据不足或超过"诉讼时效"而形成不应承担的损失。要完善合同履行期间的档案管理，尤其要注重合同纠纷发生前后的档案管理，确保其证据效力。对通过协商谈判不能解决的合同纠纷，如果决定暂时搁置，应与相关当事人签订"备忘录"；如果达不成暂时搁置的共识，应在法定"诉讼时限"内启动司法解决程序。第五，在管控合同分歧、处置合同纠纷过程中，应加强对"合同陷阱"的辨识和防范。

3. 尝试用风险管理信息系统管理合同风险

风险管理信息系统是企业风险管理体系的重要技术支撑，企业应积极创造条件，尝试使用风险管理信息系统管理合同风险，提高合同风险管理的水平和效率。

（1）采取措施确保合同风险管理信息的质量。在本章第一节中，以"建立强大的上下游企业和客户信息库，夯实合同管理基础"为题，就建立"上下游企业和客户信息库"做了简要介绍。企业应该把"上下游企业和客户信息库"纳入企业风险管理信息系统建设，用信息技术手段不断完善该信息库。同时，企业还应使用信息技术手段，建立与本企业合同风险管理相关的行业技术发展信息、产品及原材料市场信息等信息库。企业应采取完善"信息的采集、存储、加工、分析、测试、传递、报告、披露"等管理流程、分级管理、明确相关责任等措施，确保输入风险管理信息库及信息系统的数据和风险量化值的"一致性、准确性、及时性、可用性和完整性"。对输入系统的数据，不履行相关审批程序不得随意更改。

（2）自觉维护和使用风险管理信息系统。合同经办（包括订立和履行）及合同管理职能部门都应学习信息化管理知识，掌握风险管理信息系统的维护和使用方法，自觉维护和使用企业风险管理信息系统。一是要结合工作实际，负责收集、报送相关信息，积极承担相关信息的分析测试任务，自觉维护企业风险管理信息系统；二是养成使用风险管理信息系统管理合同风险的习惯，练就使用风险管理信息系统的能力。

4. 制定适用有效的合同风险管理解决方案

《中央企业风险管理指引》第三十一条要求："企业应根据风险管理策略，针对各类风险或每一项重大风险制定风险管理解决方案。"企业应遵循该指引要求，针对合同风险管理制定适用有效的风险管理解决方案。关于风险管理解决方案，本套教材第四分册做了比较详尽的专题介绍，请读者认真阅读。本节仅就合同风险的承担、规避、转移等解决方案，做简要介绍。

（1）合同风险的承担。如何选择合同风险承担方案，一般在合同筹备期间研究、审查，在合同订立前决策。企业应根据风险管理策略，结合拟订立合同的规模、合同标的对本企业的重要程度、合同风险评估报告等，深入研究该合同为企业提供的机会和风险，按照企业决策程序做出选择。对额度较大的单笔合同，或者额度虽然不大但特别重要的合同，企业可以采取一事一议的方式，研究、审查和决定是否选择风险承担方案；对小额且不存在特殊因素的合同，一般采用根据企业风险管理策略、对照"小额合同管理制度"中的相关标准，做出是否承担风险的决定。在做出承担合同风险、参与订立合同决定的同时，必须编制详尽的合同风险承担预案，并在企业人力、资金、设备等资源配置方面，按照承担合同风险做出计划安排，落实合同风险防范和管控措施及责任。

（2）合同风险的规避。对经过合同风险评估，认定潜在风险过高且放弃订立不会给本企业造成严重影响的拟订立合同，应根据本企业的风险管理策略，在深入、慎重研究的基础上，依据决策程序做出规避合同风险、妥善退出合同谈判的决定。对于合同总规模巨大、可以拆分成若干个独立合同的项目，也可以通过谈判，与合同相关方讨论拆分订立合同的方案，选择符合本企业风险管理策略、本企业愿意承担合同风险的部分合同，放弃不符合本企业风险管理策略的部分合同。

（3）合同风险的转移。针对合同风险评估认定风险过高、已超过本企业风险承受度，但放弃订立将给本企业造成极其不利影响的拟订立合同项目，企业在根据风险管理策略进行慎重研究后，可以依据决策程序做出"采取合同风险转移的措施后订立合同"的决策。合同风险转移的主要措施是为超出本企业风险承受度的合同风险选择购买相应的保险。企业在做出为合同风险购买保险的决策过程中应深入研究保险合同条款，准确测算保险成本，必要时应委托律师事务所等顾问机构参与保险合同谈判，确保所购买的保险可以转移合同风险。

（三）健全合同管理监督制度，提升合同风险管控水平

《企业内部控制基本规范》要求："企业应当根据本规范及其配套办法，制定内部控制监督制度，明确内部审计机构（或经授权的其他监督机构）和其他内部机构在内部监督中的职责权限，规范内部监督的程序、方法和要求。""企业应当结合内部监督情况，定期对内部控制的有效性进行自我评价，出具内部控制自我评价报告。"《合同管理指引》第十六条要求："企业应当建立合同履行情况评估制度，至少于每年年末对合同履行的总体情况和重大合同履行的具体情况进行分析评估，对分析评估中发现合同履行中存在的不足，应当及时加以改进。"企业应遵循上述要求，健全、完善包括合同管理监督制度在内的风险管理和内部控制监督制度。通过合同管理监督，增强合同风险管控的实效。

1. 加强合同管理的内部日常监督和专项监督

《企业内部控制基本规范》指出，企业的"日常监督是指企业对建立与实施内部控制的情况进行常规、持续的监督检查；专项监督是指在企业发展战略、组织结构、经营活动、业务流程、关键岗位员工等发生较大调整或变化的情况下，对内部控制的某一或者某些方面进行有针对性的监督检查。专项监督的范围和频率应当根据风险评估结果以及日常监督的有效性等予以确定"。合同管理是企业经营管理工作的关键领域，也是企业经营管理风险最集中的领域和环节。因此，企业应建立并严格执行合同管理日常监督和专项监督制度。

（1）建立实行合同管理常规监督检查制度。合同管理常规监督检查制度是与合同业务管理制度并存的、对合同从谈判订立到履行终结全过程的风险管理及其内控情况的常规、持续的监督检查制度。企业应根据章程和相关制度，遵循岗位不相容原则，按照与合同业务管理部门相制衡的要求，决定设置或授权承担合

同管理常规监督检查职责的部门。建立合同管理常规监督检查制度需根据行业标准，结合本企业实际，制定合同风险及内控缺陷认定标准，并制定严谨、易操作的常规监督检查工作程序。常规监督检查过程中一旦发现合同风险及内控缺陷（包括设计缺陷和运行缺陷），应根据其程度、按相关制度要求及时反馈和报告。针对常规监督检查发现的合同风险及内控缺陷，相关责任部门要认真分析缺陷的性质和产生原因，制定整改方案。对于重大或带有普遍性的合同风险及内控缺陷，企业经营管理层应高度重视，对常规监督检查结果和整改方案进行审查，特别重大或重要的合同风险和内控缺陷及整改方案，应采取适当的形式及时向企业董事会和监事会报告。

（2）建立实行合同管理专项监督制度。合同管理的专项监督制度，一般是针对额度特别巨大或特别重要或履行周期较长或履行期间发生重大事件的某项合同，针对该类合同风险管理及其内控体系的某一或者某些方面所实施的、有针对性的监督检查制度。例如，对国家重点工程合同的质量保证体系开展专项监督，对额度特别巨大的工程类合同成本控制体系运行情况开展专项监督，对发生安全生产事故合同的安全生产管理控制体系开展专项监督等。合同管理专项监督职责可以由负责合同管理常规监督的部门承担，也可以由企业或企业出资人或监管机构决定或指定的专门机构承担，该专门机构的人员组成，也必须符合不相容的企业岗位设置原则。

建立实施合同管理常规监督和专项监督制度，在落实完善合同风险管理和内部控制体系目标的同时，绝不能忽视企业内部控制应该遵循的成本效益原则，必须切忌形式主义，坚决摒弃走过场的检查监督。

2. 建立并实行合同履行情况评估制度

企业应在合同风险管理常规监督和专项监督的基础上建立合同履行情况评估制度。合同履行情况评估活动可以在每年末、结合企业年度业绩考核安排，也可以根据合同履行进程、结合合同验收或阶段性验收安排，还可以与合同管理专项监督合并安排。决定合同履行情况评估活动时间安排的最根本依据，是合同风险管理的需求，合同风险管理常规监督工作相对薄弱的企业，应缩短合同履行情况评估的时间间隔，加大该类评估的频次，以强化对合同风险的管控。

合同履行情况评估，首先，是认真评估合同约定（包括合同成本、质量、进度等）条款的履行情况，检查、防范合同的潜在风险。其次，是检查评估合同风险管理及其内控体系是否健全、运行是否正常有效，进一步发现合同风险管理及其内控体系存在的缺陷。最后，检查评估合同风险管理常规监督和专项监督制度是否完备、执行是否正常有效以及监督制度本身是否存在缺陷，检查评估合同风险管理监督体系的有效性。

3. 通过内控体系评价和审计加强合同管理监督

财政部等五部委在《企业内部控制基本规范》的基础上发布的《企业内部控制评价指引》和《企业内部控制审计指引》，是企业自我评价内部控制有效性和聘请专业机构审计认定内部控制有效性的指导性文件。至 2018 年 1 月，该两个文件及《企业内部控制应用指引》已施行 7 年，对推动企业风险管理和内部控制体系建设、强化企业风险管理和内部控制起到了巨大的作用。此外，企业每年一度的经营业绩审计对强化企业监管、提升管理水平，也发挥了重要作用。企业应充分利用这些评价和审计的机会，做好对同期合同风险管理及其内控体系的评价和审计，从而进一步加强合同的风险管控。

（1）认真做好对合同管理的内部环境、风险评估、控制活动的评价。《企业内部控制评价指引》要求，企业应当以企业内部控制相关指引为依据，结合本企业的内部控制制度，对内部环境的设计及实际运行情况进行认定和评价，对日常经营管理过程中的风险识别、风险分析、应对策略等进行认定和评价，对相关控制措施的设计和运行情况进行认定和评价。企业应把对合同管理的内部环境、风险评估、控制活动的评价作为企业风险管理和内控体系评价的重要内容，深入认真地做好。在内部控制评价的程序规划、缺陷认定、评价报告编制等环节，始终重视合同管理领域，实事求是地做好合同风险管理及其内控体系缺陷的审查、复核、认定和评价工作。在企业内控缺陷认定汇总表中，应如实反映合同风险管理及内部控制缺陷，并结合合同管理常规监督和专项监督所发现的内控缺陷及其持续改进情况，对合同管理内控缺陷及其成因、表现形式和影响程度进行综合分析和全面复核，提出认定意见，并以适当的形式向董事会、监事会或经理层报告。合同管理内控体系的重大缺陷应当由董事会予以最终认定。

（2）在内控审计中重视对合同管理的内部控制审计。《企业内部控制审计指引》要求："注册会计师测试业务层面控制，应当把握重要性原则，结合企业实际、企业内部控制各项应用指引的要求和企业层面控制的测试情况，重点对企业生产经营活动中的重要业务与事项的控制进行测试。"合同是企业生产经营活动遵循和依据的法律文件，合同管理是企业管控风险的重要领域和环节。因此，对合同管理的控制进行测试是内控审计的重要内容。企业合同管理相关部门应积极配合审计机构关于内控体系有效性的测试，如实回答测试询问、如实提供测试所需文件、如实接受测试调查，努力保证测试调查、取证的真实性。通过内控体系审计，由专业机构对合同风险管理及其内控体系的有效性做出客观评价，找准体系缺陷，帮助企业进一步明确改进合同风险管理及其内控体系建设的方向和目标。

（3）重视经营业绩审计所涉及的合同管理内容。企业每年一度的经营业绩审计由具备资质的专业机构重点从财务管理层面和角度，审计、认定企业的经营业绩，并出具相关报告。该类审计所涉及的合同管理内容一般集中在：合同订立的合规性；合同相关款项收付的合规性；合同已收付款项、应收应付款项的财务科目的合规性以及额度的准确性认定或调整意见；合同相关损益计提的合规性及调整意见；关于合同相关潜在坏账损失的揭示、披露或保留意见；等等。显然，上述类型审计可以帮助企业从财务层面，全面、深刻地了解合同管理的真实情况，也可以帮助企业从财务层面深入地了解合同履行状况及风险。

总之，企业应切实加强对合同风险管理的监督管控。对于监督发现或评价认定的重大管理合同风险及内控体系缺陷，应及时采取应对措施，切实将风险控制在可承受度之内；加强对合同风险管理及内控缺陷整改情况跟踪，力求尽快消除缺陷、完善体系。同时，针对合同管理中存在的重大风险和内控缺陷，尤其是由于这些缺陷给企业造成损失的，应及时追究相关责任单位或者责任人的责任。

三、加强合同履行过程中的风险防控

在市场经济环境下，企业的全部经营活动无一不是通过经济合同的订立和履行而实现的。合同履行或者叫履行合同的活动，几乎是企业经营活动的全部。因此，切实加强合同履行过程中的风险防范和管理控制是企业风险管理的最重要任务。

对于拥有良好风险管理文化和有效风险管理及内控体系的企业，合同履行过程中的风险防范和管理控制，就是将基于风险的思维贯穿于合同履行管理的始终。

（一）坚定不移地贯彻企业风险管理策略

企业风险管理策略是企业风险管理之纲，也是合同风险管理之纲。防范和管理控制合同履行期间的风险，必须始终坚定不移地贯彻企业既定的风险管理策略。只有抓住、抓紧风险管理策略这个纲，才能统揽合同履行期间风险防范和管理控制工作的全局，才能在合同风险事件的处置上做到张弛有度、得心应手。在合同履行过程中贯彻风险管理策略，应力求做到以下两点：

1. 准确领会企业订立、履行合同的风险偏好

企业在合同订立决策期间，对合同履行过程存在的风险做过科学评估，根据自身的风险偏好，决定选择订立、履行该项合同，并针对该项合同潜在风险，做诸如风险承担、风险规避、风险转移等应对该项合同履行风险的管控预案。防范、管控合同履行风险，应准确领会企业在订立合同时所选择的风险偏好，以该风险偏好分析、衡量合同履行过程中出现的各种风险因素，并针对这些风险因素或风险事件，启动相应的合同履行风险管控预案。

2. 有效控制合同履行期间的风险程度

企业在订立某项合同时，一般对合同收益做过详尽的预算，对合同履行期间风险损失做过评估，并已经认定只要对合同履行期间风险实施有效防范和管控，该项合同的风险程度可以控制在本企业风险承受度之内。因此，防范、管控合同履行期风险应加强对合同履行风险程度的控制，将其有效控制在合同订立之初确定的本企业风险承受度之内。

（二）高效运行风险管理和内控体系

健全有效的风险管理和内控体系是企业防范控制风险的保障，合同履行期风险的管控也依赖于该体系的高效运行。通过运行企业风险管理和内控体系，实施对合同履行期风险的防范和管控，应努力贯彻企业内部控制的五项原则。

1. 坚持全面性原则，实现对合同履行期风险管理的全覆盖

企业必须建立完善的风险管理和内控体系，实现该体系对企业所有合同的订立和履行过程的全覆盖。合同履行期间，企业风险管理和内控体系的各分、子体系，包括企业的人力资源、财务、计划、研发、生产安全、法务等职能机构，都应发挥自身的职能，承担起在风险管理及内控体系中的责任，实现对合同履行期间风险管理和内部控制的全覆盖。

2. 坚持重要性原则，强化对高风险环节和高风险点的管控

运行企业风险管理和内控体系，管控合同履行风险，应当在全面管控的基础上，特别关注合同履行期的高风险环节和高风险点，强化重点管控。不同类别、不同业务以及与不同当事人订立的合同，高风险环节和高风险点各不相同，需要在实践中加以判别。一般情况下，无论任何类别合同，当事人付款义务的履行情况，都属于合同风险管理应特别关注、强化管控的环节。此外，对于工程类合同，履行期间的设计变更、技术及验收标准变更、地质条件和自然环境重大变化、原材料和装备选择及采购、安全事故处理、"赶工期"等重大工期变化、竣工验收及阶段性或分部验收等，都属该类合同风险管理应特别关注、强化管控的环节；对于物流贸易类合同，履行期间的合同标的物出厂检测包装、标的物装车（或船、飞机）及发运、标的物抵达车站（或港口）及入库、标的物的交付验收等，都属该类合同风险管理应特别关注、强化管控的环节。对于小额类合同，应把本企业合同承办人在合同履行期间的合规性、对方当事人的守约性以及对方当事人履约能力变化、对方当事人之保证人的保证能力的变化等，作为该类合同风险管理特别关注、强化管控的环节。

3. 坚持制衡性原则，严防合同舞弊漏洞和隐患

无论管控任何类型的合同，都应始终坚持制衡性原则。合同订立阶段，在选择合同当事人和评估、审查、审批拟订立合同文件等决策过程中，必须贯彻制衡

性原则。在合同履行期间，仍然要坚持制衡性原则。首先，在负责合同履行机构或岗位的设置上，严格贯彻制衡性原则，重视"不相容"机构或岗位人员的选聘，确保合同履行机构内部具备有效的监督机制。其次，在对合同履行期间的业务管理、检查、考核、验收、审计等管理流程的设计和执行过程中，严格贯彻制衡性原则，在兼顾运营效率的前提下，使参与各阶段合同管理工作的部门及人员之间形成相互制约、相互监督的机制，防范合同履行期间因经手人舞弊造成风险损失。

4. 坚持适应性原则，确保合同风险防范和管控的有效性

合同履行期间风险防范和管控应坚持适应性原则。在合同启动履行之前，应根据该合同的规模、履行期限、履行环境、业务性质、竞争状况和风险水平等特点，以适应、确保合同风险防范和管控的有效性为目标，制定相适应的风险管理和内部控制方案，设置相适应的管理机构及人员。合同履行期间，随着履行进度、困难程度、合同变更等情况的变化，应及时修订风险管理和内部控制方案，及时调整管理机构和人员，保证合同履行始终处于完备的风险防范和内部控制体系的有效管控之中。

5. 坚持成本效益原则，追求良好的经济效益

企业订立和履行合同的最终目的是赚取利润、取得较高的收益。为合同履行期间风险管理所投入的人力、物力都是合同成本，都会降低合同的收益。因此，制定和实施合同履行期间的风险防范和管理控制方案，应认真权衡风险管控实施成本与合同预期效益的关系，以适当的成本、适度的管控实现有效的控制。

(三) 妥善处置风险管理和内控体系之外的风险

在瞬息万变的市场经济环境中，无论多么完备的风险管理和内控体系，都可能存在缺陷或漏洞。合同履行期间，有可能出现体系未曾预料、未设定控制措施的风险或突发事件。对此类风险事件，合同履行承办机构及相关人员，必须予以高度重视和警惕。一旦发现，及时妥善处置。

1. 发现苗头，及时报告，控制事态

在合同履行期间，合同履行承办机构一旦发现风险管理和内控体系未曾预料或未设定控制措施的风险苗头，应及时向上级领导及上级风险管理部门报告，请求上级指示和帮助。在得到上级明确的风险处置方案指示前，必须采取适当措施，控制风险事态的发展，严防风险苗头转化成难以化解的危机。

2. 科学研判，妥善处置，降低损失

针对合同履行期间发生的风险管理和内控体系控制措施之外的风险苗头或突发事件，合同履行承办机构的上级领导及上级风险管理部门接到报告后，必须及时组织专家，深入了解情况，对事件的性质、风险危害程度、应采取的措施等进

行科学的研判，并及时、果断地组织力量、调配资源，支持、指导合同履行承办机构展开应急处置，力求迅速实现对该类风险的有效控制，把风险损失控制在本企业可以承受的最低限度。

3. 吸取教训，总结经验，完善体系

应急处置合同履行期间所发生的风险管控体系之外的风险事件的工作结束后，合同履行承办机构的上级风险管理部门应主持开展专题调查，对该风险事件的产生原因、风险程度及影响范围、现行风险管控体系的缺陷、应急处置措施的有效性等进行认真调查研究，总结该风险事件的教训和应急处置经验，写出专题报告。该报告归纳的相关风险事件信息，经过风险管理评估、审查、审批等程序后，纳入企业风险管理信息系统，作为修订、完善风险管理和内部控制体系的依据。

四、妥善处置合同纠纷，努力降低损失

合同订立之后，因合同的生效、解释、履行、变更、终止等行为而引起的合同各方当事人之间未能及时取得共识的争议是合同纠纷。合同纠纷的主要表现是争议主体对于导致合同法律关系产生、变更与消灭的法律事实以及法律关系的内容持有不同的观点和看法。合同纠纷的实质是争议主体之间围绕合同产生的经济利益、企业名誉、责任归属等权益矛盾。合同纠纷的范围涵盖一项合同从成立到终止的整个过程。妥善处置合同纠纷，千方百计防止或降低合同纠纷造成的损失，是合同风险管理最关键，也是最艰难的一个环节。

（一）预先制定合同纠纷管理策略

企业做出订立某项重大或重要合同决策的同时，应研究制定该项合同纠纷的管理策略。对于签订频次较高的合同，一般应在该类合同的管理制度中，明确该类合同纠纷的管理策略。

制定合同纠纷管理策略的主要依据是本企业风险管理策略，包括企业的风险偏好和风险承受度。同时，综合考虑该项或该类合同面临的风险程度、合同当事人信誉程度、合同履行地法律环境、市场竞争激烈程度等因素。

合同纠纷管理策略应包括：第一，明确合同履行期间纠纷的管理权限。应授予直接负责履行合同的机构在某一限度内处置合同纠纷的权力，同时明确超过某一限度合同纠纷的处置责任部门。第二，明确合同履行期间发生争议需及时先行友好协商、力求通过协商化解分歧的指导思想，对因友好协商不果、暂时搁置争议的合同履行期间纠纷的争议程度和搁置时限等，做出相对明确的规定。第三，明确合同履行期间纠纷妥善解决后的"技术标准"，即合同各方当事人在就相关争议达成共识之后，应该将各方当事人所达成的共识或相互间做出的让步及谅解，签署"合同修订或变更条款"或"谅解备忘录"等具备法律效力的文件。

（二）把依法守约作为管控、处置合同纠纷的基础

企业必须把依法守约作为管控、处置合同纠纷的基础。

《合同法》规定："合同当事人的法律地位平等，一方不得将自己的意志强加给另一方。当事人依法享有自愿订立合同的权利，任何单位和个人不得非法干预。当事人应当遵循公平原则确定各方的权利和义务。当事人行使权利、履行义务应当遵循诚实信用原则。当事人订立、履行合同，应当遵守法律、行政法规，尊重社会公德，不得扰乱社会经济秩序，损害社会公共利益。依法成立的合同，对当事人具有法律约束力。当事人应当按照约定履行自己的义务，不得擅自变更或者解除合同。依法成立的合同，受法律保护。"

《合同法》还规定了具有"一方以欺诈、胁迫的手段订立合同，损害国家利益；恶意串通，损害国家、集体或者第三人利益；以合法形式掩盖非法目的；损害社会公共利益；违反法律、行政法规的强制性规定"五种情形之一的合同，是"无效合同"。

企业不但要在合同订立过程中严格遵守法律法规，在合同履行期间也必须恪守法律法规，同时，要自觉信守合同约定。在与合同各方当事人协商解决合同履行期间争议的过程中，必须特别重视合同争议解决方案的合法性，合同纠纷解决方案既不能侵害合同相关当事人的利益，也不能侵害国家或第三方的利益，绝不能获取违反法律规定的利益。

（三）加强合同履行期间的档案和物证管理

无论采取何种途径解决合同纠纷，有效的证据永远是在解决合同纠纷的博弈中赢得主动的基础。因此，从妥善处置合同纠纷的角度，也要求企业必须加强合同履行期间的档案和物证管理。

1. 工程类合同的档案和物证管理要点

工程类合同一般履行周期长、涉及业务广泛、档案形式多样、内容复杂。要管理好工程档案和物证，需要在人力配备、规章制度及管理程序等方面下大功夫。

（1）合理设置机构或责成专人管理工程档案和物证。企业要根据合同标的工程的规模，合理地设置工程档案管理机构或人员，责任落实到部门和具体人员。要宣传贯彻档案法，加强档案管理重要性和档案管理专业知识教育和培训，重大或重要工程项目的档案管理应选择聘用档案管理专业人员，满足档案管理的需求。

（2）制定严格的工程档案和物证管理制度。企业应就工程档案及物证的收集、整理、归档、移交和使用等事项制定严格的制度和管理程序。借用档案和物

证，必须履行严格的审批程序。对文字、影像、电子等档案，应规定必须同时保存原件和副本，没有极特殊情况，原件绝对不许借用。对隐蔽工程质量检验试件等物证，绝不允许脱离监管。

（3）加强关键环节和重要事件的证据采集及归档管理。企业必须特别重视工程类合同履行期间诸如工程地质勘探、基础处理、结构钢筋绑扎、结构混凝土浇筑等关键环节的证据（包括实物和文书档案等，下同）采集，尤其要重视地质条件变化、设计方案变更、质量事故或安全生产责任事故处理等重要事件的证据采集，并及时归档管理。

2. 物流贸易类合同的档案和物证管理要点

物流贸易类合同的档案和物证管理，对企业经营管理尤其是妥善处置合同履行期间的纠纷，也非常重要。企业需要针对物流贸易类合同的规模、履行时间跨度、订立及履行频次等实际，合理地设置该类合同档案的管理机构或人员，并建立相关规章制度。关于设置机构、培训人员以及建立严格的档案管理制度等方面的要求，与工程类合同档案管理基本相同，不再赘述。

物流类合同档案要特别重视对物品采购合同的质量标准、质量检测报告、包装及装卸检验报告、运输凭证、出入库凭证和供应商提供的样品等的收集和保存。

3. 做好依法解决合同纠纷的证据准备工作

在努力协商解决合同争议不果的情况下，即使在各方当事人一致同意暂时搁置争议、继续履行合同的情况下，企业也应根据依法解决合同纠纷的需要，及时启动相关证据的准备工作。企业法律事务部门要指导发生纠纷合同的承办机构系统梳理相关合同的档案和物证，精心选择、补充完善证据，力争形成支持本企业诉求的完整证据链。对合同档案和物证中存在的、不利于本企业诉求的材料，一般不主动作为诉讼证据对外提供。对该类证据缺陷，企业应保持清醒认识，提前做好该类缺陷被他方作为证据使用时的抗辩准备。在证据准备工作中，必须坚持实事求是原则，对不利于本方的事实，可以不主动举证、适度回避，切忌混淆是非和伪造证据。

（四）注重诉讼时效，依法维护权益

司法救济是解决合同纠纷的最终途径。对于经过友好协商、谈判甚至第三方调解仍未解决的合同纠纷，合同中设定了仲裁条款的，应申请仲裁解决；合同中未设定仲裁条款的，可以申请仲裁，也可以通过民事诉讼（为了表述简练，以下将申请仲裁和民事诉讼一并简称为诉讼）解决。通过诉讼解决合同纠纷，应重点做好以下几方面工作：

1. 在法定诉讼时效内依法维护权益

对于因合同纠纷而使权益受到伤害的合同当事人，必须重视诉讼时效，确保在法定诉讼时效内依法维护权益。2017 年 10 月 1 日起施行的《中华人民共和国民法总则》（以下简称《民法总则》）第一百八十八条规定："向人民法院请求保护民事权利的诉讼时效期间为三年。法律另有规定的，依照其规定。诉讼时效期间自权利人知道或者应当知道权利受到损害以及义务人之日起计算。法律另有规定的，依照其规定。但是自权利受到损害之日起超过 20 年的，人民法院不予保护；有特殊情况的，人民法院可以根据权利人的申请决定延长。"第一百八十九条规定："当事人约定同一债务分期履行的，诉讼时效期间自最后一期履行期限届满之日起计算。"第一百九十八条规定："法律对仲裁时效有规定的，依照其规定；没有规定的，适用诉讼时效的规定。"因此，无论是通过申请仲裁，还是通过民事诉讼解决合同纠纷，都必须遵守法律关于诉讼时效的规定。

在此，需特别提醒拟依法解决合同纠纷的合同当事人，必须高度重视《民法总则》第一百八十八条关于"法律另有规定的，依照其规定"中"法律另有规定"的内容。显然，根据该规定，在并未失效的诸如《民法通则》《继承法》《海商法》《合同法》《产品质量法》《保险法》等其他法律中，凡涉及诉讼时效的规定，仍然有效。这些法律中规定的诉讼时效，都远低于三年。例如《中华人民共和国民法通则》（以下简称《民法通则》）第一百三十六条规定，关于身体受到伤害要求赔偿的、出售质量不合格的商品未声明的、延付或者拒付租金的以及寄存财物被丢失或者损毁的诉讼时效均为一年。我国现行法律关于诉讼时效的规定比较具体，合同纠纷当事人应熟悉掌握。

2. 精心选择依法维护权益的路径

一般情况下，企业在决定合同订立期间，就对依法解决合同纠纷的路径做了原则性的规划。随着合同履行的推进，因相关主客观因素的变化，在面临依法解决合同纠纷的实际时，具备选择条件的当事人（一般指原告）应在原有规划的基础上，针对所面临合同纠纷的实际以及案件管辖环境等客观因素，在合法的前提下，进一步精心选择依法解决合同纠纷的最佳路径。在选择依法解决合同纠纷路径的过程中，应在充分考虑下列因素情况下做出选择。第一，对于未设定仲裁条款的合同纠纷，原告当事人一般应优先选择民事诉讼。第二，对于原告当事人驻地法院有管辖权的合同纠纷，原告当事人一般应优先选择在本企业驻地法院起诉。第三，对合同纠纷与该合同个别当事人或当事人员工涉嫌刑事犯罪相关的，应深入分析、比较选择刑事附带民事诉讼与选择独立提起民事诉讼的经济效益，选择低成本、高收益的方案。第四，对于存在多个连带责任当事人的合同纠纷案件，应对各责任当事人依法承担责任的能力进行调查，一般选择承担责任能力强的当事人作为被告或第一被告人起诉。第五，对于案件管辖权归属被告人住所地法院的合同纠纷，如果存在多个连带责任当事人，应选择在法治环境相对完善地区的有管辖权的法院起诉。

合同纠纷中的被告当事人，在相关合同纠纷协商不果的情况下，也应提前规划依法解决该宗纠纷的路径，力求在合法的前提下，选择更有利于自身权益的维护。合同纠纷被告当事人可以利用相关法律关于合同纠纷"管辖权"条款，或者利用原合同中有利于本方的解决合同纠纷的相关约定，作为本方依法选择案件管辖机构的理由。通过努力，力求改善本方在依法解决合同纠纷案件中的不利地位。

3. 以法律为准绳，充分用好证据

以法律为准绳，充分用足、用好证据，是通过诉讼解决合同纠纷的最关键环节，合同纠纷当事人必须予以足够重视，千方百计落实。

《中华人民共和国民事诉讼法》（以下简称《民事诉讼法》）规定，依法查证属实的"当事人的陈述、书证、物证、视听资料、电子数据、证人证言、鉴定意见、勘验笔录"等证据，都可以作为民事诉讼中认定事实的根据。《民事诉讼法》第六十四条规定："当事人对自己提出的主张，有责任提供证据。"《民事诉讼法》第六十五条规定："当事人对自己提出的主张应当及时提供证据。"以上两条款即为民事诉讼"谁主张、谁举证"的原则。《民事诉讼法》第六十四条还规定："当事人及其诉讼代理人因客观原因不能自行收集的证据，或者人民法院认为审理案件需要的证据，人民法院应当调查收集。"《民事诉讼法》围绕证据收集、证据效力、证据保全等，设定了较详细条款，最高人民法院也发布了较详尽的司法解释，企业在应对、处置合同纠纷的实践中，应全面深入地学习、掌握和运用。

（1）全面搜集、分析和准备证据。企业在做出通过诉讼解决合同纠纷决定的过程中，直至向仲裁庭或人民法院提交相关文件、启动诉讼之前，必须全面、深入地搜集和分析诉讼需要及可能涉及的证据，既要千方百计地搜集、完善可以支持本方诉求的有利证据，也要全面深入地清理、掌握对本方诉求存在矛盾的不利证据。按照案件诉讼的逻辑，将有利证据编号并罗列成表，逐一列明这些证据的真实性、与案件的相关性以及这些证据可以证明的问题。同时，妥善保管清理发现的不利证据，并认真研究、制定应对这些证据被他方作为诉讼证据提交后的方案。对搜集发现的有利于本方的事实线索，但本方尚未掌握完善证据的内容，应该设法完善线索、形成具有证据效力的证据。如确因法律等客观条件限制，企业难以取得的某项有利证据，应查明该证据的取得渠道，为请求人民法院调查搜集该证据做好准备。

（2）适时、及时地提交证据。合同纠纷诉讼期间，无论诉讼原告还是被告当事人，都应该精心策划、安排提交诉讼证据的时机，在合法的前提下，选择对实现本方诉求最有利的方式和最有利的时机，向案件查办机构（仲裁庭或法庭，下同）提交证据。有些法院审理经济案件，对各方当事人提交证据的时间有严格限定，超过时限后不再接收任何证据，俗称"证据关门"。对于有"证据关门"或类似规定的案件，各方当事人必须严格遵守规定，及时提交证据。对于有请求人民法院调查收集证据要求的当事人，应在提请诉讼或案件开庭前，及时将相关申请文件呈送案件承办机构。

（3）合法、巧妙地使用证据。诉讼当事人合法、巧妙地使用证据，有利于最大限度地发挥证据效力、依法维护自身合法权益。合法、巧妙地使用证据，一般应做到：第一，向法庭所提供的证据真实有效，可以有力地支持本方诉求。第二，向法庭陈述证据简明扼要，紧扣案件争议焦点，突出显示支持本方诉求的证据事实。第三，在庭审质证中，善于抓住诉讼他方证据中的缺陷，尤其是抓住对方证据中的利于本方的事实线索，通过合法严谨的论证，得出支持本方诉求的结论。第四，对诉讼中出现的不利于本方诉求的证据，应遵循"以事实为依据、以法律为准绳"的原则予以答辩，绝不胡搅蛮缠，切忌在不利的法律事实面前过度"狡辩"。

4. 以成本效益原则指导依法维护权益的全过程

企业通过诉讼解决合同纠纷，目的是维护自身的合法权益。企业在筹备、推进该项工作的过程中，应始终贯彻《企业内部控制基本规范》要求的"成本效益原则"，力求以较低的成本实现相对较高的效益或避免较大额度的经济损失。为了达到此目的，企业必须从策划案件起诉或应诉开始，随着其审理进程，对诉讼案件进行全面、深入、客观的分析，彻底厘清案件所涉事实真相和法庭调查掌握及认定证据的情况，从法律层面分清涉案各方的责任，对本方在案件诉讼中所处的态势、胜诉或败诉的概率、诉讼成本收益比、漫长的诉讼周期对企业生产经营的不利影响等事项，作出理智的综合分析判断。根据该分析判断，及时调整诉讼策略。对于胜诉概率相对不高或漫长诉讼周期产生的不利影响太大的案件，经过认真评估后，可以通过申请撤诉、诉前和解、法庭调解等途径结案，以降低胜诉成本、提高企业依法处置合同纠纷的综合效益。

企业分析自身在案件诉讼中所处态势时，必须正确认识事实与法律事实的区别。这里所说的事实，是指诉讼当事人亲身经历或感受或认为是真实的事物；而法律事实是指在有权机构（承办该案的仲裁庭或法庭）主持下，经过举证、质证等审理过程而依法认定、作为裁判依据的事实。依法诉讼，应该力求查明事实真相，使法律事实与事实完全相符。但是，由于诉讼中证据获取条件等因素的限制，可能存在法律事实偏离事实并影响诉讼结果的现象。对此，涉案企业应有深刻的认识和充分准备。案件诉讼中，当事人应力争以充分、完善的证据，使支持本方诉求或主张的事实转化成为法律事实。诉讼当事人如果缺乏可以支持将本方诉求或主张的事实转化成为法律事实的证据，就应该审时度势，寻求以较低的代价息诉。

5. 依法执行生效的法律文书，公平公正维护当事人合法权益

合同当事人通过申请仲裁、诉讼、和解等途径获得的，诸如仲裁书、民事判决书、民事调解书等解决合同纠纷的文件（以下简称法律文书）依法生效后，相关当事人都应本着依法诚信的原则、自觉履行这些法律文书赋予的义务。

法律文书依法生效后，如该文书认定的负有履行义务的一方或多方（一并简称义务方）拒不自觉履行义务，该文书认定的享有权益的一方或多方（一并简称权益方）均应及时依法向拥有管辖权的人民法院申请对法律文书认定的义务方"强制执行"。权益方申请强制执行前和执行期间，应注意以下几点：

（1）设法查清义务方的财产状况，并将相关信息及时提供给案件执行法院，力求强制执行工作有的放矢。

（2）对于存在多个承担连带责任的义务方的案件，应认真分析执行每个义务方资产的难易程度，选择容易执行的义务方作为强制执行的主攻方向。

（3）被执行人如拥有可供执行的不同类型资产，应该按照下列顺序优先选择容易变现、过户程序简单及后续风险小的资产执行。一是优先选择执行被执行人的货币资产；二是通过资本市场拍卖被执行人持有的债券、股票等可流通资产；三是依法拍卖被执行人拥有的土地使用权、房屋、车辆、船舶等固定资产；四是尽可能不直接受让被执行人持有的非流通企业的股权，如被执行人确无其他资产可供执行，应将该类股权拍卖变现。

（4）遇到被执行人拥有多宗债务和多个债务人、其可供执行财产不足以偿还所欠债务时，拥有债权比例最大的债权人，应及时依法申请被执行人破产。

此外，在财产执行案件中，无论任何一方当事人，都是平等的法律主体，都有权依法维护自身的合法权益。

第三节 合同的风险防控案例

一、工程总承包企业成功追偿合同尾款案例

（一）案件基本情况

1. 案件背景

该案例是某中央企业集团（以下简称 SM 集团）控股的某上市公司所属的两

个全资子公司（以下分别简称 A 公司和 B 公司）所经历的真实案件。

2003 年 6 月，A 公司与华北某水泥公司（以下简称业主公司）订立《华北某水泥有限责任公司 2000T/D 水泥熟料技改工程项目总承包合同》（以下简称总承包合同），约定由 A 公司总承包、承建业主公司的 2000T/D 水泥熟料技改工程项目。总承包合同订立后，A 公司履行合同约定的总承包义务，工程于 2004 年 11 月 18 日点火试车，连续试运行 42 天后停止运行。2005 年 3 月 5 日，在该项工程尚未履行应由 A 公司参与的竣工验收、也未与 A 公司就工程结算达成共识的情况下，业主公司将该工程点火投产。

2005 年 5 月 8 日，鉴于该项工程已投产运行的实际，A 公司与业主公司就总承包合同签署了《结算补充协议》，一致确认该项工程按总价人民币 15537.29 万元结算，业主公司已付人民币 145809927.54 元，尚欠 A 公司合同尾款人民币 9562978.13 元。按照总承包合同规定，在该项工程点火试车一年之后，即 2005 年 11 月 18 日，该工程的保质期结束，业主公司应向 A 公司付清合同尾款。但是，在该工程保质期结束数月后，业主公司始终以"该工程保质期内曾出现一些质量问题、需要扣除部分尾款"为由，拒绝支付该合同尾款。

2006 年 5 月，为了尽快收回该合同尾款，A 公司与业主公司共同签署了一份新的《结算补充协议》（以下简称《2006 补充协议》），约定"在 2005 年 5 月 8 日结算总价格人民币 15537.29 万元的基础上，考虑到项目上存在的质量问题，双方同意结算价格修订为人民币 15355.34 万元"。因此，业主公司欠 A 公司合同尾款减少至人民币 7743478.13 元。《2006 补充协议》第四条约定："甲乙双方在此项目上仅遗留回转窑托轮轴断裂问题没有解决，该问题在合适时机双方洽谈予以解决。至此，双方没有其他争议和问题。"

《2006 补充协议》述及的"遗留回转窑托轮轴断裂没有解决"的问题，是指该工程未经竣工验收即投产运行后的 2005 年 7 月 7 日，曾发生水泥回转窑托轮断裂故障。该故障发生后，A 公司依据总承包合同约定，及时参与停产抢修，更换了回转窑托轮，使生产线停止运行 56 天后恢复了生产。A 公司认为，在工程质量保修期内，总承包商参与抢修工程设备故障，是履行总承包合同约定的保修责任。所以，在抢修回转窑托轮之前和过程中，A 公司始终未与业主公司协商该故障抢修的费用承担问题，也未与业主公司就该质量故障责任承担问题进行讨论，更未与业主公司就此达成任何备忘文件。直至 2006 年 5 月，在 A 公司要求结清工程尾款、业主公司提出补偿其因"回转窑托轮质量故障"造成停产损失的要求后，双方发生了重大分歧。A 公司坚持认为，第一，"回转窑托轮质量故障"中的"断裂托轮"是遵照业主公司指令采购的天津市某厂家产品，本公司对该产品质量不承担责任；第二，"回转窑托轮质量故障"发生后，本公司作为工程总承包商，已严格履行总承包合同约定的保修义务，没有其他法定义务。业主公司虽然无法否认其指定采购"断裂托轮"的事实，但仍以 A 公司是总承包商和技术服务商为由，坚持要求其给予"停产损失"补偿。由于双方暂难取得共识，故在《2006 补充协议》中留了一个"该问题在合适时机双方洽谈予以解决"的"尾巴"。正是这个"尾巴"，成了业主公司拖延支付合同尾款的理由。

2. 案件诉讼过程和结果

2007 年 7 月，A 公司因催讨总承包合同尾款不果，以"合同纠纷"为由，将业主公司起诉至华北某管辖地中级人民法院（以下简称管辖地中院），请求判令被告人支付工程尾款人民币 7743478.13 元本金及相关利息。管辖地中院受理立案案号为"（2007）某民二初字第 61 号案"（以下简称第 61 号案）。

2007 年 8 月，A 公司收到管辖地中院传票，被告知其已被业主公司以"托轮轴质量缺陷"为由起诉，被要求赔偿因"托轮轴质量缺陷"导致停产给业主公司造成的各类损失总计人民币 6008611.78 元，通知 A 公司在规定时限内提交答辩材料。该案案号为"（2007）某民二初字第 74 号案"（以下简称第 74 号案）。

2007 年 12 月，管辖地中院做出《（2007）某民二初字第 61 号民事裁定》，以"第 61 号案应以第 74 号案的审理结果为依据"为由，裁定中止第 61 号案。之后，第 74 号案进入了审理程序。

第 74 号案开庭前，A 公司向法庭提交了证实该项工程尚未竣工验收业主公司即擅自投料生产、发生故障的回转窑托轮是业主公司指定采购的等证据。第 74 号案一审的争议焦点是：第一，当事人争议纠纷的性质；第二，被告 A 公司应承担赔偿责任的范围。原告业主公司主张，因回转窑托轮质量缺陷造成的损失，适用《中华人民共和国产品质量法》（以下简称《产品质量法》），要求 A 公司不但要赔偿回转窑托轮质量缺陷本身给其造成的直接损失，而且要赔偿其停产 56 天形成的全部损失。被告 A 公司主张：第一，双方订立的是建筑工程总承包合同，发生工程质量纠纷不适用《产品质量法》，应依据《建设工程质量管理条例》处理。根据《建设工程质量管理条例》，工程总承包商对工程质量缺陷只要及时履行了维修义务，不存在赔偿停产等间接损失的责任。第二，本公司既不是存在质量缺陷的回转窑托轮的生产商，也不是该部件的经销商，甚至根本没有介入该部件的采购工作，对由于该部件质量缺陷造成的损失没有任何赔偿义务。

2009 年 5 月，管辖地中院下达《（2007）某民二初字第 74 号民事判决书》，未采纳 A 公司诉讼答辩意见，判令 A 公司赔付业主公司人民币 5782348.1 元"因停产造成的各项损失"。A 公司收到该一审判决后。在其上级 SM 集团的支持下依法上诉。上诉理由除了一审期间的两点主要答辩意见之外，增加了关于"一审司法鉴定程序严重违法、一审判决依据的《审计鉴定报告》不合法"的意见。

2010 年 6 月，华北某省高级人民法院下达《（2009）某民二终字第 56 号民事裁定书》，认为第 74 号案"原审判决认定事实不清，违反法定程序"，终审裁定："撤销一审判决，发回重审。"

2010 年末，管辖地中院启动该案重审，并应原告业主公司请求、裁定追加 SM 集团控股的某上市公司所属的 B 公司为该重审案的第二被告。在该案重审中，业主公司以 B 公司是"存在质量故障的回转窑托轮的采购方"为由，要求其与 A 公司共同承担其停产损失的赔偿责任。

2011 年 5 月，管辖地中院下达《（2010）某民二初字第 7 号民事判决书》，判令第二被告 B 公司赔付业主公司因停产造成的各项损失计 5113329.52 元，第一被告 A 公司不承担责任。上述重审一审判决下达后，第二被告 B 公司在 SM 集团的支持下依法上诉，上诉理由除了"该质量故障托轮不是本公司制造、是业主公司指令采购天津某厂产品"外，还增加了"法院对 B 公司与原告之间的纠纷没有管辖权"的证据及抗辩理由。关于法院没有管辖权之理由的依据是，在业主公司参与签署的 B 公司的《分包合同》中，明确约定发生合同纠纷"由石家庄仲裁委员会解决"。业主公司也对该重审一审判决上诉，其上诉请求是"判令 A 公司承担连带赔偿责任"。

2011 年 12 月，华北某高院做出《（2011）某民二终字第 42 号民事判决书》，做出对《（2010）某民二初字第 7 号民事判决书》"维持原判"的终审判决。收到该终审判决后，B 公司在其上级 SM 集团的支持下，立即向最高人民法院申诉，请求最高人民法院查明事实，撤销该终审判决。

2012 年 6 月 29 日，最高人民法院做出《（2012）民申字第 369 号民事裁定书》，裁定："一、指令华北某省高级人民法院再审此案；二、再审期间，终止原判决的执行。"

2013 年 12 月 12 日，华北某高院做出《（2013）某民再二字第 9 号民事裁定书》，裁定："一、撤销华北某高院（2011）某民二终字第 42 号民事判决及华北某管辖地中级人民法院（2010）某民二初字第 7 号民事判决；二、发回华北某管辖地中级人民法院重审。"

2014 年 7 月 10 日，管辖地中院做出《（2014）某民再字第 26 号民事判决书》，判令 A 公司和 B 公司共同赔偿业主公司损失 4307250.72 元。收到该再审一审判决后。A 公司和 B 公司在上级 SM 集团的支持下，再次提起上诉。

2015 年 3 月 5 日，华北某高院做出《（2014）某民再二终字第 00005 号民事裁定书》，终审裁定："一、撤销华北某管辖地中级人民（2014）某民再字第 26 号民事判决；二、驳回某水泥有限公司（即业主公司）的起诉。"该终审裁定，从法律层面为 A 公司和 B 公司洗清了不白之冤。

《（2014）某民再二终字第 00005 号民事裁定书》下达后，A 公司立即启动申请恢复审理第 61 号案、依法向业主公司追偿合同尾款的程序。业主公司意识到其继续拖延该笔合同尾款将会招致更不利的法律后果，即在第 61 号案恢复审理之前偿还了其拖欠 A 公司的合同尾款。同时，业主公司就《（2014）某民再二终字第 00005 号民事裁定书》，向最高人民法院提起申诉，请求再审。2016 年 2 月 29 日，最高人民法院裁定驳回业主公司的申诉。至此，SM 集团下属 A 公司和 B 公司两家企业，为了追偿本金不足 800 万元人民币的合同尾款，历经 10 年艰难诉讼，经过包括中、高、最高三级人民法院审理，终于画上了圆满的句号。

（二）经验和教训

该历经 10 年追偿合同尾款案例中的下列经验和教训值得吸取或探讨。

1. A 公司和 B 公司均具备较强的合同风险防范意识

（1）A 公司重视合同履行期间的动态管控。一是在工程质量保证期间发生水泥回转窑托轮断裂故障后，立即参与停产抢修，使该水泥生产线停产 56 天即迅速恢复了生产，严格履行了合同约定的保修义务。二是发现其承建的工程未经竣工验收即被业主公司擅自投产运行的问题后，及时与业主公司就工程结算进行谈判，先后签署了两个《结算补充协议》。三是工程合同档案管理工作扎实，为后期合同纠纷诉讼提供了充分的、无懈可击的证据。

（2）B 公司在订立和履行该项工程装备制造的《分包合同》时，注重合同风险防范。一是设定了以申请仲裁方式解决合同纠纷的条款。二是对业主公司指定采购某生产商的设备或部件事项，保留了证据。这些措施为免除合同纠纷责任起到了极其重要的作用。

2. 诉讼期间，A 公司和 B 公司均锲而不舍地依法维护权益

面对业主公司咄咄逼人的诉讼，以及案件一审法院反复做出的不利于本方的裁判，A 公司和 B 公司都能够以事实为依据，锲而不舍地使用法律武器维护本方的合法权益。反映了该两个公司风险管理尤其是法律风险管理基础建设扎实，具有很强的依法维护企业合法权益的能力。

3. 作为工程总承包商的 A 公司存在合同风险管控缺陷

该案例也暴露了作为工程总承包商的 A 公司在合同风险管理控制方面，仍然存在一定缺陷，主要有两点：一是在工程总承包合同中，未针对该工程中采购安装的设备及相关部件出现质量缺陷的责任归属做出明确约定；二是在该工程因水泥回转窑托轮断裂故障而停产抢修期间，没有抓住时机与业主公司就该水泥回转窑托轮质量缺陷的责任签署备忘文件，留下了风险隐患。

二、物流企业重视合同风险动态管控案例

（一）案件基本情况

该案例是某中央企业集团（以下简称为 SM 集团）所属的某从事贸易物流业务的全资子公司（以下简称 G 公司）所经历的真实案件。

2012 年 6 月，G 公司与上海某公司（以下简称 W 公司）订立了一份《工矿产品销售合同》（以下简称销售合同），W 公司向 G 公司购买华北某公司（以下简称华北 LH）生产的高规格线材。销售合同约定：合同订立后，W 公司立即向 G 公司支付合同总额 20% 的定金，其余货款最迟于 2012 年 9 月 18 日前全部付清；W 公司付清合同约定的全部货款后，G 公司向其交付销售合同约定的钢材。销售合同订立后，W 公司依约向 G 公司支付了人民币 1260 多万元定金，同时，W 公司法定代表人汤某某夫妇与 G 公司签订了一份《担保合同》（以下简称担保合同），汤某某夫妇承诺以他们的全部财产为其上述购买钢材的行为提供担保。之后，G 公司与华北 LH 签订了一份《购销合同》（以下简称购销合同），就购买 W 公司所需要高规格线材的规格、数量、单价、合同总金额、交货地点、提货方式以及提货预通知等事项做了详细约定，其中交货地点是 G 公司通过《仓储保管合同》建立委托保管关系的某中央企业下属公司驻上海某仓储公司（以下简称 ZY 公司）的仓库（以下简称 ZY2 号仓库）。购销合同订立后，G 公司向华北 LH 支付了购销合同约定的人民币 6303 万元货款。

2012 年 8 月末，华北 LH 根据购销合同约定和 G 公司的指令，将货值约人民币 1460 万元的 4360 多吨高规格线材发运至上海 ZY2 号仓库。钢材储存在 ZY2 号仓库后，G 公司通知 W 公司依据销售合同约定准备支付后续货款。G 公司通过多渠道发现，W 公司没有按销售合同约定于 2012 年 9 月 18 日前付清全部货款的丝毫诚意。在与 W 公司交涉、要求其必须严格履行销售合同的同时，G 公司紧急启动了风险控制措施：一是于 2012 年 9 月 6 日向华北 LH 送达《暂停发货通知函》和《授权终止声明函》，通知其暂停发货，告知其"原委托 W 公司办理线材发运相关的一切事务，从即日起终止"；二是于 2012 年 9 月 11 日提取了 ZY2 号仓库出具的、证实 4360 多吨钢材已由其收储保管的有效凭证；三是继续与 G 公司就其履行销售合同约定的付款义务进行交涉；四是根据 W 公司迟至 2012 年 11 月 10 日除定金之外仅支付了人民币 200 万元货款的事实，坚决阻止其提走储存在 ZY2 号库内的钢材。上述四项措施为 G 公司后续启动司法救济、成功挽回损失打下了基础。

2013 年年初，G 公司发现，储存在上海 ZY2 号库内的 4360 多吨线材已被 W 公司抵押给其债权人——上海某银行，W 公司有利用该宗钢材实施金融诈骗的嫌

疑。2013 年 6 月，SM 集团委派"钢贸清欠组"进驻 G 公司，全面领导其追偿钢贸债权的工作。SM 集团清欠组摸清 G 公司与 W 公司之间存在合同纠纷的情况后，指导 G 公司全面启动了下列司法救济工作。

1. 起诉 W 公司，依法追究其违约责任

2013 年 6 月 13 日，G 公司以"买卖合同纠纷"为由，在北京市海淀区人民法院起诉，请求判令：①解除 G 公司与 W 公司之间的《工矿产品销售合同》；②W 公司赔偿 G 公司各项损失及费用人民币 300 万元；③由 W 公司法定代表人汤某某夫妇对 W 公司的上述债务承担连带偿还责任；④确认存放于 ZY2 号库的 4360 多吨钢材的所有权归属 G 公司；⑤本案诉讼费用由 W 公司和汤某某夫妇共同承担。

2013 年 9 月 17 日，海淀法院做出关于该案的民事判决：第一，解除原告 G 公司与被告 W 公司订立的《工矿产品销售合同》；第二，原告 G 公司于本判决生效后十日内返还 W 公司人民币 200 万元；第三，驳回原告 G 公司的其他诉讼请求；第四，案件受理费由 G 公司承担。从表面看，该判决仅支持了 G 公司的一项诉求，驳回了其余全部诉求。但是，其在认定 G 公司与 W 公司订立的《工矿产品销售合同》依法解除的同时，依法否定了 W 公司关于返还其履约保证金的主张。该判决生效，意味着 W 公司预付 G 公司的人民币 1260 多万元履约保证金归 G 公司合法所有。根据"成本效益原则"，SM 集团清欠组指令 G 公司就该一审判决不上诉。在有效上诉期内，该案被告 W 公司也未上诉，该一审判决依法生效。

2013 年 10 月，SM 集团清欠组指导 G 公司与 W 公司针对其储存在 ZY2 号库内的 4360 多吨钢材被 W 公司抵押的事实，与其进行了严正交涉，双方签订了一份《协议书》，约定"对于判决（指生效的一审判决）中甲方（G 公司，下同）返还乙方（W 公司，下同）人民币 200 万元货款的事宜，双方同意，在 G 公司未取得 ZY2 号仓库 4360 多吨钢材的全部控制权和支配权前，乙方不向甲方主张权利"。该《协议书》的签订意味着，只要 G 公司不能取得 ZY2 号仓库 4360 多吨钢材的全部控制权和支配权，W 公司即不能行使要求 G 公司返还人民币 200 万元货款的权利。

通过上述努力，G 公司相当于从 W 公司处挽回损失人民币 1460 多万元。

2. 通过起诉 ZY 公司，追偿入库钢材的损失

SM 集团清欠组调查发现，W 公司在将 G 公司储存在 ZY2 号仓库的 4360 多吨钢材抵押给其债权人的过程中，得到过 ZY2 号仓库管理人员的配合。ZY2 号仓库和 ZY 公司，对该宗钢材被错误抵押具有不可推卸的责任。据此，决定依法要求 ZY 公司赔偿相关损失。

在上述海淀法院关于 G 公司诉 W 公司的合同纠纷案一审判决生效，且 G 公司与 ZY 公司围绕返还 ZY2 号仓库内的 4360 多吨钢材事项反复交涉未果后，G 公司于 2014 年 5 月 4 日，向北京市海淀区人民法院起诉 ZY 公司，要求"判令被告 ZY 公司立即返还原告存放于 ZY2 号库的 4360 多吨高线钢材，不能返还部分由被告赔偿原告等值货款"。2014 年 5 月 9 日，海淀法院依法裁定、查封了储存在 ZY2 号库内的 4360 多吨高线钢材。

对 ZY 公司依法起诉，并履行了查封手续后，G 公司针对提取委托储存在 ZY2 号库内的 4360 多吨高线钢材事项，与 ZY2 号库管理人员进行了反复、严正的交涉。同时，与 W 公司的抵押债权人进行谈判，向其出示了证明本公司是该宗钢材所有权人的证据，要求其放弃一部分抵押权。经过努力，终于说服了 ZY2 号库管理人员和 W 公司的抵押债权人，同意 G 公司处置储存在 ZY2 号库内 4360 多吨钢材中的一部分钢材。G 公司由 ZY2 号库追收约人民币 1100 万元资金之后，撤销了在海淀法院对 ZY 公司的起诉。

3. 终止购销合同，依法追收购销合同剩余款项

G 公司在确认 W 公司违约、储存在 ZY2 号库内的 4360 多吨钢材处于失控状态的情况后，在 2012 年 9 月 6 日向华北 LH 送达了《暂停发货通知函》和《授权终止声明函》的基础上，于 2013 年 1 月 16 日向华北 LH 发送了《律师函》，要求与其解除《购销合同》，退还购货款人民币 6303 万元。

2013 年 1 月 28 日，华北 LH 复函 G 公司，申明其根据《购销合同》约定已于 2012 年 8 月发货 4363.24 吨、货值计人民币 1446.15828 万元，剩余货物根据 G 公司 2012 年 9 月 6 日指令未再发运，剩余货款人民币 4856.84172 万元，其将在近期内筹款返还 G 公司。2013 年 3 月 4 日，华北 LH 退还 G 公司第一笔货款人民币 428 万元。

2013 年 3 月 9 日，华北 LH 与 G 公司签订《协议书》，同意解除《购销合同》，约定于 2013 年 5 月 8 日前分三次退还 G 公司全部应退货款人民币 4428.84172 万元；退还方式为现款或 20 天内银行到期承兑汇票，银行承兑汇票超过 20 天的，由华北 LH 负担汇票贴现费用；华北 LH 未依约如期履行还款义务的，承担尚未还款总额 5% 的违约金；超过一个月仍未偿还的，除承担违约金以外，按照日利率 3‰ 计息；因本协议产生的纠纷，由 G 公司所在地人民法院解决。该《协议书》签订后至 2014 年 6 月，经 G 公司反复追索，华北 LH 共分 9 次退还 G 公司货款计人民币 2900 万元。加上 2013 年 3 月 4 日华北 LH 退还的人民币 428 万元，G 公司通过非诉讼方式回收债权合计人民币 3328 万元，占与华北 LH 所订立的购销合同总额的 52.8%。

华北 LH 于 2014 年 6 月退款给 G 公司之后，尚欠 G 公司应退货款人民币

1528841.72元。之后，华北LH拒绝再向G公司退还货款。事后获悉，华北LH此举源于W公司法定代表人汤某某。汤某某是华北LH的股东之一，其试图通过华北LH截扣应退还G公司的货款，弥补其在与G公司《工矿产品销售合同》诉讼中的败诉损失。

在G公司反复敦促华北LH履行《协议书》约定、全额退还货款不果后，SM集团清欠组决定，启动G公司向华北LH依法追偿退还剩余货款的程序。2014年8月9日，G公司将华北LH起诉至北京市海淀区人民法院，请求判令华北LH：①退还货款本金人民币15288417.2元；②支付汇票贴现费用人民币611920.56元；③支付未如期履行还款义务的违约金人民币24243235.39元；④承担本案诉讼费。同时，申请依法保全、查封了华北LH的部分资产。

2015年2月26日，海淀法院下达民事判决书：第一，判令华北LH于本判决生效后10日内，支付G公司货款本金人民币15288417.2元；第二，判令华北LH于本判决生效后10日内，支付G公司违约金人民币286199.17元及违约赔偿金人民币24204235.39元；第三，驳回G公司的其他诉讼请求。同时，判令诉讼费由双方分担，其中华北LH承担人民币244766元，G公司承担人民币6644元。华北LH不服该判决，上诉至北京市第一中级人民法院。

该案二审期间，北京一中院承办法庭征求双方是否愿意调解。SM集团清欠组慎重研究后，决定本着成本效益原则支持G公司与华北LH调解。

2015年7月3日，SM集团清欠组和G公司代表及该案代理律师一起，接待了华北LH董事长、总经理及其代理律师，双方就该案二审和解事项进行了认真、坦诚、充分协商。华北LH表示，其上了股东汤某某的当，也轻信了个别律师，与G公司打了一场错误的官司，向G公司和SM集团道歉，希望G公司最大限度地豁免赔偿金。在华北LH承诺一旦订立和解协议、一个月内还付全部欠款的基础上，双方经过反复讨价还价，达成了"华北LH于2015年8月4日前偿还G公司货款本金人民币1528.84172万元、违约及赔偿金人民币560万元以及垫付的一审诉讼及保全费人民币24.641万元"的和解原则。次日，在该案二审法庭的主持下，双方签署了《民事调解书》。2015年8月4日，华北LH履行了《民事调解书》约定的还款义务。

扣除起诉华北LH案垫付的一审诉讼费和保全费后，G公司通过该案共回收本金和违约及赔偿金合计人民币2088.84172万元。

至此，G公司处置了与W公司的《工矿产品销售合同》及其相关的《购销合同》纠纷，回收资金总计人民币7977.56万元，债权回收率为126.6%。

（二）经验和教训

该案例中的下列经验和教训值得吸取和探讨。

1. 值得吸取的经验

（1）合同履行初期监控严格，风险管控措施及时得力。一是 2012 年 9 月初，G 公司该合同经办人发现 W 公司拖延支付《工矿产品销售合同》约定的货款迹象后及时向公司做了报告。二是 G 公司及时函告华北 LH "暂停发货" 并及时终止了给予 W 公司 "办理线材发运相关的一切事务" 的授权。三是面对 W 公司及其法定代表人汤某某夫妇的谎言，坚持了 "不收到全款不放货" 原则。

（2）合同风险发生之后，及时取得了有效的债权文件。一是 2012 年 9 月 11 日收取了 ZY 公司出具的、证实其收储保管了 "4363.24 吨线材货物" 的 "进仓单"。二是通过 2013 年 1 月 16 日致华北 LH 的《律师函》和同年 2 月 28 日对方的回函以及 3 月 9 日双方共同签署的《协议书》，确认华北 LH 应退 G 公司货款人民币 4428.84172 万元，并约定了 "还款时限"，为后续依法追偿奠定了坚实的基础。

（3）灵活运用诉讼手段，果断回收和处置了部分货权。一是通过对 ZY 公司的诉讼，依法查封了储存在 ZY2 号库的 4360 多吨线材。二是通过有理、有利的谈判，及时与驻守 ZY2 号库的 W 公司的抵押债权人就 ZY2 号库内货权分配处置达成一致意见。三是利用 ZY2 号库管理人员及 ZY 公司的过错，迫使其同意 G 公司及时处置 ZY2 号库内的部分钢材，降低了货权损失。

（4）依据合同独立性原则，锲而不舍地向供货方华北 LH 追偿退款。在 2014 年 6 月、华北 LH 明确拒绝继续向 G 公司退还货款之际，G 公司已回收该组合同（包括采购和销售合同）债权总额人民币 5700 多万元，相对原付货款人民币 6303 万元，债权回收率已达 90% 以上。SM 集团清欠组经过慎重研究决定，依据 "合同独立性原则"，千方百计地克服困难，锲而不舍地向华北 LH 追收其尚欠的货款人民币 1528841.72 元及相关利息。经过充分的证据准备和有理有利有节的诉讼及和解谈判，该案取得了圆满结果。

2. 该案暴露的 G 公司风险管控缺陷

（1）把巨额合同风险维系于一纸空文。G 公司与 W 公司订立的《工矿产品销售合同》，实质是一份 "钢材代采" 合同。该合同总额人民币 6454 万多元，仅凭 W 公司预付人民币 1260.6 万元合同保证金以及 W 公司汤某某夫妇出具的《担保合同》，G 公司就按汤某某的要求，将人民币 6303 万元巨款划入华北 LH 账户，其实质是把近 5100 万元人民币的合同风险维系在没有资产抵押的一纸空文（《担保合同》）之上。

（2）随意授权他人，风险隐患巨大。G 公司与华北 LH 订立购销合同并支付人民币 6303 万元巨款之后，竟然向汤某某出具了《授权委托书》，委托其代表 G 公司 "赴华北 LH 公司办理线材发运的一切事务"。此举实质是将本公司的价值人民币 6300 多万元货物的处置权交给了他人，造成了特别巨大的风险隐患。

（3）对合同相关方的尽职调查形同虚设。按照 G 公司风险管理和内控体系规定，在订立某项合同前，必须对合同相关方做尽职调查。但是，G 公司与 W 公司和华北 LH 订立如此巨额合同，对 W 公司法定代表人汤某某持有华北 LH 大额股权事项竟毫不知情。正是由于此疏忽，极大地增加了向华北 LH 追偿货款的难度。

三、巧用司法救济维护合法权益案例

该案例是某中央企业集团（以下简称 SM 集团）所属某从事贸易物流业务的全资子公司（以下简称 G 公司）和 SM 集团控股某上市公司下属全资子公司（以下简称 D 公司，与 G 公司合并简称 GD 两公司）所经历的真实案件。

该案进入依法追偿程序时，涉及 GD 两公司追偿债权本金总额约人民币 3.95 亿元，经历了刑事举报、民事诉讼、申请强制执行、依法阻止债务人资产被另案法院低价处置、申请关联债务人破产、重组债务人资产等诸多环节，历时 5 年，跌宕起伏，险象环生，成绩斐然。截至 2017 年 12 月末，GD 两公司该笔债权已收回本金和利息人民币 5.12 亿元，实现回收率 129.6%。

（一）案件基本情况

1. 案件线索发现过程

2012 年 9 月、10 月，GD 两公司均发现，它们与某央企驻新疆企业（以下简称 XH 公司）订立并支付了全额货款的两份钢材采购合同（以下简称采购合同），XH 公司未按合同约定时限发货。经电话询问，XH 公司答复："未发货的原因是尚未收到 GD 两公司的货款。" XH 公司的答复在 GD 两公司内引起巨大震动，因为 GD 两公司财务账面显示，2012 年 7 月至 9 月，GD 两公司与 XH 公司订立采购合同后，均及时按合同约定向 XH 公司全额支付了货款，其中 G 公司支付了人民币 0.45 亿元，D 公司支付了人民币 1 亿元。

围绕 1.45 亿元货款的去向，GD 两公司主要领导调查发现：该两笔款项由公司钢贸部经理经手、用总额人民币 1.45 亿元的北京银行"远期承兑汇票"支付。调查还发现，该总额人民币 1.45 亿元汇票是由公司钢贸部经理委托本公司的一个钢贸客户公司的法定代表人冯某某带往新疆 XH 公司的。冯某某控制的上海两个钢贸和物流企业（以下分别简称 HX 公司和 RS 公司），都是 GD 两公司的钢贸客户，与 GD 两公司之间订立并正在履行的合同总额已超过 3 亿元人民币。委托冯某某代送 XH 公司的 1.45 亿元人民币汇票，究竟去了何处呢？

GD 两公司主要领导亲自联系冯某某，询问总额人民币 1.45 亿元汇票的去向，冯某某始终坚称其已将汇票全额交付 XH 公司。为了查明事实，经 SM 集

领导与 XH 公司的上级公司领导协调，XH 公司在新疆接待了 GD 两公司前往调查的人员，提供了其"从未收到 GD 两公司总额人民币 1.45 亿元汇票"的书证。

GD 两公司在追查总额人民币 1.45 亿元汇票真实去向的同时，对其与冯某某实际控制公司之间的钢材贸易合同履行情况进行了核查，发现 GD 两公司与 HX 公司和 RS 公司之间订立钢贸合同的应收款项均未能按合同约定正常回收。截至 2012 年 12 月 31 日，HX 公司和 RS 公司共违约拖欠 G 公司近 1.7 亿元人民币；违约拖欠 D 公司近 0.8 亿元人民币；加上已被冯某某拿走的总额人民币 1.45 亿元汇票，扣除其拿走汇票前支付的人民币 0.29 亿元定金，冯某某及其 HX 公司、RS 公司已合计非法占有 GD 两公司本息约人民币 3.8 亿元。

2. 依法刑事举报和民事起诉过程

（1）对冯某某涉嫌票据诈骗案的举报和审理过程。

2012 年 11 月，GD 两公司以冯某某涉嫌票据诈骗为由，将其举报至北京市公安局海淀分局。海淀分局接到举报后，迅速展开侦查，并依法冻结了涉案的总额人民币 1.45 亿元汇票。侦查发现，该总额为人民币 1.45 亿元的汇票，通过两次"背书"，已由冯某某实际控制的另一个上海公司（以下简称 CJ 公司）支付给了上海邮政储蓄银行等 CJ 公司的两债权人。CJ 公司的法定代表人是冯某某的妹妹。在铁的证据面前，冯某某被迫交代了其伪造 XH 公司的公章及汇票专用章、伪造 XH 公司汇票"背书"、将总额人民币 1.45 亿元汇票转入 CJ 公司的犯罪事实，并坚称其妹妹——CJ 公司的法定代表人不了解实情，她未参与犯罪。同时，冯某某向海淀警方表示，其愿意用自己在江苏南部某区（以下简称苏南某区）投资设立的一个置业有限公司（以下简称 LH 公司）的 100% 股权资产偿还其非法占有以及合同拖欠 GD 两公司的全部债务，并交代 LH 公司拥有位于苏南某区的一宗具备开发条件的土地。在海淀警方对冯某某涉嫌票据诈骗案侦查期间，GD 两公司为追收冯某某及其公司拖欠的其他巨额债权，与冯某某及其控制的公司进行了多次协商，始终未见成效。

2013 年 2 月 6 日，北京市公安局海淀分局以冯某某"涉嫌票据诈骗罪"为由，将其刑事拘留。之后，冯某某的妹妹、妻子等根据冯某某的授权，继续就偿还债务事项与 GD 两公司协商，相关各于 2013 年 3 月 10 日签订了由 LH 公司提供连带责任担保、由 G 公司出资人民币 3250 万元收购 LH 公司 51% 股权并接受 CJ 公司质押其所持 LH 公司 49% 股权等合同或协议文件。同时，GD 两公司同意冯某某依法取保候审。2013 年 3 月 12 日，G 公司依约获得了 LH 公司 51% 股权。2013 年 3 月 15 日，冯某某被取保候审。

冯某某被取保候审恢复自由后，自以为已逃脱法律惩罚，更加肆无忌惮。他不但拒不履行将 CJ 公司所持 LH 公司 49% 股权质押给 G 公司的承诺，而且始终控制 LH 公司、不向 G 公司推荐并依法变更登记的 LH 公司新任法定代表人交接工作，并声称 LH 公司的价值已超过人民币 8 亿元，其 51% 股权足以偿还其所欠 GD 两公司的债务。

2013 年 6 月，SM 集团派清欠组进驻 G 公司。为了摸清 LH 公司的真实资产状况，2013 年 7 月，SM 集团清欠组陪同 SM 集团董事赴苏南某区实地考察。在 SM 集团董事面前，冯某某不但未如实汇报 LH 公司的资产状况，反而乘机催促 G 公司增加投资，并用"大股东如不增加投资，将要承担耽误该房地产项目开发的责任"的言论威胁在场的 SM 集团代表。

SM 集团清欠组赴苏南某区实地考察后，认为 G 公司在收购 LH 公司之前，未对标的公司实施尽职调查，不符合国务院国资委相关规定，指令 G 公司立即组织对 LH 公司展开尽职调查，查明该公司资产负债的真实情况，防范风险扩大。G 公司将立即启动 LH 公司尽职调查和审计的决定通知冯某某后，冯某某口头上表示配合，背后却指使他人藏匿 LH 公司的财务档案、指令 LH 公司财务人员躲往外地规避调查。当时，冯某某尚处于取保候审期间，海淀分局获悉其妨碍 G 公司对 LH 公司财务审计的情况后，电话告诫其必须认真配合。但是，冯某某仍阳奉阴违，致使 G 公司派往苏南某区的审计人员因找不到 LH 公司的财务档案和财务人员而不得不无功而返，G 公司对 LH 公司的尽职调查和审计工作被迫中止。

2013 年 10 月 16 日，冯某某被北京市海淀区人民检察院以涉嫌合同诈骗罪批准逮捕。之后，海淀警方通过侦查手段，找到了 LH 公司的财务档案和受冯某某指使躲回东北老家的 LH 公司财务人员。2013 年 11 月，海淀警方委托专业机构对 LH 公司的资产进行了司法评估和审计，认定：截至 2013 年 9 月 30 日，LH 公司名下拥有一宗面积为 66595 平方米的土地使用权，评估价值人民币 4.1556 亿元；其公司净资产总额为人民币 0.7944 亿元；其名下的 66595 平方米土地使用权已先后被华东某区人民法院（以下简称第一查封法院）和上海某区人民法院等两家法院依法查封，两家法院的查封额分别约为人民币 0.38 亿元和人民币 0.89 亿元。

2014 年 9 月，北京市第一中级人民法院依法受理北京市人民检察院第一分院对冯某某涉嫌票据诈骗案提起公诉，之后，指令海淀警方轮候查封了 LH 公司名下的 66595 平方米土地使用权。

2014 年 12 月 9 日，北京一中院对冯某某涉嫌票据诈骗案做出一审刑事判决：认定冯某某通过伪造公章和票据"背书"等手段、占有 GD 两公司人民币 1.16 亿元（其中 G 公司 0.36 亿元，D 公司 0.8 亿元）、犯票据诈骗罪；判处冯某某无期徒刑、剥夺政治权利终身，并处没收个人全部财产；在案轮候查封的 LH 公司土地依法处理；责令冯某某退赔不足部分，发还被害人。冯某某不服该一审判决，上诉至北京市高级人民法院。

2015 年 4 月 24 日，北京市高级人民法院终审裁定，维持北京一中院的一审刑事判决。根据该终审裁定，G 公司持有对冯某某的法定债权人民币 0.36 亿元；D 公司持有对冯某某的法定债权人民币 0.8 亿元。

（2）对债务人和担保人民事起诉及案件审理过程。SM 集团对 GD 两公司巨额资产被骗以及 GD 两公司陆续暴露的钢贸业务风险高度重视，及时调整了 G 公司主要领导职务，将 G 公司与 D 公司的经营管理工作隔离，并委派集团两名法务工作人员深入 G 公司指导处置合同风险工作。D 公司则聘请某律师事务所律师代理举报冯某某以及追偿相关合同债权的工作。

2012 年 11 月，G 公司由上级委派的法务工作人员出面，D 公司由代理律师出面，围绕追偿 HX 公司、RS 公司和 CJ 公司拖欠和非法占有 GD 两公司巨额资金的事项，与冯某某及其妹妹、妻子等相关人员进行了多次严正交涉，警告、敦促冯某某及其亲属必须正视冯某某涉嫌票据诈骗犯罪的事实，端正态度，用主动偿还违约拖欠和非法占有 GD 两公司巨额资金的行动，来争取谅解和法律的宽恕。

2012 年 11 月 29 日，经过反复谈判，冯某某以其实际控制的 HX 公司、RS 公司和 CJ 公司的名义，与 G 公司和 D 公司共同订立了一份《最高额质押合同》，承诺将 CJ 公司持有的 LH 公司 100% 股权质押给 G 公司，为 HX 公司和 RS 公司所欠 G 公司和 D 公司的债务提供"最高债权限额" 6 亿元额度的担保。并承诺"在本合同签订后 3 个工作日内，出质人应按照《担保法》和其他适用法律的有关规定，办理质押财产登记手续"。但是，该合同订立后 2 个多月，出质人 CJ 公司始终未依法办理将 LH 公司 100% 股权质押给 G 公司的登记手续。

随着冯某某票据诈骗案刑事侦查的推进，冯某某逐渐认识到其拒不偿还 GD 两公司巨额资金的严重性，开始向 GD 两公司透露 LH 公司股权的真实情况。当时，CJ 公司只持有 LH 公司的 49% 股权，另 51% 股权已被登记在 CJ 公司的债权人、苏南某房地产公司（以下简称 OT 公司）的名下，CJ 公司欠 OT 公司债务总额人民币 3250 万元。冯某某表示，只要 GD 两公司代 CJ 公司偿还其所欠 OT 公司的人民币 3250 万元债务，即可将 LH 公司 100% 的股权全部质押给 GD 两公司。代 CJ 公司偿还人民币 3250 万元债务、仅能获得 LH 公司股权质押的方案，进一步加大 GD 两公司的债权风险，却不能实质性收回债权，该方案难以被 GD 两公司接受。

冯某某于 2013 年 2 月 6 日被刑事拘留后，其亲属为了使其尽快恢复自由，加大了解决问题的诚意。经债权债务双方及相关当事人反复讨价还价，最终达成了"由 GD 两公司出资人民币 3250 万元收购 OT 公司所持 LH 公司 51% 股权并接受质押 CJ 公司所持 LH 公司 49% 股权，GD 两公司同意冯某某取保候审"的方案。鉴于 D 公司隶属于上市公司，其出资收购股权资产的审批程序复杂，为了提高效率，经 SM 集团研究决定：同意由 G 公司出资人民币 3250 万元收购 LH 公司 51% 股权并接受 CJ 公司所持 LH 公司 49% 股权的质押；与该案相关的 GD 两公司之间的权益，由两公司内部协商解决；同意冯某某依法取保候审。

根据上述原则，2013 年 3 月 10 日，以债权人 G 公司、D 公司分别为甲方、乙方，以债务人 HX 公司、RS 公司、CJ 公司分别为丙方、丁方、戊方，以 LH 公司、冯某某的妹妹、冯某某的妻子共同为己方，六方协商一致，共同签订了一份《债务确认及偿还协议书》（以下简称《310 协议书》）。《310 协议书》确认：HX 公司、RS 公司、CJ 公司三方合计欠 G 公司债务人民币 199721192.29 元、欠 D 公司债务人民币 79421289.45 元；LH 公司、冯某某的妹妹、冯某某的妻子三方对上述全部债务承担连带保证责任。《310 协议书》确认的上述债权债务，未包含海淀警方对冯某某刑事立案的涉案资金。《310 协议书》签订当日，G 公司向 OT 公司支付了人民币 3250 万元，其中实缴 LH 公司 51% 注册资金人民币 510 万元，代 CJ 公司偿还欠款人民币 2740 万元。

2013 年 3 月 12 日，OT 公司与 G 公司订立《LH 公司股权转让协议书》，将其所持 LH 公司 51% 股权转让于 G 公司。2013 年 3 月 15 日，苏南某区工商行政管理局下达《公司准予变更登记通知书》，核准了 LH 公司出资人变更事项。2013 年 3 月 22 日，苏南某区工商行政管理局为 LH 公司核发了股东和法定代表人变更后的《营业执照》，G 公司推荐的金某某依法变更为 LH 公司的法定代表人。

2013 年 7 月至 2015 年 4 月期间，SM 集团清欠组在领导 GD 两公司配合司法机关推进冯某某票据诈骗案侦查、刑事诉讼工作的同时，指令并指导 GD 两公司及时启动了向冯某某及其所控制的 HX 公司、RS 公司、CJ 公司以及承担连带保证责任的 LH 公司依法追偿债权的诉讼。

2013 年 8 月，G 公司以《310 协议书》为主要证据，向北京一中院提起对冯某某及 HX 公司、RS 公司、CJ 公司等 4 个债务人以及 LH 公司、冯某某的妹妹、冯某某的妻子等 3 个保证人的民事诉讼，请求判令 HX 公司、RS 公司、CJ 公司及冯某某偿还所欠 G 公司人民币 279142481.74 元债务及按照年利率 10% 计算的利息；请求判令 LH 公司、冯某某的妹妹、冯某某的妻子三方对起诉的全部债务承担连带保证责任。G 公司起诉追偿的人民币 279142481.74 元债权中，包含 D 公司所持的人民币 79421289.45 元债权。由于 D 公司是上市公司的全资子公司，为了减少涉诉案件信息"披露"对股价的影响，D 公司与 G 公司订立了一份未对外披露的《债权转让协议》，约定将其所持的人民币 79421289.45 元债权转让给 G 公司,并约定转让价款按照依法诉讼后的实际回收结果确定。该案审理期间, G 公司变更诉讼请求,将追偿债务总额减少人民币 510 万元,变更为人民币 274042481.74 元。

2014 年 9 月 18 日,北京一中院就 G 公司起诉的案件作出一审民事判决,判令:"①HX 公司于本判决生效后 10 日内偿还 G 公司人民币 167221192.29 元及自 2013 年 3 月 11 日起、按照年利率 10% 计算的利息;②CJ 公司于本判决生效后 10 日内偿还 G 公司人民币 27400000 元本金及自 2013 年 3 月 11 日起、按照年利率 10% 计算的利息;③HX 公司、CJ 公司于本判决生效后 10 日内支付 G 公司律师费人民币 30 万元;④CJ 公司对上述判决第一项承担连带保证责任;⑤RS 公司及冯某某对上述判决第一项、第三项承担连带保证责任;⑥LH 公司、冯某某的妹妹对上述判决第一项、第二项、第三项承担连带保证责任;⑦驳回 G 公司的其他诉讼请求。"G 公司被该一审判决驳回的诉讼请求,是其依据与 D 公司订立的未对外披露的"债权转让协议"而受让 D 公司的人民币 79421289.45 元债权。对此,一审判决认定:"G 公司与 D 公司之间订立的'债权转让协议'和 D 公司向本院出具的同意 G 公司就该笔债权向各债务人及担保人主张追索权利的说明,不符合相关法律规定的债权转让的构成要件。"因此,一审判决不支持 G 公司对该部分债权的诉讼请求。该一审判决送达案件各方当事人后,各方当事人均未上诉,该一审判决依法生效。

2014 年 11 月 13 日,鉴于北京一中院 2014 年 9 月 18 日所做一审判决已经生效, D 公司以保证合同纠纷为由,对 LH 公司提起民事诉讼,要求其对 D 公司所持有的人民币 79421289.45 元债权本金及按照年利率 10% 计算的利息承担连带赔偿责任。2015 年 6 月 5 日,在北京一中院的主持下, D 公司与 LH 公司签订了民事调解书, LH 公司承诺偿还 D 公司本金及利息合计人民币 93540629.8 元,并约定在 2015 年 11 月 30 日之前分三次付清。

至此,通过上述生效的刑事裁定和生效的民事判决及生效的民事调解书,使 G 公司和 D 公司被冯某某及其公司非法占有和拖欠的 4 亿多元款项所形成的债权,全部得到了法律确认, G 公司和 D 公司具备依法请求执行债务人资产的权利。

3. 依法维护权益,最大限度追收债权资产的过程

在 D 公司和 LH 公司分别领取 2015 年 6 月 5 日双方签订的民事调解书之后, SM 集团清欠组立即指导 GD 两公司启动申请执行程序,开始全面追收冯某某及其公司非法占有和拖欠的 4 亿多元债务。根据冯某某及其公司除 LH 公司外均无财产可供执行以及对 LH 公司的司法审计结果, G 公司和 D 公司依据各自持有的民事判决书、民事调解书以及终审刑事裁定书,向北京一中院申请强制执行 LH

公司的土地使用权资产。

北京一中院受理 GD 两公司强制执行申请后，根据 LH 公司土地使用权的第一查封法院所承办案件的债权额度较小（本金约人民币 0.38 亿元）的实际，立即联系该法院，希望协商、共同处置该宗土地，被对方拒绝。

申请强制执行 LH 公司土地资产案启动后，SM 集团清欠组与 GD 两公司主要领导一起，对该案执行前景进行了全面深入的分析和测算，发现仅已知的 LH 公司承担连带责任的债务本金就超过 5 亿元。因此，无论哪家法院主持该宗土地处置，GD 两公司作为"轮候查封"权人，均难以全额回收法定的 4 亿多元债权本金及相关利息。SM 集团清欠组认为，及时依法申请 LH 公司破产，应是 GD 两公司追偿债权的最佳途径。但是，由于 LH 公司是 G 公司所控股的公司，其已属于 SM 集团的三级公司，如由 G 公司或 D 公司申请其破产，必须报 SM 集团董事会批准。经慎重研究，并充分参考南京某律师事务所（以下简称 DY 律师事务所）2015 年 9 月 1 日出具的《法律意见书》后，2015 年 9 月上旬，SM 集团清欠组向 SM 集团提交了"关于由 D 公司起诉 LH 公司破产"的建议。之后，SM 集团按照公司议事规则，启动了对该项建议的审议程序。

2015 年 9 月中旬，LH 公司接到第一查封法院的通知，告知其名下的 66595 平方米土地使用权价值被评估为 3.12 亿元，如不偿还其所欠第一查封法院承办案件债权人（以下简称 NY 公司）的债务，该宗土地将被依法拍卖处置。第一查封法院委托的评估结果，比一年前北京市公安局海淀分局委托的评估结果低 1 亿多元人民币，相差 1/4 多。为了维护合法权益，2015 年 9 月 21 日，SM 集团清欠组支持 LH 公司派员赴第一查封法院就该宗土地评估价格严重偏离市场问题与承办法官进行了交涉，之后 LH 公司又通过特快专递将《对拟处置资产评估结果的异议书》寄送第一查封法院执行局。G 公司和 D 公司也分别以利益相关人的名义、向第一查封法院执行局寄送了关于对 LH 公司土地评估价格严重偏离市场问题主张异议的文件。该三份主张异议的文件均未得到第一查封法院执行局的任何正式回复。该现象引起 SM 集团清欠组的高度警觉，立即采取了两项措施：一是向 SM 集团报告，请求集团董事会加速审批由 D 公司依法申请 LH 公司破产的方案；二是安排专门人员 24 小时监控淘宝网等有权拍卖土地资产的网站，以便及时发现相关信息，及时采取应对措施。

2015 年 9 月下旬，经 SM 集团董事会同意和 D 公司出资人同意，D 公司决定，委托 DY 律师事务所代理，依法向苏南某区法院提起申请 LH 公司破产的诉讼。

2015 年 10 月 16 日，SM 集团清欠组在某网站上发现了第一查封法院项目中心发布的《拍卖公告》，宣布该院"将于 2015 年 11 月 2 日 10 时至 11 月 3 日 10

时止，在某司法拍卖网络平台上公开拍卖"LH 公司的 66595 平方米土地资产，"参考价及起拍价：人民币 249700 万元；保证金人民币 300 万元；增价幅度人民币 10 万元"。该公告还特别要求，"竞买人需具有购买工业用地资格"。发现上述公告后，SM 集团清欠组指导 LH 公司和 GD 两公司，立即用电话、传真、特快专递等多种方式，分别以拟拍卖资产被执行人和利益相关人的名义，与第一查封法院进行交涉。三个公司均严正指出了该土地拍卖公告暴露的三点"违法"事实：一是无视被执行人 LH 公司和利益相关人 GD 两公司关于"土地评估价格严重偏低、请求依法重新评估"的申诉意见，未予任何回复仍继续推进拍卖，程序严重违法；二是设定参与竞拍保证金"人民币 300 万元"，大大低于最高人民法院关于"参与竞拍保证金不低于标的物评估价格的 5%"的规定，程序明显违法；三是拍卖"住宅用地"，却限定"竞买人需具有购买工业用地资格"，具有设定壁垒、操控拍卖的嫌疑，实体明显违法。据此，三个公司均强烈要求第一查封法院停止该违法拍卖的行为。

为了防止第一查封法院的个别法官恣意妄为，SM 集团立即派纪委书记带队，赴华东某市中院会晤该院纪委领导，反映其下属的第一查封法院拍卖公告所暴露的违法问题。经两个单位纪委领导交换意见，尤其是随行的 GD 两公司及 LH 公司的代表与第一查封法院执行局的严正交涉，该院执行局签收了利益相关人 GD 两公司及被执行人 LH 公司提交的强烈要求停止违法拍卖该宗土地的异议申诉文件。

SM 集团纪委书记回京后，SM 集团领导指示集团清欠组一定要依法阻止第一查封法院执行局该起违法拍卖行为。SM 集团清欠组毫不怠慢，一是积极起草 GD 两公司致华东某市中级人民法院、华东某省高级人民法院、最高人民法院的三组申诉文件，并将呈报最高人民法院的申诉文件，先报送国务院国资委法规局，请求国务院国资委向最高人民法院转报。二是指令并协助 DY 律师事务所加速推进 LH 公司破产案的立案申请工作。三是不放弃对有权拍卖土地网站的严密监控，发现相关信息及时妥善应对。

2015 年 10 月 26 日上午，负责网站监控的人员发现，在 2015 年 10 月 16 日某拍卖网络平台所发布的第一查封法院项目中心土地《拍卖公告》页面上，覆盖发布了两行黑色字体组成的公告："本场拍卖已中止！被执行人提出异议，执行局要求暂停。"看到这个消息后，SM 清欠组的工作人员异常兴奋，认为几天来的依法抗争没有白费，收到了效果，第一查封法院执行局在该宗资产处置上，已经回到严格公正执法的正确轨道上来。在兴奋之余，SM 清欠组领导提醒并要求全组人员："必须毫不松懈，坚守岗位，继续坚持网络监控，按原计划落实向三级人民法院呈报申诉文件，尤其要继续加速推进申请 LH 公司依法破产的工作。"

2015 年 10 月 26 日 18 时 07 分，在 SM 清欠组领导专心致志修改拟呈报最高人民法院的文件之际，接到报告："某拍卖网络平台发布了新版第一查封法院项目中心土地《拍卖公告》。"该公告显示，又恢复了当天上午刚刚公布的"已中止"的拍卖，继续按 2015 年 10 月 16 日《拍卖公告》设定的时限拍卖该宗土地。该公告除了将参与竞拍保证金由"人民币 300 万元"改为"人民币 36000000元"、加价幅度由人民币 10 万元改为人民币 500000 元以及增加了"评估价人民币 312184000 元"内容之外，其余实质性条款均未更改。事后获悉，第一查封法院在发布上述"恢复拍卖"公告之前，已针对 GD 两公司和 LH 公司此前提交的《异议申诉书》做出了"驳回申诉的裁定"。然而，按照相关法律规定，"已发布的《拍卖公告》中设定的竞拍条件修改后，修改后的拍卖公告必须重新发布，其拍卖期限必须从重新发布公告之日起计算"。第一查封法院执行局将参与竞拍保证金增至原定额度的 12 倍之后，却继续沿用了修改前 10 天所公布的拍卖时限，其恣意妄为之违法程度令人发指。此举使 SM 集团不得不怀疑该案个别承办法官存在恶意低价处置该宗土地的意图。为了维护国家资产和企业合法权益，2015 年 10 月 27 日，SM 集团支持 GD 两公司将申诉书送达三级法院。之后，SM集团清欠组长于 10 月 29 日下午飞赴华东某省，于 10 月 30 日上午向华东某市中院执行局领导陈述了 SM 集团就第一查封法院执行局承办该案存在问题的意见，随行的 GD 两公司代表也陈述了申诉意见。上午 10 时，华东某市中院执行局通知第一查封法院执行局指令暂停对 LH 公司土地的拍卖。2015 年 10 月 30 日中午，SM 清欠组收到 DY 律师事务所的报告，苏南某区法院已依法下达"受理 LH公司破产案"的民事裁定书，第一查封法院承办的拍卖 LH 公司土地一案将依法"中止"，移送承办 LH 公司破产案之苏南某区法院。在 SM 清欠组的指挥下，2015 年 10 月 30 日（星期五）下午 5 时前，GD 两公司及 LH 公司的代表将苏南某区法院依法"受理 LH 公司破产案"的民事裁定书送达第一查封法院执行局，并向该局索要了回执。当日 18 时，在 2015 年 10 月 26 日某拍卖网络平台发布的新版土地《拍卖公告》页面上，覆盖发布了"本场拍卖已中止！被执行人提出异议，执行局要求暂停"的大字通知。至此，一场依法阻止低价处置被执行人资产、维护被执行财产利益相关人合法权益以及被执行人合法权益的保卫战画上了圆满的句号！

在苏南某区法院的主持下和北京市第一中级人民法院执行局的配合支持下，LH 公司破产案依法推进，案件各当事人虽然在利益上互不相让，但是，在法治的轨道上案件进展非常顺利。2016 年，全国一二线城市房地产升值的形势也给该案增添了活力。在 GD 两公司积极推进、承办法院和破产管理人的支持配合下，2016 年下半年，引入了出资重组 LH 公司的投资人，使该债务人破产案转为债权重组案。经过近 2 年的努力，该实力雄厚的房地产公司将其购买 LH 公司土地的设想变成了出资收购 LH 公司股权的方案。目前，该案已执行终结，包括第一查封法院承办案件债权人 NY 公司在内，LH 公司的所有合法债权人所持有的全部合法债权本金及利息，均得到了足额清偿。

该案是巧用司法救济、维护债权人和相关当事人合法权益典型的案例。

（二）经验和教训

该案留下了下列教训和经验：

1. 沉痛的教训

GD 两公司作为国有企业和国有控股企业，均有较完备的公司法人治理制度和企业风险防范及内部控制体系，竟然被冯某某以钢材贸易名义诈骗占有和合同拖欠资金总额达 4 亿多元之巨！原因又如此之简单，确实令人扼腕、发人深省。概括起来，应吸取以下三方面沉痛教训：

（1）客户管理制度形同虚设，风险特别巨大。纵观该案依法审理和执行结果，可以清楚地看到，冯某某控制的所有企业几乎都是空壳企业。冯某某支撑这些企业运营的资金，除票据诈骗所得 1.16 亿元人民币以外，其余全部源于通过订立其根本无力履行的"钢贸合同"所获得并拖欠合同对方当事人的款项。LH 公司破产案显示，如果 2016 年我国一二线城市房地产市场不高速上涨，冯某某及其控制公司的全部资产不足以抵偿其拖欠的法定债务本金。其中，冯某某及其公司拖欠 GD 两公司的债务约占其本人及公司拖欠债务总额的 80%。GD 两公司在总额人民币 1.45 亿元汇票被骗之前，对冯某某及其公司从未产生过任何怀疑，对其资信状况未进行任何调查，在没有任何实质性担保的情况下，以支付钢材贸易合同款的形式，将近 4 亿元人民币资金支付或交付于他。该案例说明，GD 两公司的客户管理制度形同虚设，根本没有贯彻执行，给两公司埋下了特别巨大的风险。

（2）汇票管理严重违反企业内控制度。GD 两公司的上级出资人和该两个公司都建立了风险管理和内控体系，尤其是对大额汇票的申请、领取、保管、支付、报销等全过程，都有非常严格的管理制度。汇票领用持有人绝不能随意将汇票交与他人保管。但是，GD 两公司钢贸业务部竟将千万元面额的 10 多张汇票交给非本公司职工冯某某"捎带"，此举严重违反了企业内控制度。此行为充分反映了 GD 两公司当时财务管理混乱的严重程度。

（3）收购 LH 公司股权的教训。为了追偿冯某某及其公司拖欠的债权，GD 两公司千方百计追寻、控制冯某某所拥有资产的愿望良好。但是，G 公司未经尽职调查和资产评估，即出资人民币 3250 万元为冯某某公司承债并收购 LH 公司 51% 股权的做法，程序上严重违反了国家相关法规。该宗股权收购后冯某某的表现，海淀警方组织的对 LH 公司 2013 年 9 月 30 日的司法审计评估结果，以及 2015 年 10 月 16 日至 30 日第一查封法院的"拍卖风波"，均证实该宗股权资产收购使 G 公司陷入了新的巨额风险，如果当时未能依法制止第一查封法院的拍卖，增加巨额债务负担的恶果显而易见。比较持有 LH 公司巨额债权的华东某债权人 NY 公司和上海某债权人，可以看到 GD 两公司的差距：持有近 4 亿元人民币债权的 GD 两公司，2012 年 11 月末就获悉冯某某控制的 LH 公司名下在苏南某区拥有一宗面积约 100 亩土地使用权，却未及时启动法律程序将该宗土地查封，而是出资 3250 万元人民币代冯某某偿债并懵懵懂懂地收购了 LH 公司的 51% 股权。LH 公司的债权人 NY 公司和上海某债权人都先于 GD 两公司成为 LH 公司名下土地的第一和第二查封权人，占据了追偿债务人资产的优势。

2. 值得探讨的经验

（1）及时固定证据和刑事控告，为挽回损失奠定基础。一是 2012 年 9 月、10 月，GD 两公司在获悉新疆 XH 公司未收到两公司已付的总额人民币 1.45 亿元汇票的情况后，立即启动调查，及时到新疆向 XH 公司调取了其否认收到该宗汇票的书证，固定了证据，堵死了冯某某狡辩的"后路"。二是掌握初步证据后，及时向公安机关报案，迫使冯某某为逃避刑事责任而逐步暴露 GD 两公司此前不掌握的资产状况，为 GD 两公司所持巨额债权找到了具有一定实体（土地使用权）资产的连带保证人，为后续依法挽回损失奠定了基础。

（2）果断启动民事诉讼，为追偿损失赢得了宝贵时间。在 SM 集团清欠组的指导下，GD 两公司冲破了"先刑事后民事"观点的束缚，果断启动民事诉讼程序追偿债权。在 G 公司于 2013 年 8 月启动诉讼、2014 年 9 月 18 日获得一审支持 G 公司持有的全部债权，但不支持内部受让 D 公司债权的判决之后，经过慎重研究，D 公司于 2014 年 11 月 13 日依法起诉 LH 公司，简化了诉讼程序，于 2015 年 6 月 5 日获得了具有法律效力的民事调解书，为及时启动依法申请强制执行债务人资产的程序、最大限度挽回损失赢得了极其宝贵的时间。

（3）充分利用法律武器，在执行阶段依法维护权益。在 SM 集团清欠组的领导下，GD 两公司全面深入地调查、掌握债务人可供执行资产状况和应承担债务责任的状况，在积极推进依法申请 LH 公司破产程序的同时，高度重视债权人 LH 公司的资产安全和保值增值。SM 集团清欠组和 GD 两公司千方百计地克服困难，依法制止了第一查封法院违法拍卖 LH 公司唯一可变现土地使用权的行为，有效维护了 GD 两公司和相关债权人及债务人的合法权益。

四、疏于风险管控，落入合同陷阱案例

（一）案件基本情况

该案例也是某中央企业集团（以下简称 SM 集团）所属某全资子公司（以下简称 G 公司）所经历的真实案件。

1. 案件背景

2012 年 7 月 25 日，G 公司与上海某公司（以下简称 ZQ 公司）订立了一份《钢材销售合同》，约定 G 公司向 ZQ 公司销售山东某钢铁公司（以下简称 RZ 公司）生产的 13095.215 吨钢材，合同总额人民币 61897500 元。合同约定：ZQ 公司按合同总额 20%（人民币 12379500 元）向 G 公司支付定金；2012 年 10 月下旬前后，货物运抵上海某央企下属公司（以下简称 MT 公司）码头，ZQ 公司向 G 公司付清合同总额 80%（人民币 49518000 元）的货款后提走货物。

2012 年 7 月 25 日，G 公司按照上述《钢材销售合同》销售钢材的型号、质量、数量以及 2012 年 10 月下旬前运抵上海 MT 公司码头的约定，与山东 RZ 公司订立了《工矿产品买卖合同》（以下简称买卖合同），并约定该批钢材包括海上运输在内的全部运输事项由山东 RZ 公司代为办理。此外，在该买卖合同中，还莫名其妙地标注了"G 公司代上海 ZQ 公司采购，刘珂，1381612××××"一句话。合同订立次日，G 公司向山东 RZ 公司支付了合同约定的人民币 49518000 元，之后，山东 RZ 公司将其中的人民币 14666646.08 元作为运费和仓储费代为转付某船务有限公司（以下简称 YP 公司），并指定 YP 公司与 G 公司联系上述货物的运输事宜。2012 年 7 月 28 至 29 日，G 公司与 YP 公司订立了 6 份"国内水陆货物运输合同"（以下简称运输合同），约定由 YP 公司承运 G 公司向山东 RZ 公司购买的上述钢材。6 份运输合同均显示，承运人为 YP 公司，托运人为 G 公司，到达港为上海 MT 公司码头。2012 年 8 月，YP 公司向 G 公司开具了该 6 份运输合同的运费发票。

2012 年 9 月初，G 公司业务人员开始用电话联系山东 RZ 公司，查询买卖合同所约定钢材的生产情况及发运情况，对方一直回复"正在生产"和"将按合同约定发运"。2012 年 10 月，超过买卖合同及运输合同所约定的"货物运抵上海 MT 公司码头"的时限后，G 公司一直未接到上海 MT 公司码头的到货通知，更未收到上海 ZQ 公司"付清 80% 货款后提货"的任何联系。G 公司业务人员多次用电话向山东 RZ 公司催询，对方给予的答复始终是"货物在海运途中"。

2012 年底，G 公司被某冯姓钢贸商诈骗案爆发，引起了 SM 集团警觉。SM 集团立即派集团法务人员到 G 公司指导协助工作，2013 年 6 月，又委派清欠组（以下简称 SM 集团清欠组）到 G 公司领导清欠工作。在集团法务人员的帮助下，

G 公司发现，其与山东 RZ 公司订立的上述采购和运输合同所购买的钢材，在运抵上海 MT 公司码头后即被上海 ZQ 公司提货并转运他处。经进一步了解，上海 ZQ 公司的法定代表人宋某某已因涉嫌诈骗韩国某公司被广州市公安局逮捕。G 公司运抵上海 MT 公司码头的 13000 多吨钢材，已被宋某某指使下属或勾结其他不法人员骗走。

2. 依法诉讼过程和结果

2013 年 3 月 26 日，SM 集团下属一上市公司的某子公司（以下简称 D 公司），为追偿其被上海 ZQ 公司非法骗取的一笔 5000 多万元资金，在广东某法院提起了一起民事诉讼。SM 集团清欠组从 D 公司该起诉讼中了解到，ZQ 公司已没有丝毫资产，ZQ 公司法定代表人宋某某将面临广东某法院的无期徒刑及罚没全部资产的判处。因此，向 ZQ 公司及宋某某追偿被骗走的 13000 吨钢材损失，是缘木求鱼，将毫无所得。SM 集团清欠组专题讨论后认为，如果依法向在该 13000 吨钢材丢失事件中存在过错的、诸如承担该宗钢材运输和港口仓储的当事人追偿损失，可能存在挽回部分损失的希望。

根据上述判断，2013 年 7 月 11 日，G 公司向上海海事法院寄送了起诉状，将 YP 公司和上海 MT 公司列为被告人，山东 RZ 公司为第三人，请求法院依据《民法通则》和《国内水路货物运输规则》等相关法律，判令两被告"向 G 公司交付货物 13095.215 吨，如不能交付货物，则连带赔偿 G 公司货物损失人民币 49518000 元（其中包括运费、仓储费人民币 14666646.08 元）及利息损失（按中国人民银行同期一年期人民币基准贷款利率 6.15% 计算，自 2012 年 8 月 1 日起至本判决生效之日至），并承担本案案件受理费"。

2014 年 2 月 27 日，上海海事法院开庭审理了该案。案件各当事人的代理人均出庭诉讼。两被告人 YP 公司和上海 MT 公司均否认在该案中存在过错，向法庭提交、出具了证明它们没有过错的"证据"和证言，要求法院驳回 G 公司的诉讼请求。第三人山东 RZ 公司也出具了不利于 G 公司的证据和证言。其中，上海 MT 公司提交的最主要"证据"是一份加盖"G 公司公章"的"提货单"复印件，以此证明该批钢材到达码头后已由 G 公司提走；YP 公司的证据主要是证明货物已全部运抵上海 MT 公司码头的证据；山东 RZ 公司出具的证据和证言主要是其与 G 公司所订立的买卖合同，以及其对该买卖合同之"买受人"的理解意见。山东 RZ 公司以买卖合同中曾经标注的"G 公司代上海 ZQ 公司采购，刘珂，1381612××××"为据，坚持认为该买卖合同的"买受人"是上海 ZQ 公司，G 公司只是上海 ZQ 公司的代理人。法庭质证和辩论期间，G 公司认为上海 MT 公司提交的盖有"G 公司公章"的"提货单"复印件不是原件，不具有法律效力，要求其向法庭提交原件。同时，G 公司认为，该复印件上的"G 公司公章"具有明显的造假痕迹，请求法庭做技术检验。一旦查证认定上海 MT 公司出具的"提货单"上加盖的提货人公章是假的，上海 MT 公司将对该宗货物丢失负有重大责任。面对 G 公司的法庭质证和抗辩意见，上海 MT 公司以"找不到提货单原件"为由搪塞。G 公司提醒法庭重视上海 MT 公司"举证不能"，请求依法认定上海 MT 公司在该案中存在重大过错。山东 RZ 公司对买卖合同中"G 公司代上海 ZQ 公司采购，刘珂，1381612××××"标注文字的解释，严重影响了一审法官的判断和自由裁量。G 公司代理律师对该段文字的意义，也很难当庭做出有利于 G 公司的解释。

事后查明，买卖合同中的"G 公司代上海 ZQ 公司采购"一语，是 ZQ 公司法定代表人宋某某要求注明的，他的理由是只有如此注明，G 公司才能享受其与 RZ 公司之间约定的优惠价格。此外，该买卖合同之买受人 G 公司的钢材贸易部，确实有一位业务经理"刘科"，其姓名与买卖合同上标注的"刘珂"存在一字之差。且刘科的手机号码并不是买卖合同上所标注的号码。显然，是宋某某的欺骗和 G 公司相关人员疏忽大意，在该宗买卖合同中给 G 公司埋下了巨大隐患。

2014 年 2 月 27 日，上海海事法院对该案做出一审判决："对原告 G 公司的诉讼请求不予支持，本案案件受理费人民币 289390 元，由原告 G 公司负担。"G 公司收到该一审判决后，立即向上海市高级人民法院上诉。

2014 年 8 月 15 日，上海市高级人民法院对该案做出终审判决："驳回上诉，维持原判。本案二审案件受理费人民币 289390 元，由上诉人 G 公司负担。"

收到上海高院 2014 年 8 月 15 日的终审判决后，SM 集团清欠组决定支持 G 公司依法申诉。为了支持申诉，SM 集团清欠组邀请熟悉海事法律的专家召开专题研讨会，讨论该案的事实和一二审案件资料。与会专家认为，该案两审判决均存在两个问题：一是未查清涉案事实。一审法庭回避了上海 MT 公司提交的盖有"G 公司公章"的"提货单"是复印件，且所盖"公章"有伪造嫌疑的重大证据瑕疵，也回避了 G 公司要求法庭责令上海 MT 公司提交该提货单原件，并对提货单加盖的"公章"真伪进行技术鉴定的请求。此外，上海 MT 公司未能提供其应该收回并保存的该案所及货物的"运单收货人收据联"，一审法庭也未认定其举证不能的责任。二审法庭也回避了对这些重要证据的调查。二是适应法律错误。该案诉争事实发生于货物运输及到达港口过程中，应依据《国内水路货物运输规则》《港口货物作业规则》以及《上海港口专用码头管理办法》等相关法规判别案件各方当事人的责任。《国内水路货物运输规则》第三十八条规定："货物运抵港后，承运人应当在 24 小时内向收货人发出到货通知，到货通知的时间，信函通知的，以发出邮戳为准；电传、电报、传真通知的，以发出时间为准；采用数据电文形式通知的，收件人指定特定系统接收数据电文的，以该数据电文进入该特定系统的时间为通知时间；未指定特定系统的，以该数据电文进入收件人的任何系统的首次时间为通知时间。"该规则第四十一条还规定："承运人发出到货通知后，应当每 10 天催提 1 次，满 30 天收货人不提取或者找不到收货人，承运人应当通知托运人，托运人在承运人发出通知后 30 天内负责处理该批货物。托运人未在前款规定期限内处理货物的，承运人可以将该批货物作无法交付货物处理。"《港口货物作业规则》第四十二条规定，货物接收人接收水路运输货物时，港口经营人应当"核对证明货物接收人单位或者身份以及经办人身份的有关证件"。2010 年修订的《上海港口专用码头管理办法》第十三条第二款规定："除短途驳运摆渡零星货物，双方当事人可以即时结清外，专用码头单位在办理货物承、托运手续时，应使用国家统一规定的水路货物运单。无货物运单不得装卸作业。"对照上述三个法规中的相关条款，很容易判别 YP 公司和上海 MT 公司在该 13000 吨钢材丢失中是否存在过错。但是，一二审法院的判决中均未采用这些法规。该专题研讨会形成的意见，由案件申诉代理律师充实于申诉代理词之中。

在 SM 集团清欠组的支持下，G 公司向最高人民法院提交了申诉状。2014 年 12 月 15 日，最高人民法院决定受理立案。2015 年 2 月 27 日，最高人民法院下达裁定，"指令上海市高级人民法院再审本案"。之后，上海市高级人民法院遵照最高人民法院指令，重新组成合议庭再审该案。

2015 年 12 月 21 日，上海市高级人民法院就该案做出再审终审判决。该判决认为："由于 G 公司与山东 RZ 公司 2012 年 7 月 25 日所签订买卖合同中约定收货单位（或收货人）为'G 公司代上海 ZQ 公司，刘珂，1381612×××ˣ'，而上海 MT 公司在货物到达港口后，通过电话 1381612×××ˣ 联系刘珂，并确认其为上海 ZQ 公司员工后进行涉案货物交付事宜，在 G 公司与 YP 公司未就收货人作明确约定的情况下，YP 公司、上海 MT 公司根据涉案买卖合同的约定与刘某联系交货事宜并无不当。更何况公安机关的相关调查笔录亦显示，涉案的货物已被上海 ZQ 公司的协议车队运至其指定的上海宝源旺库。G 公司关于其是涉案货物的唯一收货人，YP 公司和上海 MT 公司在交货过程中侵犯了其合法权益、应当共同承担赔偿责任的主张，证据并不充分，本院难以支持。"根据上述事实认定，依法判决"维持上海高院 2014 年 8 月 15 日的二审判决，该再审判决为终审判决"。

至此，该宗案件中被宋某某非法占有的价值人民币 49518000 元的钢材，已经再无任何挽回损失的余地。G 公司应该承认，是其在标注"G 公司代上海 ZQ 公司，刘珂，1381612×××ˣ"这段文字的买卖合同上加盖的公章，为宋某某骗取该宗巨额财产提供了方便之门。

（二）案件的沉痛教训

本案的实质是 G 公司因审查订立买卖合同文字疏忽，落入了宋某某布下的合同陷阱。对照《国内水路货物运输规则》《港口货物作业规则》以及《上海港口专用码头管理办法》等法规的相关条款，审视上海 MT 公司凭借买卖合同中一段模棱两可的文字和刘珂的一个联系电话即完全信任提货方并移交巨值货物的行为，是否存在过错，是否应该承担一定的赔偿责任，该问题只能留给法律学术界探讨。G 公司应该认真检讨总结该案的沉痛教训。

据 SM 集团清欠组统计，除本案外，G 公司和 D 公司还先后于 2012 年 6 月 11 日和 2012 年 7 月 3 日，与宋某某的上海 ZQ 公司和宋某某推荐的某央企所属广东公司（广东公司向法庭陈述显示，是宋某某伙同他人伪造其公司印鉴）分别订立了额度为人民币 51013153 元和人民币 50600000 元的合同，之后该两合同项下的资产全部被宋某某非法占有。扣除宋某某预付 G 公司和 D 公司的合同定金，连同本案，GD 两公司被宋某某非法占有本金总计人民币 12457.16 万元，至今未能收回，也没有任何过错方承担赔偿责任。

综合审视本案以及上述 GD 两公司另外两起被宋某某诈骗的事件，可以总结下列沉痛教训：

1. 客户管理制度形同虚设，风险特别巨大

在此前案例中，已讨论过这个题目，该案仍然暴露了这个问题。宋某某及其 ZQ 公司在国内钢贸市场劣迹斑斑，2012 年 6 月上旬之前，其公司从未与 GD 两公司发生过任何业务和经济往来，GD 两公司均无关于宋某某及其 ZQ 公司的丝毫信用信息。在此情况下，GD 两公司竟然在不足一个半月的时间内，连续与其订立三项总额超过 1.6 亿元人民币的合同，并且在仅收取对方 20% 的定金后，即支付 100% 巨额款项，充分暴露了该两个公司在客户管理方面的随意性。正是这种客户管理的随意性，使没有丝毫信用的宋某某轻而易举地诈骗得手，给 GD 两公司造成了巨大损失。

2. 合同订立阶段的管理制度形同虚设，埋下了巨大隐患

上海高院再审终审判词认定：G 公司的价值近 5000 万元钢材被宋某某的 ZQ 公司提走的原因，是基于 G 公司与山东 RZ 公司订立的买卖合同中所标注的"G 公司代上海 ZQ 公司，刘珂，1381612××××"这段文字。G 公司合同管理规章制度及合同文本均显示，该类买卖合同，至少要经过业务经办人、公司钢贸部经理、公司分管钢贸业务的副总经理三人签字、审查和批准，付款之前还要经过公司财务部和总会计师审查会签及批准。经过这么多道手续，竟然没有一个人发现这段文字存在的致命隐患。直至 SM 集团清欠组核对发现买卖合同上记载的手机号码不是 G 公司钢贸部"刘科"的手机号码之后，该公司相关人员才如梦初醒，

知道合同上的刘珂不是本公司的刘科，进而明白了巨额钢材被他人轻而易举提走的"秘密"。公司合同管理之粗放、隐患之巨大可见一斑。

3. 合同履行期间管控严重缺位，失去了防止或挽回损失的机会

该案背景显示，G 公司与山东 RZ 公司订立买卖合同，以及与 YP 公司订立 6 份水陆货物运输合同之后，将如此巨额的一批货物完全委托给山东 RZ 公司和 YP 公司，没有人到发货港口勘验货物，更没有人到上海 MT 公司的港口等待接货。只是由业务人员坐在北京办公室，通过电话询问山东 RZ 公司相关人员。直至超过买卖合同及水陆货物运输合同约定的到货期限之后，G 公司仍然坚信"货物在海运途中"的假话，无人及时赶到货物应到码头查证相关货船进港和卸货情况。正是由于这种合同履行期间的管控严重缺位，致使 G 公司彻底失去了防止巨额货物被他人提走或者依法追回被他人提走货物的机会。

第八章　企业危机风险管理

经济全球化、资本国际化、信息网络化及科学技术的发展不仅强化了企业间的依赖性，而且国际间的合作也越加紧密，一些突发性事件会接连不断地出现。国际金融危机、国内市场的重大变革、管理意识及方法改进都可能给企业造成危机，如处理不当，可能使企业倒闭。因此，企业必须提高警惕，防患于未然！

第一节　危机风险管理概述

外部环境的不确定性、单位内部管理的失策或某些无法预料的"天灾人祸"等威胁单位正常经营的事件往往使单位处于危机之中，处理不好可能使单位破产。可见，危机风险管理是经营管理中非常重要的一环，也是全面风险管理的重要组成部分。了解危机风险管理之道，掌握处理危机精髓，变危机为商机是驾驭风险的一门较高管理艺术，各级经营者万万不可忽视。我们先来看看欣欣向荣的三株公司"一夜枯焦"的实例。

三株公司是一个靠 30 万元起家的民营企业，主要产品是吴炳新发明的三株口服液，曾创造出中国保健品发展史上的"三株神话"：1994 年，销售总额达 1.25 亿元；1995 年，销售总额达 23 亿元；1996 年，销售总额达 70 亿元；1997 年，销售总额达 80 亿元。

然而，这一神话却被一个"人命官司"击得粉碎。1998 年，三株公司的年销售总额从上年的 80 亿元骤跌到 20 亿元，灿烂的"三株"枯萎了。

1996 年 6 月，身患冠心病、肺部感染、心衰Ⅱ级、肥大脊柱炎、低钾血病等多种病症的 77 岁老人陈伯顺，经医生推荐服用三株口服液。1996 年 9 月，在一家诊所治疗无效后病故。1996 年 12 月，陈伯顺之子向常德市中级人民法院起诉三株集团。经法院审理于 1998 年 3 月 31 日做出一审判决：消费者陈伯顺因喝了三株口液后导致死亡，由三株公司向死者家属赔偿 29.8 万元，并没收三株公司非法所得 1000 余万元。

三株这一"人命官司"震惊全国，各种媒体纷纷报道。"八瓶'三株'喝死一老汉""谁来终结'三株'""三株红旗还能打多久"等爆炸性新闻，很快出现在 200 多家报纸、杂志上。三株公司对这一突如其来的意外危机事件缺乏应对措施。1998 年 4 月，三株口服液销售量一下就从上年的月均销售额近 6 亿元下降至 600 多万元，15 万人的营销大军被迫削减到不足 2 万人，生产经营陷入空前的灾难之中。官司给三株公司造成的直接经济损失达 40 多亿元，国家税收损失也达 6 亿多元。

时隔一年，湖南省高级人民法院作出二审判决。三株公司胜诉，陈伯顺的死亡与三株口服液没有关系，三株口服液是身体健康的合格保健品。由于这一判决为最终判决，"人命官司"至此画上句号。对于三株公司来说，虽在这场官司中最终胜诉，但却成为事实上的失败者。

一、危机的内涵、特征及分类

（一）危机内涵

随着危机事件的频繁发生，企业对危机管理的重视程度也越来越高。但什么样的状态可以称为危机，不同的学者基于不同的研究角度对危机的内涵做出了种种解释。

赫尔曼认为，危机是一种出乎决策者意料之外的状态，在这种状态下，决策者目标的实现会受到重大影响，同时可供决策者做出响应、改变决策的时间非常有限。

巴顿认为，危机是"一个能引起潜在负面影响的具有不确定性的事件，该事件的发生会对组织及其人员、产品、资产和声誉等造成巨大的损害"。

铃木敏正认为，危机是事态发生的概率及其结果的组合。这一观点认为危机由两种要素构成：第一是发生的可能性即概率；第二是发生会带来多大程度损失。

班克斯指出，危机是指可能对企业或组织造成严重负面影响的突发性事故。

通过分析众多学者从不同角度对危机的阐释，我们认为，危机是危险和机会的组合，是指具有严重威胁的、高不确定性的、高危机感的事件，但有时又含有机会的可能，在一定条件下可以使危机转化为商机，且有利于组织的生存与发展。

（二）危机特征

从危机的内涵可以看出，危机具有以下几点特征：

1. 意外性

危机的爆发经常出乎人们的意料，危机爆发的具体时间、规模、态势和影响深度往往都是意料不到的。但是个别危机在事发前可能会出现种种预兆。例如，财务危机有的发生前在某些相关指标方面可能出现异常现象，如不及时解决可能导致危机发生。

2. 聚集性

在信息时代，危机信息的传播速度可能要比危机本身发展得更快。信息传递渠道多样化、时效高速化、范围全球化，使危机的各种信息迅速公开传播，成为公众注意力聚焦的中心、媒体热炒的素材。

3. 破坏性

危机具有很强的破坏性，由于具有"出其不意，攻其不备"的特点，会对单位造成破坏、混乱和恐慌，甚至造成难以估量的损失。例如，"人命官司毁三株"案例充分说明了危机事件的破坏性。另外，危机还具有连带效应，会引发一连串的冲击，从而使事态不断扩大。

4. 紧迫性

对于组织来说，危机一旦爆发，其破坏性的能量就会迅速释放，并呈快速蔓延之势。如果不及时控制，会急剧恶化，其影响的范围和程度越来越大，单位遭受的损失也会越来越大。

5. 不确定性

危机是一种动态性发展，其潜伏、爆发、发展、结束的规律与区域性不易为人精确地把握，其延伸性更难以预料。

（三）危机动因及生命周期

1. 危机产生的原因

危机产生不外乎外部和内部两方面的驱动原因。外部驱动因素主要包括政策和法律的变化、经济形势的波动、市场环境的变化、科学技术的发展、媒体的负面报道以及自然灾害的侵害等。对于单位来说，一般属于不可抗因素。内部驱动因素是指导致单位危机发生的组织战略决策的失误而导致的重大事故，由于工作疏忽而造成的安全事故、重大质量事故等，通常属于可控因素范畴。

2. 危机的生命周期

危机从产生到消亡的整个生命周期包括潜伏期、爆发期、持续期、消退期，如图 8 - 1 所示。

（1）潜伏期。潜伏期是危机的各种驱动因素逐渐积累的过程。在这个阶段，危机并未产生，而只是表现出各种明显或不明显的征兆。这一阶段是预防和解决危机事件的最佳时期。如果这些征兆能被发现并加以处理，就可以有效地避免危机的爆发。但是，许多征兆往往因为没有明显的标志，或单位没有加以重视而逐渐积累并发展成危机，将会造成严重的危害。

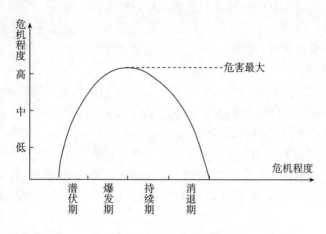

图 8-1 危机生命周期图示

（2）爆发期。爆发期是危机的驱动因素积累到一定程度后，由量变到质变，导致危机爆发的阶段。在这一阶段，单位面临着极大的冲击和威胁，单位的正常运作、形象及利益等都会受到较大的破坏。如果单位没有及时处理或处理不当，那么危机可能对单位造成更大范围的影响。

（3）持续期。持续期是指危机爆发后并没有立即结束，其负面效应还在继续影响着的阶段。这一阶段是单位着手进行危机处理的重要时期，运用一系列工作来减少或者消除危机的影响，如对危机事件进行调查诊断、进行危机沟通、控制危机影响扩散以及其他各种处理工作等。在这个时期，单位可能面临更大的剧烈震荡和波动，因此，危机处理的决策正确性和反应速度对事态有着重大的影响。

（4）消退期。在消退期，单位的危机事态逐步得到控制，问题也基本得到解决。这一阶段是单位消除事件影响、进行组织改革重组和恢复单位声誉的有利时机，单位可以开展一些危机恢复工作以帮助企业重塑形象。

上述危机的生命周期只是危机发展的一般阶段，并不是所有的危机都一定会经历这四个阶段。如有些危机在潜伏期就被发现并加以预防，因而不会经历剩下的三个阶段；有些危机由于危害过大，而导致单位破产，也不存在消退期。

通过了解危机发展的规律，把握不同阶段危机的特性和趋势，单位可以有针对性地实施管理，削弱或防止危机发生。

（四）危机分类

按危机的主体不同，可分为公共危机、企业危机和个体危机。

1. 公共危机

公共危机是指社会运行过程中由于内部的不确定性导致的具有危害性的事件或状态，通常表现为影响到社会的正常运作，对生命、财产、环境等造成威胁或损害。当前发生的环境恶化、空气污染、交通堵塞、人为破坏等是公共危机的具体表现。如不很好处理，将对人类生存、社会安定造成极大威胁。

2. 企业危机

企业危机是指企业发展和经营过程中所遭遇到的具有威胁性的事件或状态。是企业经营管理过程中发生的会对企业的品牌声誉、经营状况、财务状况，甚至对企业的生存造成严重的不良影响。威胁企业的生存和发展。如"三株口服液被错判的事件"就是典型的企业危机事件。危机事件的发生有些是突然性的，所以有的也称为突发事件。企业危机按其产生的原因，可分为外部危机和内部危机。

（1）外部危机。外部危机是指企业外部环境风险为诱因导致的企业危机，主要包括以下几个方面：

1）自然危机是由于自然资源和生态环境，如气候、能源、自然灾害、生态平衡、环境保护等方面状况，对企业经营产生重大的影响。如地震、台风、洪涝灾害等造成企业的经济损失、人员伤亡或物流中断等，使企业陷入困境。这类危机不以人的意志为转移，一般属于"天灾"型事件。因此，企业必须对自己所处的自然和人文环境有清醒的认识，尤其对那些可能出现的突发性危机，企业只能做好防范准备，尽量减小造成的损失。若企业对自然环境造成危害，也将受到惩罚，重则形成危机。

2）政治危机是指由于战争、流血冲突、社会混乱、贸易制裁、投资环境恶劣、外交关系紧张等政治风险，从而使企业陷入困境。

3）政策危机是指监管部门的方针、政策、法令等变化，给企业陷入困境等而形成危机。

4）经济危机：宏观经济周期危机对企业运营造成的不可控制的可能出现的企业倒闭、失业率提高、经济萧条，甚至伴随着社会动荡和国家政治层面的动荡所形成的危机。

5）行业危机：每个企业都属于一定的行业，行业的兴衰存亡，对企业的生产经营活动都有直接和重要的影响，从而对企业形成危机。

6）疫情危机：因社会流行疾病类风险事件，造成对企业利益相关者生命健康的威胁和心理恐慌的威胁，进而对企业常规生产造成的环境所形成的危机。

（2）内部危机。内部危机是因企业内部的经营管理等诱因所导致的危机。主要包括以下几个方面：

1）战略危机。战略是由企业所设立的远景目标及实现目标的途径等一系列总体性规划。企业战略是企业的重大决策之一，决定企业的经营方向和远景目标，其制定和执行等都存在风险，战略风险给企业带来的往往是一类生存性的风险。当外围的经济环境变化时，如果企业的应变能力和正确决策能力缺乏，则可能使企业陷入战略危机困境。

2）形象危机。企业形象是个非常脆弱的东西，哪怕一个错误的经营方式和思想、错误的言行，都会造成企业形象危机，形象危机看似"面子"问题，实则本质危机，可能造成无形资产的巨大损失，从而严重阻碍企业的经营、销售和盈利能力。严重时可能使企业名誉扫地，难以翻身。产生原因：领导重视不够、员工对危害认识不足，文化素质差。

3）信誉危机。信誉危机是指企业的信誉下降，失去公众的信任和支持而造成的危机。在市场经济中，信誉是企业生存的基础，履行合同及其对消费者的承诺应成为企业生产经营的基本准则，失去公众的信任和支持就意味着企业走向衰落，陷入困境。造成的原因：企业领导对企业文化不够重视；员工文化素质较差。

4）公关危机。公关危机是指与社会公众之间，因某种非常性因素引发的具有危险性的非常态联系状态，使企业陷入困境。它是企业公共关系严重失常的一种反映，如三鹿奶粉质量问题、虚假广告等引发的问题。从企业内部分析，产生的因素是人员素质差、产品或服务质量不到位、经营决策失误、违法违规经营等。

5）决策危机。决策危机是指决策者因为在生产经营方面的决策及策略的失误，以及管理不善、执行力不足等使企业陷入危机困境。这种危机是一种典型的"人祸"。比较典型的例子是巨人集团事件。当初巨人集团涉足房地产项目，建造巨人大厦，并一再盲目地增加层数，便隐含着决策危机。经营决策危机往往给企业带来直接的利益损失。造成的原因是决策层对外部情况和自身的条件估计不足把握不准、风险偏好等，凭主观臆想作决策。

6）财务危机。财务危机是指企业在财务方面陷入困境，主要表现是财务状况恶化、指标出现异常，如资产负债率过高、资金周转过慢、长时期入不抵出、不能如期偿还到期的债务及利息等。形成原因是经济决策失误、经营管理不善、市场预测不准确或发生欺诈等。

7）营销危机。它是指目标市场不明确、产品市场占有率下降、部分市场丢失、产品缺乏创新、导致收入不抵成本等使企业陷入困境。通过市场占有率、销售增长率、销售收入、库存商品期限等反映出来。形成原因是经营观念落后、市场发展的战略和营销策略失误、市场调查和预测不准确、产品样式落后等。

8）人才危机。它是指由于企业主要技术、业务骨干及高管人员流失，人力资源管理不善、企业与员工发生冲突、人心涣散、忠诚率低等，企业经营不能正常运行而陷入困境。形成原因是缺乏以人为本的意识，未重视人的作用，不重视开发人才等。

9）速度危机。它是指企业盲目追求发展速度，忽视企业质量提升而导致的困境，如盲目并购、大量搞基础建设投资等。速度危机潜伏期较长，没有明显的预警信号，只能以企业报告阶段的投入与产出相比较，与行业水平相比较，通过比较才能发现。产生的原因通常是片面追求速度、盲目扩张和多元化经营等。

10）创新危机。它是指企业因忽视新产品的市场潜力及新技术改造，老产品缺乏市场竞争力；盲目创新与开发产品却没有市场。收入急速下降，使企业陷入困境等。导致的原因：是对新产品、新技术开发重视不够，对市场发展把握不准，没有及时投入必要资源，或盲目开发背离市场的需求。

3. 个体危机

个体危机是指个体者在生活、工作、精神和生命遭受不确定性因素的影响而导致工作环境恶化、经济条件变差，家庭四分五裂等，使生活环境、精神和身体状况陷入严重困境，威胁到健康发展。这些危机如果管理不当、处理不妥，不仅影响个体、家庭，甚至影响到国家整体的和谐发展，其害无穷，要时刻警惕与防范个体危机发生。

此外，还有突发性的事件危机。它是指人们无法预测突如其来的、有些是人力不可抗拒的强制性所产生的威胁企业事件的危机。如地震、火灾、恐怖事件、设备被破坏等形成困境等。

从市场经济角度看，经济环境瞬息万变，科技发展日新月异，网络交易，信息传递手段等的出现，使社会进入一个新的风险时代，企业面临的社会环境越来越复杂多变，前景莫测。企业面临风险不断扩大，越来越难以预测及防范，突发事件及危机的产生不可避免。因此，不存在永久性一帆风顺的胜利者。经营者必须时刻警惕危机产生，并做好应对措施，做到防而有备、备则减损。

（五）正确认识与危机相关的几个关系

1. 危机与风险的关系

危机是风险的构成部分且危机本身就嵌有风险，两者关系可概括为两点：一是风险可以诱发危机；二是不是所有的风险都会引发危机。只有当风险所造成的危害达到一定程度时，才会演变成危机。因此，危机是风险突发的一种状态，而风险不一定都会转化为危机，有的风险是机会风险，还有利于经营目标的实现。

2. 危机与损失的关系

危机一旦发生，将给单位带来巨大损失，其后果一般较严重，甚至导致企业停业或破产。通常情况下，危机可能给企业带来损失，包括单位形象遭受严重损害、失去市场丧失权利、造成巨大的经济损失、拆分或被兼并、直接导致企业破产等。众所周知的三鹿奶粉危机的后果就是一例。

3. 危机与机遇的关系

危机既可能置企业于死地，也可能给企业带来新的发展机遇，但最终会出现哪种结果呢？从客观讲，主要取决于事件本身的性质和严重程度；但从主观看，管理者的危机意识、对危机事件的处置策略、方法与措施、公关能力及企业自身的规模和知名度等有一定的关系。仍以三株口服液事件为例，在死人事件发生后其子曾找三株分公司讨过赔偿，通过几次交涉未取得妥当解决，公司总认为产品质量没问题，不怕他闹，未给予适当的妥善解决。但没想到的意外之事发生了——法院错判，从而使三株公司陷入空前灾难之中，很快导致消亡。假如三株公司领导者具有高度的危机意识，能预见到可能出现的后果，当事件发生后能及时与家属沟通，主动寻求妥善解决办法，就不会成为"胜诉的失败者"。由此可见，危机事件轻则给企业经营造成暂时困扰，重则可使企业身败名裂甚至走向破产。但也不可忽视在危机事件中也蕴藏着有利商机。如众所周知的海尔集团利用冰箱质量危机，对劣质冰箱全部砸掉，使广大员工引以为戒，从而建立起令世界瞩目的海尔文化。后文中强生制药公司"泰诺"毒药片事件也是成功的实例。

二、危机管理的内涵、模式及过程

（一）危机管理的内涵及演化

1. 危机管理内涵

危机管理这一概念最早是由美国学者在 20 世纪 60 年代提出的，作为决策学的一个重要分支，危机管理首先应用在外交和国际政治领域，而后才逐渐引入其他领域。对于危机管理的内涵，不同的学者有不同的解释。

诺曼·奥古斯丁指出："每一次危机既包含导致失败的根源，又孕育着成功的种子。发现、培育、收获这个潜在的成功机会，就是危机管理的精髓。"

美国著名咨询顾问史蒂文·芬克认为，危机管理是企业所获取的一系列预测、分析、防范和化解危机的活动。这些活动涉及政治、经济、法律、人文等各方面的因素。

可见危机管理就是通过一套系统的预测、计划、协调、控制等方法正确处理及应对危机事件的全过程，包括危机事件发生前的预测、防范与控制、事中的协调与处置，以及事后处理与总结评估等。它是应急管理与风险管理的重要组成部分，这是从广义上讲的。从狭义上讲，危机管理只是指危机事件发生后所进行的危机处理过程。

2. 危机管理的发展

举世瞩目的"古巴导弹危机"使人们第一次认识到苏美两个超级大国有发

生"核对抗"的危险,而这种危险使人类第一次感受到核战争的威胁。在这一背景下,危机理论应时而生。伴随着20世纪70~90年代的各类经济、社会民族的冲突不断产生,危机管理研究的范围不断扩大,危机管理的理念和系统也日臻成熟,企业危机管理的思维和理论是在上述发展背景下得以发展起来的一门学科,该学科借助了外交和公共危机管理的理论,融合了风险管理的理论基础,最终发展为今天的危机管理理论和应用技术。

随着信息技术的发展,信息传递越来越快,扩散范围越来越广,且内容多变,单位的一举一动、一言一行都在公众的监督之下,再加上消费者维权意识的增强、社会公众单位提供的产品或服务要求越来越高,单位员工一句不恰当的言语和一个不适当的举动都可能引起外界的不满。所以现在的企业随时都有可能踩到危机的"地雷",危机越来越容易引发。这便要求企业对产品或服务的质量要严格把关,在进行公共关系管理的时候要万分谨慎,并时刻把消费者的安全、客户的满意度以及社会责任放在第一位。

(二)危机管理理论模式

国内外的学者将危机管理划分为不同的过程,常见的有以下几种模式:

1. 罗伯特·希斯的"4R"模式

罗伯特·希斯认为,危机管理的过程包括缩减(Reduction)、预备(Readiness)、反应(Response)和恢复(Recovery)四个阶段,即"4R"模式,如表8-1所示。

表8-1 罗伯特·希斯的危机管理过程的"4R"模式

危机管理过程	主要工作
缩减阶段	确认引发危机的隐患,进行危机预防、风险评估和风险控制
预备阶段	制订危机管理计划,提高员工抗危机的能力
反应阶段	采取措施来控制危机,避免负面影响的进一步扩散
恢复阶段	对受影响的人、物、工作流程进行恢复工作,进行反思和改进

资料来源:何海燕,张晓甦. 危机管理概论[M]. 北京:首都经济贸易大学出版社,2006.

2. 米特洛夫和皮尔森的危机管理五阶段模式

美国的米特洛夫和皮尔森将危机管理过程分为五个阶段。

第一阶段:信号侦测。这一阶段单位的主要任务是识别隐患以及导致危机发生的征兆。

第二阶段:准备和防范。这一阶段单位要对可能发生的危机做好准备工作和防范措施,尽量减少潜在损害。

第三阶段：控制损失。这一阶段是在危机爆发后需要进行的，单位的重点是控制危机的影响范围，并尽量避免其恶化，努力减小危机向内外部的扩散。

第四阶段：恢复。这一阶段单位要开展善后工作并尽快恢复正常运作。

第五阶段：学习提高。单位要对危机处理工作进行总结评估，发现问题，吸取经验与教训，并提高企业的危机处理能力，即使危机再次发生，也能提高单位处理危机的效率。

3. 国内学者提出的模式

我国自古以来不乏危机意识，"生于忧患，死于安乐""先天下之忧而忧，后天下之乐而乐"，均能说明古人居安思危的可贵精神。现在，国内对危机管理的研究也有很多，其中比较有代表性的是张成福、张玉波和饶常林对危机管理过程的模型研究。

（1）张成福的危机管理四阶段模式。张成福认为，危机管理过程包括四个阶段，即危机的舒缓、危机的准备、危机的回应及危机的恢复。第一阶段，要减小或消除危机的出现；第二阶段，为更好地处理危机应提前做好危机计划工作；第三阶段，对于危机发生的情况，必须要采取各种有效措施来解决问题，以降低危机对单位自身和外界的危害；第四阶段，危机过去后要通过适当的措施恢复正常的社会运作和秩序。这四个阶段是一个系统的过程，一直在不断地循环。与国外学者的理论相比，这种划分类似于罗伯特·希斯的危机管理过程的"4R"模式，但它缺乏对危机管理过程的评估、学习和积累。

（2）张玉波的危机管理过程三阶段模式。张玉波将危机管理的过程分为三个阶段，分别是危机预防与预警阶段、危机处理阶段、危机总结与评价阶段，如表 8-2 所示。

表 8-2　张玉波的危机管理过程三阶段模式

危机管理过程		主要工作
第一阶段：危机预防与预警		分析并采取措施预防可能发生的危机及其产生的危害，提前做好预警工作
第二阶段：危机处理	开始阶段	增强危机意识，尽早发现危机，果断采取措施
	蔓延阶段	针对性地采取措施来隔离危机的蔓延
	重塑形象阶段	搞好与公众的沟通，诚实和坦率，对公众负责
第三阶段：危机总结与评价		进行工作总结，找出经验教训，改进管理工作

资料来源：张玉波. 危机管理智囊 [M]. 北京：机械工业出版社，2003.

（3）饶常林的危机管理过程三阶段模式。饶常林在《从 SARS 事件看政府危机管理》中将危机管理过程分为三个阶段，如表 8-3 所示。

表 8 – 3　饶常林的危机管理过程三阶段模型

危机管理过程	主要工作
第一阶段：危机预防与预警	建立知识信息系统、自我诊断制度，为危机的分析做好准备，开展危机管理教育和培训
第二阶段：危机救治	建立危机管理指挥系统、危机管理监测系统、危机管理行动系统，开展危机救治工作
第三阶段：危机评估复原	分析危机处理过程中存在的问题，评估危机救治方案的得失，并将结果反馈给相关部门，改进工作

资料来源：饶常林. 从 SARS 事件看政府危机管理 [J]. 中国地质大学学报，2004（1）.

（三）危机管理过程

通过对上述危机管理的理论模式进行总结，本书将危机管理的过程分为危机预警、危机诊断、危机处理、危机恢复以及危机管理评估五个过程。这些过程分别对应于危机生命周期的相应阶段，如图 8 – 2 所示。

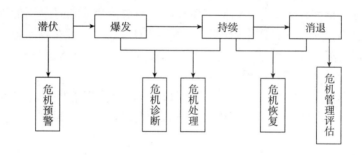

图 8 – 2　危机管理过程

在危机的潜伏期，企业应该做好危机预警工作，及时发现危机的征兆，将危机产生的可能性降到最低。在危机的爆发期，企业应该及时、准确地诊断和分析危机的严重性及可能造成的危害程度，同时做好危机沟通管理、心理危机管理等危机处理工作，使企业的危机明朗化，并思考应对危机的对策。在危机的持续期，企业应该继续努力做好危机处理工作，使企业的形象得到保持，将危机的损害降到最低。在消退期，企业应做好危机恢复工作，将危机带来的负面影响降到最低，同时重建消费者对企业形象及产品品质等方面的信心，使企业在经历危机后得到重生。

危机沟通管理与心理危机管理也是企业或组织在进行各项危机管理工作中必不可少的工作。在从危机爆发到危机处理的整个过程中，沟通都扮演着极其重要的角色，有效的沟通能够使危机管理产生更好的效果。另外，危机事件的危害性不仅在于物质方面的损害，而且还在于其可能对企业的员工及公众产生的心理创伤，从而影响企业的正常运作，心理危机管理能帮助企业员工在危机过后以良好的精神状态恢复工作以及消除危机事件对公众造成的心理阴影。危机沟通管理与心理危机管理贯穿于危机管理的全过程。

三、企业危机管理的目标、任务及原则

（一）企业危机管理目标

企业危机管理目标应与企业风险管理的总体目标相一致，同企业发展的战略目标相一致，使依靠企业的管理能力"避免、减小危机的危害，乃至将危机转化为商机"，使企业尽快地摆脱某种（或多种）危机困境，从而使企业再度发展。

由于引发危机诱因的多样性，企业对每一次危机的处理目标的设定也必须根据危机性质、影响范围及深度，以及企业控制的资源状况，采用"量身定做"适合性的目标。例如，发生是财务危机的就应制定相应财务目标，发生人力资源危机的就应制定相应的人力资源目标，等等。又如，在危机发生的初期，往往是以损失为控制目标；在危机处理的过程中，应尽早或适宜确定市场份额恢复目标、企业品牌恢复或将危机变为商机的努力目标。

（二）企业危机管理任务

企业危机管理的对象是危机，包括危机事件发生前的监测与防控、危机事件处理以及事后恢复与总结评估等。企业危机管理的基本任务是积极识别危机势态，控制危机负面影响，减轻危机的破坏程度及损失，保护企业的品牌及名誉，快速恢复企业正常运营，防止危机再次发生，谋划企业再发展。

（三）企业危机管理原则

有效的危机管理必须遵循一些基本原则，如图 8 - 3 所示。

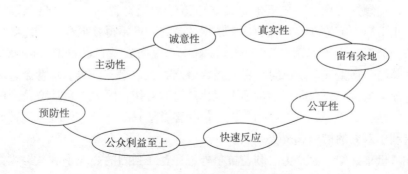

图 8 - 3　企业危机管理原则

1. 预防性原则

预防在企业危机管理工作中有着重要的意义。最好的危机管理并不体现在危机爆发后对危机所进行的处理和解决上，而是"防患于未然"。因为危机爆发后的补救处理工作只是对已造成的危害和损失所采取的补救措施，而通过预防则可以使企业及早地发现危机的征兆，将危机消灭在萌芽状态，同时达到花费最小、危害最小的效果。因此，企业在日常运作中就应树立未雨绸缪的意识，以预防为主。通过科学的预测和分析，发现隐患，采取措施，避免危机进一步扩大，或尽可能早地将危机化解。

2. 主动性原则

由于危机事件具有突发性和极大的危害性等特点，危机事件一旦发生，不论其性质如何、也不问责任在谁，单位都应表示出愿意承担相应责任的气魄与诚意，妥善处理事件，争取主动权和好的口碑。即使受害者在事件发生中有一定责任，单位也不要首先追究其责任，否则会导致各执己见，加深矛盾甚至走向敌对情绪，不利于问题的解决。在情况尚未查明、公众反应强烈时，单位应采取高姿态，当众宣布如果责任在单位，让受害者蒙受损失，一定按有关规定依法赔偿，尽快消除各种不利影响。

有些单位面对突发性危机事件发生时，时常出现一些消极或比较偏激的行为，如不接听电话，接电话一律回答领导不在，唆使保安人员抢夺记者相机，以及把记者打伤等情况。这种行为只会使事态恶化，而且大多数情况下都会带来不可收拾的后果。事实上在社会公众及媒体反应最强烈的时候，单位做出一种比较高的姿态，反而容易平息事端。等过段时间查明事件真相后，受害方以及整个社会的反应渐渐平静下来，对顺利解决问题会有帮助。

3. 诚意性原则

在危机处理过程中，真诚坦率是进行有效的危机管理的重要因素。有关人员在与公众接触过程中，一定要有诚意，应该站在受害者的立场上表示同情和安慰，防止出现为单位辩解开脱的没有依据的言辞，更不得强词夺理，谨防公众产生不信任甚至产生厌恶感。在与公众接触中，应当表示自己也能理解公众的心情，尤其当公众生气、发怒时，更应当为公众着想，想方设法平息众怒，决不能火上浇油。这种与公众心理的沟通可以化敌对为合作，缓解来自社会公众的舆论压力，并创造一个理性、平和的氛围，使受害者从只顾自己、只顾发泄转向共同探索有利于双方的措施和解决办法。

在危机事件中，公众为了利益抗争外，还存在强烈的心理不满甚至愤恨。因此，在危机事件处理过程中，处理人员不仅要解决直接的、表面上的利益问题，而且要根据公众的心理活动特点，采用恰当的情谊联络策略，解决深层次的心理、情感关系问题，体现企业解决问题的诚意，有助于问题的顺利解决。例如著名的"泰诺"药品中毒事件中（见本章后文案例），虽然受污染的药片只有一批，总共不超过75瓶，但是为向社会负责、保护消费者的权益，强生公司用1亿多美元的代价，从市场上收回了3100万瓶胶囊，显示了其处理危机的诚意。换一个角度看，它也是花1亿美元做了一次很好的广告，让公众感觉到强生是一个负责任的公司，是一个敢做敢当的公司，不是一个只顾自己利益的公司，从而赢得了公众的尊重。

4. 真实性原则

在危机发生初期往往是一面倒，都是抨击与指责企业，而且越是反对企业的信息越容易被传播，公众也越容易接受。这时企业要主动与新闻媒体联系，尽快与公众沟通，说明事实真相。如果危机已经发生并成为公众关注的事件，隐瞒就失去意义，尤其是在媒体互联网非常发达的今天。出于职业的需要，记者对于已发生的有轰动效益的事件，都有着强烈的好奇心和报道欲。危机处理人员应真诚对待媒体，不能利用记者不熟悉某一专业的特点报道失实等为其设置障碍、粗暴干预等，这是毫无意义的，甚至闹得更糟。因为记者可以在最大范围内揭露疑点，从而引起人们的种种猜测，对事件处理更为不利，而且有些事件是由于公众误解造成的。唯有坚持真实性才能促使双方的沟通和理解，并通过大众传媒广泛宣传，误解自然会消失。

5. 留有余地原则

在危机处理过程中诚意性和真实性原则虽然重要，但在事件真相、责任归属和损失规模没有弄清之前，处理人员不要随意做出不切实际的承诺，公司需要有敢于担当的勇气，负起应负的责任，但对于尚未明确的责任和损失，相应地，赔偿承诺必须留有余地——即企业愿意、勇于承担相应的责任，而不承诺负不应负的责任。

6. 公平性原则

公平对待危机受害者，避免采用歧视性政策从而激化矛盾。危机发生的时候，受害者很容易站到企业的对立面，这一方面是因利益受到影响，另一方面则是出于情绪上的原因，心中有怒气或者怨气。如果在这时违反公平性原则，很容易激化受害者以及社会公众心中的怨气，增加危机处理的阻力，影响企业形象。

7. 公众利益至上原则

危机事件发生后公众之所以反抗企业，给企业"制造"更多的麻烦，最基本的也是最重要的原因是公众感到在利益上受到一定的伤害。所以他们要运用新闻、法律等一切武器，来保护自己的合法利益。因此，利益是公众关心的焦点所在。此时，危机处理人员如果能以公众利益代言人的身份出现，给公众一种感觉，即危机处理人员是在为公众着想，是公众利益的维护者、争取者，那么对整个危机事件的处理来说，就奠定了良好的基础。在这样的指导思想下，企业是用眼前很小的损失换取长远的大利益，换取客户对企业的尊重，从而保护企业的信誉与品牌。

8. 快速反应原则

危机具有突发性特点，而且一旦发生就会引起媒体和公众的关注。尽管发生危机的企业往往会面临极大的压力，但仍需迅速研究，尽快做出反应，使公众了解事件真相和企业采取的各项措施，争取公众的同情，减少危机的损失。从大量国内外案例来看，危机处理拖得越久，企业越被动，企业恢复正常的生产和销售耗费的时间越长，代价也就越高。因此，在危机发生后，当公众急需了解事态真相时，企业应迅速发布信息及时满足公众"先睹为快"的心理，强化各项解决危机措施的力量，尽可能防止事件的扩大，加快重塑企业形象的进程。

四、危机管理组织机制

企业应建立突发事件应急处理机制，明确预警标准，对可能发生的重大突发事件制定应急预案，明确责任者、规范处理程序，确保突发的危机事件得到及时有效处理。

（一）危机管理体系的设置

企业的危机管理体系应采用"平战结合"模式，将它融入风险管理、内控机制、目标管理架构之内，作为风险的一部分加以管控。当企业发生重大危机事件时，应根据事件的性质、控制的资源、涉及的部门等，抽调高手组成应急专项小组，集中精力专门处理该项危机，可以取得事半功倍的效果。

（二）危机管理内容的规划

（1）制定清晰的危机管理政策，包括拟定危机管理的总目标、明确危机管理的总原则（如前文所述）、确定责任分工，如财务危机由财务部门负责、市场危机由营销部门负责、质量危机由科技及生产部门负责等，做好组织保障，形成管理框架。

（2）设定危机事件的衡量指标及衡量方法、确定危机评价等级标准、危机风险的评估、确认及控制的措施方法、技术和手段。落实危机风险控制的责任等。

（3）制定和实施危机防范的业务流程，包括危机信息的收集与传递、危机风险的评估、危机事件的防范、危机事件应对策略、危机事件处理及总结报告。

（4）对危机进行预测与评估，明确潜在危机风险及其等级。做好危机预防工作，针对预估的各类潜在危机风险，分别制订相应的对策计划。一旦危机事件发生，可迅速做出反应、实施有效处置指导等；检查危机管理各项规定和程序的实施情况；总结经验教训提出改进建议等。

（5）组织编制与修订《危机（突发）事件风险控制清单》，明确企业面临的潜在危机。风险渗入业务活动各个方面，事事有、时时有。危机往往在麻痹大意条件下发生，有些是可以避免的。因此，需要动员广大员工结合业务编制危机清单，列出可能发生哪些危机事件、产生原因及条件，如何避免和防范事件发生，做到防患于未然。

（6）提高企业危机管理能力、管理文化以及危机事件的应对能力训练。如某市冶金系统1970～1981年因工死亡人数中，由于违反操作规程或劳动纪律，不懂安全操作技术而造成的死亡占64.4%。

（7）监督评价企业现有的危机管理整体及管理水平，提出改革的建议等。哈尔滨亚麻厂面对生产量加大、设备落后、除尘器效率低等所形成极大的潜在危机，几次打报告申请更新设备，由于资金困难等拖了数年。当1987年3月14日（周六）将除尘设备等运进地下室，准备3月16日（周一）安装时，3月15日大爆炸发生了！全厂上夜班的447名工人中58人丧生，177人受伤，两者占上班工人的49.3%。因厂房被炸塌，工人无法逃生、死状极惨。某车间有5名工人被活活烧死在一起，人们想把他们分开，可是一碰，尸体就碎了。大火使父母失去了孩子、丈夫失去了妻子……

（三）建立应急处理预案管理体系

预案管理是由一系列决策点和处理措施集合组成，它贯穿于应急及危机管理的全过程。例如，预案管理的准备和制定就是对危机事件处理经验的总结，用以指导未来可能发生的同类事件；预案管理还可预测和分析可能出现事件的规律，通过研究它们之间的内在联系，寻找一些规律性特征，从而更好地制定预案。

预案的制定应遵循全面性原则，企业所有可能发生的突发及危机的工作，都应该有应对的备选方案、应急处理的责任要落实到人，方案中涉及的部门及人员都应明确相应责任，要建立合理的处理程序及严格的奖惩制度，相关人员要严格按程序办事。如确实需要改变规定程序的，则需提出申请，经批准后再执行。对确实需要特殊处理的应急事件及程序，应给予特别授权。

（四）掌握危机决策的步骤与方法

1. 危机决策的特征

危机决策是指当组织遇到某种危机时，在有限的时间、信息与资源等约束条件下，以尽快的速度做出应对的行为。危机决策时的特征是：问题发生、发展具有突然性、对策具有应急性及高度的不确定性；决策者所能利用的时间和信息等资源非常有限性；事态发展可能会危及决策者的根本利益，后果很难预料等。因此是一种典型的非结构化的决策事项。

2. 危机决策的基本步骤

它是在极不确定状态下所进行的决策，其步骤是识别决策问题、确定决策标准和目标、制定备选方案、选择最佳方案、执行与监督方案实施。

3. 危机决策的方法

由于危机决策的特殊性，其方法也不同于一般方法。

（1）先斩后奏法。它是指由于情况突然、发展急速，必须当机立断，故采取先干后汇报，或边干边汇报等。它必须在维护全局性利益、在时间紧迫条件时实施决策。

（2）把握时机法。它是指在处理危机事件时要时刻把握时机，当机会出现时要积极主动去抓，"机不可失，时不再来"；当不具备条件时也不要贸然行事，牢记欲速则不达的教训。

（3）各个击破法。危机的发展也是不平衡的，高素质的决策者要高度关注危机中的薄弱环节，集中力量突破解决。从而鼓舞士气、激励民心，再找下一个突破口。

（4）辩证综合法。它是指在危机全面持久阻碍事物发展、一种方法无法解决面临的问题时，就应对各种问题进行辩证分析，实施综合治理。辩证综合法在当代决策中应用越来越广泛，市场经济中多种多样的复杂问题、新鲜问题层出不穷，要想在激烈竞争中取胜，决策者必须从多角度、多方面辩证地看问题、分析问题和处理问题。另外，决策者必须具有创新精神，敢于打破常规，前怕狼后怕虎，难以做出较好的先进决策。

第二节　危机事件预警与防控

危机事件预警是指单位通过对引发危机的驱动因素和潜在征兆进行监测、分析与评估来判断危机发生的可能性及影响程度的过程。与常规事件相同，偶发事件也有一个从量变到质变的过程。危机发生之前一般会出现某些征兆，所以单位要及时捕捉到这些异常信息发出的警告，加以分析与思考，针对问题及时采取措施应对可能发生的状况，这样才能有效地避免危机的发生，减少危机带来的负面影响。

古人曰：明者远见于未萌，智者避危于无形，祸固多藏于隐微，而发于人之所忽。因此，提高防范危机意识、强化危机预警、做好未雨绸缪才是上策。

一、建立预测危机信息监测系统

(一) 危机损害后果

提高防范意识乃是危机管理之真谛。众所周知，当今社会充满矛盾又处于激烈竞争中，市场如战场，谁也不能高枕无忧，即便是掌握领先技术的美国微软公司，其高层领导也曾提出"微软公司距离倒闭只有十个月"之类的警示口号，其目的就是使广大员工明白突发/危机事件随时都有发生的可能，可能给企业带来灾难性的损害，切不可麻痹大意，从而提高防范危机意识、警惕突发/危机事件的发生，做好思想准备，这一点非常重要。例如，四川安县桑枣中学由于树立起防范突发地震事件意识，经常组织师生开展防灾逃生应急训练，当汶川大地震发生后，2200 多名师生在 1 分 36 秒内全部安全转移，创造了大地震中的"零伤亡"奇迹。大量事实说明，有无防范突发/危机事件的思想意识及防范准备，其后果大不相同。

(二) 建立防范突发/危机的信息监测系统

这是一项重要的技术与制度安排，主要内容如下：

1. 确保企业内部信息可靠，通道畅行无阻

使关键信息通过适当程序和渠道，传递到合适的管理层级及人员，使其思想与工作有所准备，它是危机管理决策的前提条件。

2. 确保企业内部信息得到及时反馈

传递到各部门和人员的信息能够及时得到反应和回应，使管理决策者能及时掌握情况，对危机的管控可谓是至关重要。

3. 明确各部门、各层级、各相关岗位的职责

企业内部各个部门及人员应做到责任清晰、权利明确，防范在危机管理中发生相互推诿或争相处理，责任不清楚、权利不明确，相互推诿，从而导致对危机隐患视而不见、危机事件得不到妥善处理。

4. 确保企业指令畅通、执行有力

确保企业内部指令、管理决定能迅速传递到执行层，且得到有效贯彻。坚强有效的执行力是防范突发与危机事件的有力保障。

5. 建立处理危机事件的联络网

根据企业可能发生的危机事件，与处理危机的有关部门及单位建立联系，形成全面网络系统，以便危机发生后及时有效地进行沟通与协作。这些单位应包括新闻媒体、公安、消防、医院、街道、银行、保险、相关科研机构、兄弟单位等，使它们了解企业可能发生危机以及可能寻求帮助。

二、建立危机事件应急管理机制

（一）建立应急处理小组

建立应急处理小组是有效处理危机事件、协调各方面关系、充分调配资源的组织保证。小组应根据危机性质不同选择相关人员，通常由企业领导、宣传公关、安全、生产、人事、财务等部门人员构成。其职责有：全面清晰地分析企业发生的危机事件，并对发展的可能性、影响后果及延伸进行预测与评估，做好危机延伸预防工作；针对各类危机事件分别制定相应对策；检查危机管理各项规定和程序的实施情况等，总结经验教训提出改进建议等。

（二）明确应急管理的任务及目标

1. 应急管理的根本任务

应急管理的根本任务是对突发/危机事件做出快速有效的应对，尽可能减小损失。具体任务是：面对发生危机事件，首先确定可能影响的机构和公众，针对危机影响后果及时有效地组织调动企业控制资源，快速有效地防止和控制事件的蔓延，尽可能降低企业损失。由于突发/危机事件多是突如其来，而且错综复杂多种多样，事前准备应急措施往往难以应对。为此，在应急管理中，更应注重应急措施的规划，提高管理人员应变能力，形成一个精练有效的应急管理体系及应急处理系统。

2. 应急处理的目标

其目标是最大限度地减小声誉及经济损害，为此需要：①要做到统一指挥、分工协作、防范为主、平战结合、及时灵活、科学有效；②要建立有效的传播及公关渠道，更有效地处理突发、危机事件。

3. 对危机事件进行动态管理

危机事件发生后，迅速建立专项危机档案库，指定专人负责，收集整理有关资料，及时向有关领导及相关部门报告，修订补充《危机（突发）事件风险控制清单》，为以后防范危机风险提供参考。

（三）对危机事件进行预测、预警及评估

1. 对潜在危机进行预测

尽管危机事件难以事前预料，但是当我们回首往事时，不难发现有些危机的发生，往往事前都有一些征兆重复出现。只是大家见怪不怪、熟视无睹，结果错过控制危机发生的有利时机。除突发事件外，当企业出现以下情况时，决策部门必须给予密切关注。

（1）伤害企业或企业领导层形象的舆论层出不穷。如中国德隆是 2004 年崩溃的，但早在 2000 年前后，德隆就已经被媒体及相关人士关注，出现了大量对

德隆不利的舆论及报道，这些都可视为德隆危机事件的前兆。

（2）受到政府主管、税务部门、监管机构、媒体或专业人士特别"关注"。例如，顾雏军的格林科尔在发生危机之前，受到媒体和某些经济学家的怀疑及关注，结果危机发生后有的媒体"火上浇油"，使危机进一步加剧。

（3）企业财务指标出现异常，甚至不断出现重大异常现象。例如，现金流与销售收入不匹配，销售量与生产能力严重脱离，应收款项突然大幅度增加，存货突然发生巨变等，这些都是危机发生的预兆。

（4）企业遇到麻烦事件越来越多，质量等问题不断出现。如三鹿奶粉事件，早几年前就有消费者反映奶粉的质量问题，领导层不是不知道，而是没有引起高度重视，最后形成最大危机——企业倒闭、领导获刑。

（5）其他一些值得警惕的偶然事件。例如，高技术公司对产品存有的瑕疵，就应高度警惕可能引发的企业形象与信誉危机。如保健品和制药公司，应时刻警惕被起诉或被媒体报道其质量及副作用事项，甚至死亡事件。还有航空公司潜在空难突发危机事件，虽然很难预测发生时间和损伤的规模，但至少应当意识到如果安检疏忽、安全不到位，发生空难时间只是早晚的事，所以必须强化安全管理，并对空难发生后的处理和应对方式等，做好充分预案准备。一旦发生，及时采取措施，尽可能减少负面影响。

2. 对危机事件预警

所谓预警，是根据以往危机事件的特征，对可能出现的危机事件的相关信息进行收集、整理和分析，并根据分析结果给出的警示。它是危机管理中的重要环节。预警的目的是尽早发现及防范可能发生的重大危机或突发事件。

建立危机预警系统、提前发现危机征兆是有效防范危机的前提。危机的发生受多种因素影响，因此在危机爆发前，难以准确确定危机发生的可能性和影响后果的大小。但是，管理人员在各种信息的支持下及总结以往的经验教训，对危机发生的可能性和影响可做出主观判断，可有效预测危机发生的可能性及影响后果。目前，许多单位运用危机坐标图方式，通过定性与定量相结合的方式对危机发生的可能性及影响后果进行预测，并为危机预警做出指导。

危机坐标图由危机发生的可能性及影响程度构成，通过对该项指标的预测，得出危机大小。

3. 对危机事件危害性进行评估

危机造成危害可分硬损失和软损失。

（1）硬损失可以用经济价值衡量，分为直接损失和间接损失：直接损失即危机直接损毁的资源、财富等；间接损失是危机所导致的"连锁"运行的价值损失及处理危机所耗费的人力、物力、财力的价值。

（2）软损失难以用经济价值计量的损失。例如，生命安全、身体健康、企业形象、员工士气、人际关系等方面造成的损失。

（3）危害度评估。危害度通常用危害指数（D）表示。危害指数由危机危害程度（H）和发生概率（P）所构成。

危害指数（D）＝危害度（H）×危机发生概率（P）

危害度与危机发生概率的组合可用危机坐标图反映，如图 8-4 所示。

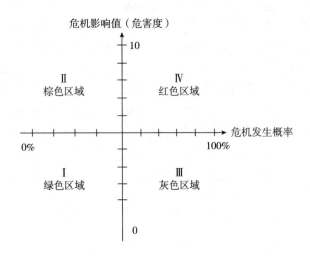

图 8-4　危机坐标图

危机坐标图分为四个区域：Ⅰ区域属于绿色区域；Ⅱ区域属于棕色区域；Ⅲ区域属于灰色区域；Ⅳ区域属于红色区域。

对处于不同区域的危机，应有不同的应对态度。对处于红色区域的危机，单位应高度重视，并发出预警信号使单位员工提高警惕做好防范准备；对处于棕色区域和灰色区域的危机，单位可以在两者之间进行排序，并做出积极的预防措施防范危机产生，或降低发生的可能性，减少危机损失；处于绿色区域的危机，表明单位暂时相对安全，单位应定期观察分析变化趋势。

（4）危机危害程度预测。危机危害程度预测主要以定性方式进行，通过用回答一些测量危害程度的因素，来求得危机的危害程度。具体的危害因素（指负面影响），预测可从以下几方面入手：

1）如果××危机爆发，会在多大程度上影响企业的正常业务？（6分）

2）如果××危机爆发，对企业利润的影响程度会有多大？（8分）

3）如果××危机爆发，对企业形象的受损程度会有多大？（5分）

4）如果××危机爆发，企业的经济损失会有多大？（6分）

5）如果××危机爆发，企业所面临的公众压力有多大？（6分）

6）如果××危机爆发，影响业务的严重性会发展到何种程度？（7分）

……

每个问题的答案以 1～10 分来计量，分值越高代表危害影响程度越大。然后将所有影响的因素相加，并除以因素数量，就得出××危机的平均危害程度。假设上述 6 项因素的危害程度测得分数合计为 38 分，则影响后果的平均值为"6.33"。

（5）危机发生可能性预测。危机发生的可能性通常用概率来表示，预测的方法有两种，一种是建立在以往经验的基础上主观测定；另一种则是通过统计数据的分析计算得出，还可以将上述两种方法混合相加，再除以 2。假如经过预测××危机发生的可能性是 60%，则该危机事件的危害指数（D）是：

危害指数（D）＝危害度 $6.33 \times 60\% = 3.8$

该危机处于红色区域（见图 8-4），单位管理层应加以重视，积极采取措施创造条件，促使该危机向棕色、绿色区域转移，减少发生的可能性。

三、进行防范技术及思想意识的培训

危机管理的前提是从根本上减少其发生的可能性，做到防患于未然。为此，做好下列防范准备工作很有必要。

（一）组织培训提高员工生产与服务基本技能

保证产品与服务质量，减少企业自身引发危机滋生的条件，从根基上杜绝引发危机的漏洞。例如，化工厂必须培训工人安全操作技能，严格遵守操作规程，确保不发生化学品、毒品外泄或伤人的危机事件的发生。

（二）培养合作互助积极负责精神

与同事合作互助，可减少内部管理摩擦；与政府合作，可减少企业违纪违法可能；与商业伙伴合作，可减少商业争执与纠纷；与消费者合作，可减少消费者对产品及服务的不满与抱怨；与新闻媒体合作，可减少媒体对企业的误解与曲解。这些观念如果得到有效的贯彻与实施，就能从根本上避免或减少危机的发生。

（三）做好应对危机事件的操作训练

企业还应根据应对危机的计划措施进行定期的模拟训练，包括心理训练、危机处理知识与技能训练，危机处理基本功演练等。

第三节　危机事件处理

危机（含突发）事件的处理是危机管理的核心。它是指在危机事件爆发后，为减少危机的危害，从各种备选方案中选择应对方案，对危机事件采取直接处理，包括对各种资源的组织和利用。危机事件发生后的特点是各种矛盾都会暴露出来，这时就要预测和分析这些事件可能的发展趋势及其产生后果，做出应对的决策及措施，并监视措施的执行。

一、危机处理策略

国内外许多学者对危机处理进行了研究，并提出了相关的理论。其中以威廉·班尼特的五大战略、伊恩·米特洛夫的危机处理策略和危机处理的一般策略较为著名。

（一）威廉·班尼特五大战略

威廉·班尼特是危机管理战略分析理论的开创者，他提出的五大战略包括：否认、逃避责任、减少敌意、亡羊补牢和自责。其中前两个战略主要针对"责任"而言，减少敌意和亡羊补牢的侧重点是"消除敌意"，最后一个"自责"是表达企业的愧疚。五大战略中又包括不同的细分战术。

1. 否认

否认可以分为简单否认和转移视线，如图 8 - 5 所示。

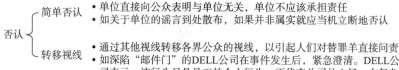

图 8 - 5　否认的两种战术

2. 逃避责任

逃避责任分为四种具体战术，即被激怒下的行为、不可能任务、事出意外、善意的失误。

（1）被激怒下的行为。单位遭到外界挑衅且采取正当防卫，责任应归于对方。

（2）不可能任务。问题已经超出单位力所能及的范围，单位可以将风险和责任分给其他相关部门。

（3）事出意外。承认企业出了一定的问题，愿意承担部分责任，并声明这次事故纯属意外，不是有意要伤害别人，以博取社会公众的谅解。

（4）善意的失误。弄巧成拙，想做好事却做砸了，给公众带来损失，单位应承担应有的责任。

3. 减少敌意

减少敌意就是从各个方面减少错误行为传播的范围和程度。它又可分为六种策略，即支持与强化、趋小化、差异化、超越、攻击原告以及补偿。在单位自身出错的情况下，单位可以采取这些策略，减少负面舆论，保护单位的形象和声誉。六种策略的具体内容如表8-4所示。

表8-4　减少敌意的六种策略

策略	内容
支持与强化	企业承诺承担必要责任，并运用以往的社会贡献、积累的品牌形象来唤起利益相关者的支持，以抵消负面情绪
趋小化	尽可能地"大事化小，小事化了"
差异化	与竞争对手相比较，争取在处理能力和方式上胜过对手
超越	向利益相关者表明单位对利益相关者所做出的贡献，并将其与单位的过错进行比较，争取得到对方的谅解
攻击原告	面对恶意诽谤或造谣者，进攻就是最好的防御，如台湾明星徐熙娣陷入"家暴门"后，当即对报道此事的报刊提起诉讼，要求其更正不实报道并道歉
补偿	主动承担责任，给予受害者相应的补偿。这是最积极的策略，有助于提升单位的形象和声誉，但这一策略需要单位有强大资金做后盾

4. 亡羊补牢

亡羊补牢是指通过制定相关的规定来减小危机事件未来发生的可能性。如许多生产型企业出现安全事故后，企业就会对原先的制度或规范进行修改，以促进企业恢复。

5. 自责

自责主要是通过道歉、忏悔等方式向公众表达单位的愧疚，以便获得公众的宽恕。

（二）伊恩·米特洛夫的危机处理策略

伊恩·米特洛夫根据约哈里窗口理论（见图8-6）提出了一种"基于约哈

里窗口的危机处理策略"。

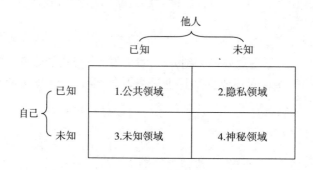

图 8-6 约哈里窗口理论

约哈里窗口是根据人际传播过程中的一些情况总结而来的。在自己和他人所了解的信息一致的情况下，双方呈现完全开放的状态，这样的人际关系就不会有冲突，如约哈里窗口中的公共领域。当处在隐藏状态下时，如在隐私领域、神秘领域和未知领域，由于信息的不对称就有可能产生人际上的冲突。

在这一理论的指引下，根据公众对信息的掌握情况和需求程度，米特洛夫创建了基于约哈里窗口的危机处理策略，如图 8-7 所示。

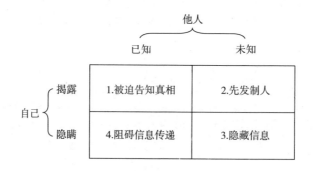

图 8-7 基于约哈里窗口的危机处理策略

1. 被迫告知真相

公众已经掌握企业的一些信息，企业迫于压力向公众承认或披露，这种策略违背危机处理的主动性原则，导致企业处于被动的境地。

2. 先发制人

公众对企业的状况不是很了解，但又希望获得相关的信息。这时，企业如果主动向公众告知真相，那么首先态度上就会得到大家的肯定。

3. 隐藏信息

公众不了解某些情况，而企业也一直掩盖。在这种情况下，企业可以保证暂不出问题。但企业始终存在风险，一旦被媒体曝光，企业将受到严重打击。

4. 阻碍信息传递

公众已经知道企业的一些信息，如媒体、个别消费者，但企业不愿意被大面积曝光，于是采取各种方法阻碍信息的传递。这种策略有利有弊，但从长远看，始终是弊大于利。"没有不透风的墙"说的就是这个道理。

（三）危机处理的一般策略

根据具体危机事态发展选择恰当的危机处理策略，可以帮助单位有效地控制危机风险的发展势态，消除危机带来的负面影响。减少危机处理的策略主要有隔离策略、削减策略和利用策略。

1. 隔离策略

由于危机的爆发有"连带性"，如果处理不当，就可能对企业的其他部门或其他产品带来连锁的负面效应。隔离策略与危机管理机制一样重要，因为有效的危机管理机制可以在最短时间内降低危机的负面影响，而出色的危机隔离机制则可以为企业镀上一层无形的保护膜，使企业尽可能地远离危机的侵袭。

为了避免由于负面影响的扩散而影响其他部门的正常运作，企业应及时对危机事件采取隔离措施，将有问题的产品或出现问题的部门与企业其他正常业务隔离开来，将危机的负面影响控制在最小范围内。正如"非典"、甲型 HIN1 等大型传染病暴发之初一样，我国政府就迅速采取措施，将患病者与普通群众隔开，以防传染病大肆暴发。

如果企业的某种产品因质量问题产生危机，为避免波及企业旗下的其他产品，企业应迅速拿出证据向公众展示，企业的其他产品与该类有问题的产品不同，如原材料不同、生产线不同等，避免这种不良影响波及其他产品，使危机事件的影响降低到最小限度，这也是一种隔离策略。

2. 削减策略

削减策略是指根据危机事件的发展情况，有选择地缩减企业的经营规模，或停止某些经营业务，以避免企业的形象、声誉、经营状况进一步恶化。如果企业的危机源于产品质量问题、产品生产经营过程中的失误等问题，那么企业就应立即实施削减策略，严重时企业甚至采取中止措施，如停止销售、回收产品、关闭有关分支机构等，防止危机的扩散。

爱立信公司在经历芯片供应商发生火灾危机后，没有及时意识到危机事件的严重性，导致在手机的生产过程中不能及时供应芯片，最后由于亏损等原因不得不做出退出手机自制市场的决定。这就是一种削减策略，虽然爱立信公司因此失去了广阔的手机销售市场，但在当时这无疑是"弃车保帅"的做法，先解燃眉之急，再根据企业的优势谋求日后的发展。

3. 利用策略

从"危机"两字中就可以看出，危机事件的发生本身既包含危难，又隐藏着转机。因此，企业如果能有效地处理危机，表现得当，反而能显示出企业不同于其他企业的优良素质和综合实力，使企业转危为安，更上一层楼。例如，2008年的汶川大地震事件给我国四川人民带来了巨大的伤害，也给正在准备2008年北京奥运会的政府造成了巨大的危机。但是在这么大的灾难面前，我国并没有被危机打倒。政府一系列应对措施都向世界人民展示了中国临危不乱、众志成城的大国风范，也坚定了全国人民在党和政府的带领下继续奋斗的信念。

当危机降临时，企业能及时察觉并采取全面、适当的措施处理突发状况，就能在应对危机的过程中做到临危不惧、处乱不惊。采取正确得当的方法，不但能控制危机，还能转危为安，甚至有些企业通过危机的考验，从中找到契机，实现新的跨越。

二、遵照危机事件处理的程序办事

危机事件发生原因极其复杂，其应对措施也需多种多样，故应针对不同的危机对象选用不同的处理程序及方法，具体程序如下：

（一）成立危机事件处理小组，明确主要职责

成立危机专项处理小组，配备得力组长，吸收相关部门人员参加，协调各方面工作，是处理危机的成功经验及有效措施。危机处理小组的主要职责是全面清晰地分析、预测危机事件发展趋势及影响后果可能涉及哪些方面，对社会公众带来哪些影响，应做到心中有数。核心组的主要任务是执行谈判、交涉、决策和协调工作。其他人员则是负责实施决策方案和提供后勤资源及保障工作。

（二）对事件进行调查，弄清事实真相

这一点非常重要。事件调查首先要注重收集信息及证据，及时分析整理提供给有关领导及部门。事件调查要求相关证据、数字和记录准确无误；对事件产生原因和后果影响进行深入调查，取得相关证据。要认真收集和了解事件各有关方面的意见和反应；对事态的发展和处理后果及时地跟踪调查。调查内容则重以下五点：

1. 危机事件的基本情况

包括事件发生时间、地点、原因、事件周围环境，涉及哪些经济事项、人员、法规等。

2. 危机事件现状及发展趋势

包括事态的目前状况，是否还在发展，朝什么方向发展，已采取哪些措施，

措施实施效果如何。如果事件仍向不利公司方向发展，则需要查明事态恶化原因，计划用什么办法控制事态的发展，如继续发展又会造成什么后果和影响。

3. 事件产生原因和影响后果

包括引发事件原因，人员伤亡情况，损坏的财产种类、数量及价值，事件涉及范围，以及在舆论上、社会上、政治上造成什么影响等。通过周密调查查明情况，进而分析判断事件性质、现状及影响发展趋势等。

4. 查明导致事件发生的当事人与责任人

特别要关注是否存在故意破坏行为，这些人的过去行为、目前状况，这有助于了解事件真相与性质。

5. 查明事件涉及的公众对象

包括直接与间接受害者，与事件有直接或间接关联的组织和个人，与企业有利害关系的部门和个人，与事件处理有关的部门及新闻媒介，舆论界的人士等，还要与事件见证人保持密切联系等。

事件专案人员在全面收集涉及事件各方面资料的基础上，需要认真分析研究，弄清事实真相，并形成调查报告，提交企业有关部门，作为制定事件处理对策的依据。

（三）分析事件内容，确定处理对策

企业应及时会同有关部门深入分析、研究对策，针对不同公众采用不同对策，并制定消除事件影响的处理方案。在处理时要特别强调：针对不同公众确定相应的对策时，决不能违反公平性原则。当然受害公众也不一样，有直接受害者、间接受害者，还有的是心理受伤害的民众，在公平性原则下，应根据受害程度分别给予处理。

在制定处理对策时必须认真评估社会心理与舆论的反应。事件发生后，社会心态、人们情绪与舆论的导向都非常重要。因而对策也应是动态的，随着事态的发展变化不断更新对策，并及时放弃无效处理的方法。这是一个灵活性和原则性相结合的过程。

（四）实施应对方案，关注行为准则

实施既定方案消除影响后果是危机管理的中心环节，实施中应注意准则要求。

（1）摆正心态，以友善合作、认真负责的态度和形象，赢得公众的好感和信任。

（2）真正领会事件处理方案精神，做到既忠于方案又灵活运用，使两者有效结合。

（3）工作中力求果断、精练，言之有信，以高效诚恳的作风赢得公众的支持。

（4）在接待公众过程中，要注意观察了解公众的反应和新的要求，并做好动员及说服工作。

（五）及时反馈，注意纠偏

事件处理过程中的情况及信息反馈必须十分畅通，及时把握事态发展的新动向，及时进行分析与评估，发现偏差应及时纠正，或调整对策，确保目标实现。

三、危机处理对策应分情况区别对待

在危机事件中，对处于不同地位、不同受害者、责任人、新闻界、上级及相关部门，应分情况区别对待，运用不同对策，才能取得较好效果。

（一）对受害者的对策

受害者是事件处理的第一公众对象，也是事件处理中最难处理的一部分，必须谨慎从事。切实可行的对策如下：

1. 指定专人与受害者家属接触

深入了解受害者的需求和反应，安抚受害者及家属的情绪。

2. 确定责任方面承诺内容与方式

具体承诺内容应当符合国家规定及相关原则，并兼顾受害者的要求和愿望，做到实事求是，依法依规，有理有据。

3. 制定损害赔偿方案包括补偿方式与标准

补偿标准必须符合法律、法规的要求，并以事件性质和责任的归属为依据，兼顾受害者要求及企业的承受能力。

4. 制定善后工作方案

由于不合格产品引发恶性事故，应立即召回不合格产品，或组织检修及检查。并追查原因改进工作。这样做可避免类似事故再次发生，也是危机公关向社会表明诚意的手段。

（二）对新闻媒体的对策

新闻媒体对危机事件反应敏感，且传播速度快、影响范围广、力度大，如果关系处理不好、很可能造成信息误传，形成不利于事件处理的局面。因此，要特别注意处理好与新闻媒体的关系，在当今传媒业高度发达的社会，媒体公关已经成为危机处理的核心内容。在危机事件发生时，媒体通常倾向于受害者，同情利益、生命财产受损害者，而对于发生危机的企业，通常加以责难，这时更需要与多媒体处理好关系，获得媒体的信任与同情。那种拒媒体于门外、砸摄像机甚至谩骂、殴打记者的做法，只能把事情闹大弄砸，甚至触犯法律。与媒体接触的政策应注意以下几点：

（1）确定配合新闻媒体工作的方式，统一对外宣传的渠道和口径，避免出现互相矛盾的说辞。

（2）向新闻媒体及时通报危机事件的调查情况和处理方面的信息，以及下一步的设想。

（3）利用有较强公信力、影响力，对于与企业有良好互动关系的媒体，在尊重事实的前提下积极引导舆论向有利于危机处理的方向发展。

（4）要与新闻媒体保持密切联系、采用多种沟通方式，何时何地召开新闻发布会，应事先通报新闻媒体，得到媒体协助。

除媒体报道外，企业可在有关报刊发表有关歉意的公告、谢罪书等，向公众说明事实真相，向公众表示道歉及应承担的责任，使社会感到企业的诚意。

谢罪公告的内容应当包括说明谢罪是针对哪些公众，介绍公众希望了解的事项，明确表示企业敢于承担事故的社会责任，表明知错必改的态度和决心。当发现记者发表不符合事实的报道时，应尽快提出更正要求，并指出不实之处，同时提供真实材料表明立场，但要特别注意避免产生对立情绪。如果确实碰到怀有恶意的媒体记者，企业必须有理、有节，正确利用法律工具和公关手段维护自身的利益，尽量避免极端情绪与正面冲突。

（三）对社会公众的对策

企业应根据事件的具体情况，确定安慰公众心理的方式与方法，及时向事件发生所在的社区、关注事件发展的社会公众、相关社会机构、政府部门和其他利益相关者，通报事件真相和处理的措施等情况，并提出相应的处理方案，全面消除危机事件的影响。有时还需要和科研部门、相关主管部门进行配合，共同认定事故责任和事件性质，通报事件情况。最好有中立机构发表具有权威性的报告来平息事态，这样比较容易取信于大众。

（四）对企业员工的对策

在发生突发或危机事件时，稳定员工队伍及情绪，防止员工采取一些过激的行为或者对企业不利的行为，这对危机处理至关重要。如果危机导致企业内部的生命财产损失，员工很容易产生不满及厌恶情绪；如果是外部的重大危机，员工会对工作的稳定性等产生怀疑，从而影响危机的解决与处理。因而在危机发生后，企业尽快制定针对内部员工的对策也至关重要。一般来说有如下步骤可以遵循：

（1）在安抚员工情绪、稳定内部工作秩序的基础上，向员工告知事件真相和企业采取的措施，争取员工的理解、谅解和信任，使员工同心协力，共渡难关。

（2）收集和了解职工的建议和意见，做好沟通与反馈工作，并积极采纳员工的有益的建议。

（3）如遇有人员伤亡，应积极做好抢救治疗和抚恤工作，通知家属或亲属，做好慰问及善后处理工作，尽可能避免与受害者或其家属产生对立情绪。

（4）做好内部宣传和信息发布工作，防止员工以讹传讹、传播、散布对企业不利的猜测及流言蜚语。

（5）制定挽回影响和完善企业形象的工作方案与措施，并严格贯彻实施。

（五）对有关责任人的对策

如果危机事件是由相关工作人员的严重失责甚至故意破坏而引发的，受害者及其社会公众强烈要求对责任人进行处理，则应在明确责任的前提下，果断、合理、合法地对责任人进行处理，该处罚的处罚，该法办的移交司法机关，迁就护短以息众怒是不得人心的。关于这一点，远有三国时期诸葛亮挥泪斩马谡，近有2005年吉林石化爆炸事件，政府对相关责任人员的果断处理。这些都是危机发生时平息民心、树立威信、赢得公众等信任的很好例子。但是在制定应对责任人的政策时，一定要注意平衡，要把握好分寸，千万注意在军心不稳时引起企业内部高层人士间你争我斗，在危机事件后出现内讧。如果当事人一向表现很好，且对企业非常重要，仅仅是因为一时疏忽酿成事故，企业可以采取些折中方案。既不能姑息迁就面对民愤去犯众怒；也不能一棒子打死，使企业遭受更大损失。最好是和当事人充分地沟通，把他先换下来，并采取一定的惩罚措施。等事态平息之后，再根据情况重新调整安排。这并不是欺骗民众，只是在不同的时候采取不同的对策。

（六）对上级有关部门的对策

当危机事件发生后，企业要与上级有关部门和相关主管机构保持密切联系，以求得政策指导、政府帮助和相关机构的配合。企业要及时地、实事求是地汇报情况，不隐瞒、不歪曲事实真相，及时汇报事态的发展情况。等到事件处理后，应该向上级部门详细报告事件经过、造成影响，采取措施、解决办法和今后防范措施等。

四、危机处理过程要抓住隐含的机遇，变危机为商机

危机事件的发生通常会给企业带来负面冲击，甚至形成灾难。但有的危机事件还可能含有商机，如果能及早发现、抓住时机、处理得当，反而会使企业因祸得福，借机提升企业的知名度及品牌的身价，从而获得发展的契机。所谓"塞翁失马，焉知祸福"，说的就是这个道理。那么怎样因祸得福，反败为胜呢？其处理秘诀如下：

（一）充分关注和利用媒体报道中的失误和漏洞

企业发生重大事故往往会受到媒体和社会大众的关注。有些危机事件可能来自媒体的不实或错误报道，或来自社会大众对事实真相的误解。在这种情况下，如果企业能以诚恳的态度、权威的证据、有理有利的事实澄清危机真相，反而可能取得社会大众的更多了解和信任，并借媒体的宣传和社会的关注，巧妙地提高企业及产品的知名度和品牌身价。

（二）寻找机会善于向有利于企业方面引导

对于一些非本质、非致命的危机事件，企业在以诚恳态度进行危机公关、争取社会公众和媒体的谅解与同情的同时，应当努力把媒体和社会公众关注的焦点引向企业的长处，借机宣传企业及产品的优势与特点，从而提高企业知名度。

（三）以高姿态、速行动、亮诚意提高企业信誉度

对某些事关重大的危机事件，企业必须不惜代价，从长远利益及长远发展的角度出发，拿出足够的诚意痛改前非，并采取急速有效的行动与措施，让公众看到诚意及行动，争取媒体与公众的同情，获取大众信任。文后案件强生制药公司发生的"泰诺"药品中毒事件的处理，就是一个典型的成功案例。

总之，在突发及危机事件未发生前，应采取积极有效措施加以防范；而在事件发生后，应积极采用补救措施，以诚实、诚恳的态度主动解决，同时也要关注可能存有机会，并抓住机遇充分利用，以减少损失达成预期目标。

第四节　危机恢复与总结评估

危机或突发事件后的恢复工作是项复杂工作，具体讲可分为两部分：一是恢复生产经营及对社会影响。二是评估总结吸取教训，亡羊补牢，防范今后类似事件的产生。

一、危机恢复的概念及决定因素

危机恢复是指企业通过开展一系列活动，尽力将单位的财产、设备、工作流程以及人员等恢复到正常状态。同时，管理者要根据对危机的调查以及对危机处理工作的评价，对管理工作中的一些失误和缺陷进行重新思考与改进。危机恢复工作不仅包括企业对危机事件进行的善后处理，还包括企业为重振声誉、开拓市场而进行的一系列公关活动、市场活动等。

由于危机的影响范围以及危机对单位造成的损失有差异，所以危机结束之后的恢复进度也有所不同。一般情况下，危机恢复取决于以下几个关键因素：

（1）单位在危机中所遭受的直接损失的大小。

（2）单位可以用于危机恢复的流动资金额度。

（3）其他可利用的资金和人力资源的持续补给能力。

（4）单位重获物资和人员配备的难易程度。

（5）危机恢复计划的准备和执行情况。

（6）危机的波及范围是属于该单位特有的还是该区域所有单位。

（7）单位上下相关人员对危机恢复的关注和支持程度等。

管理者在危机恢复时要把握好这些关键因素，根据具体情况制定出单位的危机恢复计划，努力让单位在最短的时间内摆脱困境，使单位维持正常的、持续的运作，并获得长远发展。

二、危机事件后尽快恢复的策略

突发或危机事件对企业的危害既有硬件也有软件，如何恢复，应根据危害对象、范围及影响程度等，分别采取不同的应对策略。具体办法可分以下两类处理：

（一）依靠员工队伍，恢复生产经营秩序

恢复正常的生产经营秩序是危机事件后重建工作的重要内容，通过恢复工作应实现以下目的。

（1）振奋精神。最重要的是稳定军心，恢复员工对企业的信任、让员工看到光明，振奋精神树立起信心和自豪感。

（2）留住核心人才。因事件可能导致资产缩水、经营困难和财务窘迫。但是只要留住核心骨干人才，困难很快就会得到克服；否则，困难就难以解决。

（3）积极主动。越困难越需要积极主动创造条件，并伺机而动，抓住机会主动进攻。在这一过程中，安抚员工增强信心，积极主动，想方设法，齐心协力地尽快恢复正常经营秩序，是一项不可忽视的重要举措。

（二）重振声誉，挽回社会影响

品牌和声誉是企业生命之本，危机事件必然造成严重伤害。因此，事件之后迅速进行生命重建，恢复客户的信任和企业声誉价值显得极为重要。一般而言，采取如下措施有利于重塑企业形象。

（1）列出清单。将事件对公司造成的不良影响一一列出清单。根据不同对象、影响内容、后果及程度，进行具体分析，针对不同情况，分别采取有效应对策略，并落实到责任者。

（2）明确措施。比较常见的应对策略有召开新闻发布会、进行媒体广告的宣传，举办公益与联谊活动、完善销售策略、主动请经销商、老客户支持、提升产品质量、改进与公众交流的渠道等。

（3）选出样板。选择适合本企业状况及事件的实例，引导恢复行动。如强生制药公司在中毒事件发生后，率先响应新的药品安全法，及时采用"无污染包装"，目的就是要尽快恢复消费者对产品的信任，恢复市场销售状态。结果在价值 12 亿美元的止痛片市场上，强生制药很快挤走了竞争对手，仅用 5 个月的时间就夺回了原市场份额的 70%，扭转了被动局面。

三、做好总结，弄清经验和教训

"亡羊补牢，犹未为晚"，为避免重蹈覆辙，在突发/危机事件后对产生的原因、处理的策略、最终结果等进行全面总结很有必要，主要工作有以下两项：

（一）实事求是地总结经验和教训

危机事件的爆发将企业的脆弱面无情地显现出来，从某种意义上讲，恰恰给企业提供了弥补、修正自身缺陷和问题的机会，帮助企业更好地看到自身存在的各种问题，从而对经营管理活动进行改进。犯错误并不可怕，可怕的是接二连三地犯同样错误。因此，危机过后需要对危机发生的根源进行调查，对预案管理工作进行评价，并针对存在的缺陷进行改进，这些都是不可忽视的。为此，总结经验教训应关注下列几方面：

（1）对突发或危机事件产生的原因进行全面、系统的调查，弄清可能诱发的因素，对症下药，修订并强化应急预案管理，避免可预防危机的再次爆发。

（2）对预警系统进行评价，建立和强化企业信息管理系统和危机预警系统。例如，有的企业发现危机产生的主要原因是内部信息沟通不畅，则应修订与加强信息沟通体系。

（3）对企业突发及危机事件的处理工作进行评价，详细列举管理过程中出现的问题和成功的经验。例如，有的企业发现危机是由于基层员工素质低或缺乏正确的操作技能所产生的，则应强化职业培训提高职工技能。

（4）根据事件的产生和处理过程中暴露的问题和缺陷，修正、完善企业管理体系、组织架构、规章制度和经营模式等。例如，有的企业危机是由于经营决策及指导思想失误所造成，则必须调整经营思想，改变经营模式等。

（二）客观公正地进行责任认定和奖惩

为了惩前毖后强化企业管理层和员工的防范意识，防止类似事件的再度发生，有必要明确并追究相关责任者的责任，对因违反企业的规定和操作规程或玩忽职守而造成的危机事件，应当对相关责任者进行处理，以严肃纪律。当然对危机事件处理过程中的有功人员也应考虑给予适当的表扬和奖励，这样才有利于调动广大员工参与防范工作。

四、危机管理的评估

危机管理的评估是指当危机的处理工作及恢复工作完成后，对单位危机发生期间的处理方式进行总结，对于处理手段合理性、有效性进行评估的过程。这一评估可为单位的危急管理工作提供经验和借鉴。危机管理评估涉及危机管理的每一个过程与涉及的信息沟通，重点从以下五个方面进行：

（一）危机预警的评估

对危机预警的评估主要从以下几方面来考虑：

（1）企业的危机是否能很快被识别出来，企业是否采取一些措施加强对危机的识别。

（2）企业的危机预警系统是否对危机发出及时的预警信息，如果没有，原因是什么，企业该怎样改进危机预警系统。

（3）企业的预警信息发出后有没有引起企业管理者的重视以及企业是否做出正确反应。

（4）企业的危机预警措施是否合理、有效，该如何调整配置企业的各种预警措施所需的资源。

通过对企业危机预警系统的各个方面进行评估，可以知道企业的危机预警系统在哪些方面做得较好，哪些方面仍需改进，从而帮助企业提高预警系统的有效性。

（二）危机诊断的评估

对企业危机诊断的评估主要从以下几方面考虑：

（1）企业对危机事件信息的收集是否全面、准确、及时，能否全面反映危机产生的背景及爆发原因。

（2）企业对危机的严重性、紧迫性的评价是否得当，对危机未来发展趋势的预测是否准确。

（3）危机诊断的结果是否引起企业管理者的重视，以及是否引起企业的正确反应等。

通过对企业危机诊断活动的各个方面进行评估，可以知道企业的危机诊断是否有效，以及企业在以后的危机诊断过程中，应如何提高危机诊断的准确性及可靠性。

（三）危机沟通的评估

对危机沟通的评估主要从内部沟通和外部沟通的有效性两个方面来分析。

1. 内部沟通

内部沟通评估主要是针对企业对内部员工的坦诚度、内部沟通的有效性及内部沟通对企业危机管理带来的影响。通过对内部沟通进行评估，可以评价企业内部对危机沟通及信息分享的满意度，使企业引以为鉴。对企业内部沟通的评价主要从以下几个方面来考察和分析：

（1）企业的内部沟通是否顺畅，危机的产生是否由于企业内部沟通不畅导致的，是否可以采取措施加以改进。

（2）当危机产生时，企业内部对于危机信息的共享是否及时、全面，企业员工对危机事件是否知情，这些对企业的危机管理是否带来一些阻碍，企业应该怎样避免等。

2. 外部沟通

外部沟通的评估主要是针对企业对外界组织所传递信息的有效程度、合理程度以及外部沟通给企业危机管理带来的影响，如企业对新闻媒体、社会公众等方面所做的沟通等。对企业外部沟通的评价主要从以下几方面来考察和分析：

（1）危机产生时企业向公众传递的信息是否合理及时、是否满足公众和媒体的需要、与公众是否存在冲突以及企业应如何改进与公众之间的沟通等。

（2）在危机沟通中，企业的公关部门是否有效地履行其传播信息的职能，企业应如何改进使其更好地发挥作用，企业的新闻发言人是否合格、是否需要进行培训等。

（3）在处理危机的过程中，企业是否很好地发挥新闻媒体的作用、是否利用新闻媒体帮助企业应对危机，媒体对于社会公众的引导是否对企业有利，新闻媒体的报道是否妨碍企业对危机的处理，以及企业该如何改进对新闻媒体的管理等。

通过对危机沟通中内部沟通及外部沟通的分析评估，可以有效地了解危机沟通的合理性及有效性，以及在以后的危机沟通中需要改进的地方。

（四）危机处理的评估

对危机处理的评估应该从危机处理过程中和处理后两个方面来分析，从危机处理过程中的一些危机管理措施可以评价企业的危机管理是否得当及企业对危机事件的决策是否有效；从危机处理后的社会及公众对企业的反应可以评定企业危机管理的绩效。

对企业在危机处理过程中的管理措施的评价主要从以下几个方面考虑：

（1）危机信息发布时是否以维护企业形象为宗旨，是否遵循诚信、坦诚的原则。

（2）危机发生后，企业是否迅速开展一系列施救、挽救工作，是否控制危机事件的事态发展。

（3）企业对内部及外部所做的处理措施是否具有稳定事态的作用，是否收到预期效果。

（4）对比危机处理前后公众对企业舆论以及对企业态度、行为的变化。

（5）对比危机处理前后企业资产的损失情况以及各项危机处理措施对于企

业恢复运作、减少经济损失的作用。

通过对危机处理过程中的管理措施以及危机处理的效果评价，可以了解企业在危机处理方面是否有效以及是否有改进的空间等。

（五）危机恢复的评估

对企业在危机恢复中的工作效果评价应考虑的主要因素有：是否对维持或重塑企业形象及声誉产生重大作用或效果；是否及时地帮助企业恢复生产、经营所需的设备、资源等；是否在稳定人心、稳定社会秩序、减少心理震荡方面有较明显的效果。

通过对危机恢复过程中的工作及影响的评估，可以了解企业的危机恢复工作是否有效以及有哪些可借鉴的经验等。

危机管理评估的方法通常使用公众意见调查法、数据统计分析法、专家意见法、自我评价法等。

第五节　心理危机的管理

危机事件可能造成生命、财产等物质方面的巨大损失，还可能给人们的心理带来严重影响，进而可能影响到危机事件的走向和发展，因此心理危机也是危机管理中的重要组成部分。企业在解决自身危机的同时，也应关注内部员工和社会公众的心理状态，因为他们的心理状态如何对企业的生存与发展至关重要。

一、心理危机表现与后果

一般情况下，任何危机事件都有可能对人类的心理产生影响，而这些影响会直接或间接地反映在人们的工作、生活中。如何正确对待危机后的心理状态变化并及时地调整，就是心理危机管理的内容。

（一）心理危机的表现

心理危机是一种非常严重的心理应激状态。当危机来临时个体可能出现心理失衡的状态，自身无法调动成熟的心理防御机制来做出恰当的反应。人们一般在面临突发的、严重的生活遭遇如亲友死亡、财产的重大损失时，会有各种心理状态。心理危机具体表现在生理、心理、行为及认知四个方面，如表8-5所示。

表 8 – 5　心理危机表现

分类	表现
生理表现	内分泌失调、食欲不振、腹泻、莫名出汗、头昏脑涨、听力下降、易疲劳、失眠多梦、呼吸困难等
心理表现	焦虑、敏感、恐惧、怀疑、沮丧、伤心、易怒、绝望、孤独、自责、无法放松、麻木等
行为表现	害怕社交场合、沉默寡言、常有的行为和习惯的突然改变、不易信任他人、易与他人发生冲突等
认知表现	记忆力下降、反应迟钝、注意力不集中、做事犹豫不决、缺乏自信、效率低下等

　　心理危机状态一般不会持续很长时间，但如果危机对人们的影响过于严重，心理危机的持续时间超过人体的承受能力，那么个体就会出现非理性的举动，不仅危害自身的健康，甚至会出现攻击性行为和精神损害。对于一个单位而言，员工的心理危机会导致企业日常工作秩序的紊乱，妨碍正常的生活经营活动。如果这种状态扩散到其他员工身上，对企业的经营管理就是一种严重威胁。

　　（二）心理危机的类型

　　危机事件的社会心理是人们在特定事件中的主流心理活动及相应的心理倾向。由于群众压力的存在，当面对社会上发生的一种事件时，个体的反应会影响其他人，导致许多人模仿甚至重复，这种趋同就是危机情况下的主流心理，企业了解特定时期人们的主流心理是非常重要的，因为这是应对危机事件的关键所在。当危机发生时，人们所产生的社会心理危机一般有以下几种：

　　1. 普遍焦虑和恐惧等心理

　　通常在大的灾难如地震、火灾、水灾等事件发生的时候，人们会产生消极的心理。灾难中的场景会给人们留下深刻的印象，继而造成焦虑和恐惧的心理，因为人们感到这种自然灾害对自己的生命安全造成了威胁，这种消极的心理进而影响到人们的正常生活、工作等。

　　单位对待这种社会心理，一定要通过积极的态度来帮助人们克服消极心理。如单位可以参加灾后的重建工作、出席各种慈善活动、积极地捐款捐物等，让公众感受到单位对社会的关怀，这样的投入能让单位树立良好的社会形象，而且对自己的产品也是一种非常好的广告宣传，对单位非常有利。

　　2. 谣言、小道消息等会大肆传播影响

　　谣言是制造者基于某种不可告人的目的而故意伪造并加以散布的假消息。这种谣言可能是对某个人或者某个单位的恶意中伤，如果宣传太广，大家也会把它当作确切的消息。基于同种文化的公众具有某种共同的价值取向，就会产生普遍的紧张和担心。

　　小道消息一般是指非正式渠道提供给人们的信息。这些消息也许没有确切的依据，但由于危机给公众造成一种紧张和忧郁的氛围，从而促进小道消息的传播。如果小道消息传播的是让人忧虑和恐慌的消息，那么所带来的影响会非常大，形成一种社会心理问题。

　　上述信息的传播实质上是人们面对危机时心理上的一种防御方式。信息的内容与人们的知识背景、经验和动机等因素相关，接收到信息的人会根据自己的知识和经验等对消息进行进一步加工，把自己认为真实的信息接收下来，然后将它传播出去，所以这些信息传播到最后就会越来越离奇，甚至内容和原先传来的信息大相径庭。

　　企业要对这种消息引起注意，正所谓"三人成虎"，许多不真实的信息就这样被人们传播，到最后变成人人都认为是千真万确的信息。如果是竞争对手故意散播对本企业不利的信息，企业要出面加以遏制，防止它进一步扩散，或者用实际行动粉碎这些传言。因为当谣言散布到一定程度时，再想澄清和制止就不是一件容易的事情了。

　　3. 严重的非理性行为

　　严重的非理性行为可能是那些反对社会和国家的、有悖常理的非科学性行为，它的出现更加不利于危机事件的顺利解决。一般在非常强烈的外界刺激下，人们的心理会严重失衡、失去理智，就有可能出现一些非正常的行为，又或者因为有时信息流通不畅加上自身的知识和认知能力的限制，公众未能全面了解事件的真实情况，从而导致非理性行为。

　　严重的非理性行为一般是由政府部门来加以协调和解决的，这些行为可能是暴动、骚乱和围攻政府等。企业一般没有权利和能力去解决这样的社会心理问题。对于这样的事件，企业只能是配合政府的行动，避免危机的进一步升级和引发新的危机。

　　（三）心理危机的后果

　　比较糟糕的结果是个体的心理问题得不到及时的解决或者个体自身没有能力让自己战胜危机、走出困境，那么个体会陷入难以自拔的绝望之中。个体可能会用大量酗酒的方法来消极应对，或者用逃避面对生活，拒绝与人交往，持续地忧郁、孤独、自责、焦虑等，这对于个体来说是非常危险的。请看发生在富士康的"十二跳"事例。

　　2010年11月5日早晨，富士康科技集团深圳厂区又一名员工坠楼。这已经是2010年以来富士康的第"十二跳"了。这一系列事件引起社会各界对员工权益、工作压力及精神健康的关注。事实上，从华为的"过劳死"开始，到现在富士康的"连环跳"，我们不难看出，工作压力已经成为全球性的焦点问题。压力不仅影响着员工的工作能力，还对员工的身心健康造成严重伤害。自从富士康发生"连环跳"事件后，不仅引起了全社会的关注，也给富士康的员工带来严重的影响。富士康公司为一种压抑、焦虑的气氛所笼罩，员工们出现了茶饭不思、失眠、沮丧等消极的现象。

针对这些现象，公司管理层认识到，如果不对这种现状进行引导，员工的情绪会受到更大的影响，也会影响企业的工作效率。为此，公司决定实施 EAP，即员工援助计划来帮助去世员工的家属和其他员工尽快恢复正常的精神状态。为了实现这个目标，企业不仅从行动上给予支持，还专门请来了心理专家。

心理专家对员工进行了一系列心理危机干预，如通过集体心理援助，让员工宣泄因同事自杀而产生的抑郁、焦虑情绪；通过集体交流让员工意识到自己并非孤独地面对不幸；通过讲座让员工认识到怎样的应对方式是积极的、哪些方式是应该回避的。此外，企业还为员工开通心理咨询热线、设置发泄室等，帮员工舒缓心情、缓解压力。通过这一系列心理干预，工厂的压抑气氛得到了明显的改善，员工们精神状态有了明显的变化，工作状态也逐渐恢复正常。

从富士康案例，我们发现心理危机的干预对于危机事件后的恢复有着重要的意义。心理危机干预有助于发现员工的心理问题，帮助员工意识到自己生理、心理、认知和行为方面的不合理性，开始通过自我疏导或者借助朋友的帮助走出阴影，回到心理平衡的正常状态。在这个过程中企业的管理者应当对个体加以帮助，指派心理专家和有经验的人士与该个体进行沟通、交流和开导，让危机留给人的心理阴影降到最低。

如果企业的管理者通过努力使企业的员工有这种转变，那么这也是转"危"为"机"的表现，这样的员工在危机之后对于企业的忠诚度也会大大提高，会更加努力地工作。

二、心理危机的应对方法

对于社会心理危机的应对方法，信息报道是能够对社会心理进行疏导和控制的一个有效的和基本的手段。在报道的过程中，一定要注意技巧，将科学性与艺术性进行有机结合，即信息发布一定要强调客观、及时和准确性。同时使报道内容具有一定的灵活性，因为公众的心理反应和公众的心理承受能力是有限的，要尽量使所报道的内容让公众在能够接受的同时有准确的了解。心理危机的应对方法具体说明如下：

1. 信息传播要坚持科学性

信息技术的快速发展使得人们传播信息的速度迅速提高，整个世界就像是一个地球村，任何信息都可以在很短的时间内传遍世界的每一个角落，这使得企业或者政府内部的秘密都不可能成为永久的秘密。如果信息被刻意隐瞒，有可能导致小道消息和谣言满天飞。所以，当危机事件来临的时候，无论是企业还是政府，都不应该躲躲闪闪、犹豫不决，不能因害怕面对危机而不将真实的信息公之于众，而应该在第一时间主动、客观、全面地将信息通过媒体发布，这样公众才能够有明确的判断，谣言也才能就此终止，否则人们没有被尊重的感觉。危机事件所产生的心理压力会导致公众对小道消息和谣言的传播更加积极，这样对企业和社会都非常不利，所以信息报道的科学性能够最大限度地防止一系列心理问题的出现，这种科学性是依靠科学地发布信息、规范的报送和收集制度来实现的。

2. 信息传播要注意艺术性

对信息的报道要有艺术性，对于同一信息，从多个不同的角度、不同的侧重点来进行报道，所产生的社会效果也会大不相同。因此，如果信息报道的角度和侧重点适当，能够给人一种积极向上的感觉，减轻人们的心理压力，鼓舞人们的斗志，帮助人们勇敢地面对危机。即使在危机出现时企业还没能提出一种可行的方案来进行处理，但由于某种原因，信息报道一定要进行，那么也尽量不要表现出无可奈何的一面，而需要考虑公众心理的反应和承受能力，用相对积极或者中立的角度来报道信息，这样可以避免公众陷入极度的恐慌之中。

另外，对信息的报道也不能单一、匮乏。危机当中人们对信息的需求是很丰富的，不仅需要实用性的帮助，还需要心理性的帮助。所以在危机事件发生时，信息报道不仅要能报道事件的始终，还要对公众进行行为指导和心理安慰，这样通过媒体对信息的解读和整合，公众有全方位的心理支撑，也使得信息更加立体，更符合人们的个性化需求。

3. 社会心理应进行预测和干预

在危机事件中，人们通过不同的沟通渠道来获取信息，如果人们能够迅速、准确地掌握信息，那么他们的心理危机就会大大缓解。各种新闻媒体以及通信设备是人们快速获取危机信息的基本渠道，但是在一些特殊情况下，如自然灾害等情况导致通信设施无法正常使用的时候，也需要靠人际传播来让公众知道事件的进展情况。通常，社会公众中会有一些人物暂时起到"领导者"的作用，他们受到周围人的信任和尊敬，所传播的信息也具有很大的引导力量。所以，对这些领导者进行引导和支持，通过他们加强与公众的沟通是对社会心理进行预测和干预的重要手段。

另外，可以通过组织相关专业的人员，通过统计等科学的方式了解公众心理的具体状况，掌握他们的心理健康和恐慌状态。针对灾难事件中人群的心理行为变化，预测出可能出现的个体或者群体甚至更广泛区域的人的行为趋势，以提供数据让有关部门采取相应的措施，为相关部门提供战胜灾害的理论依据和管理对策信息，从而保护广大公众免受或者减少心理上的伤害。在知道社会心理预测数据的情况下，接下来可以由专业的社会工作者、心理医生、顾问等组成专业团队，对面临危机威胁或遭受伤害的群体进行辅导和思想疏通，给予其更多的关怀和支持，使他们的情绪和心理状态重新恢复到正常的或原先的水平。在进行干预的过程当中，应该注意受害人群的心理危机水平，直接受害者和间接受害者所需要的干预是大不相同的，要选用合适的干预模式。另外，如果是在传染病等灾害流行期间，应该减少人际互动，可以采用电话咨询、媒体问答和网络咨询等干预手段。

4. 领导者和专家要发挥示范作用

领导者和专家的一举一动对公众的心理有着举足轻重的影响作用。越是遇到重大的事件，领导者越应该保持冷静，不能表现出任何惊慌失措的状态，要运用领导者的个人魅力鼓舞社会公众，给他们勇气和信心来战胜危机。同样，对于一个企业而言，高层管理者的行为对员工有很大的影响，员工在危机发生时很容易产生对工作的恐慌或者焦虑的情绪。他们会期待管理者团结他们、领导他们战胜困难，这也给管理者提供了展示自己人格魅力的机会。在危险面前，领导者更应该勇于承担，站在应对危机的第一线，这样能够振奋人心、鼓舞士气，充分调动人们应对危机的积极性，使大家团结一致，同舟共济。

皮格马利翁效应

皮格马利翁效应也称罗森塔尔效应，源自罗森塔尔发明的一个实验。罗森塔尔曾在一所小学随机选了 20 名成绩相当的学生，他告诉这些小学生，他们中有 10 位智商都非常高，另外 10 位智商比较低。一年之后，罗森塔尔又找到这 20 位学生，发现被他称为高智商的 10 位学生成绩比另外 10 位好得多。其实，这些学生的智商都没有经过测试，只是罗森塔尔给小朋友的一个心理暗示。

这一效应在管理上的体现就是，如果领导能够通过积极的鼓励和暗示来引导下属，那么下属就有可能超常发挥。也正是因为有这样的现象，领导者和专家等权威人士的引导和示范才会起到作用。

专家是指在某一个方面有着专业知识和能力的人，如传染病专家、地震专家、社会心理学专家等。他们在灾害过程中所提出的建议非常有说服力，他们的参与对社会心理的稳定起着重要的作用。所以，关键信息通过专家进行传递能够起到良好的效果。

三、提高公众的抗危机能力

提高公众的抗危机能力可以从四个方面做起：基础设施建设、政府公信力建设、企业公信力建设、媒体公信力建设的提高。

【案例】

强生制药公司泰诺毒药片事件的处理

案例背景

1982 年 9 月，美国芝加哥地区发生有人服用含氰化物泰诺药片中毒死亡的严重事故，一开始死亡人数只有 3 人，后来却传说全美各地死亡人数高达 250 人。其影响迅速扩散到全国各地，调查显示有 94% 的消费者知道泰诺中毒事件。

事件发生后，在首席执行官吉姆·博克（Jim Burke）的领导下，强生公司迅速采取了一系列有效措施。首先，强生公司立即抽调大批人马对所有药片进行检验。经过公司各部门的联合调查，在全部 800 万片药剂的检验中，发现所有受污染的药片只源于一批药，总计不超过 75 片，并且全部在芝加哥地区，不会对全美其他地区有丝毫影响，而最终的死亡人数也确定为 7 人。但强生公司仍然按照公司最高危机方案原则，即"在遇到危机时，公司应首先考虑公众和消费者利益"，不惜花巨资在最短时间内向各大药店收回了所有的数百万瓶这种药，并花 50 万美元向有关的医生、医院和经销商发出警报。

事故发生前，泰诺在美国成人止痛药市场中占有 35% 的份额，年销售额高达 4.5 亿美元，占强生公司总利润的 15%。事故发生后，泰诺的市场份额曾一度下降。当强生公司得知事态已稳定，并且向药片投毒的疯子已被拘留时，并没有将产品马上投入市场。当时美国政府和芝加哥等地的地方政府正在制定新的药品安全法，要求药品生产企业采用"无污染包装"。强生公司看准这一机会，立即率先响应新规定，结果在价值 12 亿美元的止痛片市场上挤走了它的竞争对手，仅用 5 个月的时间就夺回原市场份额的 70%。

强生处理这一危机的做法成功地向公众传达了企业的社会责任感，受到了消费者的欢迎和认可。强生还因此获得了美国公关协会颁发的银钻奖。原本一场"灭顶之灾"竟然奇迹般地为强生赢来了更高的声誉，这归功于强生在危机管理中高超的技巧。

对此《华尔街日报》报道说："强生公司选择了一种自己承担巨大损失而使他人免受伤害的做法。如果昧着良心干，强生将会遇到很大的麻烦。"泰诺案例成功的关键是因为强生公司有一个"做最坏打算的危机管理方案"。该计划的重点是首先考虑公众和消费者利益，这一信条最终拯救了强生公司的信誉。

资料来源：雷盟，雨阳．强生制药公司泰诺毒药片事件的处理［J］．中国企业家，2002（4）．

参考文献

［1］Sigma. 2016 年的自然灾害与人为灾难：损害范围广泛的一年［J］. 瑞士再保险，2017（2）.

［2］《lFM 资格考试辅导教材》编写组. 金融工具［Z］. 2007.

［3］杜莹芬等. 企业全面风险管理理论与实践［M］. 北京：经济管理出版社，2014.

［4］高立法等. 风险管理一点通［M］. 北京：经济管理出版社，2014.

［5］高立法等. 企业内部控制实务（第二版）［M］. 北京：经济管理出版社，2013.

［6］高立法等. 企业全面风险管理实务（第四版）［M］. 北京：经济管理出版社，2016.

［7］宋良荣，周东华. 企业内部控制自我评价与 CpA 审计［M］. 上海：立信会计出版社，2013.

［8］粟芳. 保险学（第二版）［M］. 北京：清华大学出版社，2011.

［9］夏洪胜，张世贤. 企业危机管理［M］. 北京：经济管理出版社，2014.

［10］杨丽. 金融市场学［M］. 北京：经济管理出版社，2018.

［11］周春生. 企业风险与危机管理［M］. 北京：北京大学出版社，2007.